KB089192

펀드매니저가
알려주는
재무제표와
주식 투자

펀드매니저가 알려주는

재무제표와 주식투자

김은중 지음

한국경제신문 *i*

PROLOGUE

왜 책을 쓰려고 했을까?

얼마 전 오랜만에 대학동기들과 저녁식사를 가졌다. 보통, 오랜만에 만난 이런 자리에서는 서로 간 안부도 묻지만 조금 시간이 흐르게 되면 다른 산업에 근무하는 친구에게 그간 가지고 있던 궁금증을 묻기도 했다. 주로 내게 오는 질문은 이와 같다.

"어떤 주식 사야 돼?"
"나, 이 주식 가지고 있는데 이거 어떨 거 같아?"

이런 종류의 질문을 받으면 대부분은 빙그레 웃음으로 넘기지만 간혹 친한 친구들은 조금 더 적극적으로 묻기도 한다.

"은중아, 보따리 좀 풀어봐. 우리도 돈 좀 벌자."

그런데 사실 내게는 어떤 종목을 찍어주면 주가를 상승시켜서 돈을 벌게 하는 그런 능력은 없다. 안타깝게도 그런 능력이 내게 있기를 간절히 바라지만 그렇지 않다. 간혹 나름 철저히 분석해서 '이 기업이야!'

라는 확신을 갖고 투자하지만 그마저도 손실에 빠져서 한동안 힘들게 할 때도 있고 정작 주가가 상승을 해도 그 상승만큼 수익을 다 누리지도 못하는 경우도 많다.

몇몇 사람들이 큰돈을 벌게 될 종목이나 방법을 묻기도 하지만 내게는 그런 것도 없다. 나는 투자를 좋아하고 우리 아이들에게도 투자에 대한 나의 생각을 천천히 가르쳐주고 싶지만 먼저 다른 것을 알려주고 싶다. 투자로 돈을 벌려고 하기 전에 먼저 잃지 않아야 한다는 것을 인지시켜야 한다는 것이다.

필자는 대성그룹에 입사하면서 본격적으로 투자운용 및 투자자문업계에 발을 들이게 됐다. 그 당시 필자와 비슷한 시기에 입사한 동료들도 있었고 같이 협업하는 많은 증권사 및 운용사에 지인들이 있었다. 하지만 10여 년이 지난 지금, 이 시장에 남은 있는 지인들은 많지가 않다. 일단, 이 치열한 금융시장에서 살아남아야만 돈을 벌 수 있고 내가 좋아하는 투자업무를 계속 이어서 할 수 있는 것이다. 그래서 돈을 잃지 않는 것이 중요하다.

우리는 대학 졸업 후 20대 혹은 30대에 자신의 일을 갖게 된다. 일반적으로 50대, 60대까지 그 일을 하게 된다. 이 대략 30년이라는 시간 동안 최소 여러 차례 좋은 투자 성과를 낼 투자 기회가 다가올 것이다. 이런 투자기회를 가지려면 결국, 잃지 않는 투자가 중요하다고 생각한다.

이 책은 바로 이런 마음가짐에서 시작했다. 다른 사람의 추천에 의해서 투자하는 것이 아니라 자신이 노력하고 준비해 투자 종목을 찾고 공부해 그 주식이 싼 가격에 있을 때 투자를 하자는 내용을 담고 있다. 책의 부피는 꽤 두껍다 느낄지 모르겠다. 그렇지만 필자의 투자 철학, 이 책에 담긴 내용은 다음과 같이 정리할 수 있을 것이다.

'잃지 않아야 한다는 투자 마인드를 갖고 재무제표를 공부하며 주식시장의 위험요소를 인지하고 싼 주식을 찾아가서 남들보다 먼저 투자의 길목에서 기다려야 한다는 것'이다.

다른 주식 책과의 차별성은 무엇인가?

얼마 전 어느 지인과 책 저술에 대한 이야기를 나누다가 그분이 다음과 같은 충고를 해주셨다.

"요즘 서점에 주식 투자와 재무제표에 대한 책 많은데 그게 팔리 겠어?"

물론 이분의 충고가 정확히 맞는 말이다. 필자도 어떤 신간이 나왔나 가끔 서점에 가면 정말로 주식 투자에 대한 책이 많이 나오고 있고 그 가운데 재무제표의 이론을 설명하는 책도 적잖이 볼 수가 있다.

필자가 이 책을 처음 쓰고자 결정했을 때 중요하게 마음먹었던 부분 이 두 가지였다. 첫째는 단지 이론으로만 끝나는 책을 쓰지 말자는 것 이고 둘째는 과거에 어떤 주식에 투자해서 얼마의 투자 이익을 냈다는 등의 자기 자랑식의 책을 쓰지 말자는 것이다.

그래서 이 책은 PART 06과 PART 07에 그 중심이 맞춰져 있다. PART 06은 펀드매니저나 애널리스트들이 기업 분석 시에 밸류에이션 (Valuation)을 어떻게 진행하는지를 실전사례를 통해서 보여주고 있다. PART 07은 실제로 [따라 하기] 과정을 통해 종목을 찾아내는 필터링 (Filtering) 기법 가운데 두 가지를 소개하고 있다. 물론 이런 기법들은 펀드매니저들이 수많은 방식으로 다양하게 활용하고 있지만 이 책의 독자인 초보자와 중급자에 맞게 일부를 소개하고 있다.

이 책은 누구를 위한 책인가?

이 책은 주식 공부를 처음으로 시작하는 초보자, 주식 투자는 시작했지만 여전히 자신만의 투자 기법을 만들어가고 있는 중급자에 맞춰진 책이다. 초보자에게는 PART 01~PART 04까지 필자가 경험했던 사례 중심으로 필자와 같은 실수를 하지 않기를 하는 간절한 바람에서 집필했다. 중급자에게는 앞 PART를 비롯해 PART 05~PART 07까지 재무비율, 밸류에이션(Valuation), 종목필터링까지를 반복하면서 자신만의 투자철학을 완성해가는 데 조금이라도 도움이 되기를 희망하면서 집필했다.

마지막으로

그간 모아뒀던 자료를 기반으로 책을 써야겠다는 생각이 들었을 때 '과연 책을 잘 마무리할 수 있을까?'라는 의구심이 먼저 들었다. 지난 6개월의 시간 동안 든든한 지원군이 돼주셨던 ㈜두드림미디어 한성주 대표와 강보라 과장께 깊은 감사의 말씀을 드린다.

항상 기도와 사랑으로 아들을 믿어주시는 아버지와 어머니, 애지중지 키워온 막내딸을 보잘것없는 저와 결혼하게 허락해주시고 묵묵히 사랑으로 지켜봐주셨던 제주도 아버지와 어머니, 특히 책을 쓰는 동안 소천하신 제주도 아버지, 삶에서 베풀고 사는 것이 무엇인지, 사랑으로 감싸 안는 것이 무엇인지를 몸소 실천해 보여주는 두 형님, 강기탁 형님, 최규룡 형님, 그리고 내 동생 석중이. 이분들의 사랑과 도움이 없었다면 투자의 길을 걸어오기도 또 이 책을 쓰기도 어려웠을 것이다. 진심으로 감사하며 사랑한다는 말을 올리고 싶다.

책을 쓰는 동안 우리 가족에게 보여줄 책을 쓸 생각으로 힘든 시기를 넘겨온 것 같다. 소중한 아내 선영, 멋진 아들 예준, 현채, 강현이에게 사랑한다는 말로 이 책을 마무리한다.

2017. 9월

김 은 중

CONTENTS

CONTENTS

PART

01

기업 분석을 해야 한다

증권사 지점 등에서 세미나를 진행하게 되면 고객과 Q&A 시간을 갖게 되는데, 이때 여러 질문을 받게 된다. "KOSPI지수가 다시 2,100pt 선을 넘었는 데 주식형 펀드를 환매해야 하나요?", "왜 우리 증시는 박스피(박스형 코스피)인가요?", "미국시장은 저렇게 좋은데 우리나라 주식은 왜 이런가요?", "지금이라도 삼성전자를 사야 하나요?" 등의 질문들이다. 그런데 모두 그런 건 아니지만, 이런 질문들에 대한 답은 어쩌면 하나의 답으로 귀결될 수 있다고 생각한다. 바로 기업 분석을 해야 한다는 것이다.

　투자는, 특히 주식 투자의 수익률은 기업의 성장성과 수익성 등에 비례하는 함수라고 생각한다. 기업이 보유한 자산, 기업이 벌어들이고 있는 수익과 이익 그리고 기업의 현금흐름을 분석하지 않는다면 단기간에 어떤 이벤트에 의한 투자 수익은 가능할지 몰라도 영속적이고 반복적인 투자 수익을 거두기는 어렵다. 지금부터 몇 질문에 대해 답을 하면서 왜 그렇게 생각하는지에 대한 이유를 거론하고자 한다.

우리나라 KOSPI는 왜 박스권에
갇혀있나요?

　A은행 송도지점에서 사모펀드 고객을 만났을 때 고객에게 받은 질문이다. "우리나라 KOSPI는 왜 박스권에 갇혀있습니까?" 증권사나 금융기관에 세미나를 다녀보면 사실 이런 질문을 참 자주 받게 된다. 근래주식시장에 나타난 신조어 중에 '박스피'라는 표현이 있다. '박스(Box)권에 갇힌 코스피'의 준말로 우리나라 주식시장 KOSPI지수가 1,900pt에서 2,100pt 사이에 갇혀있음을 빗대어 나타난 신조어다(이 책을 교정하는 2017년 8월 기준 KOSPI지수는 2,300pt를 상회하고 있다).

2004년 이후 KOSPI지수 월봉차트

그렇다면 왜 우리나라 KOSPI지수는 2011년 이후 박스권에 갇혀있을까? 이에 대한 답을 찾기 위해 우리나라 KOSPI 기업들의 합산이익을 찾아본다.

연도별 KOSPI 기업 합산당기순이익

구분	2007	2008	2009	2010	2011
Name	당기순이익 (십억 원)	당기순이익 (십억 원)	당기순이익 (십억 원)	당기순이익 (십억 원)	당기순이익 (십억 원)
KOSPI 기업 합산(좌)	72,853	38,758	59,115	103,573	93,842
KOSPI 지수(우)	1,897.13	1,124.47	1,682.77	2,051.00	1,825.74
구분	2012	2013	2014	2015	2016
Name	당기순이익 (십억 원)	당기순이익 (십억 원)	당기순이익 (십억 원)	당기순이익 (십억 원)	당기순이익 (십억 원)
KOSPI 기업 합산(좌)	86,447	69,948	78,578	90,246	98,429
KOSPI 지수(우)	1,997.05	2,011.34	1,915.59	1,961.31	2,026.46

* 2016년 당기순이익은 2017년 4월 4일 발표된 '유가증권시장 2016 결산실적' 자료 참조

이 도표는 IFRS 연결을 기준으로 하는 우리나라 KOSPI 기업들의 연도별 당기순이익 자료다(혹시나, 'IFRS 연결' 등의 문구가 생소하더라도 편하게 읽고 다음으로 넘어가면 된다).

2007년 KOSPI 기업은 합산 72조 원대의 순이익을 기록했으나 2008년에 미국 발 서브프라임 금융위기가 오면서 합산순이익은 38조 원대로 급감했다. 당시 우리나라는 글로벌 주요국 가운데 선제적 구조조정과 삼성전자, 현대차 위주로 위기 가운데에서도 투자를 집행하면서 2010년에는 서브프라임 위기 이전을 다시 상회하는 103조 원대의 순이익을 기록하게 됐다.

투자자인 우리가 주목해야 할 부분은 여기부터다. 이렇게 2010년에 글로벌 주요국 가운데 가장 먼저 위기를 탈출하면서 놀라운 성장을 보여준 우리나라는 이후 2011년 93조 원대, 2012년 86조 원대… 2015년 90조 원대로 합산순이익이 100조 원대 밑에서 상승하질 못하고 있었다.

다음 도표로 보면 조금 더 명확히 알 수 있다.

연도별 KOSPI지수와 KOSPI 합산순이익 추이

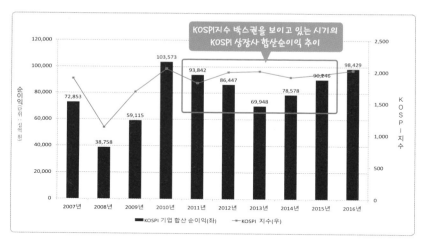

위 그림은 이해를 쉽게 하기 위해서 KOSPI 합산순이익과 KOSPI지수의 연말 종가만을 연결한 차트다. 앞서 거론한 KOSPI 기업의 합산순이익이 위 그림에서 막대바(Bar)로 표시돼 있다. 2008년 미국발 금융위기 당시 38조 원대로 하락했던 합산순이익이 2010년 103조 원대로 올라섰음을 확인할 수 있다. 이후 대략 6년간 2015년까지 2010년에 올라섰던 100조 원대의 순이익을 상회하지 못하면서 KOSPI지수는 1,900pt에서 2,100pt 사이에 갇힌 '밸류에이션 트랩' 현상이 발생한 것이다.

잠깐! 용어정리 ⭐ 밸류에이션 트랩

주가의 하락으로 과거 대비 싸 보이는 주가 지수지만 실제로 향후 실적 하락을 고려하면 싸지 않은 현상을 말한다.

KOSPI가 박스권에 갇힌 지난 6년간 연말이 되면 증권사 애널리스트들은 다음 해의 실적치를 추정해왔다. 그래서 '내년에는 우리 KOSPI 지수가 2,300pt에 도달할 것이다'라는 등의 상승된 지수 전망치를 내 났었다. 그러나 정작 다음 해가 되어 1분기, 2분기 기업들이 실적발표를 내놓을수록 추정치는 하향하게 되고 이로 인해 KOSPI지수는 다시 2,000pt를 내려와서 1,900pt대로 향함으로 지수는 고점 대비 하락해서 싸 보이지만 실제 연간순이익은 다시금 100조 원을 넘지 못해왔기에 밸류에이션(Valuation)이 싸지 않는 현상이 그동안 발생했었다.

KOSPI지수가 1,900pt에서 2,100pt 사이의 박스권을 뚫는 것은 삼성전자, 현대차의 지주사 전환 등 시장에서 기대하는 모멘텀이 아니라 우리 기업들의 실적에 달려있는 것이다. 이 실적들을 공부하지 않고 증권사에서 내주는 리포트만으로 주식 투자를 이어간다면 늘 다른 사람을 쫓아가는 투자자일 수밖에 없다고 생각한다.

주식 투자는 '길목 투자'다. 남들 가는 길을 따라 간다면 수익을 내기가 쉽지가 않다. 남들보다 먼저 가서 다가올 흐름을 기다리는 것, 그것이 '길목 투자'다. 그러나 기다림이란 때론 많이 외롭고 지루한 시간을 견뎌야 할 때도 많다. 그래서 가치투자, 펀더멘털(본질적) 투자가 모든 투자자에게 정답이라고 말할 수 없는 것이다.

잠깐! 용어정리 📍 펀더멘탈 투자 VS 모멘텀 투자

여기서 잠깐. 향후에도 자주 거론될 용어를 하나 정리하고자 한다. 주식에 투자함에 있어서 해당 기업의 보유 중인 자산이나 향후 매출 및 이익 그리고 잠재적 성장을 분석해 기업의 기본(Fundamental)에 근간을 두고 투자하는 것을 '펀더멘탈 투자'라고 하며 이와 비교되는 투자는 '모멘텀 투자'라고 한다.

▶ **모멘텀 투자**(기술적 투자)

과거의 주가 흐름 패턴을 분석해서 향후 주가 상승/하락에 어떤 추세전환 (Momentum) 재료가 있을지를 파악해 투자하는 것을 말한다. 해당 기업의 과거 주가흐름 등을 분석해 주가가 향후에 상승 또는 하락하게 될 추세 전환 재료(모멘텀, 이벤트)에 바탕해 투자하는 행위다.

▶ **펀더멘탈 투자**(기본적 투자)

기업 또는 산업의 성장성. 수익성. 안정성 등을 분석해 기본적인 기업가치를 바탕으로 투자하는 것을 의미한다.

02

주식형 펀드(액티브, 패시브)를
환매해야 할까요?

이 질문 또한 최근 많이 받는 것 중 하나다. 먼저 이에 대한 의견을 언급하기 전에 필자의 투자 성향을 서술하고자 한다. 필자는 기관펀드를 운용할 때에도, 은행의 신탁상품이나 랩(WRAP), 사모펀드 등을 운용할 때에도 최대한 '상향식(바텀업, Bottom Up)' 분석을 지향한다.

생소한 용어는 피할 생각이지만 앞에서도 그렇고 이번에도 꼭 필요한 용어는 가급적 간단히 설명해 향후에도 이해가 쉽도록 할 예정이다. 앞에서 설명한 기업의 기본적(Fundamental) 투자를 진행할 때, 하향식 분석은 국가 간 혹은 국가 안의 경제요소들을 먼저 분석하고 해당 기업이 속한 산업을 분석한다. 마지막으로 기업 개별의 미시적 분석을 하는 순서로 진행된다. 이와 반대로 상향식 분석은 먼저 개별기업을 분석하고 이후 기업이 속한 산업, 그 다음으로 글로벌 경제요소들을 분석해서 올라가는 방식이다.

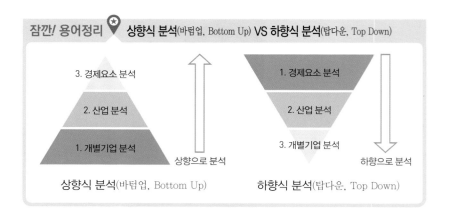

개인적으로 상향식 분석을 선호하는 이유는 어쩌면 아주 명료하다. 사실 필자에게는 글로벌 경제요소와 환경, 국내의 외생변수와 내생변수 등을 모두 맞춰낼 능력이 부족하고 또 그렇게 한들 잘 맞지도 않는다.

과거 그룹 내 관련 업무를 맡았을 때도 몇몇 리포트와 짜깁기를 통해서 그룹 윗선에 보고하는 일을 했었지만 번번이 틀리기 일쑤였다. 그리고 전문가라는 분들을 폄하하는 것은 아니지만 이를 정말 제대로 맞추는 사람은 없다고 봐도 무난할 것이다. 따라서 내가 잘 못하는 하향식으로 분석에 임하기보다 상대적으로 내가 잘할 수 있는 상향식 분석을 지향하는 것이다.

왜 갑자기 주식형 펀드를 환매해야 하느냐는 질문에서 빠져나와 상향식과 하향식 분석을 언급하는 걸까? 어떤 주식에 투자해두고 "이 주식을 언제 팔아야 하느냐"는 질문과 달리 국내 액티브형, 패시브형,

"주식형 펀드를 언제 환매하느냐"는 질문은 사실 국내 경제 상황에 영향을 미치는 매크로(Macro) 변수를 보고 판단해야 하는 것이 옳다. 최근처럼 정치적 변수가 심해진 부분도 봐야 하고 세계 무역, 각종 국제 상품가격, GDP, 물가, 고용 등을 놓고 결정하는 것이 맞다고 본다. 그러나 앞서 기술했듯이 이를 잘 분석해내서 실물경기를 언급해주는 전문가도 많지 않을 뿐더러 잘 맞추지도 못한다. 뛰어난 전문가들도 이러한 상황인데 하물며 내가 펀드의 환매시기를 맞춘다는 것은 어불성설이다. 따라서 지금부터 간단히 논하는 것도 펀드의 환매시기를 맞추느냐 그렇지 않느냐에 핵심 포인트를 두고 보질 않길 바라는 마음에서 이를 장황히 언급하는 것이다.

그러면 다시금 KOSPI지수가 2,100pt가 넘었는데 주식형 펀드를 환매해야 하는가? 이에 대한 견해를 대략적으로 정리하고 있어야 향후 급변하는 경제 환경에서 자신의 금융자산을 믿음으로 대응해 나갈 수 있을 것이다. 이에 대한 필자의 견해는 앞 장 그림에서 힌트를 찾을 수 있다.

연도별 KOSPI지수와 KOSPI 합산순이익 추이

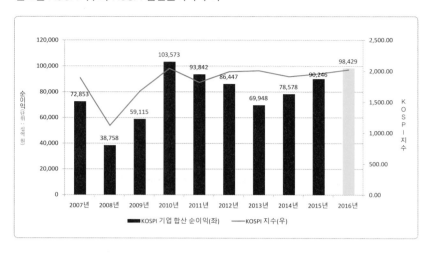

참조 FnGuide

　이제 KOSPI 기업의 연도별 합산이익과 KOSPI지수의 연말종가 차트를 다시 보면 가장 오른쪽에 2016년 합산순이익을 확인할 수 있다. 2010년 이후 6년 동안 오르지 못했던 KOSPI 기업의 합산당기순이익이 100조 원대 근처일 것으로 발표됐다(2017년 4월 4일, 2016년 KOSPI 결산실적 기준 98.4조 원대). 이 그림을 분기별로 나눠보면 조금 더 이해하기가 쉽다.

분기별 KOSPI 순이익 추이

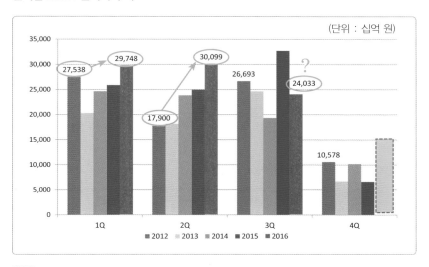

(단위 : 십억 원)

참조 FnGuide

이 그림은 합산당기순이익을 분기별로 나눠 그린 것이다. 예를 들어 2012년 1분기에 KOSPI 합산순이익은 27조 원대에서 2016년 1분기에는 29조 원대로 올라섰으며, 2012년 2분기 합산순이익은 17조 원대에서 2016년 2분기에는 30조 원대를 기록했다. 다소 연도별 차이는 있으나 그림에서 2016년 빨간색 바(Bar)로 올수록 KOSPI 분기실적 추이가 개선됨을 알 수 있다.

한 가지 특이한 점은 2016년 3분기에 24조 원대는 2015년 3분기나 전분기인 2016년 2분기에 비해서도 실적이 감소한 것으로 나타난다. 이는 잘 알려진 바와 같이 삼성전자 무선사업부 갤럭시노트7 판매중단 영향으로 분기 3~4조 원대의 이익이 발생하지 못해서 나온 일회성 이벤트에 의한 결과다.

이에 대한 내용은 금융감독원 전자공시시스템(http://dart.fss.or.kr)에 들어가서 삼성전자를 검색해보면 알 수 있다. 전자공시시스템 사이트로 가보는 것은 투자자에게 워낙 중요한 부분이기에 향후 [따라 하기] 과정을 통해서 진행할 예정이다. 여기에서는 큰 부담 없이 그냥 읽기만 하면 된다.

삼성전자 2016년 3분기 연결재무제표 영업실적보고

| **DART** | 본문 | 2016.10.12 [정정] 연결재무제표기준영업(잠정)실적(공 ▼ |
| 삼성전자 | 첨부 | +첨부선택+ ▼ |

본 문서는 최종문서가 아니므로 투자판단시 유의하시기 바랍니다.

정정신고(보고)

| | 정정일자 | 2016-10-12 |

1. 정정관련 공시서류	연결재무제표 기준 영업(잠정)실적(공정공시)
2. 정정관련 공시서류제출일	2016년 10월 7일
3. 정정사유	2016년 3분기 연결재무제표기준영업(잠정)실적(공정공시) 내용 정정
4. 정정사항	

정정항목	정정전	정정후
1. 연결실적내용		
· 당기실적('16.3Q)		
- 매출액(당해실적)	49.00	47.00
- 매출액(누계실적)	149.72	147.72
- 영업이익(당해실적)	7.80	5.20
- 영업이익(누계실적)	22.62	20.02
· 전기대비증감율(%)		
- 매출액(당해실적)	-3.81	-7.73
- 영업이익(당해실적)	-4.18	-36.12
· 전년동기대비증감율(%)		
- 매출액(당해실적)	-5.19	-9.06
- 매출액(누계실적)	1.62	0.26
- 영업이익(당해실적)	5.55	-29.63
- 영업이익(누계실적)	11.59	-1.23
	- 상기 금액은 조원 단위이며, 한국채택국제회계기준에 따라 작성된 연결기준의 잠정 영업실적입니다. - 상기 실적 전망치는 삼성전자 본사, 자회사 및 관계사 등에 대한 외부감사인의 회계감사가 완료되지 않은 상태에서 투자자들의 편의를 위해 제공되는 전망 정보로서, 실제 실적과는 차이가 발생할 수 있음을 양지하시기 바랍니다.	- 당사는 최근 갤럭시노트7 소손이 발생한 가운데, 고객의 안전을 최우선적으로 고려하여 갤럭시노트7의 판매 및 생산을 중단하기로 결정하였습니다. 회계기준에 따라 매출 및 손익의 변동사항은 3분기 실적에 반영해야 하고, 유가증권시장 공시 규정에 근거하여 잠정실적 공시를 정정하게 되었습니다. - 상기 금액은 조원 단위이며,

참조 DART 전자공시시스템

이 공시를 보면 삼성전자 무선사업부는 갤럭시 노트7 판매 중단 영향으로 2016년 3분기 7.8조 원대 영업이익에서 5.2조 원대 영업이익으로 정정공시했음을 알 수 있다. 따라서 삼성전자의 일회성 손실을 고려한다면 2016년 3분기는 24조 원보다는 26조 원 이상으로 봐야할 것이다. 어쨌든 이를 고려하든 그렇지 않든 전반적으로 2016년으로 다가올수록 KOSPI 분기 이익이 점차 개선되고 있음을 확인했다.

그렇다면 만약 2017년 국내 기업의 실적이 다시 하락 추세로 접어들지 않는다면 굳이 지금 주식형 펀드를 급하게 환매할 필요가 있을까? 물론 자금이 필요해서 펀드를 환매하는 것은 당연히 해야 하지만 '과거에 우리 지수가 박스권이었기에 지금 환매했다가 다시 1,900pt로 가면 사겠다'는 생각은 위와 같은 간단한 분석을 하고 잠시 기다리면서 국내 기업의 실적 추이를 확인하고 실행하는 것도 괜찮은 방법이다.

요약하면 펀드를 환매하고 안 하고의 문제가 아니다. 이는 고객의 질문에 대한 필자의 생각을 정리한 것에 불과하다. 이런 간단한 분석은 맞을 수도 있고 틀릴 수도 있다. 분석자는 점쟁이가 아니다. 문제는 기업의 재무제표를 보고 분석하고 나면 투자자 개인의 믿음이 생기기에 이를 바탕으로 투자하면 시장의 잦은 파동에 흔들리지 않고 믿음으로 투자를 이어갈 수 있다는 것을 거론하고 싶다.

03

지수는 점차 오르는데,
왜 내 주식만 이럴까요?

예전에 같은 회사에서 근무하며 사적으로도 참 친하게 지냈던 후배와 얼마 전 저녁식사를 하게 됐다. 오랜만에 만나서 이런저런 이야기를 나누다가 그의 간단한 고민을 들을 수 있었다. "팀장님, 요즘 제가요. 아내에게 이야기를 안 하고 주식 투자를 하는데요. 영 신통치가 않네요. KOSPI지수는 계속 오르는데, 왜 제 주식만 안 오를까요?"

그런데 그날 후배에게 이 질문을 들으면서 갑자기 개인적으로 궁금해진 부분이 생겼다. '왜 주식 투자는 아내 몰래, 남편 몰래 하게 되는 걸까? 부부끼리 이야기하고 같이 고민하고 분석하면 더 좋을 텐데…'

다시 이번 장의 본론으로 돌아와서 많은 주식 투자자들이 최근에 안고 있는 고민일 것이다. 왜 내 주식만 오르지 않는 걸까? 이 역시 답은 재무제표에서 찾아야 한다고 생각한다.

연도별 KOSPI지수와 KOSPI 합산순이익 추이

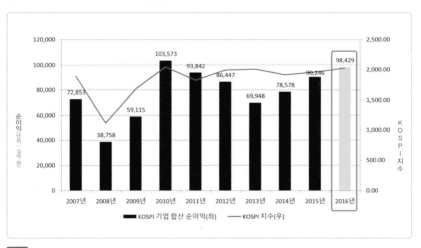

참조 FnGuide

앞의 관련 관련 도표를 다시 보면 위와 같다. 앞서 언급했지만, 이 책을 쓰는 동안에 한국거래소에서 '2016 사업연도 결산실적 공시'가 있었다. 이 자료를 기준으로 보면 KOSPI 상장기업의 2016년 당기순이익은 98.4조 원대로 합산됐고 여기에 합산되지 않은 몇몇 기업(결산기 변경사, 합병사, 신규 상장사 등)의 이익을 합하면 대략 100조 원으로 바라보는 것이 무난할 것으로 판단된다.

문제는 지나간 2016년이 아니라 앞으로의 2017년이다. 이후 만약 우리나라 상장기업들의 이익이 증가된다면 KOSPI지수의 상승세는 이어질 것이다. 이 글을 쓰는 현재 KOSPI지수는 2,100pt를 상회하고 있다. 그런데 왜 내 주식은 오르지 않는 걸까? 이에 대한 답을 찾고자 과거 합산순이익이 100조 원을 넘었던 2010년과 2016년의 섹터별 순이익을 비교해볼 필요가 있다.

2010년, 2016년 섹터별 이익 추이 비교

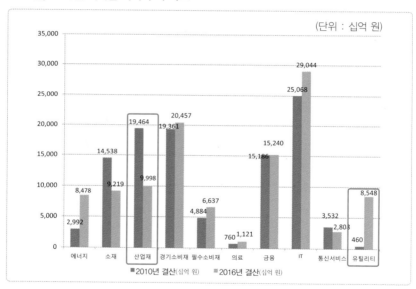

단적인 예를 가정하기 위해서 양쪽 극단의 섹터를 본다면 2010년 산업재 섹터의 연결 합산순이익은 19.4조 원대였으나 2016년 연결 추정 순이익은 9.9조 원대다. 이 기간 동안 국내 산업재 섹터의 순이익은 48% 감소했음을 보여주고 있다.

반대로 에너지 섹터, 필수소비재 섹터, IT 섹터, 유틸리티 섹터 등은 크게 성장했음을 그림을 통해 알 수 있다.

만약 어떤 투자자 A가 산업재 섹터 내 삼성중공업과 같은 기업에 투자하고 있고 또 다른 투자자 B가 유틸리티 섹터 내에 한국전력과 같은 기업에 투자하고 있어서 2010년 이후 포트폴리오를 바꾸지 않고 그대로 보유하고 있다고 가정하자. 만약 투자자 A가 기업의 재무제표, 그 가운데 특히 매출과 이익 추이를 분석하지 않고 지인의 추천 등에 의해서 보유하고 있었다면 KOSPI지수가 2,100pt를 상회하는 최근에도 고점 대비 80% 가까운 하락을 경험하고 있을 것이다.

삼성중공업 월봉차트

참조 미래에셋대우증권 HTS

반대로 한국전력에 투자했다고 가정한 투자자 B의 경우는 어떠했을까?

한국전력 월봉차트

참조 미래에셋대우증권 HTS

최근 한국전력 주가는 고점에서 하락세가 이어지고 있으나 그래도 2011년에 매수해서 보유하고 있었다면 저점 대비 100%가 넘는 상승 수익률을 기록하고 있을 것이다. 이 같은 예를 드는 것은 이런 후행적인, 결과론적인 차트를 갖다 대면서 '종목을 잘 찍었네, 못 찍었네' 이런 이야기를 논하고픈 게 아니다. 우리는 투자하기 전에 기업을 분석해야 하고 재무제표를 봐야 한다. 그래야 상승장에서 지수는 오르는데 내 종목은 오랜 기간 심각히 떨어지는, 이런 현상을 조금이라도 피할 수 있다.

앞서 서술했지만 아무리 재무제표를 보고 투자한다 해도 한동안 소외될 수 있고 지루한 시기를 보낼 수도 있다. 그러나 분석한 후의 투자는 오히려 이런 하락 시기를 기다릴 수 있고 준비된 시나리오로 하락 시에 분할매수로 대응하면서 평단가를 낮추는 계기로 전환시킬 수 있다.

분할매수에 대해서는 뒷부분에서 간단히 거론할 예정이다. 우리가 흔히 이야기하는 기관 투자가들도 어떤 주식을 매입할 때 정해진 금액을 한 번에 모두 투자하는 경우는 흔치 않다. 물론 있을 수 있다. 정말 좋은 투자 대상을 찾았다면 필자라도 그렇게 할 것이다. 하지만 일반적으로 포트폴리오 내에 주식을 담을 때는 가능하면 분할매수의 원칙을 지킬 것이다.

그렇기에 어떤 기업을 분석해두고 투자를 진행한 후 기업의 기본체력(펀더멘탈)이 변하지 않았다면 주가의 하락은 오히려 좋은 분할매수 기회가 된다. 이런 차이는 결국 기업을 분석했는가, 분석 후 싼 주가에 매수해 기업에 대한 믿음이 여전히 있는가로 귀결될 것이다.

다시 이 후배 이야기로 돌아가보자. "그래? 그럼 안 과장은 어떤 주식에 투자했어?" 필자의 이 질문에 대한 답으로 후배는 몇몇 종목을 이야기해줬다. 그런데 그 종목들의 이야기를 듣는 순간, 필자도 꽤 오랜 기간 직업으로 일해오면서 주식에 투자했고 1년이면 상당수 기업에 탐방을 다니면서 분석해왔는데, 대부분 그다지 나의 관심권에 들지 않는 종목들이었다.

"그 회사에는 왜 투자했어? 아는 지인이라도 있었어?" 이런 나의 질문에 후배는 이렇게 답했다. "이 회사 모르세요? 요즘 유명한데요, A회사는 3D프린터 관련주고요, B회사는 문재인 캠프 관련주에요. 사람들이 아직 모르나봐요. 다른 대선 관련주는 모두 상승하는데 이놈만 시

들하네요. C회사는 요즘 선박회사 주식이 급등해서 샀는데 고점에 잡았나봐요. 계속 빠지네요." 후배가 이런 이야기를 하는 동안 나는 다소 어리둥절했다. 물론 후배 앞에서 표시하진 않았지만 어떤 답을 해야 할지도 난감했다.

일단 후배가 언급했던 이런 주식을 나는 잘 모른다. 분석해본 적도 없고 실제로 그런 관련 정보가 주식의 수익률에 얼마나 상관관계를 보여주는지도 확신이 서질 않는다. 만약 내가 이런 투자를 해서 단기적으로 수익을 꾸준히, 안정적으로 올릴 수만 있다면 나도 이런 투자를 했을 것이다. 그리고 실제로 과거 15년 전쯤 이런 투자를 해본 경험도 있다. 그러나 이런 투자 기법을 폄하하는 것이 아니라 적어도 나에게는 맞지 않는다.

일단 이런 주식을 사놓고 만약 주가가 걱정이어서 밤에 잠을 이룰 수 없다면 이는 건강을 해칠 수 있기에 나에게는 맞지 않는다. 또한 적어도 나는 이런 투자로 수익률이 좋지 않았다. 그냥 안 좋은 게 아니라 아주 나빴다. 따라서 나는 이런 투자가 맞지 않는다. 그래서 그날 오랜만에 만난 후배가 기분 나쁘지 않도록 재무제표를 봐야 한다는 것과 투자의 성과는 중장기적 시각을 봐야 한다는 것, 궁극적으로 기업의 가치를 판단하고 그보다 싼 기업에 투자해야 한다는 이야기를 장황히 설명했다.

후배가 얼마나 이해하고 실제로 투자에 대한 생각을 바꿀지는 모르겠지만, 국내 유명 대학에서 경영학 석사까지 마친 후배의 투자 마인드는 필자의 생각과 많이 다름을 알 수 있었다. 여하튼 후배와 함께한 이 날 저녁식사는 필자가 이 책을 쓰는 데 언급될 만한 이야깃거리와 예제를 떠올리게 하는 자리였다.

마지막으로 헤어지는 순간, 후배가 물었던 질문이 생각난다.
"지금이라도 삼성전자를 사야 할까요?"

대형주를 사야 하나요?
중소형주를 사야 하나요?

　얼마 전 고객에게서 전화 한 통을 받았다. 사실 펀드를 운용하든, 랩(WRAP)을 운용하든 운용자에게 가장 무서운 것 중 하나가 고객의 전화다. 어지간해선 판매사, 예를 들어서 은행이나 증권사에서 대부분 고객의 컴플레인을 응대해주지만 도저히 판매사에서 응대가 어려운 고객은 운용사(혹은 자문사)로 전화가 오기도 한다. 이런 전화는 운용사 내에 마케팅 담당자나 운용자 입장에선 무서운 일이 되는 것이다. 그날 필자는 대략 1시간 넘는 질문과 답변을 이어갔으며 많은 시간 호통을 들어야 했다. 그때 받았던 질문 가운데 하나는 이것이었다.

　"아니, 왜? 삼성전자를 투자하지 못하는 겁니까? 이런 중소형주에 투자해서 지금 수익이 나겠어요? 그냥 다 빼고 삼성전자 사세요. 삼성전자! 삼성전자가 끝나면 그때 중소형주로 가든지 해야지!"

사실 이 고객의 주장 중에 결과론적으로 틀린 부분은 없다. 2016년 1월경 변곡점을 통과한 삼성전자는 필자가 이 글을 쓰는 순간까지도 지칠 줄 모르는 상승세를 보여주고 있다. 필자는 과감히 삼성전자의 비중을 늘리지 못했으나 삼성전자의 반도체 호황이 쉽게 끝나지 않음을 분석하고 2016년 연초에 삼성전자 비중을 크게 늘렸던 동료 매니저가 있으니 말이다. 그런 판단과 즉각적으로 포트폴리오를 변경할 수 있었던 그의 투자 철학과 실행력이 부럽기도 하다.

삼성전자 월봉차트

참조 미래에셋대우증권 HTS

그렇다면 여기서 장의 주제로 '대형주에 투자해야 할까? 중소형주에 투자해야 할까?' 이에 대한 필자의 견해는 다음 자료에서 찾으려고 한다.

기간별 대형주와 중형주의 상대수익률 비교

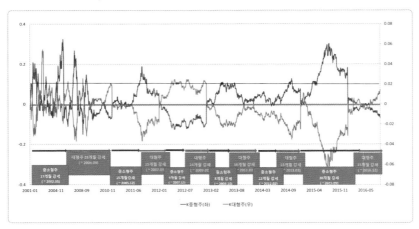

참조 FnGuide

2001년 이후 우리나라 KOSPI시장에서 대형주와 중형주 간에 어떤 사이즈의 주식 수익률이 상대적으로 좋았는지를 보여준다.

😊한 걸음더 대형주 상대적 수익률 추이 VS 중형주 상대적 수익률 추이 »

먼저 이 자료가 어떻게 그려졌는지를 설명할 필요가 있을 것 같다. 이 그림은 매년 연초가 되면 KOSPI지수 및 대형주, 중형주를 지수 1로 재설정을 해서 KOSPI 대비해서 대형주가 얼마나 상승/하락했는지를 빨간색 선으로 그리고 또 KOSPI 대비해서 중형주가 얼마나 상승/하락했는지를 파란색 선으로 그린 것이다.

예를 들어, 2017년 새해 첫 거래일에 KOSPI지수가 전 거래일 대비 1%가 올랐다면 'KOSPI 연초 대비 상승지수'는 1.01이 된다. 만약 그 다음날 대형주는 전 거래일 대비 0.5%가 올랐다면 '대형주 연초 대비 상승지수'는 1.005가 된다. 이렇게 해서 K대형주지수는 '(대형주 연초 대비 상승지수)/(KOSPI 연초 대비 상승지수)'로 나온다. 이런 경우라면 $\frac{1.005}{1.01}-1$로 계산해서 백분율로 표시하면 −0.495%가 된다. 어려운 이야기는 치우고 이런 경우라면 궁극적으로 지수가 오른 것에 비해서 대형주는 상대적으로 못 올랐으니 음수(−) 쪽으로 그림이 그려진다는 이야기다.

반대로 KOSPI지수는 올랐는데 대형주는 상대적으로 크게 못 올랐다면 나머지는 중소형주가 시장에 상대적으로 수익률이 더 좋았다는 뜻이 되므로 차트를 그리면 양수(+) 쪽으로 그림이 그려질 것이다. 이렇게 해서 1년간의 그림을 쭉 이어서 그리면 이와 같은 차트가 완성된다. 결국 이런 차트를 엑셀로 그려보는 이유는 지수의 오르고 내림과 상관없이 그 해에 대형주가 많이 올랐는지, 혹은 중소형주가 많이 올랐는지를 보고 싶어서다.

이제 이번 장의 질문에 대한 필자의 견해로 넘어가본다. 위 그림을 보면 2001년 이후, 대형주 및 중형주의 상대적 강세장은 각각 6번씩 출현했던 것으로 보인다. 2001년 연초부터 2002년 대략 5월까지는 중형주가 대형주의 수익률을 앞서갔고 그 다음 2004년 9월까지는 대형주의 수익률이 상대적으로 중형주보다 좋았다.

결국 이 자료를 통해서 우리가 알 수 있는 것은 대형주가 반드시 수익률이 좋았던 것도 혹은 중소형주가 반드시 수익률이 좋았던 것도 아니라는 것이다. 주식시장은 대형주의 밸류에이션(가치평가)에 부담이 있을 때는 중소형주로 좋은 수익률 흐름이 넘어갔고 중소형주의 밸류에이션(가치평가)에 부담이 있을 때는 대형주로 넘어갔음을 알 수 있다. 그러므로 '항상 대형주가 답이었다, 중소형주가 답이었다'라는 것은 맞지 않는 논리다.

그렇다면 필자의 답은 무엇일까? 지금 자신이 분석한 기업을 그 가치 대비 싼 가격대에서 투자해놓고 기다리는데 대형주 장세가 1년 넘게 이어지면서 시장은 올라가도 자신의 주식은 올라가지 못하는 시기를 겪고 있는가? 설령 그렇다 하더라도 이 시기를 못 견디고 다시금 삼성전자로 대두되는 대형주로 갈아탄다면 그다지 좋은 결과를 내지 못할 것이라는 생각이다.

자료에서도 알 수 있듯이 대형주의 장세가 엄청 이어질 것 같지만 시장은 그 한계가 오면 다음은 중소형주의 장세로 넘어왔음을 알 수 있다. 그렇기 때문에 자신이 제대로 분석한 것이 맞고 기업에 대한 믿음이 있으며 또 본질의 가치 대비 싼 가격에 매수했다면 다음의 중소형주 장세가 올 때까지 기다려야 한다.

그렇게 기다릴 수 있는 투자자에게 시장은 수익률을 안겨주는 것이다. 물론 반대도 마찬가지다. 지금 중소형주 장세가 이어지고 있는데 자신은 대형주에 투자하고 있다면 중소형주로 갈아타는 것이 아니라 다음 돌아올 대형주의 장세에서 수익을 내야 하기에 기다려야 한다는 것이다.

😊한 걸음더 　**대형주와 중형주의 상대강도 특성** 　　　　　　　　　　**》**

자료에 대한 설명을 마무리하기 전에 몇몇 놓치지 말아야 할 중요 포인트가 있다. 기왕 설명한 김에 간단히 정리하려고 한다.

❶ 한번 강세장이 출현하면 얼마나 갈까?

앞의 분석을 기반으로 2001년 이후 한번 강세장이 출현하면 대형주는 평균 15개월. 중형주는 12개월 지속이 됐다. 물론 특이한 경우에 기간이 예외로 길어졌던 시기도 있었지만 평균이 그렇다는 것이다.

❷ 대형주의 상대강도 특성은 어떠한가?

대형주는 중형주 대비 상대적으로 강세장 출현 시 기간은 일반적으로 중형주보다 길지만 평균수익률 상대강도(진폭)는 높지 않았다.

❸ 중형주의 상대강도 특성은 어떠한가?

중형주는 대형주 대비 상대적으로 강세장 출현 시 기간은 일반적으로 대형주보다 짧지만 한번 출현하면 수익률 상대강도(진폭)는 훨씬 높았음을 알 수 있다.

이런 결론을 통해서 개인이 자신의 투자 철학이나 스타일을 정할 때 어떤 사이즈의 주식을 좋아할지를 정할 수 있게 된다. 만약 어느 특정 기간 거래일 가운데 손실 나는 날보다는 수익 나는 날이 많았으면 좋겠고 전체 시장에 대한 개별 주식의 민감도(흔히들 '베타'라고 부름)가 높지 않기를 원하는 투자자라면 대형주를 선호하는 투자 스타일을 가져야 하고 반대로 손실 나는 날이 많아도 상관없으니 시장에 대한 개별 주식의 민감도가 높게 나오기를(즉, 한번 상승하면 많이 상승해주기를) 바라는 투자자라면 중형주를 선호하는 투자 스타일을 가져가는 것이 분석 후 통계적으로 맞다고 생각한다.

하지만 우리는 대형주를 투자하더라도 그 본연의 가치 대비 싼 주식을, 중소형주에 투자하더라도 내재가치 대비 싼 주식에 투자해야 함을 잊지 말자.

[펀드매니저 따라 하기]
연간 결산실적은
어디서 확인할 수 있나요?

　연간 실적을 거론했다. 한국거래소에서 발표된 2016 사업연도결산실적 자료를 근간으로 보면, 2016 KOSPI 상장기업의 당기순이익은 98.4조 원이었다. 그런데 증권회사 등 기관 투자가들의 경우, 이런 통계 데이터를 수집해서 판매하는 여러 기업들이 있어서 유료회원으로 가입 후 이 서비스를 받으면 어렵지 않게 결산 실적이나 각종 재무비율 등을 확인할 수 있다. 해외자료를 이용할 수 있는 대표적인 곳은 Bloomberg, 국내자료는 FnGuide, WiseFn 등의 유료서비스를 이용하면 어렵지 않게 자료를 다운받을 수 있다.

　그러나 이런 유료서비스가 적게는 아이디(ID) 하나당 연간 500만 원~1,000만 원 가량의 비용이 드니 개인 투자자가 사용하기에는 적지 않은 금액이다. 하지만 그렇다고 해서 전혀 이런 데이터를 수집할 수 없는 것이 아니다. 지금부터 상장기업들의 연간 실적을 어디서 확인하는지 같이 [따라 하기] 방식으로 확인해본다. 마침 이 글을 쓰는 기간에 '2016 사업연도 12월 → 법인 결산실적'이 올라온 것을 확인했다. 이 자료를 다운받는다.

① 네이버, 다음, 구글 등 각종 검색사이트에서 '한국거래소'를 검색한다. 이런 자료들은 한국거래소나 한국상장회사협의회 사이트에 올라오므로 둘 중 편한 곳으로 가면 되나 일단 한국거래소 사이트로 가본다.

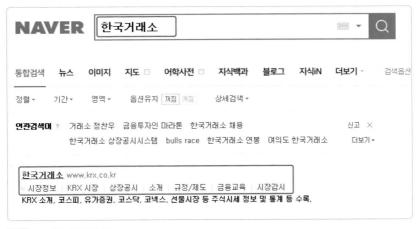

참조 NAVER 검색사이트

검색화면에서 '한국거래소'를 입력하고 검색을 하면 하단 '한국거래소 www.krx.co.kr'가 나타난다. 이 부분을 클릭해 해당 사이트로 이동한다.

② '한국거래소' 사이트로 이동한다.

이 거래소 사이트에서 상단 메뉴 가운데 [KRX 시장]을 클릭하고 다시 하단에 있는 [보도자료]를 클릭한다.

③ [보도자료] 메뉴를 클릭하면 검색기를 확인할 수 있다. 검색화면에 [한국거래소]가 클릭된 것을 확인한 후, 이 검색기에서 '결산실적'이라고 입력하고 하단의 [조회]를 클릭한다.

④ 이렇게 [조회]를 클릭하면 다음과 같은 검색결과값을 확인할 수
   있다. '유가증권 2016 사업연도 결산실적(12월 법인)'이라고 나와
   있는 결과값의 오른쪽에 있는 [첨부파일] 부분을 클릭한다. 그러
   면 한글파일(.hwp)과 엑셀파일(.xls)이 나타나는데 엑셀파일을 다
   운받아 보려 한다. 그래서 [(보도자료 첨부)유가증권시장 2016 사
   업연도 실적분석.xls]을 부분을 클릭한다.

참조 한국거래소

⑤ [(보도자료 첨부)유가증권시장 2016 사업연도 실적분석.xls]을 클릭하면 이를 열 것인지, 혹은 저장할 것인지를 묻는 화면이 나온다. 이때 [저장]을 클릭한다.

file.krx.co.kr의 (보도자료+첨부)유가증권시장+2016사업년도+실적분석.xls(660KB)를(을) 열거나 저장하시겠습니까?   열기(O) 저장 ▼ 취소(C)

참조 한국거래소

[폴더열기]를 통해서 저장된 곳으로 이동한다.

(보도자료+첨부)유가증권시장+2016사업년도+실적분석.xls 다운로드가 완료되었습니다.   열기(O) ▼ 폴더 열기(P) 다운로드 보기(V) ×

참조 한국거래소

⑥ 드디어 파일을 다운받았으니 저장된 곳으로 이동해 이 파일을 열어볼 수 있다. [(보도자료+첨부)유가증권시장+2016 사업연도+실적분석.xls] 파일을 더블 클릭한다.

GANG ▾ 다운로드 ▾			
공유 대상 ▾ 인쇄 전자 메일 굽기 새 폴더			
이름 ▲	수정한 날짜	유형	크기
🗀 기타	2017-04-05 오후 ...	파일 폴더	
📗 (보도자료+첨부)유가증권시장+2016사업...	2017-04-05 오후 ...	Microsoft Excel ...	660KB

참조 한국거래소

이 파일을 열기 위해서는 자신의 컴퓨터에 Microsoft Excel 프로그램이 설치됐는지 확인하고 만약 그렇지 않다면, 설치할 것을 권장한다.

⑦ 다운로드 [따라 하기] 순서는 마무리됐다. 이제 이 파일을 더블클릭해서 재무제표 투자를 위해 필요한 2016년 기업들의 연간 실적을 알아본다.

2016 사업연도 실적분석 대상법인 내역(개별 및 연결실적)

구분			회사 수	회사명
사업보고서 제출대상			725 (606)	
분석 제외 법인	신규 설립	2015년	2(2)	LS전선아시아(2015.5.15설립), 화승엔터프라이즈(2015.11.17 설립)
	결산기 변경	2015년	2(1)	유니켐(개별), 일양약품
		2016년	1(1)	이화산업
	분할/합병	2015년	14(13)	SK, 동국제강, 동성코퍼레이션, 디와이파워, 사조오양(개별), 삼성물산, 아이에이치큐, 인스코비, 한솔 로지스틱스, 한솔제지, 한솔 홀딩스*, 현대씨앤에프, 현대제철, 현대종합상사
		2016년	11(9)	대한전선, 동남합성(개별), 미래에셋대우*, 삼양사, 샘표, 샘표식품, 신성솔라에너지, 영흥철강, 일동제약, 일동홀딩스, 한솔피엔에스(개별), 한솔홀딩스*, 한화케미칼
	감사의견 부적정	2016년	3(2)	(한정)KGP, 대우조선해양 (의견거절)넥솔론(개별)

분석 제외 법인	금융업**	49(45)	BNK금융지주, DGB금융지주, HMC투자증권, JB금융지주, KB금융, KB손해보험, KB캐피탈(개별), KTB투자증권, NH투자증권, SK증권, 골든브릿지증권, 광주은행, 교보증권, 기업은행, 대신증권, 동부증권, 동부화재해상보험, 동양생명, 롯데손해보험(개별), 메리츠금융지주, 메리츠종금증권, 메리츠화재, 미래에셋대우*, 미래에셋생명, 부국증권, 삼성생명, 삼성증권, 삼성카드, 삼성화재해상보험, 신한지주, 아주캐피탈, 우리은행, 우리종금, 유안타증권, 유진증권, 유화증권(개별), 제주은행, 코리안리, 키움증권, 하나금융지주, 한국금융지주, 한국자산신탁, 한국토지신탁, 한양증권(개별), 한화생명, 한화손해보험, 한화투자증권, 현대해상, 흥국화재
	소계	82(73)	
분석 대상 법인		643(533)	

* 제외사유 중복 해당
** 금융업은 영업수익 등 미기재로 분석에서 제외

　　다운받은 엑셀파일을 열면 하단에 여러 탭(Tab)이 있다. 그중에서 가장 왼쪽 탭(Tab)인 '1.분석제외(개별 및 연결)'을 클릭한다. 이 탭부터 보는 이유는 일단 KOSPI시장 중에서 몇 개의 기업을 분석 대상으로 삼았는가를 확인하기 위해서다. 상단을 보면 사업보고서 제출대상 기업은 725개고 분석 대상 기업은 643개임을 알 수 있다. ( ) 안의 숫자는 연결재무제표 대상 기업의 수인데 이 부분은 나중에 다시 거론할 것이므로 여기서는 신경 쓰지 않아도 된다.

이 페이지에서 확인해야 할 부분은 왜 사업보고서 제출한 기업은 725개인데 분석 대상은 643개만 했는가에 대한 부분이다. 자료 중간에 분석 제외 법인들이 나오는데 대표적으로 이 분석기간 안에 신규 설립된 기업이거나 결산기를 변경한 기업, 분할 또는 합병한 기업들은 정확한 실적(매출, 이익 등)의 산출이 어렵기에 분석 대상에서 제외한 것이다.

또 하나 중요한 것은 금융업은 따로 분류해서 계산했기에 여기서는 빠진 것이다. 앞에서 결산기를 변경한 기업 등의 매출 및 이익의 수치는 전체 기업의 수치에서 큰 비율을 차지하지 않아 고려하지 않아도 큰 문제가 되지 않는다. 그러나 금융업 49개사는 우리나라 업종 가운데 큰 비중을 차지하므로 나중에 이들의 수치는 따로 확인해야 한다. 결국 이 페이지를 열어서 인지해야 할 부분은 '분석 대상 기업은 643개고 이 수치에는 금융업종이 포함되지 않았구나!'를 확인하면 된다.

⑧ 이제 이 파일의 핵심부분으로 가 본다. 하단 탭(Tab) 중 왼쪽에서 두 번째 있는 '2.연결_총괄표'를 클릭한다.

2016 사업연도 결산실적 및 재무현황총괄표(연결실적)

• 전년 대비 2016년 결산실적

(단위 : 억 원, %, %p)

구분	2015년	2016년	증감	증감률
매출액	16,326,927	16,457,370	130,443	0.80
영업이익	1,054,692	1,213,056	158,364	15.02
법인세비용차감전순이익	972,485	1,095,118	122,634	12.61

순이익	677,700	802,797	125,096	18.46
(지배기업 소유주 지분)	665,863	762,815	96,952	14.56
매출액영업이익률	6.46	7.37	0.91	
매출액순이익률	4.15	4.88	0.73	

• 자본 및 부채구성

(단위 : 억 원, %, %p)

구분	2015년말	2016년말	증감	증감률
자산총계	21,464,197	22,498,562	1,034,365	4.82
부채총계	11,699,887	11,997,963	298,076	2.55
자본총계	9,764,310	10,500,599	736,289	7.54
부채비율	119.82	114.26	-5.56	

이 부분은 우리가 힘들게 따라 하면서 다운로드한 파일의 본문에 해당하기에 인지해야 할 부분이 많다. 먼저 상단에 보면 이 숫자들의 단위는 '억 원'이다. 2016년 우리나라 KOSPI 상장기업(금융업 제외)의 총 매출 합계액은 1,645조 원 정도다. 이 숫자를 정확히 알 필요는 없지만, 그래도 어디서 지인들과 이야기하는 중에 "우리나라 기업들의 연간 총매출액이 대략 어느 정도인지 알아?"라고 물으면서 "2016년 기준 대략 1,645조 원이야~"라고 상식을 논하기에는 좋은 수치다. 이왕이면 하나 머리에 넣어두길 추천하다.

다음으로 우리나라 기업들의 영업이익 합산수치는 121조 원대, 순이익 합산수치는 80조 원대임을 확인할 수 있다. 물론 연결재무제표에서는 당기순이익보다 지배주주순이익이 더 중요하다고 볼 수 있다. 하지만 여기서는 간단한 추정이기에 영업이익과 순이익을 보는 것으로 한다. 역시 영업이익, 순이익의 합산수치도 가능하면 암기해두면 좋다. 문제는 여기서 전년 대비 증감률인데 영업이익은 전년 대비 15.02%, 순이익은 전년 대비 18.46% 증가했다.

'주식형 펀드를 환매해야 할까요?'라는 질문에 '우리 기업들 실적이 다시금 하락 추세로 접어들지 않는다면 굳이 지금 주식형 펀드를 급하게 환매할 필요는 없을 것이다'라는 의견을 올린 것에 대한 보충자료로 다시 한번 확인이 가능하다. 즉, '전년 대비해서 영업이익, 순이익이 15% 이상 개선 수치가 나왔다면 또 이런 흐름이 2017년에도 이어질 것으로 추정된다면 환매는 그렇게 빨리 진행하지 않아도 될 것이다'라는 생각을 뒷받침하게 된다. 물론, 주가야 빠질 수도 있다. 그걸 어찌 알겠는가? 하지만 이런 데이터를 분석하고 나서는 조금 더 확신을 갖고 금융시장에 대응할 수 있다는 것이다.

마지막으로 하나만 더 알고 넘어가자. 페이지 하단에 있는 '자본 및 부채 구성' 부분에서 아직 우리는 자본, 부채 등의 용어를 배우지는 않았지만 한 가지는 간단히 알고 가길 바라는 것이 있다. 바로 우리 기업들의 순자산 혹은 자본이다. 이 둘은 같은 표현으로 이해하면 된다. 2016년 분석 대상 기업들의 순자산(자본)은 1,050조 원이다. 다음에서 거론하겠지만 우리 기업들의 순이익 및 순자산은 PER, PBR이라고 하는 상대적 가치평가(밸류에이션)에 활용되는 중요한 수치가 된다.

⑨ 마지막 남은 금융회사의 연결실적을 확인해보자. 위 파일 안의 하단 탭(Tab) 중에서 오른쪽에 있는 [12.금융회사_연결실적]을 클릭한다.

2016 사업연도 실적분석 12금융회사 연결실적

번호	회사명	영업이익		증감률	당기순이익		증감률	비고
		당기	전기		당기	전기		
1	BNK금융지주	7,123	6,962	2.3%	5,181	5,305	△2.3%	금융지주
2	DGB금융지주	3,869	3,430	12.8%	3,019	3,083	△2.1%	금융지주
3	JB금융지주	2,527	1,964	28.7%	2,019	1,509	33.8%	금융지주
4	KB금융지주	16,769	18,211	△7.9%	21,902	17,273	26.8%	금융지주
5	메리츠금융지주	6,884	6,168	11.6%	5,220	4,421	18.1%	금융지주
6	신한금융지주	31,086	29,731	4.6%	28,249	24,460	15.5%	금융지주
7	하나금융지주	16,141	10,105	59.7%	13,997	9,543	46.7%	금융지주
8	한국금융지주	3,619	3,845	△5.9%	2,711	3,243	△16.4%	금융지주
	금융지주 합계	88,020	80,417		82,298	68,837		
1	광주은행	1,328	722	83.9%	1,034	579	78.7%	은행
2	기업은행	15,326	14,997	2.2%	11,646	11,506	1.2%	은행
3	우리은행	15,742	13,516	16.5%	12,775	10,754	18.8%	은행
4	제주은행	312	254	22.8%	252	194	29.7%	은행
	은행 합계	32,708	29,488		25,707	23,032		
1	HMC투자증권	528	682	△22.6%	398	504	△21%	증권
2	KTB투자증권	287	100	187.7%	364	315	15.8%	증권
15	한화투자증권	(1,929)	(166)	△1,060.4%	(1,608)	(123)	△1,206.2%	증권
	증권 합계	12,381	18,111		10,149	14,037		
1	동양생명	(298)	2,122	△114.1%	148	1,605	△90.8%	보험
2	미래에셋생명	1,168	1,228	△4.9%	910	1,224	△25.6%	보험
3	삼성생명	9,865	11,485	△14.1%	21,500	12,096	77.7%	보험
4	한화생명	5,210	5,866	△11.2%	8,451	5,300	59.5%	보험
5	KB손해보험	3,889	2,424	60.4%	3,021	1,593	89.6%	보험
	보험 합계	49,972	49,016		57,476	41,092		
1	삼성카드	4,309	3,842	12.2%	3,494	3,337	4.7%	기타

2	아주캐피탈	696	670	3.9%	542	510	6.2%	기타
3	우리종금	214	108	98.4%	239	104	128.8%	기타
4	한국자산신탁	962	584	64.7%	732	422	73.4%	기타
5	한국토지신탁	1,140	890	28.1%	859	682	26.0%	기타
	기타금융합계	7,321	6,093		5,866	5,055		
	전체 합계	190,400	183,126		181,495	152,054		

참조 한국거래소, 유가증권시장 2016 사업연도 실적분석
대상법인 44개사(49개사 중 5개사 제외)
제외법인 미래에셋대우(분할합병1사), 유화증권,한양증권, 롯데손해보험, 케이비케비탈(개별4사)

집계에 제조회사의 매출에 해당하는 금융회사의 영업수익은 포함되지 않았다. 그래서 영업수익은 제외하고 2016년 KOSPI 상장금융회사의 영업이익은 19조 원대, 당기순이익은 18조 원대에 해당한다. 이제 남은 것은 비금융업과 금융업을 합산하면 대략적인 KOSPI 상장금융회사의 매출 및 이익을 추정할 수 있다.

2016년 상장기업 매출액 및 이익 합산수치 추정

(단위 : 조 원)

구분	비금융업	금융업	합계
매출액	1,645.7		
영업이익	121.3	19.0	140.3
순이익	80.3	18.1	98.4

표를 보면 2016년 우리나라 KOSPI 상장기업들의 합산 영업이익은 140조 원대, 그리고 순이익은 98조 원대임을 알 수 있다. 여기에 12월 결산법인이 아닌 3월, 6월 결산법인들과 분할, 합병 등으로 분석이 어려웠던 제외 기업들을 더하면 순이익은 100조 원으로 보는 것이 이해하기도 쉽고 조금 더 타당한 추정일 것으로 보인다.

필자가 그냥 결론적으로 표를 제시하고 "우리나라 순이익은 100조 원으로 추정됩니다"라고 기술하면 될 것을 왜 이렇게 [따라 하기] 방식으로 상세히 설명하는 것일까?

이미 눈치 챘겠지만 궁극적으로 기업 분석 및 공부는 본인이 직접 하는 것이다. 이런 노력의 시간이 점점 쌓여갈 때 증권가에서 나오는 리포트도 그 진위나 오류를 파악해 필요한 부분만 내 것으로 취사선택할 수 있다.

만약 그렇지 않고 그냥 증권사의 리포트를 보고 "우리나라 기업들 싸대! 그래서 주식 홀딩하래!"라는 결론만 주지한다면 시장의 위기가 오고 그 리포트와 다른 흐름으로 시장이 흘러갈 때 결국 버티지 못하고 손절하는 악순환이 반복되는 것이다.

궁극적으로 자신이 직접 분석해야 한다. 개별기업의 재무제표도 찾아보고 상장사들의 연간 매출 및 이익도 합산해보고 필요에 따라 원자재 사이트에서 가격수치도 취합해야 한다. 이런 것들을 본인이 직접 해야 함을 잊지 말자. 이런 분석이 없다면 필자의 생각에는 주식 투자는 안 하는 것이 낫고 설령 주식 투자를 한다 해도 늘 마음이 불안한 투자를 할 수밖에 없을 것이다. 물론 이것은 철저한 필자의 주장이고 생각이다. 만약 필자의 생각과 다른 분이 있다면 이해를 부탁드린다.

[한 걸음 더]
KOSPI시장의 PER, PBR을
직접 산출할 수 있을까요?

지금부터 간단히 기술할 부분은 우리 시장의 PER, PBR에 대한 부분이다. 이 부분을 이해하려면 먼저 PER, PBR 등과 Forward, Trailing의 개념을 이해해야 한다. 굳이 나중에 이야기할 부분을 여기서 먼저 기술하는 것은 여기서 한번 보고 나면 나중에 가치평가(밸류에이션) 부분에서 다시 볼 때에는 훨씬 쉽다.

서울에 있는 어느 증권사 지점에 세미나를 갔을 때에 이런 질문을 받았다. 보통 증권사 지점 세미나는 증권사 직원들, 특히 PB(Private Banker)들을 대상으로 하는 세미나는 주로 아침 7시 반, 8시에 진행한다. 대략 1시간의 세미나를 마치면 바로 오전 업무가 시작되는 시간이기 때문이다. 아침 세미나를 마치고 급히 나오는데 증권사 직원이 이런 질문을 했다. "MSCI 등이 발표하는 KOPSI시장의 퍼(PER)와 우리나라 증권사에서 내놓은 퍼(PER)가 왜 이렇게 다른가요? PBR도 그렇구요." 질문은 간단한 내용이지만 그에 대한 의견은 이런저런 논쟁거리가 꽤 나올 수 있는 질문이었다. 질문자도 답변자도 둘 다 바쁜 오전 업무를 시작해야 하는 시간임에도 불구하고 거의 1시간 넘게 토론과 의견 충돌이 있었던 것을 기억한다.

많은 뉴스기사와 증권사 리포트에서 PER이 15배, 20배니 혹은 PBR이 1.5배니, 2.0배니 하는 문구가 나온다. 그렇다면 여기서 PER, PBR은 무엇인가?

이렇게 생각해보자. 삼성전자가 연간 30조 원의 당기순이익을 낸다고 가정한다. 물론 삼성전자는 우리나라 국민 대부분이 인정하는 이익을 잘 내는 기업이다. 그리고 또 하나 비교 기업으로 A전자라는 회사가 있다고 하자. 이 회사는 연간 100억 원의 당기순이익을 낸다고 가정한다. 당연히 이 두 회사의 이익수치만을 비교한다면 삼성전자가 좋은 회사다. 30조 원대 100억 원이니까.

그런데 이익을 잘 낸다 해서 훌륭한 투자처는 아닐 수 있다. 여기서 거론되는 것이 기업가치 분석, 즉 밸류에이션(Valuation)이다. 아무리 기업이 이익을 잘 낸다 해도 시장에서 이미 그 기업의 가치를 높게 평가하고 있다면 필자의 생각에 훌륭한 투자처는 아니라는 얘기다.

삼성전자의 연간 순이익이 30조 원이라고 가정하고 시장에서 시가총액(상장 주식의 총 주식 수를 시가로 환산한 총액, 시장에서 평가받는 기업의 총 가치)이 300조 원이라고 한다면 PER은 10배로 평가받고 있는 것이다(이 예제에서 10배가 고평가라는 논리는 아니다. 단순히 예제일 뿐이다).

* **PER**(주가수익비율, Price Earning Ratio)

$$PER = \frac{\text{시가총액}}{\text{연간 당기순이익}} = \frac{\text{주가}}{EPS}$$

앞서 예제로 한 삼성전자의 경우 현재 주식시장의 시가총액이 300조 원이고 연간 당기순이익이 30조 원이므로 $PER = \frac{300\text{조 원}}{30\text{조 원}} = 10$배가 된다. 즉, 이 이야기는 삼성전자 한 해의 당기순이익 기준으로 10년 치가 모여야 현재 시가총액을 의미한다는 것이다. 다시 말하면 '현재 이익의 10배가 시가총액이다'는 이야기와 같은 의미가 된다.

그런데 이와 비교되는 A전자라는 가상 회사는 연간 100억 원의 당기순이익을 내고 현재 시장에서 시가총액은 500억 원이라고 한다면 이 기업의 $PER = \frac{500\text{억 원}}{100\text{억 원}} = 5$배가 되는 것이다. 따라서 이익은 삼성전자가 훨씬 비교가 불가능할 정도로 많이 내도 시장에서의 기업가치평가는 가상의 A전자가 저평가(더 싸게 평가)받고 있다고 판단할 수 있다. 그렇기에 다른 조건을 무시하고 이것만 놓고 본다면 필자라면 A전자가 더 훌륭한 투자처가 될 수 있다고 생각한다.

그런데 여기서 PER은 현행PER(Trailing PER, Current PER)과 선행 PER(Forward PER)로 나뉠 수 있다. 더 정확히 가치평가를 하자면 기업의 가치는 '기업이 미래에 벌어들이는 이익(잉여현금흐름)의 현재가치'이므로 현행PER보다는 선행PER이 더 의미에 맞다. 하지만 이런 것이 있다는 정도만 알고 여기서는 넘어간다.

이론 설명 하나만 더 추가하고자 한다. 다음으로 PBR이다.

* **PBR**(주가순자산비율, Price BookValue Ratio)

$$PBR = \frac{\text{시가총액}}{\text{순자산 또는 자본총액}} = \frac{\text{주가}}{BPS}$$

PBR은 '그 기업이 가지고 있는 순자산 대비 시장에서 얼마나 평가를 받고 있느냐'에 대한 지표다. PER이 이익에 대한 상대비교 지표라면 PBR은 순자산, 즉 가지고 있는 총자본에 대한 상대비교 지표다. 이를 설명하려면 자산, 부채, 자본에 대한 설명이 필요하지만 이는 어차피 다시 설명돼야 하는 부분이기에 여기서는 예제로만 설명하고자 한다.

X기업의 총자산은 200억 원이라고 가정해보자. 그중 자기자본이 아닌 타인자본, 즉 부채는 100억 원이라고 했을 때 그 총자산에서 타인자본인 부채를 뺀 순자산은 100억 원이 된다(총자산 200억 원 - 부채 100억 원). 이 X기업은 만약 지금 영업을 종료하고 폐업하면 200억 원에서 100억 원은 부채이므로 상환하고 손에 남는 순자산은 100억 원이라는 이야기다. 지금 주식시장에서 X기업의 시가총액은 300억 원이라

고 한다면 X기업의 PBR=$\dfrac{300억\ 원}{100억\ 원}$=3배가 된다. 왜냐하면 PBR은 시가총액을 순자산으로 나눈 것이라고 전제했기 때문이다. 즉, 이 이야기는 X기업은 기업의 청산가치 대비해서 3배의 가치를 시장에서 평가받고 있다는 의미가 된다.

다음으로 비교 대상인 Y기업의 경우를 보자. Y기업의 총자산은 500억 원이고 부채는 200억 원이다. 따라서 총자산에서 부채를 차감한 순자산은 300억 원이 될 것이다. 그리고 주식시장의 시가총액은 150억 원에 거래된다고 가정했을 때, PBR=$\dfrac{시가총액}{순자산}$이므로 PBR=$\dfrac{150억\ 원}{300억\ 원}$=0.5배가 된다. 아래 도표를 보면 이해가 빠를 것이다.

가상의 X기업과 Y기업의 PBR 비교

(단위 : 억 원)

구분	X기업	Y기업
총자산	200	500
부채	100	200
순자산	100	300

구분	X기업	Y기업
시가총액	300	150
PBR	$\dfrac{300}{100}$=3.0	$\dfrac{150}{300}$=0.5

다른 조건은 무시하고 위 조건대로만 보면, X기업은 자신이 가진 순자산의 3배에 거래되고(상대적 고평가), Y기업은 자신이 가진 순자산의 0.5배에 거래(상대적 저평가)되므로 필자는 상대적으로 저평가된 Y기업에 투자해야 한다고 생각한다.

이제 이론 설명은 여기까지 하자. 물론 이론도 몇몇 가정이 필요하고 또 조금 더 상세히 간다면 이런 상대가치평가법도 문제점을 안고 있다. 하지만 이 책을 통해서 처음 재무제표 분석에 접하는 분들이 있다면 이런 논란으로 본질을 흐릴 수 있기에 간략화시켜서 PER과 PBR 이론을 설명했다.

자, 본론으로 돌아가서 앞 장에서 [따라 하기]를 마치면서 한 걸음만 더 나아가기 위해 이 설명을 기술한 것이다. 그렇다면 필자가 이 부분에서 한 걸음 더 나아가고자 하는 것은, 우리 KOSPI시장에 대한 가치평가, 즉 밸류에이션 부분이다. 많은 증권사 리포트나 신문기사에서 우리시장의 PER이 9배, 11배 혹은 PBR이 0.8배니, 1.2배니 하는 논란이 다양하게 나오고 있다. 우리는 지금까지 "증권사에서 나온 리포트를 보니까 우리 KOSPI시장의 PER은 9배라서 싸다고 하던데?"라는 식으로 넘어갔을 것이다. 그렇다면 증권사에서 주는 결과치 말고 이번 절에서 공부한 부분을 가지고 직접 PER을 구해보자. 앞서서 간단한 이론을 알아봤지만 PER, PBR을 직접 계산하기 위해서는 KOSPI시장의 시가총액을 알아야 한다. '한국거래소' 사이트의 상단 메뉴 [시장정보]−[통계]로 들어간다.

참조 한국거래소

그러면 쉽게 KOSPI시장의 통계페이지를 볼 수 있다. 가장 먼저 나오는 화면은 '일자별 지수' 화면이다. 이 화면에서 다음 자료와 같이 몇 가지 조건을 맞춰야 하는데 [업종구분]을 '(유)코스피'로 클릭하고 그 밑에 [조회기간]을 '1일'로 맞춰주자. 그리고 [조회]를 클릭한다.

년/월/일	현재지수		대비		등락률(%)		시가지수	고가지수	저가지
2017/04/04	2,161.10	▼	6.41		-0.30		2,165.23	2,166.94	2,15
2017/04/03	2,167.51	▲	7.28		0.34		2,166.04	2,171.33	2,16

참조 한국거래소

조회결과 페이지가 나오면 우리가 알고 싶은 KOSPI시장의 시가총액은 결과값의 가장 오른쪽 열에 있다. 따라서 하단에 있는 스크롤바를 오른쪽으로 보내야만 결과값 확인이 가능하다.

참조 한국거래소

결과값 페이지를 보면 이 글을 쓰는 현재 KOPSI시장의 시가총액은 1,402조 원이다(이 결과는 2017년 4월 4일 기준 결과값이므로 독자들이 검색하는 날짜에는 다른 값이 나올 수 있다).

이 자료를 갖고 지금 시장의 PER과 PBR을 자신이 직접 구해본다. 먼저 PER은 '현행PER'과 '선행PER'이 있다고 분류했다. 이 둘의 차이는 PER을 계산할 때 순이익치를 기존에 발표된 현재 혹은 과거 수치를 사용하면 '현행PER'이고 앞으로 12개월 후의 추정되는 순이익 수치를 사용하면 '선행PER'이다. 시장에서 조금 더 합리적이라고 보는 것은 '12개월 선행PER(12M Forward PER)'이다.

앞서 우리가 추정한 2016년 KOSPI 상장기업의 순이익(금융업 포함)은 98.4조 원이었다. 여기다 추정 불가능했던 기업들을 더해주면 대략 100조 원이 무난할 것으로 보았다. 그렇다면 이 수치를 사용한 '현행PER'을 구해보면 $KOSPI 시장 PER = \dfrac{시가총액}{순이익 합산치} = \dfrac{1,402조\ 원}{100조\ 원}$ = 14.2배로 계산된다.

다음으로 '선행PER'을 구해야 하는데 이를 계산하려면 향후, (예를 들어) 2017년 우리 기업들의 추정순이익이 필요하다. 이는 전망기관에 따라 다 달라질 것이다. 왜냐하면 추정치니까. 어떤 경제연구소는 2017년 KOSPI 상장기업들의 순이익을 120조 원으로 추정하기도 하고 또 130조 원대로 추정하기도 한다. 이런 추정의 차이가 있기 때문에 '선행PER(Forward PER)'이 발표하는 기관마다 다 다른 것이다.

필자는 이렇게 하고자 한다. 앞서 우리가 다운받은 2016년 통계자료에서 2015년 대비해 2016년의 순이익이 18.46% 증가했다. 따라서 이 비율을 그대로 활용해본다.

유가증권시장 2016 사업연도 실적분석

(단위 : 억 원, %, %p)

구분	2015년	2016년	증감	증감률
매출액	16,326,927	16,457,370	130,443	0.80
영업이익	1,054,692	1,213,056	158,364	15.02
법인세비용차감전순이익	972,485	1,095,118	122,634	12.61
순이익	677,700	802,797	125,096	18.46
(지배기업 소유주 지분)	665,863	762,815	96,952	14.56
매출액영업이익률	6.46	7.37	0.91	
매출액순이익률	4.15	4.88	0.73	

참조 한국거래소

2016년이 전년도에 비해서 순이익이 18.46% 증가해서 2017년도는 2016년에 비해서 같은 비율로 증가할 것으로 추정한다면 2017년 순이익은 100조 원에서 18.46% 증가된 118조 원으로 추정치가 나올 것이다.

이 수치를 사용한 '선행PER'은 $\text{KOSPI시장 PER} = \dfrac{\text{현재 시가총액}}{\text{2017년 순이익추정치}}$

$= \dfrac{1{,}402조\ 원}{118조\ 원} = 11.8$배가 된다. 이를 표로 정리하면 아래와 같다.

KOSPI시장의 현행PER과 선행PER의 계산 추정

(단위 : 조 원)

구분	현행PER	선행PER
시가총액	1,402.1	1,402.1
순이익(추정)	100.0	118.5
PER(배)	14.02	11.84

이렇게 해서 KOSPI시장의 PER을 직접 구해봤다. 비록 추정치이지만 '선행PER'로 본다면 KOSPI시장은 현재 11.8배의 PER이고 '현행PER'로 본다면 KOSPI시장은 현재 14.0배에서 거래되고 있다.

만약 어떤 증권사 자료나 신문기사에서 '우리나라 KOSPI시장의 PER은 9.5배로 극심히 저평가돼 있다'라고 주장한다면 아마도 '선행PER'을 거론할 것이고 순이익추정치를 상당히 높게 잡아서 그런 결과가 나오는 것으로 생각하면 된다. 물론 우리나라 기업들의 올해 실적이 매우 좋을 것으로 예상돼 PER을 낮게 추정한다면 필자도 두 손 들고 환영할 일이지만 허무하고 달성 불가능한 추정치를 사용해서 PER을 낮게 추정한다면 이는 분석하지 않는 독자의 눈을 가리는 자료일 뿐이다.

분석자나 투자자는 할 수만 있다면 최대한 보수적으로 추정해야 함을 잊지 말자(이 보수적 추정 논리 때문에 앞선 증권사 지점 세미나 후 질문하는 분과 상당 시간 토론해야 했다).

다음으로 PBR을 계산해본다. PBR은 대부분 '현행PBR' 또는 '후행PBR'이다. 즉, '선행PBR'은 잘 사용하지 않는다. 그 이유는 PBR 개념을 잘 생각해보면 알 수 있다. PBR은 앞서도 거론했지만 해당 기업(혹은 산업)이 가지고 있는 순자산(총자산에서 부채를 제외한)에 비해서 주식시장에서 얼마를 평가받고 있느냐에 대한 지표라고 했었다.

따라서 아주 쉽게 '지금 통장에 10,000원이 있는 기업을 시장에서

5,000원에 거래되고 있다' 따라서 이 기업의 PBR은 0.5이고 그래서 싸게 거래된다. 이런 논리가 PBR이다. 그렇기에 미래에 기업이 갖게 될 순자산은 의미가 줄어든다. 그렇다고 의미 없다는 것은 아니다. 나름 의미를 부여할 수 있다. 하지만 '지금 얼마 있는데 시장에서 얼마로 거래 된다'라는 본연의 개념이 더 논리적이라고 판단된다.

이제 바로 KOSPI시장의 PBR을 구해본다.

2016 사업연도_실적분석 2연결_총괄표 Tab

• 자본 및 부채 구성

(단위 : 억 원, %, %p)

구분	2015년 말	2016년 말	증감	증감률
자산총계	21,464,197	22,498,562	1,034,365	4.82
부채총계	11,699,887	11,997,963	298,076	2.55
자본총계	9,764,310	10,500,599	736,289	7.54
부채비율	119.82	114.26	-5.56	

참조 한국거래소, 유가증권시장 2016 사업연도 실적 분석

2016년 우리나라 상장기업의 합산순자산 및 PBR

(단위 : 조 원)

	2016년 결산치	비고	
비금융권순자산	1,050.1		
금융권순자산	241.4	추정기관 FnGuide 추정치	
합산순자산	1,291.5		

구분	2016년 결산치
시가총액(a)	1,402.1
합산 순자산(b)	1,291.5
PBR	$\dfrac{(a)}{(b)} = 1.09$

앞서 다운받은 '2016년도 실적분석' 파일에서 KOSPI시장의 비금융권의 순자산(즉, 자산총계에서 부채총계를 제한 것)은 대략 1,050조 원이었다. 여기다 금융권의 순자산을 더해야 하므로 시장 추정기관인 FnGuide의 금융권 추정치인 241조 원을 더하면 대략적인 KOSPI시장의 2016년 말 기준 순자산은 1,291조 원대이다. PBR은 (시가총액)/(순자산)으로 나눈 것이므로 1402조 원을 1291조 원으로 나누면 KOSPI시장 PBR은 표와 같이 1.09배로 계산된다. 개념만 이해하고 자료만 찾아놓으면 계산은 아주 빠르게 해낼 수 있다.

이제 이번 장을 마치려 한다. 우리가 계산해 본 KOSPI시장의 '선행 PER'은 대략 11.84배 수준이고 '현행PBR'은 대략 1.09배 수준이었다 (2017년 4월 4일 기준). 사실 이 수치를 그렇게 민감히 암기할 필요는 없다. 이를 계산한 이유는 우리나라 시장이 고평가돼 있는지, 저평가돼 있는지를 다른 사람이 준 자료가 아니라 내가 직접 계산해 봄으로써 시장을 바라보는 시각이 조금 더 정확해지고 논리적이기를 바라는 마음에서다. 그리고 [따라 하기]를 통해 결론을 내림으로써 기업 분석이 그렇게 멀리 있는 것만은 아니라는 자신감을 여러분에게 주고 싶어서다.

수치가 중요한 것이 아니다. 잘 알겠지만 이 수치는 조금씩이겠지만 매일매일 바뀐다. 중요한 것은 내가 직접 분석하고 수치까지 계산해낼 수 있느냐에 대한 부분이다.

이제 1부를 마친다. 우리는 여기서 몇 가지의 질문, 답변과 예제를 통해서 왜 기업 분석을 해야 하는지에 대해서 알아봤다. 주식 투자를 진행함에 있어서 이런 분석과정이 선행된다면 단지 증권사 등에서 주는 전망자료에 의존하는 수동적 투자자에서 자신이 직접 데이터를 수집, 분석해 자신만의 결론에 도달할 수 있는 능동적 투자자로 변신이 가능할 것이다.

여기까지 이해하는 데 크게 부담이 없었다면 아마 이 책의 마지막까지 포기하지 않고 따라오는 데 큰 무리가 없을 것이다. 우리는 '묻지마 투자자'가 아니다. 이제부터 기업을 가능한 최대 분석하고 그 분석에 기반해서 성장성과 안정성, 수익성이 있는 곳에 투자해야 한다. 그것이 잃지 않는 투자이고 가치투자다.

마젤란펀드를 자산규모 140억 달러까지 운용했던 전설적인 투자자 피터린치는 다음과 같은 말을 남겼다고 한다. '주식시장은 확신을 요구하며 확신이 없는 사람들은 반드시 희생된다'

그렇다면 여러분들은 투자의 확신이 어디서 나온다고 생각하는가? 필자는 두 가지 중에 하나라 생각한다. 첫째, 내가 그 회사를 아주 잘 알고 있거나 둘째, 기업과 산업을 공부하고 철저히 분석함으로써 확신이 생긴다고 생각한다.

지금도 늦지 않았다. 분석하자.

확신을 갖자. 그런 다음 투자하자.

PART

02

투자는 믿음이다

1부를 읽은 독자라면 '주식 투자에 있어서 기업 분석이 먼저 선행돼야 한다'는 필자의 의견을 파악했을 것이다. 다시 강조하지만 '기업을 먼저 분석하고 그 분석을 기반으로 해서 안정성, 수익성, 성장성을 고려한 투자를 해야 한다'고 생각한다.

　이번 2부는 필자의 투자 이력을 간단히 이야기하려 한다. 글을 쓰려면 글을 뒷받침하는 자료(Data) 등이 있어야 하는데 사실 10년 전, 15년 전 이야기를 하려면 당시 자료를 완벽히 준비하고 있지는 않아서 기억이 가물하다. 만약 본문 내용 가운데 수치 등이 정확치 않은 부분이 있더라도 독자 분께 양해를 구한다.

　최대한 정확한 자료를 기반으로 과거 상황을 서술해나가겠지만 다소간의 수치 차이가 있을지도 모르겠다.

이렇게 과거 투자 이력을 기술하는 이유는 지금 주식 투자를 시작하는 분들께 가능하면 필자와 같은 시행착오를 거치지 않고 바른 분석과 가치투자로 안내하기를 바라는 마음에서다. 혹여나 '종목을 잘 선정해서 100% 수익 났네, 200% 수익 났네'라는 식의 자기 자랑을 늘어놓는 자리가 되지 않기를 다짐하며 기술해나갈 예정이다. 오히려 필자의 실패담 중심으로 이런 전철을 독자들이 밟지 않기를 바라는 내용이 될 것이다.

01

대학생이 주식 투자를 시작하다

필자는 군대를 제대한 후 대학교에 복학했다. 당시 회계원리 수업을 듣는데, 수업시간에 교수님은 이런 비슷한 말씀을 하셨던 것으로 기억한다. "할 수 있으면 주식 투자를 직접 해보는 것이 중요하다. 재무제표를 책으로 공부하는 것도 중요하지만 직접 투자를 해봄으로써 해당 기업들의 재무제표를 더욱 깊숙이 공부할 수 있다."

그때 같이 수업을 듣던 과 친구들은 대부분 주식 계좌를 처음으로 만들었던 것으로 기억한다. 필자 역시 역시 주식 계좌를 만들었다. '어느 증권사로 가야지'라는 결정은 하지도 않고 길을 가다가 교수님의 말이 떠올라서 눈에 보이는 증권사로 들어가서 계좌를 만들었다. 그게 바로 필자의 첫 증권사였던 유화증권이다.

그때 증권사에 들어가서 계좌를 만들면서 필자의 담당자가 됐던 분이 있었다. 정확치는 않지만 내 기억에 30대 초반 혹은 중반쯤 돼 보이는 남자분이었는데 그분은 나의 증권계좌가입서를 보면서 자신의 학교 후배라고, 또 대학생이 이렇게 주식 계좌를 만들어서 주식을 하려고 하는 것이 대단하다며 나를 치켜세웠다. 아마 그 계좌에 50만 원인가를 처음으로 입금했던 것 같다. 주식 잔고 치고는 얼마 안 되는 금액이었지만, 이후로 이 분은 후배 대학생이 주식을 배워보려고 하는 것이 기특하고 안쓰러웠는지 여러 번 전화를 주고 상세히 설명해주면서 계좌를 관리해줬다. 돌아보면 지금 이 직업으로 일하게 해준 첫 번째 주식 관련 만남이었는데 제대로 인사도 못하고 연락이 끊긴 것이 못내 아쉽다.

계좌를 개설한 후 며칠 지나지 않아서 담당자 분에게서 전화가 왔다. "플라스틱 전반에 이르는 제품을 만드는 회사인데 이름은 '내쇼날푸라스틱'이라는 회사가 있어요. 플라스틱이 들어가지 않는 산업이 없을 정도로 폭넓게 제품을 만드는 회사니까 이 주식을 사두면 좋을 거에요. 지금 차트를 보니 … (중략) …"

사실 당시 필자는 주식이 무엇인지도 몰랐고 반드시 주식 투자를 해야 한다는 필요성도 강하지 않았기 때문에 그날 이분이 무엇이라고 말하는지 이해할 수가 없었다. 담당자의 장황한 설명이 끝나고 대략 어느 정도의 시간이 흐른 후 필자의 대답은 간단했다. "학교 선배님이시니까요. 그냥 알아서 잘 관리해주세요. 전 들어도 잘 모르겠어요."

이렇게 해서 내 생애 첫 보유 주식은 '내쇼날푸라스틱'이라는 주식이 됐다. 지금 이 주식은 NPC(004250)라는 이름으로 바뀌어 주식시장에서 거래되고 있다.

NPC(내쇼날푸라스틱, 004250) 주가 일봉차트

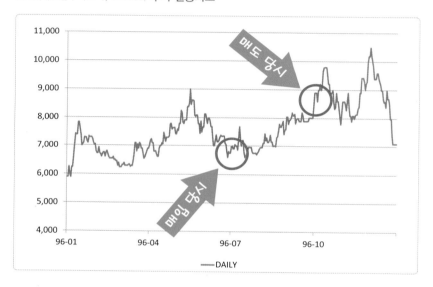

정확한 매수가와 매도가는 기억나진 않지만 2학기 시작 후 얼마 안 지나서 매수했으므로 주당 7,000원대에 매수해서 약 2개월 정도 후 주당 9,000원 위에서 매도했던 것으로 기억한다. 물론 매도 때에도 매수 때와 마찬가지로 필자는 주식에 대한 전반적인 지식이 없었기에 오로지 증권사 담당자의 추천으로 주문하게 됐다.

이후 몇 종목이 더 있으나 이 당시의 투자는 필자의 의지와는 관련이 없었으므로 종목을 나열하는 것이 의미가 없다. 다만 놀라운 것은 그

학기가 끝날 무렵에 필자의 주식 잔고는 80만 원이 넘어있었다. 지금 생각해보면 학교수업 때문에 만든 이 주식 계좌의 첫 수익률이 이렇게 좋지 않고 나빴다면 아마 지금 나는 당시 우리 과에서 같이 공부했던 친구들처럼 다른 업종에서 열심히 일하고 있을지도 모르겠다.

02

필자의 월급은 어디로…

　그 해에 학기를 마칠 때쯤 필자는 주식의 입문자로써 다부진 자세를 갖추게 됐다. 그도 그럴 것이 당시 학교를 다니면서 저녁 시간에는 서울 돈암동에 있는 '미스터커피'라는 커피숍에서 아르바이트를 했었다. 학교에서 수업이 끝나면 대략 7시쯤 아르바이트 장소에 가서 11시쯤까지 커피를 내리고 서빙하는 일이었다. 아르바이트 수입도 수입이지만 그곳은 내가 오랫동안 같이 지냈던 친구들이 모이는 일종의 아지트였기에 그곳에서 저녁시간에 모이는 친구들과 만나는 것이 너무 좋았던 시기였다.

　그 커피숍에서 대략 시간당 1,000~1,500원 정도를 받고 일하면 한 달에 대략 15만 원에서 20만 원 정도 받았던 기억이 난다. 그렇게 아르바이트를 해서 버는 수입에 비하면 주식으로 버는 돈은 정말 놀라웠다. 그 당시 주식시장에 대한 나의 생각은 '이건 뭐 나만이 알고 있는 보물창고'라고나 할까.

이후 필자는 주식과 연관 있는 책들은 거의 다 읽어봤다고 할 정도로 열심이었다. 오히려 학교 전공수업보다 주식 책을 더 열심히 공부했다고 해도 과언이 아니었다. 문제는 그 책들이 기업을 분석하고 산업을 넓게 보는 시야를 위한 책은 아니었고 대부분이 《주식으로 부자 되는 법》 혹은 《차트매매 기법》 등에 관련된 책들이었다. 이런 책들이 잘못됐다는 것이 아니라 지금 지나고 보면 필자의 성격과는 맞지 않는 책들을 열심히 보고 분석했던 시기였다.

이런 시간들을 몇 년 보내면서 필자도 모르게 지인들 사이에서 주식 전문가가 돼 있었다. 학교를 졸업하고 직장생활을 시작한 이후에도 길을 가다가 어디서 주식 이야기가 나오면 귀를 쫑긋 세워 귀를 기울였고 친구들 사이에서 주식 이야기가 나오면 나를 부르지도 않았는데 그곳에 끼어들어 이야기를 들었다. 또한 가까운 몇몇 친구들은 다른 사람에게 나를 소개할 때 "이 친구 주식 잘 알아, 주식 잘해"라는 표현을 쓰기도 했었는데 그런 이야기를 들을 때면 얼굴로 티는 내지 않았지만 기분이 으쓱하곤 했다.

이러는 사이, 잔고는 많지 않아도 거래하는 증권사도 몇 개를 더 만들었고 주식 잔고도 500만 원이 넘게 늘어나 있었다. 물론 기억에 그 돈이 모두 50만 원에서 출발해서 500만 원이 된 것은 아니었다. 수익을 낸 것도 포함돼있었지만 용돈이 생기거나 월급이 들어와서 잉여현금이 있는 날에는 대부분 주식 계좌에 입금하게 됐다. 그런 가운데 어느덧 2000년대 초반이 됐고 내 주식 계좌에 예상치 못한 문제들이 연거푸 발생했다. 그중 하나의 투자 경험을 이야기하면 대략 다음과 같다. 1990년대 중반 우리는 CD플레이어라는 것을 많이 들고 다녔다. TV나 영화에서 보면 카세트플레이어보다 얇고 CD를 넣어서 음악을 들을 수 있었기에 거의 선풍적 인기를 끌었던 것으로 기억한다. 특히 소니사에서 나온 CD플레이어는 '소니'라는 회사명보다 '워크맨'이라는 제품명이 더 익숙할 정도로 히트였다.

참조 Gmarket Sony D-CJ500 Portable CD Player

그림처럼 MP3 기능이 있었던 것은 아니었지만 대략의 제품 모양새는 비슷했다. 이런 상황에서 2000년대로 들어서면서 CD플레이어 시장에 소니, 필립스, 삼성이 아닌 국내 중소업체가 뛰어들었고 이 기업은 CD플레이어에 MP3 기능을 더 하면서 'MP3CD플레이어'라는 신제품을 내놨는데 예쁜 디자인까지 더하면서 국내시장의 20%를 단숨에 점유하게 됐다. 이 기업이 바로 '레인콤'이고 대표적 제품명이 '아이리버'였다.

사진은 2000년대 초반에 나온 제품은 아니지만 아이리버 MP3 플레이어 사진이다. 필자는 주변에서 레인콤에 대한 이야기를 상당히 들을 수 있었고 각종 언론에서 이 회사의 우

수성이 빈번히 흘러나오고 있었기에 주식시장에 상장하면 바로 투자할 것이라 생각했었다.

하지만 시장은 필자 같은 투자자에게 시장은 투자 기회를 주지 않았고 공모가에서 100% 상승한 94,000원에 시초가가 결정됐으며 거기서도 바로 상한가로 올라가는 모습이었다. 그날 '이걸 사야 하나 말아야 하나' 참 많은 고민을 했던 것으로 기억한다. 아마도 종가는 주당 100,000원을 넘기면서 시가총액 7,000억 원에 가까운 회사가 코스닥 시장에 새로 생긴 날이었다.

그날부터 회사 업무는 뒤로 한 채 이 주식을 언제 사야 하는지를 몇 달간 늘 고민하고 있었다. 지금 생각하면 참 창피해 다시 상상하기도 싫지만, 그동안 쌓아놓은 지식을 가져다 대면서 '이동평균선이 정배열하고, 차트가 삼중바닥을 그리고, 스토캐스틱이 양봉으로 전환하고 등등'. 사실 돌아보면 난 정말로 어설픈 주식 투자자였기에 제대로 된 지식은 하나도 없었다. 그냥 오로지 '이 주식 사고 싶다'는 것만 머릿속에 넣어두고 몇 개월을 기다리다가 결국 주당 95,000원대에 첫 번째 투자를 하게 됐다.

되돌아보면 '어찌나 내 자신이 뿌듯했는지, 충분히 십만 원 넘은 가격에 살 유혹이 있었음에도 참고 참다가 차트가 쌍바닥, 삼중바닥을 그린 후 상승 전환 시에 투자를 했다'면서 엄청 내 자신이 대견스러웠던 것으로 기억한다.

그리고 한 가지 덧붙여서 '이 회사는 제2의 삼성전자, LG전자로 커갈 것이기에 100만 원 이하에서는 절대 팔지 않을 것이다'라는 마음속 다짐도 했던 것 같다.

당시 레인콤(060570)**의 일봉차트**

나는 이 회사를 잘 안다고 생각했고 그동안 내가 쌓아놓은 지식으로 지금은 기술적 분석상 사야 할 시점이므로 일단 한번 투자가 된 다음에는 추가 투자는 거칠 것이 없었다. 주당 95,000원대에 투자가 시작됐는 데 다행히 주가는 한동안 올라갔기에 96,000원대, 98,000원대 계속해서 주식을 샀다. 그러는 가운데 어느덧 필자의 주식 계좌에는 몇몇 종목들이 없어지고 레인콤 하나와 그 외에 몇 종목만이 남는 현상이 발생하게 됐다. 이미 보유 주식 평가액의 50% 이상이 레인콤이었던 것으로 기억한다.

문제는 그 다음이었다. 내 예상대로라면 주가가 거칠 것 없이 20만 원, 30만 원 달려가야 하는데 10만 원 위에서 조정을 받더니 다시금 내가 투자한 9만 원대로 내려오게 됐다. 이후 심각한 뉴스가 나왔는 데 바로 MP3폰의 출시였다. 휴대폰 제조업체가 MP3플레이어 기능이 탑재된 폰을 출시하게 되므로 치열한 경쟁을 펼쳐야 한다는 것이 시장 논리였다. 나는 애써 '그럴 리 없다, 휴대폰의 MP3는 품질이 떨어져서 사람들이 레인콤의 아이리버로 돌아올 것'이라고 제품에 대한 애정을 보여줬지만 주가는 계속해서 하락했다.

하지만 이후에도 투자자에게 좋지 않은 소식은 계속 들려왔다. 거원이라는 강력한 경쟁자가 국내 시장에 나왔고 2005년 이후 초기에는 '이익모멘텀 둔화'라고 표현하던 시장의 평가가 본격적으로 '실적 하락'으로 바뀌기 시작했다. 물론 중간에 무상증자가 있어서 '생각보단 손실률이 크지 않다'라고 안위했지만 투자 기간 동안 내내 얼마나 속 끓이고 필자 자신을 한탄했는지 모른다.

그때 필자는 철저히 제품사랑에 빠졌던 것 같다. 역시나 결말은 상상 외로 나쁘게 다가왔다. 금융시장에서 실적 우려감이 극대화돼 있었던 2005년경에 모두 손절매도를 해야 했고 내 주식 잔고는 투자 전 대비해서 80% 넘는 손실을 기록했다. 비단 레인콤 하나로 이런 손실을 기록했던 것은 아니다. 이 시기에 손실을 만회하고자 대체에너지주라는 지금은 너무나 흔한 표현됐지만 당시에는 가장 핫(Hot)한 테마였던 유니슨, 서희건설 등 테마주 투자도 했지만 그 결과는 불 보듯 뻔했다. 이런 흐름의 하이라이트는 비록 상장 폐지를 당하진 않았지만 그 결과는 상장 폐지나 다름없는 보안주에 투자했다가 상장폐지 바로 전에 나온 경험이다.

이 당시에 이런 일을 겪고 나서 얼마나 실의에 빠졌는지 모른다. 중간 중간에 계속 현금이 생기면 주식 계좌에 입금하면서 총 투자 금액은 이전보다 상상 외로 늘어났고 그 금액의 대부분을 손실로 날렸기에 그 허망함은 말할 수 없었다. 그 당시 유행했던 용어가 '깡통계좌'였는데 사실 필자의 계좌도 별반 차이가 없었다.

예전 어른들이 '주식은 하지 마라, 주식 투자하면 패가망신이다'라고 말했던 것이 어찌나 가슴에 와 닿았는지 몰랐다. 사실 조금만 기업을 분석하고 재무제표 등을 공부했더라면 실적의 하향세를 파악할 수 있었을 테고 실적 및 기업의 기본적 특성(펀더멘탈)과는 상관없는 테마주에 흥분하지도 않았을 것이다. 또한 상당 부분 자본잠식이 진행되고 있는 회사에 '묻지마 투자'도 안 했을 것이다. 물론 아무리 재무제표를 본다 해도 기업 내부인이 마음먹고 재무제표를 속이고 횡령 등을 한다면 이는 찾아내기가 쉽지 않을 것이다. 하지만, 매출액의 과다계상이나 매출채권 및 재고자산의 급격한 증가, 최대주주 등에 의한 대여금 증가 등의 이상 징후는 파악할 수 있기에 분석하고 공부해야 하는 것이다.

03

김 과장, 재무제표를 보는 것이 어떨까?

대성그룹으로 회사를 옮겼다. 이 그룹은 액화천연가스를 공급받아서 지역에 도시가스를 공급하는 사업자다. 이 당시 필자는 주식 투자를 거의 잊고 살았다. 사실 몇몇 주식이 계좌 내에 있었지만 연초에 집으로 오는 주주 총회 참석장과 배당통지서를 받으면 '내가 주식을 보유하고 있구나'를 생각할 정도로 주식 투자를 잊고 지냈다. 물론 주식에 들어있는 자산이 상당히 적었기 때문에 크게 신경 쓰고 싶지도 않았고 또 한번 '패가망신한다'는 생각을 갖는 필자 자신이 될까봐 두려웠었다.

필자가 회사에서 담당하는 업무 가운데 '유가(WTI)와 액화천연가스(LNG) 가격 및 해당 기업을 분석하는 일'이 있었다. 그러다보니 글로벌 전망기관의 원자재에 대한 전망, 분석 글을 인용하는 일서부터 유가와 천연가스의 선물(Futures) 가격을 3월물, 6월물 등을 취합해 엑셀로 차트를 그려 대략적인 원자재 가격이 어떻게 흐를지 보고하는 일 등을 일부 진행했었다.

이런 경험이 쌓이다 보니 기존에 가지고 있던 주식에 대한 모멘텀, 즉 주가 상승 이벤트에 대한 생각은 거의 흐려지고 기업, 산업 혹은 원자재의 거시흐름을 접할 수 있는 계기가 됐다. 이전에는 주식 투자하기 위해서 팍스넷 같은 게시판을 활용했다면 이 당시는 야후 파이낸스 및 블룸버그 등을 돌아다니면서 관련 자료를 옮기는 일로 관심사가 바뀌었다.

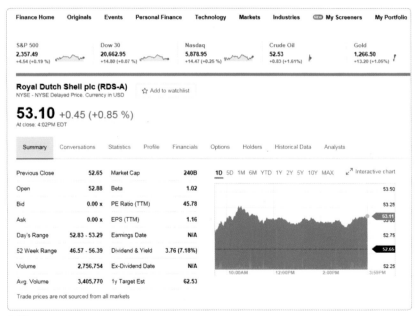

참조 야후 파이낸스 http://finance.yahoo.com

그러던 어느 날 '쉐브론(Chevron)이라는 기업의 주가 하락 원인에 대해서 분석하라'는 업무가 주어졌다. 그 당시에 비슷한 업무가 있어서 늘 하던 방식으로 자료를 작성해 제출했었는데 회사 대표인 홍충수 대표로부터 호출이 왔다. 홍충수 대표는 이전 중소기업협동조합중앙회 단장과 연합인포맥스 사장을 맡았던 분으로 업무능력과 직원과의 소통이 뛰어나서 그룹 내부에서 신망이 두터웠다.

직장생활을 하면서 많은 상사와 근무해봤지만, 그중 내가 닮고 싶은 모델이 세 분이 있다. 얼마 전까지 파이낸셜뉴스 사장을 역임했던 권성철 사장, 멀리서 뵙기만 하고 몇 번 보고만 드린 것이 전부지만 끊임없는 열정으로 기업을 이끌었던 김영훈 회장, 그리고 홍충수 대표다.

홍충수 대표는 어지간해선 직원들에게 고성을 높이지 않는다. 상사라 해서 아랫사람의 말을 끊는 법이 없으며 상대방의 의견을 들은 후자신의 의견을 피력하기에 직원들 사이에 신망이 두텁던 분이었다. 그날은 홍 대표가 직접 필자를 불러 이야기했다.

"김 과장, 올려준 보고서는 잘 봤는데, 내용이 지난번 보고서와 너무 똑같은 것 같은데, 이 기업들의 재무제표는 좀 봤나? 재무제표를 분석해보는 것이 어떨까? 분명 최근 주가 하락이 유가의 급락에서 출발하겠지만 우리가 쉐브론, 엑슨모빌 등 자체의 문제를 놓치고 있을 수도 있어"

사실 학부 때 회계원리, 공업회계 등의 수업을 들었지만 이를 업무에 적용할 것이라고는 생각하지 못했다. 이후로 해당 회사 홈페이지에서 투자자들에게 제공하는 재무제표를 다운받고 다른 경쟁사 대비 쉐브론, 엑슨모빌, 로얄더치쉘 등의 차이점을 비교했다. 어떤 것이 답인지 알 수는 없으나 이들 회사가 모두 유가가 140달러 위로 계속 상승할 것을 예상했던 것으로 추정했고 이로 인해 설비 투자를 계속 늘리고 있었다는 것을 파악했다. 그 가운데 쉐브론은 상대적으로 시가총액이 적고 매출액이 적은 기업임에도 공격적인 설비 투자가 진행되고 있었던 것으로 파악했다.

2007년 쉐브론 재무제표

(단위 : 1,000달러)

Assets			
Current Assets			
Cash And Cash Equivalents	7,362,000	10,493,000	10,043,000
Short Term Investments	732,000	953,000	1,101,000
Net Receivables	22,446,000	17,628,000	17,184,000
Inventory	5,310,000	4,656,000	4,121,000
Other Current Assets	3,527,000	2,574,000	1,887,000
Total Current Assets	**39,377,000**	**36,304,000**	**34,336,000**
Long Term Investments	22,671,000	20,755,000	18,743,000
Property Plant and Equipment	78,610,000	68,858,000	63,690,000
Goodwill	4,637,000	4,623,000	4,636,000
Intangible Assets	-	-	-
Accumulated Amortization	-	-	-
Other Assets	-	-	-
Deferred Long Term Asset Charges	3,491,000	2,088,000	4,428,000
Total Assets	**148,786,000**	**132,628,000**	**125,833,000**
Liabilities			
Current Liabilities			
Accounts Payable	32,636,000	22,624,000	24,272,000
Short/Current Long Term Debt	1,162,000	2,159,000	739,000
Other Current Liabilities		3,626,000	
Total Current Liabilities	**33,798,000**	**28,409,000**	**25,011,000**
Long Term Debt	6,070,000	7,679,000	12,131,000
Other Liabilities	4,449,000	4,749,000	4,046,000
Deferred Long Term Liability Charges	27,177,000	22,647,000	21,769,000
Minority Interest	204,000	209,000	200,000
Negative Goodwill	-	-	-
Total Liabilities	**71,698,000**	**63,693,000**	**63,157,000**

참조 쉐브론 홈페이지 http://www.chevron.com

2007년 쉐브론/로얄더치쉘 유형자산 비중

(단위 : 1,000달러)

구분	쉐브론	로얄더치쉘
총자산	148,786,000	269,470,000
유형자산	78,610,000	101,521,000
유형자산 비중(총자산 대비)	52.8%	37.7%

또한 쉐브론의 경우 다른 회사 대비 유형자산 증가폭이 빠르게 진행되고 있었다.

쉐브론 유형자산 변화 추이

(단위 : 1,000달러)

구분	2005년	2006년	2007년
유형자산	63,690,000	68,858,000	78,610,000
전년 대비 유형자산증가율		+8.1%	14.2%

표에서 알 수 있듯이 쉐브론은 2006년에 전년도에 비해서 8.1% 유형자산(토지, 건물, 기계장치 등)이 증가했고, 2007년은 2006년에 대비해서 14.2%의 유형자산이 증가했다. 참고로 네덜란드에 본사를 둔 다국적 에너지 기업인 로얄더치쉘은 같은 기간에 유형자산이 1,009억 달러에서 1,015억 달러로 0.5%밖에 증가하지 않았다.

그 당시 보고서에 따르면 '쉐브론이 가진 자산 대비 유형자산의 비중이 경쟁사 대비 높고 계속되는 유가 상승을 예상해 최근까지 큰 폭의 설비 투자를 최근까지 계속 늘리고 있었다. 유가가 하락할 경우, 설비

투자에 대한 부담이 기업에 큰 영향을 줄 것으로 판단한다'는 내용을
제출했다.

　보고서의 전체 내용은 아니었지만 대표적인 항목 중 하나였다. 우연
이겠지만 쉐브론은 이후 반등장에서 엑손모빌이나 로얄더치쉘에 비해
서 반등이 빠르게 진행되지는 않았다. 결국 이를 포함한 몇몇 분석 덕분
에 당시 글로벌 기업의 재무분석업무는 주로 필자가 맡는 계기가 됐다.

04

한국사이버결제, 투자는 믿음이다

그룹 내 투자나 인수합병 관련 분석 업무를 맡다 보니 자연스레 기업의 가치, 즉 밸류에이션 과정을 자주 진행하게 됐다. 필자가 평가 대상의 가격을 마음속에 결정한 후 DCF, RIM, EV/EBITDA 등의 기업가치측정법을 사용해 평가의 타당성을 증명하는 지금에 비하면, 당시 필자의 분석방법은 얼치기 수준이었다.

회상해보면, 얼굴이 화끈 달아올라 다시 기억하고 싶지 않은 에피소드들도 많다. 증권사나 주식 관련 모임 세미나 등을 다닐 때 가끔씩 이런 에피소드들을 이야기하면 세미나 청중들에게 웃음을 주곤 한다.

한번은 그룹 계열사 임원들이 모인 자리에서 네오위즈라는 회사가 퍼블리싱했던 〈FIFA ONLINE 2〉라는 게임의 우수성과 독창성을 설명하다가 그룹 회장이 "그 게임 지금 볼 수 있나?"라고 언급하면서 갑자기 그룹 임원들 앞에서 온라인에 접속해 게임을 시연할 일이 있었다. 대부분 50~60대 임원들 앞에서 30대 과장의 분위기 모르는 치기로 게임을 시연하는 해프닝이 발생한 것이다. 이날 있었던 일은 이후에도 몇 건의 헤프닝이 연이어서 발생했다.

또 한번은 회사를 다니면서 한두 번 정도 그룹 회장과 독대할 기회가 있었다. 그중 한번은 당시 삼광유리의 글라스락과 락앤락의 제품을 비교하면서 "그런데 유리 제품은 깨지지 않나?"라는 회장의 질문에 실제로 제품을 떨어뜨려 증명해보이기도 했다. 당시 회장은 깜짝 놀라는 모습이었다. 한 그룹을 이끌면서 끊임 없는 연구심과 직원에 대한 배려심에 기인해 생긴 일임에도 30대 과장은 그룹 회장이 관심을 갖는다 해서 분위기 모르고 시간을 끌면서 답했던 것 같다.

이제 본론으로 돌아와서 이런 시기에 '한국사이버결제'라는 회사에 투자를 진행했던 이야기를 하려 한다. 지금은 NHN에 인수돼 'NHN한국사이버결제(060250)'라는 이름으로 코스닥시장에서 거래되고 있다. 이 회사는 잘 알려진 바와 같이 결제대행, 즉 PG(Payment Gateway)사다. 만약에 내가 인터넷쇼핑몰을 운영한다고 하면 카드결제 및 다양한 결제수단을 일일이 쇼핑몰에 결제가 가능하도록 유치한다는 것은 시간과 비용의 문제가 발생한다.

이때 쇼핑몰은 PG사와 계약을 맺고 PG사가 제공하는 프로그램을 결제화면에 연동시키면 나머지 결제의 과정은 PG사가 대신 처리해 신용카드사와 같은 대금결제사로부터 물품판매 대금을 정산한다. 대표적인 PG사로는 KG이니시스, LG유플러스, NHN한국사이버결제, 나이스정보통신 등이 있다.

PG사 서비스 흐름도

참조 NHN한국사이버결제 홈페이지 http://www.kcp.co.kr

서비스 흐름도를 보면 조금 더 이해하기 쉽다. 고객이 인터넷쇼핑몰 등에서 물건을 구입하면 한국사이버결제(KCP)의 결제창이 뜬다. 거기서 신용카드 번호 등을 입력하고 결제요청 버튼을 클릭하면 카드사로 결제요청이 들어간다. 이후 카드사에서 거래승인이 되면 이를 다시 인터넷쇼핑몰에 통보해 카드결제가 완료되면 인터넷쇼핑몰은 서비스 혹은 상품을 제공하게 된다. 카드사는 고객의 거래대금에서 카드사 등의 수수료를 빼고(거래금액 − 카드사 수수료) 남은 금액을 한국사이버결제 등의 PG사로 지불하고 PG사는 인터넷쇼핑몰에서 대금매입 요청이 들어오면 다시 PG 수수료를 제하고 쇼핑몰에 지급한다.

물론 인터넷쇼핑몰 입장에서 카드결제 대행수수료를 3% 내면, 그 안에 카드결제 수수료와 PG 수수료가 포함돼 있다고 보면 된다. 반대로 PG사의 입장에서 보면 PG는 카드사로부터 가맹점 역할을 하게 되고 (정확히는 가맹대행점) 카드결제 대금을 카드사로부터 받아서 쇼핑몰에 지급하기에 지불대행 역할을 하게 된다. 따라서 이런 역할로 인해 수수료를 청구하는 사업이다.

결국 한국사이버결제와 같은 PG사는 인터넷쇼핑몰, 온라인게임사 등 고객사의 확보가 가장 중요한 관건이고 이를 통해서 거래량 및 거래금액이 늘어야 이익이 나는 구조다. 과거 2000년대 초반 이후 100여 개의 경쟁사들이 PG 시장에 뛰어들면서 과다한 경쟁이 발생하기도 했으나 결국 이 허들, 고객사 및 거래량, 거래금액의 확보를 넘는 사업자가 시장에서 살아남았다. 만약 이들 기업에 투자하려면 사업 초창기 위 허들을 넘지 못하는 사업자에겐 투자를 해도 계속된 적자시기를 견뎌야 한다는 단점이 있고 반대로 이 허들을 넘은 사업자에겐 안정적 수익원이 발생하는 구조였다.

다음 그림은 2010년 당시 한국사이버결제 IR(Investment Relations) Book에서 가져온 화면이다.

참조 한국사이버결제 IR북

2010년경 당시 한국사이버결제는 고객사가 대략 55,000여 개로 확대되는 과정이었고 이로 인해 연간 매출액은 832억 원 수준으로 전년도인 2009년 621억 원 대비해서 +33.9% 증가하는 수치였다.

2010년 한국사이버결제 손익계산서 분석 및 추정자료

(단위 : 100만 원)

(mil. Won)	한국사이버결제 (A060250)							
	2004	2005	2006	2007	2008	2009	2010(E)	2011(E)
Income Statement								
매출액	23,246	23,517	40,051	40,655	51,141	62,095	81,655	107,965
(YoY)	-19.9%	1.2%	70.3%	1.5%	25.8%	21.4%	31.5%	32.2%
수출 (%)	0.0%	0.0%	0.0%	0.0%	0.0%	0.0%	0.0%	0.0%
내수 (%)	100.0%	100.0%	100.0%	100.0%	100.0%	100.0%	100.0%	100.0%
매출원가	19,147	21,643	32,314	33,159	42,563	52,319	67,937	90,791
% to Sales	82.4%	92.0%	80.7%	81.6%	83.2%	84.3%	83.2%	84.1%
(YoY)	-24.3%	13.0%	49.3%	2.6%	28.4%	22.9%	29.9%	33.6%
1) Depreciationi	67	44	18	-	447	820	764	1,246
% to Sales	0.3%	0.2%	0.0%	0.0%	0.9%	1.3%	0.9%	1.2%
2) Raw M. + Expen. + etc.	19,080	21,599	32,296	33,159	42,116	51,499	67,174	89,545
% to Sales	82.1%	91.8%	80.6%	81.6%	82.4%	82.9%	82.3%	82.9%
판매비와관리비	3,351	4,750	9,520	6,751	7,736	8,239	10,534	11,271
% to Sales	14.4%	20.2%	23.8%	16.6%	15.1%	13.3%	12.9%	10.4%
(YoY)	27.7%	41.8%	100.4%	-29.1%	14.6%	6.5%	27.9%	7.0%
1) Personal Expenses	1,893	1,812	4,129	3,638	3,888	4,527	6,124	6,046
% to Sales	8.1%	7.7%	10.3%	8.9%	7.6%	7.3%	7.5%	5.6%
2) Selling Expenses	425	858	1,537	1,177	1,931	1,445	1,960	1,943
% to Sales	1.8%	3.6%	3.8%	2.9%	3.8%	2.3%	2.4%	1.8%
3) others	817	1,837	3,006	905	1,056	1,471	2,450	2,073
% to Sales	3.5%	7.8%	7.5%	2.2%	2.1%	2.4%	3.0%	1.9%
영업이익 (EBIT)	748 -	2,876 -	1,782	745	841	1,537	3,185	5,903
OP Margin	3.2%	-12.2%	-4.4%	1.8%	1.6%	2.5%	3.9%	5.5%
(YoY)	-32.5%	-484.3%	-38.0%	-141.8%	12.9%	82.8%	107.1%	85.4%
EBITDA	1,031 -	2,590 -	915	1,777	2,149	3,153	4,689	8,357
% to Sales	4.4%	-11.0%	-2.3%	4.4%	4.2%	5.1%	5.7%	7.7%

참조 FnGuide, 2010년 이후는 분석자 개인 추정치

　자료는 한국사이버결제의 매출액, 매출원가, 영업이익, EBITDA 등의 추이를 당시 분석에 사용했던 것이다. 2009년까지는 분석기관 FnGuide 자료를 참조했고, 2010년 이후는 당시 필자를 포함한 우리 회사에서 분석한 전망 추정치다. 현시점에서 볼 때 틀린 수치 등 여러 허점이 있어, 이 자료는 공부하기 위한 자료보다 당시 상황을 알려주기 위한 참고자료로만 활용하는 것이 적합하다.

　한국사이버결제는 2009년까지 매출이 꾸준히 증가하고 있지만 영업이익을 보면 적자에서 소폭 흑자로 돌아서는 상황이었다. 그러나 2010

년에 매출이 800억 원대를 넘어서면서 연간 흑자액이 30억 원을 넘어설 것으로 예상됐다(실제 이 회사의 2010년 영업이익은 개별기업 기준 37억 원을 상회했다).

2010년 이후 회사가 매출액 및 영업이익이 증가하는 것으로 보이지만 실제 당시에는 이 회사 투자에 대한 우려 섞인 목소리가 상당히 많았다. 대표적으로 2010년 연평균주가는 2,200원대로 당시 발행 주식 수를 고려한 시가총액은 240억 원대 수준이었다. 개인이 투자하는 주식이라면 참 좋을 수 있으나 투자 기관이, 혹은 일임펀드 등이 투자하기에는 시가총액이 너무 적었다.

또한 각 자금집행 기관이 일임자금을 맡길 때에는 '투자 운용가이던스'라는 것이 존재하는 데, 앞서 거론한 시가총액뿐 아니라 1일 거래량, 시장 내 비중 등 대부분의 면에서 투자하기에는 운용가이던스를 충족시키지 못했다. 결정적으로 대부분의 기관이 투자 운용회의를 열어서 '투자 유니버스 → 모델포트폴리오 → 실제포트폴리오'를 거쳐야 투자가 가능한데 이렇게 시가총액이 적은 종목은 투자 유니버스 내에 들어가지 않기에 투자 대상 선정이 불가능했다.

그렇다고 방법이 없는 것은 아니었다. 투자 위원회를 열어서 그 회의에서 투자 총괄대표(CIO) 등의 운용자에게 프레젠테이션을 진행하고 '투자가 가능하다'는 결론이 내려지면 가능하게 됐다. 당시 우리 팀은 투자 운용회의를 요청했고 그 회의에서 여러 논란 가운데 이 회사에 투자가 필요하다는 주장을 했다.

그런데 회의 중 문제는 시가총액과 거래량이 아닌 또 다른 곳에서 발생했다. 바로 부채비율이었다. 당시 우리는 2010년 반기보고서를 기준으로 보고서 분석과 기업탐방을 여러 차례 진행했었는데 투자 운용회의에서 부채비율이 거론됐다. '이렇게 시가총액도 적은 회사가 부채비율도 높아서, 위험하다'는 논리가 중심이었던 것으로 기억한다. 참고로 부채비율은 기업의 안정성, 건전성에 대한 대표적 지표다. 계산은 재무상태표상의 부채총액을 자본총액, 즉 순자산의 총액으로 나눈 값을 말한다.

잠깐! 용어정리 ✪ **부채비율**

- **부채비율** $= \dfrac{\text{부채총액}}{\text{자본총액}} \times 100(\%)$

- **부채비율**(Debt Ratio) : 재무상태표의 부채총액을 자본총액으로 나눈 비율. 부채비율이 높을수록 기업의 안정성은 낮다고 판단하며, 낮을수록 기업이 안정성은 높다고 판단한다. 그 기준점은 일반적으로 100%다.

그렇다면 2010년 상반기 반기보고서 기준 자본−부채비율을 계산해보자.

2010년 한국사이버결제 반기보고서

(단위 : 억 원)

구분	금액	비고
자산총계	380.4	* 부채비율$=\dfrac{247.0}{133.4}\times100 = 185.2\%$
부채총계	247.0	
자본총계	133.4	

참조 금융감독원 전자공시시스템, 한국사이버결제 2010년 반기보고서

자본 대비 부채비율은 185.2%다. 기업의 순자산이라 불리는 자본총액 대비 부채총액이 2배, 즉 200%에 가까운 부채를 안고 있었다. 이런 상황에서 열린 회의에서 부채비율에 대한 거론이 나올 수밖에 없었다. 하지만 부채비율이 높다고 해서 모두 기업이 위험한 것은 아니다. 부채비율이 높게 나온다면 부채의 구성항목을 확인해봐야 한다. 정말로 타인자본, 즉 유이자성부채가 높아서 부채비율이 높은 것인지 혹은 선수금, 미지급금 등이 높아서 부채비율이 높은 것인지를 확인해야 한다.

2010년 한국사이버결제 반기보고서 내 재무제표

(단위 : 원)

부채	
1. 유동부채	23,612,026,286
(1) 매입채무	1,418,093,945
(2) 단기차입금	1,001,529,502
(3) 미지급금	19,890,322,406
(4) 유동성장기부채	0
(5) 미지급비용	4,570,990
(6) 선수금	1,158,830,508

(7) 예수금	138,678,935
(8) 기타유동부채	0
2. 비유동부채	1,084,713,951
(1) 장기차입금	0
(2) 퇴직급여충당부채	1,135,041,218
퇴직보험예치금	(50,300,267)
(3) 기타비유동부채	0
부채총계	24,696,740,237

참조 금융감독원 전자공시시스템

　당시 재무상태표를 보면 부채총계 246.9억 원, 이 가운데 80.5%가 미지급금으로 나와 있다. 실제 미지급금은 198.9억 원이었다. 앞서 이와 같은 PG사의 서비스 흐름도를 봤지만 고객이 쇼핑몰 등에서 결제를 하고 카드사로부터 승인이 떨어지면 쇼핑몰은 상품을 고객에게 지급 혹은 배송요청하게 된다. 그리고 PG사는 카드사에게 대금매입요청을 하면 카드사는 일정 수수료를 제한 후 남은 금액을 PG사로 송금하게 된다. 이때부터 쇼핑몰이 다시 PG사로 대금매입요청을 할 때까지 금액이 PG사에 남아있게 되는데, 이 금액이 바로 미지급금이다.

참조 NHN 한국사이버결제 홈페이지 http://www.kcp.co.kr

따라서 이 회사의 경우 미지급금은, 은행 등에 채무를 진 상태에서 이자를 지불하는 유이자성 타인부채가 아니다. 오히려 PG업종의 특성상 이 부분은 투자 위험요인이 아니라 투자 강점요인으로 작용할 수 있다. 카드사로부터 대금입금시기와 쇼핑몰로의 대금출금시기의 차이로 항상 미지급금이 법인통장에 남아있는 구조다. 따라서 회계상 부채비율은 185.2%로 나오지만 실제 이자를 지급하는 타인부채는 10억 원, 이로 인한 부채비율은 4.1%밖에 안 되는 거의 무차입 경영에 가까운 안정적 기업인 것이다.

2010년 당시 한국사이버결제 실제 자본-부채비율

182.5%

재무상태표상의
표면적 자본 – 부채비율

4.1%

실제 유이자성 타인자본에
의한 자본 – 부채비율

이렇게 해서 필자를 포함한 당시 투자를 진행하자는 쪽의 주장은 다음과 같이 정리할 수 있었다.

 한 걸음더 2010년 당시 한국사이버결제의 투자 포인트

❶ 영업이익률이 낮은 것이 단점이었으나 매출액이 증가하면서 영업이익률이 4.0%대까지 상승하고 있다(수익성). 또한 연간 ROE가 30%대에 근접할 정도로 주주에게 높은 이익률이 예상됐다(수익성).

❷ 실제 유이자성 금융부채비율이 4.1% 정도로 거의 무차입 경영을 하고 있다(안정성).

❸ ❶, ❷번의 상황에서 연간매출이 406억 원, 511억 원, 621억 원 등 꾸준히 상승하고 있었고 이로 인한 영업이익이 흑자전환이 됐다. 2010년 연간으로 매출이 800억 원을 넘는 해가 될 것으로 예상돼 큰 폭의 성장이 기대됐다(성장성).

결국 그날 투자 위원회에서 투자결정은 내려졌다. 그러나 시가총액이 적은 종목이므로 투자 비중은 적게 가져가는 조건이 달렸다. 그래도 많은 시간 탐방 다니고 재무제표와 싸운 것에 비해서 '투자 불가' 결정이 내려지면 너무 아쉬웠을 것 같았다.

우리는 목표 주가를 8,000원 안팎으로 잡았다. 물론 다양한 기업가치분석법을 적용해 목표 주가를 산출했지만 사실은 향후 12개월 선행 EBITDA의 10배 수준인 8,000원에서 9,000원 사이가 가장 적합하다고 판단됐다.

워낙 시가총액이 적은 종목이다보니 하루에 많은 금액을 투자할 수 없었던 것으로 기억한다. 며칠 걸쳐서 조금씩 투자를 했다. 내 마음에는 '이렇게 좋은 종목은 바로 상한가 가고 바로 급등할 것이다'라는 생각이 없지 않았다. 실제로 자신도 있었다.

그러나 이후 3분기도 호실적이 발표되고 중간에 '스마트폰 결제서비스'로 신사업 진출 뉴스가 나와도 주가는 쉽게 움직이질 않았다. 게다가 매수 평단가 밑으로 빠지면서 어느 정도의 손실이 나기도 했었다. 비록 몇 년을 투자하면서 마음 고생한 것은 아니지만 적어도 나에게 대략 6개월이란 기간은 적지 않은 마음고생의 시간이었다. 비단 이 종목뿐 아니라 기업가치 대비 싸다고 판단해서 투자했던 주식들이 그다지 시장에서 좋은 평가를 못 받았다. 물론 일부 이런 시가총액이 적은 기업으로의 투자에 대한 비난의 소리도 있었다.

2009~2011년 한국사이버결제(060250) **주가차트**

투자 이후 한 동안
박스권에 있던 주가흐름

■■(좌)연간 당기순이익(억원) ——(우)한국사이버결제 종가(원)

위 그림은 당시 한국사이버결제 주가 차트다. 이후 주가는 2011년 연초가 되어 상승하기 시작했다. 물론 이때도 그리 빠르게 상승한 것은 아니었으며 본격적인 상승은 2010년 연간 실적에 대한 추정치가 나오고 실제 실적발표가 됐던 2011년 3월 들어서 빠른 상승이 나왔다.

여기서 한 가지 눈여겨볼 부분이 있다. 차트 하단에 바(Bar)는 연간 당기순이익을 수치로 그린 것이다. 2010년 당기순이익은 연간 발표치가 개별기업 기준 50억 원 수준이었다. 8월에 발표됐던 반기보고서의 당기순이익은 18억 원 수준이었다. 즉, 반기에 이미 전년도인 2009년 당기순이익 20억 원에 근접해 있던 것이다. 만약 2010년 하반기에 실적이 그리 크게 증가할 것을 예상하지 못했다 하더라도 이미 반기순이익만 놓고 봐도 전년도의 순이익의 대부분을 기록했는데도, 2010년 말이 될 때까지 시장에서 주가 반응은 나타나질 않았었다. 오히려 박스권에서 오르내림으로 필자와 같은 소심하고 조바심 있는 투자자들에게 '내가 뭔가 잘못 생각하고 있는 게 아닐까?'라는 생각을 갖게 했다. 결국 주가는 연간 실적에 대한 추정치가 나오고 실제로 연간 실적을 확인하고 나서야 빠르게 반영됐다.

이와 비슷한 일을 몇 차례 겪고 나서 필자는 조금씩 가치투자가 무엇인지 눈뜨는 계기가 됐다. 물론 투자 철학이 확고한 가치투자자가 됐다는 것은 절대 아니다. 어쩌면 지금 이 순간도 투자 철학은 만들어진다고 생각한다. 하지만 재무제표를 근간으로 하는 투자가 조금씩 눈뜨고 있었다고 생각됐다.

결국 투자는 믿음이다. 해당 기업을 할 수 있는 한, 철저히 분석하고 연구해서 필자가 생각하는 기업가치 대비, 쌀 때 투자가 됐다면 그 이후는 꾸준히 기업가치가 변함이 있는지 확인하면서 기다려야 하는 것이다. 왜냐하면 시장에서 그 기업가치를 알아주는 것은 즉시일 수도 있지만 6개월 후, 심지어 1년 후, 2년 후일 수도 있기 때문이다. 결국 투자는 믿음인 것이다.

나이스정보통신,
이젠 성장할 수 없는 건가?

글로벌 자본주의 사회의 경제활동 과정은 상승과 하강 사이클을 반복한다. 보통 이를 경기파동이라고 하는데 이 경기파동에는 콘드라티에프파동(Kondratiev cycles), 주글라파동(Juglar cycle), 키친파동(Kitchin cycle) 등 세 가지로 나뉜다. 콘드라티에프파동은 보통 50~70년에 미치는 장기파동을 말하고 주글라파동은 일반적으로 10년 주기의 주 순환(Main cycle), 즉 중기파동을 의미하며 키친파동은 대략 40~48개월의 단기파동을 의미한다.

갑자기 왜 이런 딱딱한 이야기로 시작하느냐면 보통 우리나라 산업 및 주식시장은 재고 투자의 사이클을 따른다고 하는데, 키친파동과 연관돼 부상하는 산업이 4~5년에 한 번씩 큰 흐름을 주도한 후 버블을 보여줘왔다.

2000년대 이후에 이런 유사한 사례를 살펴보자. 2000년대 초반 기술주 열풍, 당시 '닷컴버블'이 대표적인 예다. 이에 해당하는 기업으로 당시 새롬기술(현재, 솔본)이 무료 인터넷전화라는 다이얼패드 기술을 시장에 내놓으면서 1999년 8월 코스닥시장에 상장돼 불과 6개월 정도만에 주가가 10배가 오르는 놀라운 모습을 보여줬다.

2000년대 중반, 대략 2005년경 이후는 중국 관련주의 시대였다. 당시 중국, 인도 등 신흥국가들의 경기 활황세가 나타나면서 이들 국가에 수출하는 국내 소재, 산업재 섹터 주식들이 놀라운 상승세가 있었다. 대표적인 기업으로 당시 동양제철화학(현재, OCI)를 들 수 있다. 2006년도 평균 40,000원대였던 주가는 이런 흐름으로 2008년에 주당 40만 원, 2011년에는 주당 60만 원을 상회했었다.

2010년 이후에는 유가 상승의 수혜와 일본 대지진으로 인한 일본 내 자동차 생산설비 피해 등으로 반사이익 기대감이 시장에서 거론되면서 '차화정 시대'가 출현했다. 차화정이란 자동차, 화학, 정유 업종이 주식시장의 큰 흐름을 이끌면서 나타난 당시 신조어였다. 다음으로 2014년경 이후에는 내수주(화장품, 제약, 음식료)의 큰 흐름이 있었고 최근 이 흐름은 반도체 위주의 IT 주식으로 넘어가는 모양새를 보이고 있다.

이런 큰 흐름 속에서 보통 가치투자자라 불리는 사람들은 흐름의 초창기에는 수익이 좋아지기도 하지만 궁극적으로 버블이 만들어지는 중후반 이후에는 수익률 상승을 누리기가 쉽지가 않다. 이유는 기업의 가치에 비해서 과도한 상승 시에는 주식을 팔고 다른 저평가된 주식을 찾아가기 때문이다. 필자가 운용해왔던 일임펀드나 랩 상품 등 대부분은 시장에서 주도주라는 이름의 'XX버블'이라는 용어가 회자될 당시에는 대개 수익률이 좋지 않았다. 시장이 그런 큰 흐름을 쫓아가고 그쪽의 상승세가 가파를수록 가치주 종목들은 더욱 소외되는 현상이 심화되기 때문이었다.

이제 본론으로 들어와서 차화정의 큰 흐름이 어느 정도 우리 시장에서 조금씩 고점을 지나갈 무렵인 대략 2011~2012년 사례다. 당시 필자는 나이스정보통신(036800)이라는 회사를 분석하고 투자하고 있었다. 이 회사는 국내 대표적 VAN(Value Added Network) 사업자다.

카드결제 프로세스와 VAN 사업자

참조 나이스정보통신 IR북

당시에 필자는 사실 몇 년 전 '한국사이버결제'라는 회사에 투자를 진행했었기에 결제 프로세스나 VAN 사업자가 어떤 역할을 담당하는지 어느 정도 인지하고 있었다. 우리나라 시장에서 VAN 사업자는 중소사업자 포함해서 상당수 존재하고 있으나 이지체크(EasyCheck)라는 한국정보통신과 나이스체크(NiceCheck)라는 나이스정보통신이 양강구도를 이루고 이후 5~6개 사업자가 수익이 나는 구조였다.

나이스정보통신 신용카드조회기

참조 나이스정보통신 홈페이지 http://www.nicevan.co.kr

그러면 왜 필자는 이 회사에 투자했을까? 그 이유를 알기 위해서 VAN 사업자의 역할을 조금 더 이해해야 한다. 간단히 예를 들면, 만약 내가 커피를 마시려고 커피전문점에 들어갔다. "아메리카노 1잔 주세요"라고 주문하고 신용카드를 내밀었다. 커피점포 입장에서는 고객에게 신용카드를 받아서 결제해야 하기에 카드단말기가 있어야 한다. 이때 각종 신용카드사를 대신해서 카드단말기를 설치해줄 뿐만 아니라 각 카드사 시스템과 연동됐을 때 이 신용카드가 문제가 없는 정상카드인지, 결제한도는 남아서 결제에 문제가 없는지 등을 확인하고 승인이 떨어지는 과정이 필요하다. 이것이 VAN사가 하는 역할이다. 이를 정리해보면 다음과 같다.

VAN의 사업자 역할

승인 프로세싱	매입 프로세싱	가맹점 관리 및 기타 업무
• 소비자의 결제 요청 데이터를 VAN에 연결된 네트워크를 통해 각 카드사의 업무위임 조건에 따라 검증한 후 승인 여부를 결정하는 업무	• 카드사에 신용카드 사용 대급을 지급받기 위해 가맹점이 카드사에 매출전표를 제출해 청구하는 업무(실물전표 매입, 전자적 매입)	• 대형 및 중소형 가맹점 모집 • 가맹점에 단말기 판매, 설치 및 관리 업무(가맹점모집인 업무 대행 계약 체결)

참조 나이스정보통신 IR북

즉, 고객이 신용카드로 결제하면 카드승인을 해주고 매출전표를 카드사에 제출해 대금을 지급받고 카드사를 대신해 가맹점을 모집하는 역할을 한다.

앞서 한국사이버결제에서 알아본 PG(Payment Gateway)와의 차이는 무엇일까? PG사는 일반적으로 온라인상(예. 온라인쇼핑몰 등)에서 온라인사용자가 신용카드, 또는 다른 결제수단을 사용해 안전하게 결제할 수 있도록 하는 지불서비스였다.

그러므로 PG는 PG 뒤에 VAN 사업자가 있든지, 혹은 PG가 VAN의 역할을 같이하든지 해야 한다. 쉽게 이해하고자 많은 사람들이 PG는 온라인에서 가맹점과 카드사를 연결해주고 VAN은 오프라인 매장에서 가맹점과 카드사를 연결해준다고 분류하기도 한다.

그렇다면 2011년, 2012년 당시 나이스정보통신은 어떤 업황이 놓여 있었을까? 먼저 주가부터 보면, 2000년에 주식시장에 상장돼 2003년에 액면 분할 후 주당 1,000원대에 있었다. 이후 주가는 꾸준히 상승했으나 2008년 미국발 서브프라임 금융위기 당시 2,000원대까지 하락하고 이전 주가를 회복하는 정도까지밖에 와 있지를 못했다.

2003~2011년 나이스정보통신 주가 추이

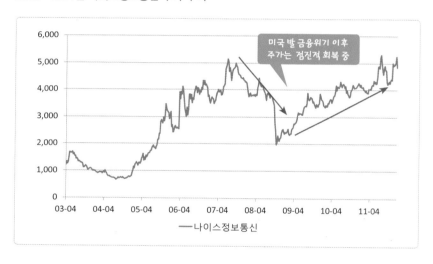

하지만 이런 주가의 점진적 회복세와 달리 이 기업의 실적은 2008년 미국발 금융위기 당시에도 상당히 좋은 실적을 이어가고 있었다. 실제로 위기 전인 2007년 연간 매출은 개별기업 기준 624억 원 수준이었으나 위기 당시인 2008년 연간 매출은 783억 원, 2009년 연간 매출은 984억 원으로 글로벌 금융위기가 무색할 정도로 좋은 실적을 보이고 있었다.

나이스정보통신의 매출액 및 영업이익 추이

* **매출액** (단위 : 100만 원)

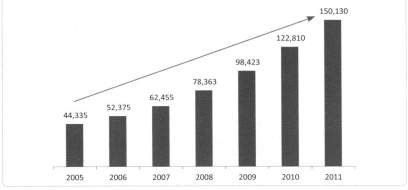

참조 FnGuide

* **영업이익** (단위 : 100만 원)

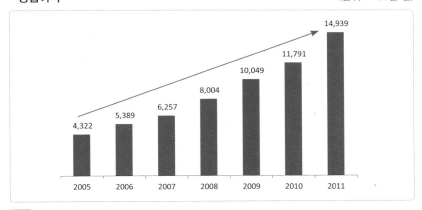

참조 FnGuide

　　앞서 한국사이버결제에서 거론했었지만, 이런 PG와 VAN 같은 사
업자는 먼저 시장에 뛰어들어 고객사를 확보하고 자사의 단말기를 설
치하고 나면 안정적인 성장을 구가할 수 있는 독과점 사업구조를 갖고
있다.

여기서 놀라운 착안점이 하나 발생할 수 있다. 이 기업의 발행 주식 수는 10,000,000주이다. 2011년 연말 즈음 주가를 5,000원으로 본다면 시장 평가에 의한 시가총액은 10,000,000(주)×5,000(원)=500억 원이 된다. 그런데 2011년 포괄손익계산서상의 매출은 1,501억 원, 영업이익은 146억 원, 당기순이익은 115억 원이었다. 따라서 이를 기준으로 1부에서 계산한 개별종목의 PER을 계산해보면

구분	나이스정보통신(2011년 실적 기준)
총 매출액	1,501억 원
당기순이익	115억 원
시가총액 (주가 5,000원 기준)	500억 원
PER	$\dfrac{500억\ 원}{115억\ 원}=4.4\ 배$

당시 나이스정보통신의 PER은 4.4배였다. 물론 PBR도 1.1배 수준에 거래되고 있었다. 혹시 기억하는가? 가능하면 기억해두면 좋다. 우리 시장의 PER, PBR은 얼마였다고 1부에서 우리가 계산했던가? KOSPI시장의 '선행PER'은 대략 11.8배, '현행PER'은 대략 14.0배에서 거래되고 있다고 했다. 또한 KOSPI시장은 대략 PBR은 1.09배로 계산됐다.

이를 기준으로 보면 PBR은 비교적 유사한 수치인 1.1배지만, 이 당시 나이스정보통신의 주가는 현재 우리 시장의 '현행PER' 14.0배 대비 상당히 저평가되고 있었음을 비교해서 알 수 있다.

그렇다면 왜 이렇게 저평가됐을까? 저평가의 이유를 한 두 문장으로 표현한다는 것이 어불성설이지만 당시 나는 주식시장이 나이스정보통신의 성장성에 대한 우려감이 과도했던 시기라고 판단했다. 다시 말하면 온라인 사업자에 대한 무한한 성장성 때문에 PG 사업자들은 높은 밸류에이션을 받고 시장에서 크게 주가가 상승하고 있었던 반면 VAN 사업자는 '더 이상 오프라인 단말기를 설치할 점포도 이제는 많지 않고 앞으로 오프라인은 점점 온라인에 밀려서 점포가 줄어들 것이다'라는 시장의 우려감으로 인해 좋은 실적을 계속 내놓으면서도 시장에서의 밸류에이션 평가는 상당히 낮게, 저평가되고 있다고 생각했다.

마치 '백화점이 홈쇼핑에, 또 홈쇼핑은 모바일쇼핑에 밀려서 성장할 수 없을 것이다'라는 시장의 우려감이 있듯이 이 당시에 VAN 사업자가 놓여있는 오프라인 매장은, 'PG 사업자가 놓은 온라인/모바일마켓의 성장에 밀려서 앞으로는 이런 이익을 낼 수 없을 것이다'는 우려감이 시장에 팽배해있던 상태였다.

그렇다면 과연 VAN 사업자는 더 이상 성장할 수 없는 건가? VAN 사업자가 PG 사업으로 진출하면 안 되는가? 신용카드 결제뿐 아니라 다양한 결제수단이 앞으로 등장할 소지는 없는가? 필자는 이런 고민 끝에 나이스정보통신의 저평가는 너무 과하다는 평가를 내리고 투자하게 되었다.

더 솔직히 이야기하면, 주가가 너무 싸기에 투자를 결정했다. '이렇게 돈을 잘 버는데 시장에서 순이익에 4배 정도밖에 안 쳐준다는 것은 너무하다'는 생각이었다. 또한 '이렇게 돈을 잘 버는데 보유하고 있는 순자산(자본) 정도밖에 시장에서 가치를 못 받는 것은 너무하다'는 생각이었다. 이 회사가 깔아놓은 가맹점과 단말기는 왜 가치평가에 포함될 수 없는가? 이미 독과점으로 돼가는 VAN 시장에 대한 프리미엄은 없는 건가? 만약 VAN 사업자가 PG 사업자에 밀린다면 나이스정보통신이 PG 사업자로 뛰어들었기에 향후에는 VAN 대신에 PG로 수익을 낼 수 있는 거 아닌가?

당시 나는 상사에게 PER로 봐도 PBR로 봐도 현금흐름으로 보아도 이 가격이면 너무 싸다는 말을 여러 번 강조해 비록 시가총액이 적은 종목이지만 투자할 수 있었다.

❶ 안정적인 사업을 진행하면서도 영업이익률 10%대를 내놓는 등 수익성이 좋았다(수익성). 또한 연간 ROE가 20%대를 상회하면서 주주에게 높은 이익률이 예상됐다(수익성).

❷ 미국발 금융위기 당시에도 연간 매출액이 증가할 정도로 2002년 이후 CAGR +18.7%의 큰 폭의 성장세가 이어지고 있었다(성장성).

❸ 2011년 사업보고서 기준 부채총계는 671억 원 수준이나 대부분이 미지급금, 매입채무, 선수금의 부채항목이고 실제 차입금은 단기차입금 197억 원에 불과했다. 보유 현금성자산을 제하지 않더라도 자본조달비율은 42%대(차입금/자본총계, $\dfrac{197억\ 원}{455억\ 원}$=42.3%)의 안정적 기업이었다. 물론 이 당시 보유현금 및 단기금융자산이 190억 원을 상회했기에 이를 제한 실제 순차입금에 의한 자본조달비율은 1%대로 거의 무차입경영으로 봐도 무난할 정도의 안정성을 가지고 있던 기업이었다.

40일간의 여행, 천국과 지옥 사이

　이렇게 해서 당시 필자는 운용하고 있던 고객 일임펀드 및 운용가이던스에 위배되지 않으면서 투자유니버스에 넣을 수 있었던 몇몇 펀드(WRAP 포함)로 이 주식에 투자했다. 사실 워낙 시가총액이 적어서 그리 큰 비중으로 들어갈 수 없었고 투자에 반대하는 의견을 가진 분들을 모두 설득시키기도 쉽지 않았다. 하지만 나름 분석 후 확신을 가지고 있었기에 여러 펀드 등으로 주식을 조금씩 매수하기 시작했다.

　그러나 필자의 생각과 달리 주식은 연초 이후 꾸준히 하락세가 이어졌다. 매수 초기에는 '어차피 큰 금액으로 투자된 것이 아니기에 하락하면 분할매수로 대응할 수 있어서 좋다'라는 생각을 가지고 하락 시마다 분할매수로 대응했지만 6,000원을 넘던 주가가 다시금 4,500원 근처까지 고점 대비 25%의 하락세가 이어지자 여기저기서 우려의 목소리가 나왔다(당시 내가 투자했던 포트폴리오에서는 평균 8~10%대의 하락세가 나왔던 것으로 기억한다. 정확치는 않다).

사실 주변에서 우려의 목소리도 중요하지만 더 중요한 것은 나의 투자 마인드였다. '내가 뭔가 잘못 판단한 것이 아닐까?', '진짜 VAN 사업은 성장성이 정체되는 건가?', '혹시 내가 모르는 악재가 있는 게 아닐까?', '어차피 저평가 주식은 다 그런 이유가 있어서 저평가받고 있는 건데 나만 너무 좋아해서 이 주식을 사고 있는 거 아닐까?'

　　면밀한 분석과 그로 인한 투자 믿음만 있다면 주변의 우려 섞인 시선은 오히려 이 주식에 대한 여러 토론의 근간이 될 수 있고 내가 생각하지 못했던 다른 시각으로 바라볼 수 있기에 좋은 시너지가 될 수 있다. 하지만 주변의 시선보다 나의 마음이 흔들리고 있었기에 고민은 더욱 가중됐다.

나이스정보통신 2012년 주가 추이

(단위 : 원)

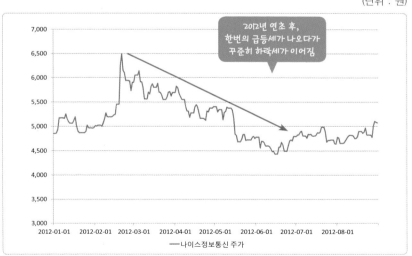

사실 이 글을 읽는 독자 중에는 '뭐 30%~40% 손실 난 것도 아니고 10% 안팎의 손실 가지고 그런 고민을 하는가?'라는 의문을 가질지도 모르겠다. 그러나 사실 많은 기관 내의 여러 형태 펀드 및 랩, 신탁상품 등은 운용가이던스를 가지고 있다는 글을 올렸다. 그 운용가이던스 내에 손절매규정(or 손실규정)이라는 부분이 있는데 이 규정은 다소 간의 차이가 있겠지만 대략 개별종목의 손실률이 10%가 넘어가면 이를 고객에게 통보하게 돼 있는 경우가 많다.

> **참조** 손절매 규정의 예
>
> 가. 운용사는 보유자산의 종가가 매입가 대비 10% 이상 하락한 종목이 발생한 경우 익영업일에 고객사에 유선으로 이 사실을 통지하고 대응방안을 보고해야 한다.
>
> 나. 보유 자산의 종가가 매입가 대비 20% 이상 하락한 종목은 익영업일에 손절매를 하는 것을 원칙으로 한다. 다만, 부득이한 경우 고객사와 협의 후 손절매를 보류할 수 있다.

따라서 종목의 평균손실률이 10%를 상회하면 운용자는 상당히 민감해질 수밖에 없다. 하여간 이런 시기에 '금융감독원 전자공시시스템 (http://dart.fss.or.kr/)'에 청천벽력과 같은 공시가 하나 게재됐다. 사업보고서를 보고 또 그 안의 재무제표를 봐야 하는 투자자에게 이 사이트는 보물창고와 같은 곳이다. 워낙 중요한 사이트이기에 만약 즐겨찾기가 안 돼 있는 투자자라면 이 기회에 즐겨찾기 해두는 것이 좋다.

이날 첫 번째 공시된 내용은 다음과 같다.

2012년 나이스정보통신 매매거래정지 안내

DART | 본문 2012.10.05 기타시장안내
나이스정보통신 | 첨부 +첨부선택+

기타시장안내

제목 : 나이스정보통신(주) 상장폐지 실질심사관련 매매거래정지 안내

동사의 '횡령·배임 혐의발생'과 관련하여 상장규정 제38조제2항제5호나목 및 동규정시행
세칙 제33조제11항제2호의 규정에 의거 횡령배임으로 인한 상당한 규모의 재무적 손실 발생여부
등 상장폐지 실질심사 대상에 해당하는지 여부를 심사하기 위하여 2012.10.05 14:55:00 부터 매매
거래를 정지하며,

향후 실질심사 대상 해당여부에 관한 결정시까지 동사 주권의 매매거래정지가 계속될 예정이며,
실질심사 대상에 해당하는 경우 당해법인 통보(매매거래정지 지속) 및 실질심사위원회 심의절차
진행에 관한 사항을 안내하고, 실질심사 대상에 해당하지 않는 경우에는
매매거래정지 해제에 관한 사항을 안내할 예정입니다.

참조 금융감독원전자공시시스템(http://dart.fss.or.kr)

'주권 매매거래정지'가 이뤄진다는 것이고 그 사유로 '횡령, 배임혐의'
가 발생돼 '상당 규모의 재무적 손실 발생 여부 등 상장폐지 실질심사
대상에 해당하는지를 심사한다'는 것이었다.

이 글은 분명히 '상장폐지 실질심사 대상에 해당하는지를 심사한다'
고 공시됐으나 처음에 정신없이 읽었을 때는 '상장폐지'라는 단어만 눈
에 들어왔다. '상장폐지라니?' 눈앞이 깜깜하고 정신이 혼미해졌다. 곧
나이스정보통신 회사에 전화하고 주변 지인을 통해 파악해보고 정신을
차릴 수 있었으나 이 당시를 회상하면 정말 앞이 깜깜했던 순간이었다.
이후 하나의 공시가 더 나왔다.

2012년 나이스정보통신 횡령, 배임 혐의 발생

| DART | | 본문 | 2012.10.05 [정정] 횡령·배임혐의발생 | ▾ |
| 나이스정보통신 | | 첨부 | +첨부선택+ ▾ | |

정정신고(보고)

	정정일자	2012-10-05

1. 정정관련 공시서류	횡령 배임 혐의발생	
2. 정정관련 공시서류제출일	2012.10.05	
3. 정정사유	사고발생일자, 확인일자 오류수정	
4. 정정사항		

정정항목	정정전	정정후
사고발생일자	-	2008.04.01
확인일자	2008.04.01	2012.10.05

-

횡령 · 배임 혐의발생

1. 사고발생내용		1)대상자 : 이사 ○○○ 외 6인 2)배임혐의내용 가.특정경제범죄 가중처벌 등에 관한 법률위반(배임) 회사의 임직원으로서의 임무에 반해 회사와 거래처 사이의 가맹계약 물량을 경쟁업체에 양도
2. 횡령 등 금액	발생금액(원)	5,483,113,759
	자기자본(원)	45,542,873,545
	자기자본대비(%)	12.03
	대기업해당여부	해당
3. 향후대책		대상자의 배임혐의가 사실로 확인될 경우 법적 조치를 취할 계획임

참조 금융감독원 전자공시시스템(http://dart.fss.or.kr)]

　공시를 통해 내용을 좀 더 명확히 알 수 있었는데, 다행히도 이 혐의는 당시가 아닌 2008년 4월에 발생한 사고였고 사고 대상자들이 '회사의 임직원으로서의 임무에 반해 가맹계약 물량을 경쟁업체에 양도했다'는 혐의였다. 일단 당시에 발생한 사고가 아니라는 것과 횡령 등의 금액이 약 55억 원 정도로 자본총액 455억 원 대비 12% 정도라는 두 가지에 안도했다.

물론 55억 원이 상당히 큰 금액이지만 이런 사고가 발생했을 때 가장 먼저 봐야할 부분 중 하나가 자본잠식 여부다. 이 부분은 워낙 중요한 부분이기에 뒷부분에서 본격적으로 다룰 예정이다. 일부이든, 전액이든 자본잠식이 된다면 이는 '기업의 계속성'에 심각한 문제를 발생시키기에 이런 기업의 투자는 가급적 하지 말아야 하고 반드시 투자할 상황이라면 면밀히 검토 후 항상 예의주시해야 한다.

예를 들어서 유가증권시장(KOSPI Market)의 경우, 사업연도말 자본금이 50% 이상 잠식되면 관리종목으로 지정되고 이렇게 자본금 50% 이상 잠식이 2년 연속되면 상장폐지가 된다. 물론 사업연도말 자본금이 전액 잠식되면 역시 상장폐지가 된다. 자세한 부분은 다음 내용을 참조한다.

유가증권 시장 관리종목 지정 및 상장폐지 기준

구분	관리종목 지정 (유가증권시장 상장규정 제 47조)	상장폐지 기준 (유가증권시장 상장규정 제48조)
정기보고서 미제출	• 법정제출기한(사업연도 경과 후 90일) 내 사업보고서 미제출 • 법정제출기한(분·반기 경과 후 45일 이내 반기·분기 보고서 미제출)	• 사업보고서 미제출로 관리종목 지정 후 법정제출기한부터 10일 이내 사업보고서 미제출 • 반기·분기보고서 관리종목 지정 후 사업·반기·분기보고서 미제출

감사인 의견 미달	• 감사보고서상 감사의견이 감사범위제한 한정인 경우(연결감사보고서 포함) • 반기 검토보고서상 검토의견이 부적정 또는 의견거절인 경우	• 최근사업연도 감사보고서상 감사의견이 부적정 또는 의견거절인 경우(연결감사보고서 포함) • 2년 연속 감사보고서상 감사의견이 감사범위제한 한정인 경우
자본잠식	최근사업연도 사업보고서상 50% 이상 잠식 * 자본잠식률 = $\dfrac{(자본금-자본총계)}{자본금}$ * 종속회사가 있는 경우 연결재무제표상 자본금, 자본총계(외부주주분 제외)를 기준으로 함.	* 최근사업연도 사업보고서상 자본금 전액 잠식 * 자본금 50% 이상 잠식 2년 연속

　　나이스정보통신은 코스닥업체이므로 코스닥시장의 상장폐지규정을 보면, 유가증권시장의 규정에다가 사업연도(반기)말 자기자본이 10억 미만이면 관리종목에 편입되고 최근년말 완전자본잠식이거나 관리종목 편입 후 2년 연속 같은 사유가 유지되면 상장폐지된다. 다음 자료를 참조한다.

코스닥시장 퇴출 요건

구분	코스닥시장 퇴출 요건(2017.1.1 개정규정 기준)	
	관리종목	퇴출 요건
매출액	최근 년 30억 원(지주회사는 연결 기준) * 기술성장기업, 이익미실현기업은 각각 상장 후 5년간 미적용	2년 연속 [실질심사] 이익미실현기업 관련, 관리종목 지정 유예기간 중 최근 3 사업연도 연속으로 매출액이 5억 원 미만이면서 전년 대비 100분의 50 이상의 매출액 감소가 공시 등을 통해 확인되는 경우

법인세비용 차감전계속 사업손실	자기자본 50% 이상(&10억 원 이상) 의 법인세비용차감전계속사업손실 이 최근 3년간 2회 이상(&최근연도 계속사업손실) * 기술성장기업 상장 후 3년간 미 적용, 이익미실현기업 상장 후 5년 미적용	관리종목 지정 후 자기자본 50% 이상(&10억 원 이상)의 법인세비용 차감전계속사업손실 발생 [실질심사] 이익미실현기업 관련, 관리종목 지정 유예기간 중 최근 3 사업연도 연속으로 매출액이 5억 원 미만이면서 전년 대비 100분의 50 이상의 매출액 감소가 공시 등 을 통해 확인되는 경우
장기 영업손실	최근 4사업연도 영업손실(지주회사 는 연결 기준) * 기술성장기업(기술성장기업부)은 미적용	[실질심사] 관리종목 지정 후 최근 사업연도 영업손실
자본잠식/ 자기자본	• (A) 사업연도(반기)말 자본잠식률 50% 이상 • (B) 사업연도(반기)말 자기자본 10억 원 미만 • (A) 또는 (B) 또는 (C) 후 반기말 반기보고서 제출기한 경과 후 10 일 내 반기검토(감사)보고서 미제 출 또는 검토(감사)의견 부적정, 의견거절, 범위제한 한정 * 자본잠식률 $$= \frac{(자본금 - 자기자본)}{자본금} \times 100$$	• 최근년말 완전자본잠식 • (A) 또는 (C) 사업연도(반기)말 자 본잠식률 50% 이상 • (B) or (C) 후 사업연도(반기)말 자 기자본 10억 원 미만 [실질심사] 사업보고서 또는 반기 보고서의 법정제출 기한까지 당해 상장폐지 기준 해당 사실을 해소하 였음을 입증하는 재무제표 및 이에 대한 감사인(정기재무제표에 대한 감 사인과 동일한 감사인에 한함)의 감사 보고서를 제출하는 경우

참조 한국거래소(http://www.krx.co.kr)

결국 당시 나이스정보통신에 배임혐의가 발생됐지만 해당 금액이 과다해 자본잠식에 들어갈 만큼이 아니란 것을 알았기에 안도할 수 있었다. 또한 실제로 횡령과 같이 재물을 취해 손해를 입힌 것이 아니고 사무처리자가 자신의 의무를 위반한 것이므로 이 둘 사이에서는 상대적으로 혐의의 강도가 약하다는 판단을 했다.

이런 생각으로 정리된 후 매일매일 주권 매매거래정지가 해제된다는 공시만을 기다리고 있었다. 하지만 1주일, 2주일이 지나도 공시는 나오지 않았고 회사 내부에서는 우려의 목소리가 더욱 가중됐다. '고객의 자산을 관리하는 회사에서 이런 기업에 투자해 만약에 상장폐지라도 되면 그 뒷감당을 어떻게 할 것인가?'라는 우려가 반복적으로 내게 되돌아왔다. 여러 정황으로 보아 상장폐지 감은 아니라고 대내외적으로 답변했지만 실제로 이를 우려하는 목소리는 줄지 않았다. 말을 안 했을 뿐이지 필자의 마음은 까맣게 타들어가고 있었다.

약 3주 정도 지나고 다음의 공시가 나왔다. 당연히 거래정지가 해제됐다는 공시를 기다렸지만 다음의 공시는 그렇지 않았다.

2012년 나이스정보통신 상장폐지실질심사 대상 결정

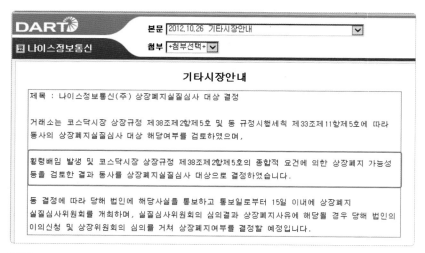

참조 금융감독원 전자공시시스템

지난번 공시와 크게 달라진 건 아니었다. '상장폐지실질심사 대상으로 결정됐기에 상장폐지실질심사위원회를 열어서 상장폐지 여부를 결정한다'는 내용이었다. 당연히 심사위원회가 열릴 것이라 생각되었지만 정작 기다리던 공시는 안 나오고 자료와 같이 '상장폐지'라는 단어만 반복되므로 필자의 마음은 더욱 조급해졌다.

잠깐! 용어정리 📍 상장폐지실질심사

앞서 우리는 유가증권시장과 코스닥시장의 퇴출요건을 알아봤다. 예를 들어 코스닥시장의 경우 최근 사업연도 매출액이 30억 원 미만이면 관리종목에 편입되고 이것이 2년 연속 지속되면 시장에서 퇴출된다.

앞의 예의 경우, 30억 원이라는 양적 기준이 만들어지면 이에 걸리게 되는 몇몇 한계기업의 경우 이 숫자를 간신히 넘기면서 관리종목이나 퇴출기업의 굴레를 벗어나려는 의심스러운 움직임이 시장에서 포착됐다.

그래서 이런 양적 기준이 아닌 일부 매출 부풀리기나 횡령, 배임 등 질적 기준에 미달하는 상장사를 퇴출시키기 위해 2009년 2월부터 시행된 심사제도다.

'정말 상장폐지 되는 건 아닐까?', '상장폐지 되면 주당 1,000원쯤에는 거래되겠지? 이렇게 좋은 회사인데 상장폐지 되면 나는 정리매매 때 이 주식 사야겠다', '상장폐지 되면 나는 이 회사에서 퇴사될 것이고 이 직업으로 앞으로 일하기 어렵겠구나' 등 이 기간 동안 별별 생각이 다 들게 되었다. '횡령도 아니고 배임사건이고 그 금액도 자기자본 대비 그리 크지 않았기에 상장폐지는 아니다'라는 확신이 95% 이상은 들었음에도 그 혹시나 하는 5%가 사람의 마음을 참 힘들게 했다.

그리고 거래정지 공지가 뜬 지 대략 40일이 지난 어느 날 드디어 공시가 나왔다.

2012년 나이스정보통신 상장폐지 기준 미해당

| DART | 본문 2012.11.16 주권매매거래정지해제 | |
| 코 나이스정보통신 | 첨부 +첨부선택+ | |

주권매매거래정지해제

1.대상종목	나이스정보통신(주)	보통주
2.해제사유	상장폐지 실질심사위원회 심의결과 상장폐지 기준 미해당	
3.해제일시	2012-11-19	-
4.근거규정	코스닥시장상장규정 제29조 및 동규정시행세칙 제29조	
5.기타	코스닥시장업무규정시행세칙 제26조의 규정에 의거 매매거래 재개일의 장개시전 시간외매매는 성립되지 않습니다.	

참조 금융감독원 전자공시시스템

사람의 마음은 참 간사하다. 정말 별일 아니라고 확신하면서도 이 공시가 나기까지 다른 사람에게는 말하지 않았지만 마음속에서는 별의별 생각이 요동을 쳤다. 그리고 이 공시를 봤을 때 그간 마음고생이 한순간에 쓸려 내려가는 것을 느꼈다. 제일 먼저 회사 내부에 보고하고 또 주요 고객사 및 고객에게 통보했다.

지나고 나면 정말 별일 아니었지만 40일이라는 이 기간이 필자에게는 천국과 지옥을 몇 번 왔다 갔다 했는지 모른다. 이제와 그 당시의 기억을 회상하면 피식 웃음이 나온다.

2012년 나이스정보통신 주가차트 추이

(단위 : 원)

이후 거래는 재개됐다. 그러나 문제는 그것으로 끝이 아니었다. 거래 정지 기간에 팔고 싶어도 팔지 못했던 주주들의 대량 매물이 쏟아져 나오면서 주가는 그해 연말까지 꾸준한 하락세가 이어졌다. '만약 기업의 기본적 가치(Fundamental)가 변하지 않은 상태에서 시장 참여자에 의한 주가 하락이 이어진다면 이때는 매수의 적기다'라는 판단을 했지만 실제로 많은 양의 매수는 할 수 없었다. 단지 이 하락세가 멈추길 기다릴 뿐이었다.

이후 나이스정보통신 주가는 어떻게 됐을까? 이 주식을 아는 독자라면 결과를 다 알 것이다.

나이스정보통신 주봉차트

거래정지
당시

참조 미래에셋대우증권 HTS

이 주식은 2011~2012년 대략 주가 5,000원을 기준점으로 2015년 고점까지 대략 10배의 상승을 보여줬다. 그 이유로는 다음 네 가지를 꼽을 수 있다. 첫째, 독과점된 VAN 시장의 가치를 시장에서 재평가받기 시작했고 둘째, 그간 2위 사업자라는 굴레에서 벗어나 2014년 VAN 시장 1위 사업자로 시장점유율이 바뀌었다. 셋째, 시장의 우려와 달리 VAN의 처리건수는 꾸준히 증가하고 있었다. 마지막으로 VAN 시장의 한계에서 벗어나 2016년 이 회사 매출의 26%를 PG 사업에서 나오는 등 사업포트폴리오도 다각화시키게 됐다.

정확히 기억나지 않지만 어디선가 세미나를 할 때 한 질문자가 물었다. "그럼 팀장님은 얼마쯤 파셨어요? 저 수익률을 다 누리셨나요?" 그에 대한 답은 "절대, 아닙니다"이다. 앞서 거론했지만 가치투자자들은 자신이 판단하는 기업의 가치 대비 쌀 때 투자를 한다. 그리고 자신이 판단하는 기업의 가치를 시장에서 인정해줄 때 조금씩 팔기를 시작한다. 따라서 필자는 창피해 가격은 말할 수 없지만 상승의 중간 어디선가 팔고 나왔다. 그냥 나이스정보통신이 저런 큰 폭의 상승세가 나왔다는 것을 이야기하는 것이지, 필자가 그렇게 수익률을 냈다고 이야기하는 것이 아니다. 절대 저런 수익률을 내지 못했다.

하지만 거래정지가 해제된 이후 필자의 어설픈 추천으로 이 주식에 투자를 했던 친한 선배가 있었다. 글로벌 증권사에서 채권 매니저를 했던 분인데 이 당시 증권회사를 그만두고 국내에 들어와 있을 때 필자의 이야기를 듣고 나름대로 조사한 후 개인이 투자하기에는 적지 않은 금액으로 투자를 했다고 한다. 이분의 스타일은 한번 투자하면 자주 투자 대상을 옮기지 않는 스타일이라 최근까지 투자하고 있다고 들었다. 나는 그런 수익률을 다 누리지 못했지만 내 주변에 누군가 큰 차익을 누리고 있다는 것에 뿌듯함을 느낀다.

이제 2부를 마친다. 2부에서 몇몇 에피소드를 통해서 어설펐던 필자의 투자 이력을 이야기했다. 다른 모든 것은 한번 읽고 잊어주길 바라며 그 가운데 초창기에 범했던 주식 실패담은 다른 투자자들이 가급적 피해가기를 바라는 마음에서 거론한다.

2부의 결론, 그래서 투자는 기다림이다. 그러나 그 기다림은 쉽게 나오질 않는다. 앞 사례처럼 어떤 경우에는 생각지 못하는 위험에 빠질 수도 있다. 이런 경우 철저한 분석이 되지 않았다면 바로 이 주식을 손실 구간에서도 던질 수밖에 없다. 하지만 면밀하고 철저한 분석을 했다면 남들이 모두 팔 때 사지는 못하더라도 기다릴 수 있는 믿음이 생긴다. 시장에서의 수익은 그런 투자자에게 주어진다고 생각한다.

[펀드매니저 따라 하기]
내가 투자한 주식에 어떤 기관이
투자하고 있나요?

간혹 투자를 하다 보면 투신, 연기금 같은 기관이 매수에 동참하면서 주식이 급등할 때도 있고 이와 반대로 기관, 외국인의 매도가 끊임없이 이어지면서 연일 하락세에서 벗어나질 못할 때도 있을 것이다.

그래서 '이 주식에 누가 투자하고 있을까?'가 궁금해질 때가 있는데 이때 알아보는 방법이 있다. 물론 일반적으로 펀드매니저들은 FnGuide 같은 유료 정보사이트에서 기관 및 외국인의 지분율 변화 등을 쉽게 찾을 수 있지만 비록 이런 유료정보가 아니어도 알 수 있는 방법이 있다.

여기에서는 [따라 하기] 방식으로 해당 주식에 어떤 기관이 투자하고 있고 어느 정도의 비중을 보유하고 있는지 추적하는 방법을 알아보고자 한다. 예제 종목으로 지금까지 거론한 나이스정보통신을 해도 좋으나 조금 더 이해를 돕고자 최근까지 기관의 매도가 많이 나왔던 코스닥의 코나아이(052400)를 샘플로 해서 알아본다. 참고로 코나아이는 스마트카드 핵심기술을 보유하고 있는 기업으로 IC Card를 제조, 판매하는 기업이다.

코나아이 Financial Highlight

Financial Highlight [연결|전체]					단위 : 억원, %, 배, 천주			
IFRS(연결)	Annual				Net Quarter			
	2014/12	2015/12	2016/12	2017/12(E)	2016/06	2016/09	2016/12	2017/03(E)
매출액	2,142	2,167	1,179		316	267	271	
영업이익	298	361	-58		14	-25	-72	
당기순이익	260	292	-4		9	-64	29	
지배주주순이익	257	288	-12		5	-65	27	
비지배주주순이익	3	4	8		4	1	1	
자산총계	3,065	2,898	2,534		2,620	2,519	2,534	
부채총계	1,264	792	672		673	637	672	
자본총계	1,801	2,106	1,862		1,947	1,882	1,862	
지배주주지분	1,781	2,019	1,767		1,855	1,788	1,767	
비지배주주지분	21	87	95		92	93	95	
자본금	78	78	78		78	78	78	
부채비율	70.16	37.61	36.07		34.56	33.86	36.07	

참조 FnGuide CompanyGuide

코나아이는 매년 호실적을 발표함으로써 한때 높은 주가 상승률을 기록했으나 2016년에는 전년 대비 매출액 감소와 영업이익 적자전환 등의 영향으로 주가가 크게 하락했다. 위 자료를 보면 2016년 연결재무제표 기준으로 매출액 1,179억 원, 영업손실 58억 원, 당기순손실 4억 원, 지배주주순손실 12억 원 등 전반적으로 실적이 나빠졌음을 확인이 가능하다.

코나아이 주봉 차트

실적악화 영향 등으로 주가 하락세

참조 미래에셋대우증권 HTS

코나아이에 어떤 기관이 투자하고 있는지를 확인하기 위해서 금융감독원 전자공시시스템으로 가본다.

① 네이버, 다음, 구글 등 각종 검색사이트에서 '전자공시시스템'을 입력하고 검색기를 누른다.

Da-m	전자공시시스템	Q

통합검색	뉴스	사이트	블로그	백과사전	카페	웹문서	동영상	더보기

관련 금융감독원 전자공시시스템 삼덕회계법인 다트 편집기 팍스넷 감사보고서 제출기한
한국공인회계사회 전자공시시스템 접수수리 금융감독원 38커뮤니케이션 크레탑 세미콘라이트 ˅

금융감독원 전자공시시스템 dart.fss.or.kr/
정기, 수시, 발행, 지분 공시서류 검색, 기업개황, 정정, 삭제 보고서 안내.

참조 DAUM 검색사이트

검색하면 하단에 [금융감독원 전자공시시스템 dart.fss.or.kr]가 나타난다. 이 부분을 클릭해 해당 사이트로 이동한다.

② '금융감독원 전자공시시스템' 사이트로 이동하게 된다.

참조 금융감독원 전자공시시스템

이 전자공시시스템 사이트에서 상단 메뉴 가운데 [공시서류검색]을 클릭하고 다시 하단에 있는 [상세검색]을 클릭한다.

③ [상세검색] 메뉴를 클릭하면 상세검색 페이지를 볼 수 있다. 여기서 먼저 기간을 [전체]로 클릭하고 회사명에 '코나아이'라고 입력한다. 회사명이 자동완성기능이 있어서 회사명의 일부 글자를 입력하고 그 밑에 자동으로 '코나아이'라고 뜨는 것을 확인할 수 있다. 이것을 클릭해도 된다.

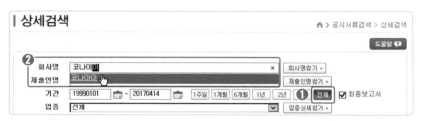

참조 금융감독원 전자공시시스템

그 다음에 다른 항목은 그냥 두고 보고서 분류 부분에서 [지분공시]를 클릭하고 하단에 있는 상세분류에서 [주식 등의 대량보유상황보고서]를 체크한다. 여기까지 됐으면 최종 [검색] 버튼을 누르면 된다.

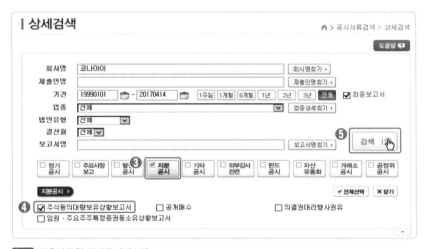

참조 금융감독원 전자공시시스템

④ 이런 과정을 마치고 [검색]을 클릭하면 검색결과가 화면에 나온다. 즉, 우리는 이 주식에 해당하는 '대량보유상황보고서'를 보고 싶었기에 상세 결과가 나온 것이다.

번호	공시대상회사	보고서명	제출인	접수일자	비고
1	코 코나아이	주식등의대량보유상황보고서(일반)	조정일	2017.01.31	
2	코 코나아이	주식등의대량보유상황보고서(약식)	KB자산운용	2017.01.04	
3	코 코나아이	주식등의대량보유상황보고서(약식)	KB자산운용	2016.12.02	
4	코 코나아이	주식등의대량보유상황보고서(약식)	KB자산운용	2016.07.01	
5	코 코나아이	주식등의대량보유상황보고서(약식)	베어링자산운용	2016.05.10	
6	코 코나아이	주식등의대량보유상황보고서(약식)	KB자산운용	2016.05.09	
7	코 코나아이	주식등의대량보유상황보고서(약식)	국민연금공단	2016.04.05	
8	코 코나아이	주식등의대량보유상황보고서(약식)	베어링자산운용	2016.03.10	
9	코 코나아이	주식등의대량보유상황보고서(약식)	KB자산운용	2016.03.02	
10	코 코나아이	[기재정정]주식등의대량보유상황보고서(약식)	베어링자산운용	2016.02.25	
11	코 코나아이	[기재정정]주식등의대량보유상황보고서(약식)	베어링자산운용	2016.02.25	
12	코 코나아이	주식등의대량보유상황보고서(약식)	KB자산운용	2015.11.03	
13	코 코나아이	주식등의대량보유상황보고서(약식)	KB자산운용	2015.09.04	
14	코 코나아이	주식등의대량보유상황보고서(약식)	KB자산운용	2015.08.05	
15	코 코나아이	주식등의대량보유상황보고서(약식)	KB자산운용	2015.07.03	

조회건수 15

접수일자 ▼   회사명 ▼   보고서명 ▼

1 2 3 4 5 6 7 8 9   [1/9] [총 125건]

참조 금융감독원 전자공시시스템

검색된 결과 페이지를 보면 코나아이 주식은 2017년 대략 1월까지 KB자산운용, 베어링자산운용, 국민연금공단 등에서 주식 매매가 있었던 것으로 볼 수 있다. 대표적인 기관인 KB자산운용과 국민연금공단 부분을 클릭해본다. 먼저 둘 중에 아래에 있는 2016년 4월 접수된 국민연금공단을 클릭한다.

3. 보유주식등의 수 및 보유비율

보고서 작성기준일	보고자 본인 성명	보고자 특별관계자수	주식등 주식등의 수 (주)	주식등 비율 (%)	주권 주식수 (주)	주권 비율 (%)
직전보고서 2015년 03월 19일	국민연금공단	1	828,975	5.33	828,975	5.33
이번보고서 2016년 02월 12일	국민연금공단	1	635,081	4.08	635,081	4.08
증 감			-193,894	-1.25	-193,894	-1.25

참조 금융감독원 전자공시시스템

결과 페이지를 보면 왼쪽에 여러 메뉴들이 있음을 알 수 있다. 하나 하나 클릭해보면서 읽어보면 괜찮은 내용들이 많다. 이 다른 페이지는 독자들이 읽어볼 것을 권하고 왼쪽 메뉴 제1부 3번에 있는 [보유 주식 등의 수 및 보유비율]을 클릭한다. 그러면 메인 화면에 이 보고서가 접수된 2016년 2월 기준 국민연금공단의 매매를 확인할 수 있다. 다소 시간이 지난 보고서지만 이 당시 국민연금공단은 코나아이 주식의 보유비중을 이전 5.33%에서 4.08%로 193,894주를 줄였다. 무조건 비중을 줄인 것이 '기업을 안 좋게 보고 있구나'로 해석하는 것은 무리가 있지만 일반적으로 '실적악화 등의 이유로 국민연금공단이 비중을 줄였구나'라고 예상해볼 수 있다.

이제 국민연금공단의 보고서 창을 닫고 게시물 페이지에서 KB자산운용의 2017년 1월 접수된 보고서를 클릭해본다.

3. 보유주식등의 수 및 보유비율

참조 금융감독원 전자공시시스템

마찬가지로 왼쪽 메뉴 제1부 3번에 있는 [보유 주식 등의 수 및 보유비율]을 클릭한다. 메인 화면에서도 KB자산운용의 매매를 확인할 수 있는데 2016년 12월 31일 기준으로 KB자산운용은 코나아이 주식의 보유비중을 이전 6.35%에서 4.30%로 318,667주를 줄였음을 알 수 있다. 그 이유는 매매자만이 정확히 알 수 있는 것이다.

여기서는 언제 매매를 했나를 보기 위해서 왼쪽 메뉴를 하나 더 클릭해본다. 왼쪽 메뉴 제3부 2번에 있는 [세부변동내역]을 클릭한다. 그러면 메인 화면에 날짜별로 매매를 어떻게 했는지 내역을 볼 수 있다.

					월 14일		는 주식	820,600	-50,452	770,148	10,660	-
	KB자산운용	116-81-33085	2016년 12월 15일	장내매수(+)	의결권있는 주식	882,148	89	882,237	13,471	-
	KB자산운용	116-81-33085	2016년 12월 15일	장내매도(-)	의결권있는 주식	882,237	-38,371	843,866	13,630	-
	KB자산운용	116-81-33085	2016년 12월 16일	장내매수(+)	의결권있는 주식	843,866	178	844,044	13,507	-
	KB자산운용	116-81-33085	2016년 12월 16일	장내매도(-)	의결권있는 주식	844,044	-46,582	797,462	13,450	-
	KB자산운용	116-81-33085	2016년 12월 19일	장내매도(-)	의결권있는 주식	797,462	-20,312	777,150	13,310	-
	KB자산운용	116-81-33085	2016년 12월 20일	장내매수(+)	의결권있는 주식	777,150	89	777,239	13,348	-
	KB자산운용	116-81-33085	2016년 12월 20일	장내매도(-)	의결권있는 주식	777,239	-3,097	774,142	13,350	-
	KB자산운용	116-81-33085	2016년 12월 21일	장내매도(-)	의결권있는 주식	774,142	-8,119	766,023	13,212	-
	KB자산운용	116-81-33085	2016년 12월 22일	장내매수(+)	의결권있는 주식	766,023	89	766,112	13,294	-
	KB자산운용	116-81-33085	2016년 12월 27일	장내매도(-)	의결권있는 주식	766,112	-4,272	761,840	12,773	-
	KB자산운용	116-81-33085	2016년 12월 28일	장내매도(-)	의결권있는 주식	761,840	-31,723	730,117	12,374	-
	KB자산운용	116-81-33085	2016년 12월 29일	장내매수(+)	의결권있는 주식	730,117	89	730,206	12,244	-
	KB자산운용	116-81-33085	2016년 12월 29일	장내매도(-)	의결권있는 주식	730,206	-61,084	669,122	12,206	-

참조 금융감독원 전자공시시스템

결과 페이지를 보면 KB자산운용은 2016년 12월달 들어서(물론 그 이전에도 매매는 있지만) 12월 15일, 16일, …, 29일까지 꾸준히 매도로 대응해오고 있음을 세부변동내역을 통해서 확인되었다.

이렇게 하면 대략적으로 내가 투자하고 있는 주식에 기관들(각종 자산운용사, 투자 자문사, 증권사, 연기금 등)의 매매내역 및 보유비율을 확인할 수 있다. 하지만 이것은 기관, 예를 들어서 자산운용사별로 해당 주식의 보유비율 및 매수/매도의 공시된 흐름을 볼 수 있을 뿐 자산운용사 내의 공모펀드별로 어떤 펀드에서 가지고 있는지 또 그들의 종목별 투자수익률은 어떤지는 알 수 없다. 다음 내용에서는 이 부분을 따라 해본다.

08

[한 걸음 더]
펀드별로 개별주식 보유비율 및
수익률을 알 수 있을까요?

앞에서 우리는 전자공시시스템 사이트에서 개별종목의 기관별 보유비율 등을 알 수 있었다. 좀 더 상세히 들어가서 자산운용사 내의 공모펀드별로 어떤 주식을 가지고 있는지 또 수익률은 어떠한지를 알고 싶을 때는 어떻게 해야 하나? 금융투자협회 사이트로 가면 알 수 있다.

① 검색사이트에서 '금융투자협회'를 검색해본다.

참조 Google 검색사이트

'금융투자협회'를 검색하면 하단 '금융투자협회 www.kofia.or.kr'가 나온다. 이 부분을 클릭해 해당 사이트로 이동한다. '금융투자협회'의 메인 사이트가 나오는데 우리는 자산운용사의 공모펀드의 정보를 알고 싶음으로 '금융투자협회' 메인 사이트의 하단에 있는 관련 사이트 부분에 주목한다. 이 사이트 하단에 보면 '관련 사이트 바로가기'가 회전되고 있는데 잠시 기다리면 [펀드정보 One-Click시스템]이 나온다. 이것을 클릭한다.

참조 금융투자협회

② 이제 금융감독원 '펀드정보 One-Click시스템' 사이트로 이동하게 된다. 이 사이트에서 우리가 궁금한 것은 개별 '공모펀드'의 보유종목이나 수익률이므로 [펀드정보]를 클릭해 상세페이지로 들어간다.

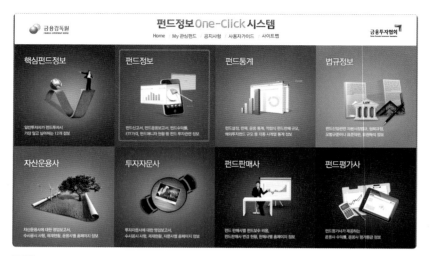

다음 나오는 상세 페이지에서 펀드가 궁금한 것이므로 [펀드공시]를 클릭한다.

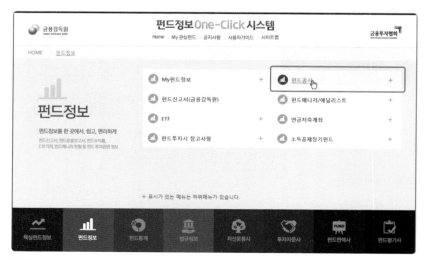

다음 나오는 화면에서 공모펀드의 영업보고서를 봐야 개별 주식의 보유내역 및 수익률이 나오므로 [영업보고서(금융투자협회)]를 클릭한다.

참조 펀드정보 One-Click시스템

③ 각 펀드별 영업보고서의 상세검색 페이지로 들어오게 된다. 이 검색기에서 먼저 회사 선택에 있는 플러스 '+' 버튼을 누른다.

참조 펀드정보 One-Click시스템

플러스 '+' 버튼을 클릭하면 공모펀드를 운용 중인 자산운용사를 선택할 수 있는 페이지가 나오는데 여기서 4가지 작업을 해야 한다. 첫 번째, 회사명 옆에 자신이 검색하고 싶은 운용사명을 입력한다. 앞서 우리는 코나아이를 통해서 KB자산운용을 알아봤기에 그냥 KB자산운용을 해도 되고 다른 예를 하나 들기 위해서 이번에는 또 다른 대표적인 운용사인 '신영자산운용'을 입력해본다. 두 번째로 그 옆에 있는 [검색]을 누른다. 세 번째 그렇게 되면 하단에 검색결과가 나오는데 그 검색결과에서 필자가 지금 찾고 있는 운용사가 제대로 검색결과로 나왔으면 결과 화면 왼쪽에 있는 체크박스를 클릭해 체크됐음을 확인한다. 마지막으로 화면 하단에 있는 [선택완료]를 클릭한다.

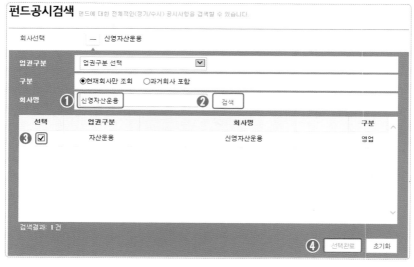

참조 펀드정보 One—Click시스템

그러면 이제 필자가 궁금해하는 공모펀드를 운용 중인 회사선택이 완료됐으니 보고서유형은 그냥 '영업보고서'로 두고 조회기간은 자신이 원하는 기간으로 재설정해도 되지만 기본적인 6월로 두고 하단에 있는 [검색]을 클릭한다.

펀드공시검색 펀드에 대한 전체적인(정기/수시) 공시사항을 검색할 수 있습니다.

회사선택	+ 신영자산운용
보고서유형	전체 ▼ + 영업보고서(1A)
펀드 검색	펀드명 ▼
조회기간	2016-10-14 ~ 2017-04-14 6개월 ▼

검색   초기화

참조 펀드정보 One-Click시스템

④ 이제, 여러 과정을 통해서 설정했던 자산운용사 내의 펀드들에 대한 영업보고서가 결과 화면에 나온 것을 확인할 수 있을 것이다. 이 결과에서 자신이 보고 싶은 날짜의 영업보고서를 클릭한다. 이때 클릭은 화면의 가장 오른쪽에 [조회]를 클릭하면 된다.

펀드공시검색 펀드에 대한 전체적인(정기/수시) 공시사항을 검색할 수 있습니다.

회사선택	+ 신영자산운용
보고서유형	전체 ▼ + 영업보고서(1A)
펀드 검색	펀드명 ▼
조회기간	2016-10-14 ~ 2017-04-14 6개월 ▼

검색   초기화

조건검색 숨기기 ∧

검색결과 : 1 건   (단위 : %) 📊 다운로드 넓게보기 ↗

구분	보고서명/공시사유	기준일자	공시대상	정정여부	조회
정	원화기준_영업보고서(1A)	2016/12/31	신영자산운용 펀드 전체		🖼

참조 펀드정보 One-Click시스템

⑤ 이제 드디어 개별운용사 내의 '펀드공시' 상세페이지를 볼 수 있을 것이다. 이 페이지는 집합 투자 업자(자산운용사)의 개황이나 투자 신탁 현황 등 다양한 정보가 있다. 이 가운데 우리가 보고픈 자료를 보기 위해서 아직은 조금 더 설정해줘야 한다. 상단에 [보고서 선택]이 돼 있는지를 확인하고 왼쪽 분류에서 [운용현황] 옆에 있는 플러스(+)를 클릭한다.

참조 펀드정보 One-Click 시스템

'운용현황' 옆에 플러스(+) 버튼을 클릭하면 우리가 궁금해하는 펀드 내에 보유종목 현황을 확인할 수 있다. 다음 그림과 같이 [세부현황(유가증권내역)]을 클릭한다.

참조 펀드정보 One-Click시스템

⑥ 여기까지 하고 결과 화면을 보면 '에게~ 이게 보유종목내역이야?'
라고 생각하여 실망하는 독자가 있을 수 있다. 하지만 마지막 남
은 단계인 이제 자산운용사 내의 우리가 궁금해하는 펀드를 설정
해주는 작업이 아직 남아있다. 왼쪽 분류 메뉴의 상단에 있는 [펀
드선택]을 클릭한다.

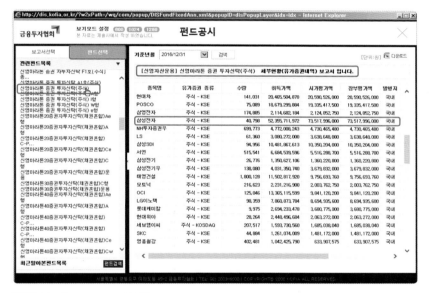

참조 펀드정보 One-Click시스템

그리고 나오는 왼쪽 분류 화면에서 자신이 보고 싶은 펀드를 클릭하
면 된다. 잘 알겠지만 하나의 자산운용사 내에서도 많은 펀드를 보유하
고 있다. 회사를 대표하는 대표펀드도 있지만 그 외에도 크고 작은 규
모의 펀드들이 있다.

이들을 하나씩 클릭해보면 그 펀드 내에 보유종목 및 수익률의 대략

을 알 수 있다. 일단 우리는 신영자산운용의 예를 들고 있으므로 가장 대표적인 펀드라 할 수 있는 '신영마라톤 증권 투자 신탁(주식)'을 왼쪽 분류 메뉴에서 찾아서 클릭한다. 그러면 그 펀드가 보유 중인 개별종목을 확인할 수 있다.

여기까지 따라왔다면 정말 수고 많았다. 어떤 종목이 보이는가? 2016년 12월 31일 기준으로 '신영마라톤 증권 투자 신탁' 펀드에는 하이트진로, 유한양행, 삼성화재, 한화, 아세아, 고려제강 등 다양한 종목들에 투자됐음을 확인할 수 있다. 그 중에서 위 그림과 같이 대표적인 '삼성전자'를 보면, 이 펀드에 삼성전자는 해당 날짜 기준으로 40,798주를 보유하고 있고 대략적인 삼성전자 취득액은 523억 원 수준, 해당 날짜 종가 기준의 시가평가액은 735억 원임을 알 수 있다. 대략적인 수익률은 +40.5%대이므로 적어도 이 종목에 국한해서는 투자 수익률이 좋음을 알 수 있다.

한 가지만 더, 그렇다면 '신영마라톤 증증권 투자 신탁펀드'는 2016년 한 해 동안 삼성전자를 샀을까? 팔았을까? 많은 매스컴에서 거론됐었지만 2016년 하반기부터 우리 주식시장을 주도하고 있는 종목은 삼성전자다. 그래서 실제로 펀드들이 삼성전자 주식을 정해진 한도까지 가득 채우기 바빴다는 이야기가 흘러나왔고 또 필자 주변에 공모, 사모펀드를 운용하는 담당자분들도 별반 다르지 않았다고 생각한다. 이를 확인하려면 어떻게 하면 될까? 간단하다. 펀드를 검색할 때 검색기간을 단지 지금 기준의 '최근 6개월'로 하지 말고 예를 들어서 '2015년

06월 01일~2016년 05월 30일' 이런 식으로 하면 된다. 그러면 '2015년 12월 31일 기준의 영업보고서'를 확인할 수 있다. 그 당시 펀드 내의 보유종목과 앞서 검색된 2016년 펀드 내의 보유종목을 비교하면 답을 추정할 수 있다. 이 과정은 독자들에게 맡기기로 하겠다. 일단 2015년 12월 31일 해당 펀드 내의 보유종목 화면은 다음과 같다.

참조 펀드정보 One-Click시스템

2016년 12월 31일 자료와 2015년 12월 31일 자료를 비교해보면 신영자산운용의 '신영마라톤 증권 투자 신탁펀드'는 삼성전자의 비중을 2016년 내내 줄여온 것을 추정할 수 있다. 2015년 12월 31일 기준 삼성전자의 펀드 내 주식 수는 59,123주였으나 2016년 12월 31일 기준에는 40,798주로 감소했기 때문이다. 물론 단순히 주식 수가 감소했다고 해서 투자 비중을 줄였고 주식 수가 증가했다고 해서 투자 비중을 늘렸다고 보는 것은 무리가 있다. 잘 알다시피 무상증자나 감자 등을 통해서 투자 비중을 늘리지 않아도 주식 수가 변할 수 있기 때문이다. 하지만 이런 것이 없었다면 비중을 줄여왔다고 추정할 수 있다.

갑자기 웬 과제냐고? 필자가 세미나를 다니면 이런저런 예를 상당히 들었는데 그 때는 그다지 길지 않은 시간에도 몇 가지 예제를 나열할 수 있다. 하지만 지면으로 쓰다 보면 한정된 지면에 다 논할 수 없으니 어쩔 수 없이 이 부분은 독자에게 과 제로 맡기려 한다.

앞서 우리는 코나아이(052400)라는 주식에 대한 보유기관들을 알아봤다. 그중에서 도 KB자산운용의 코나아이 보유비중 등을 예제로 확인했다. 그렇다면 KB자산운용 의 어떤 펀드가 코나아이에 투자하고 있을까? 2016년 연말 기준 비중은 어느 정 도일까? 또 해당 펀드는 2016년 한 해 동안 코나아이 주식에 대한 비중을 늘렸을 까? 줄였을까?

이 부분은 과제로 남긴다. 이 과제가 정상적으로 해결되면 이제 여러분들이 투자하 고 있는 개별 주식에 대한 기관의 수급흐름은 누구보다 잘 파악할 수 있을 것이다.

이제 우리는 2부의 [따라 하기]를 통해서 내가 투자하고 있는 종목에 대한 각 기관들의 보유비중이나 최근 매매흐름, 수익률 등을 파악할 수 있었다. 사실 개별기업의 매출액 및 이익, 자산/부채 현황 등 기업에 대한 기본적 분석하고 투자함에 있어서 기관이 이 종목을 최근에 사든 팔든 그것은 그다지 중요하지 않을 것이다.

하지만 앞서 '나이스정보통신', '한국사이버결제' 등의 사례에서 알아봤듯이 내가 아무리 좋다고 생각하고 투자해도 주식시장은 필자의 뜻대로 움직이질 않게 된다. 그럴 때 '다른 투자자들은 이 주식을 어떻게 생각하고 있을까?' 정도의 궁금증은 누구나 갖게 되는데 그럴 때 이와 같은 방법으로 수급을 분석해 놓으면 향후 시장의 흐름에 한결 이해가 빠를 것이다.

PART
03

더덕과 지뢰 사이
– 재무제표를 본다

1부와 2부를 읽은 독자라면 주식 투자에 있어서 먼저 투자하고픈 기업의 재무제표를 봐야 한다는 필자의 생각을 반복해서 읽었을 것이다. 1부에서 우리나라 주식시장의 과거, 현재의 흐름을 봐도 2부에서 필자의 주식시장에서 걸어온 이력을 봐도 특히 필자와 비슷한 소심한 성격의 투자자라면 더욱 재무제표를 보고 투자를 해야 한다.

　필자는 강원도에서 군 생활을 했다. 흔히들 최전방 GOP부대라고 부르는 곳이다. 그런데 이곳은 민간인 통제선을 지나서 도보로는 30분에서 1시간을 걸어가야 하는 곳에 부대가 위치해있기에 전쟁 이후 세월이 50년이 넘게 흘렀지만 여전히 일부 통제선(진입금지 팻말) 안쪽으로 들어가면 지뢰가 있다고 한다. 군 생활 했던 동료들 가운데는 없었지만 지뢰를 밟았다는 이야기를 심심치 않게 듣곤 했었다.

　전방에서 복무했던 군인들이 누렸던 기쁨 중 하나는 이동 중에 더덕을 발견하는 것이었다. 보통 인적이 드문 곳에서 야영이나 훈련을 하다 보니 그 향이 진하고 시중에서 재배하는 더덕과는 비교가 안 될 정도로 굵은 더덕을 가끔 만나곤 했다. 문제는 이 더덕이 진입금지를 알리는 통제선 안쪽에 있을 때다. 분명 대충 눈으로 저쯤에 있는 것이 보이는데 그곳이 과거 전쟁 당시 지뢰를 매설했을 것으로 추정되는 장소기에 진입을 금지시키는 안쪽이라면 어떻게 해야 하나? 당시 같이 군 생활 했던 모든 동료들은 아무리 산더덕이라 해도 그런 곳은 들어가지 않았던 것으로 기억한다.

주식 투자도 그렇다. 아무리 상한가가 몇 번 나올 것으로 사람들이 이야기하고 놀라운 상승 재료를 가지고 있는 종목이라도 해도 그 종목에 지뢰와 같은 무서움이 도사리고 있다면 이런 종목은 피해가야 하는 것이다. 물론 운이 좋아서 이번에는 더덕을 캐는데 지뢰를 밟지 않고 캘 수 있었다고 가정해보자.

그런데 이렇게 더덕을 캐는 것에 재미가 붙어서 여러 번 위험한 장소를 찾는다면 한 번은 나에게 위험한 상황이 오지 않는다는 장담을 누가 할 수 있는가? 마찬가지로 주식에 100만 원을 투자해서 100% 이익을 내고 매도했고 또 이번에는 200만 원 투자해서 100% 이익을 냈고… 이러다가 언젠가 1,000만 원쯤 투자했는데 그 주식이 상장폐지가 됐다면, 혹은 상장폐지는 아니더라도 큰 손실을 입었다면 그동안의 노력과 수고는 무엇이 되는가? 그래서 우리는 재무제표를 통해 가능한 한 지뢰를 피하는 지식과 지혜, 위험한 곳에 있는 더덕 근처에는 가지 않는 조심스런 마음가짐을 준비해야 하는 것이다.

기업의 회계흐름은 어떻게 흘러갈까?
– 재무제표의 구성

이제 재무제표를 보려 한다. 그런데 시작 전에 한 가지, 주식 투자자로서의 재무제표에 대한 생각을 하나 정리하고자 한다. 우리는 재무제표를 작성해야 하는 기업의 재무팀 담당자가 아니다. 또한 작성된 재무제표를 감사해야 하는 회계사도 아니다. 단지 우리는 저들이 작성하고 감사한 자료를 잘 읽어내어 투자에 적용할 수 있으면 되는 것이다. 필자는 대학교에서 공대 전공자로 회계원리를 배울 때 '이걸 내가 왜 배워야 하지?'라는 의문점이 있었다. 그러다 보니 각 계정과목에 대한 용어는 물론 분개, 전기, 복식부기 등 회계 전공자가 아니면 쉽게 이해하기 어려운 용어를 처음 접하는 데에서부터 거부감이 느껴졌다.

물론 이 용어들을 대부분 알고 거래의 기록 및 재무제표 작성을 할 줄 안다면 더할 나위 없이 좋을 것이다. 예를 들어서 우리가 컴퓨터(PC)를 사용하는 데 있어서 램(RAM)이니 CPU니, SSD니 하는 장치나 용어들을 모두 알 필요는 없다. 우리는 무난히 컴퓨터를 잘 사용하기만 하면 된다. '그러다 컴퓨터가 작동이 안 되면?' 하는 질문이 나오겠지만 그때는 A/S센터에 맡기면 되는 것이다. 당연히 더 좋은 것은 고장이 났을 때 자신이 직접 컴퓨터의 내부를 뜯어보고 어디가 문제인지 알고 해당 문제나 부품을 교체할 줄 알면 말할 나위 없이 좋지만 이 장치 등을 모른다 해서 '나는 컴맹이야. 그래서 컴퓨터 근처에도 가지 않을 거야'라고 생각한다면 빠른 경쟁을 목표로 하는 사람에게는 이 4차 산업혁명 시대에 뒤처지게 되는 것이다.

그래서 서두에 필자가 강조하는 것은 먼저, 재무제표를 잘 볼 줄 아는 투자자에서 출발하자고 제안한다. 필자도 투자자산운용사지 회계사가 아니다. 자기에게 맡겨진 자산을 잘 운용하면 되는 것이 이 책의 목적이지 재무제표를 잘 작성하거나 혹은 잘 감사하는 것이 이 책의 목적이 아니다. 따라서 필자도 잘 이해 못하는 너무 어려운 용어를 해설하는 데 지면의 상당 부분을 할애하는 저술은 하지 않을 것이다. 오히려 어려운 용어가 있다면, 네이버, 다음, 구글 등 검색사이트를 활용하면 된다. 어려운 용어 설명을 해서 이를 이해하지 못하는 투자자들이 책을 덮는 일은 발생하지 않기를 바란다. 컴퓨터는 잘 사용해서 우리가 원하는 작업만 하면 된다. 결론은 재무제표를 잘 읽을 줄 알아서 투자에 활용하면 되는 것이다. 정보 이용자 입장에서 재무제표를 활용하자는 이야기였다.

이제 본론으로 들어가자. 먼저 기업의 생성과 순환과정을 ㈜흥부네라는 가상의 기업을 만들어서 예를 들어본다. 흥부는 가지고 있었던 현금을 모아서 동네에 분식집을 내기로 결정했다. 이를 위해 보유 중인 현금을 모두 모아보니 300만 원이 됐다. 다음으로 형인 놀부에게 가서 "내가 만든 라면 맛이 최고인 것은 형도 알지 않냐"며 형에게 이야기한 끝에 놀부도 200만 원을 투자하기로 했다. 이 돈들을 종잣돈으로 삼아서 ㈜흥부네가 설립됐다.

만약 액면가 500원짜리 주식을 발행한다면 10,000주를 발행한 격이고 이를 주주 둘이서(흥부, 놀부) 모두 인수하게 된 것이다. 이때, 납입된 자본금 500만 원을 '납입자본금'이라고 한다. 이어서 아무래도 이 금액으로는 기업 운영이 부족할 듯해 은행에서 500만 원의 대출(차입)을 받았다. 부채 500만 원이 생긴 것이다. 이 예제를 다음과 같이 표현했다.

가상의 ㈜흥부네 주주 및 채권자 구성

이제 이 자금으로 평소에 봐 뒀던 점포에 가서 임대보증금을 치르고 또 분식집을 운영하기 위해서 크고 작은 냄비와 라면, 떡 등의 재료를 구입했다. 이 부분이 바로 재무제표 가운데 '재무상태표'다. 과거에는 대차대조표라 불렀다. 재무상태표에 대한 조금 더 자세한 부분은 뒤에서 이야기하도록 한다.

㈜흥부네 분식은 사업이 시작됐다. 첫째 날, 둘째 날… 주변 사람들이 그 분식집이 맛있기도 하고 신선한 재료를 쓴다는 소문이 나면서 매일 매출이 급증하기 시작했다. 이렇게 1개월이 지난 후 월 매출액이 1,000만 원이 됐다. 이 매출액 중에 700만 원은 지나가다 들리는 고객에게 당일 발생한 현금매출이었고 300만 원은 근처 공장에서 직원들이 점심식사를 하게 되면서 외상매출이 됐다. 돈을 잘 버는 공장이어서 외상매출금 회수는 문제없다고 판단했다. 또한 월 매출금 1,000만 원 가운데 라면 등의 원재료비, 아르바이트 직원 등 인건비, 광고를 위해서 주변 아파트 단지에 나눠줬던 전단지비용 등 각종 비용을 제하고 나니 실제 이익은 200만 원이 됐다. 다음 그림을 참고하면 쉽게 이해될 것이다.

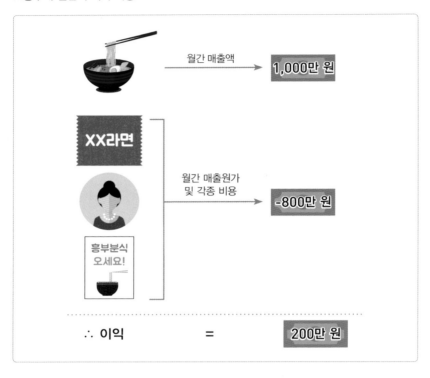

기업의 특정 기간 동안 발생한 회계상의 순이익 또는 순손실이 어떠한지를 나타내는 부분이 재무제표의 '손익계산서'다. 그림을 보면 손익계산서의 구성요소를 알 수 있다. 손익계산서의 구성요소는 두 가지, 즉 수익과 비용이다. '수익'은 정해진 기간 동안 얼마나 벌었는가에 대한 개념이고, '비용'은 이런 수익을 내기 위해 얼마나 지출했는가에 대한 부분이다. 이 역시 좀 더 자세한 설명은 3장에서 알아보도록 한다.

다음으로, 생각 외로 영업이 잘되다 보니까 ㈜흥부네 직원 및 주주들은 흥분하기 시작했다. '이거 너무 잘되는데?' 이렇게 생각하는 동안 월

말이 됐고 위와 같은 손익계산서의 흐름이 예상됐다. 그런데 정작 통장잔고를 보니 분명 200만 원이 있어야 하는데 통장잔고는 0원이었다. '왜 그럴까?' 잠시 고민 끝에 오래되지 않아 그 원인을 알 수 있었다.

주변 공장 직원들에게 점심식사를 제공하고 외상거래를 하다보니 외상매출금 가운데 70만 원은 회수됐지만 아직도 230만 원은 다음 달 15일에 지급한다고 해서 당월말 기준으로 현금이 없었던 것이다. 그 공장에서 바로 바로 결제만 해주면 이런 현금부족 현상이 발생하지 않는데 외상매출을 올리다 보니 월말이 됐을 때 일시적으로 현금부족 현상이 발생됐다. 이 소식을 전해들은 은행에서 빠르게 연락이 왔다.

"흥부네 사장님, 영업도 잘되는 데 조금 대출을 더 쓰셔도 됩니다. 저희가 200만 원 더 대출해 드리겠습니다."

이 전화를 받은 ㈜흥부네 사장은 잠시 고민했지만 어차피 영업도 잘되고 공장에서 외상매출금만 들어오면 문제가 없다고 생각했다. 또 마침 배달용 오토바이도 필요해서 대출을 200만 원 더 받기로 결심했다. 그리고 그 돈으로 100만 원을 주고 차량운반구(오토바이)를 구입했다. 여기까지 상황을 문제가 된 현금흐름 위주로 나타낸 자료는 다음과 같다.

㈜흥부네 월간 현금흐름

20XX년 12월 1일~20XX년 12월 31일 (단위 : 원)

	월간금액
Ⅰ. 영업활동으로 인한 현금흐름	0
Ⅱ. 투자활동으로 인한 현금흐름(유형자산 투자)	(1,000,000)
Ⅲ. 재무활동으로 인한 현금흐름(은행 추가 대출)	2,000,000
현금 및 현금성자산의 증가(Ⅰ+Ⅱ+Ⅲ)	1,000,000

위와 같이 특정 기간 동안 기업 내의 현금 유입과 유출을 표시함으로 현금의 흐름을 알 수 있게 하는 자료가 '현금흐름표'다.

여기까지는 이해하는 데 큰 어려움은 없었을 것이다. 우리가 기업의 재무제표에 대해서 알아야 할 구성요소는 재무상태표, (포괄)손익계산서, 현금흐름표 그리고 아직 거론하지는 않았지만 재무상태표 내에서 자본의 변화 내역을 구성요소별로 보여주는 자본변동표와 주석이 있다.

이제 다음으로 넘어가기 전에 중요한 개념 하나를 정리하고자 한다. 앞서 알아본 것처럼 재무제표는 재무상태표, 포괄손익계산서, 현금흐름표, 자본변동표, 주석 등으로 구성돼있다.

> **잠깐! 용어정리 📍 재무제표의 구성**
> ❶ 재무상태표 – 특정 시점에서 기업의 재산 상태를 보고
> ❷ (포괄)손익계산서 – 특정 기간 동안 경영성과를 보고
> ❸ 현금흐름표 – 특정 기간 동안 현금의 유출. 유입을 보고
> ❹ 자본변동표 – 특정 기간 동안 자본의 크기와 변동을 보고
> ❺ 주석 – 재무제표 구성요소의 추가적인 정보 제공

그런데 이들이 모두 단절된 각각의 지표가 아니다. 예를 들어 ㈜흥부네의 재무상태표를 보면 처음에 자산, 부채, 자본을 가지고 사업이 시작되었다. 그리고 1개월이 지나서 월간 손익계산서를 보니 순이익이 200만 원이 됐다. 이 200만 원은 온전한 주주들의 몫이기에 이때 시점의 재무상태표를 보면 손익계산서의 월간 순이익 200만 원이 재무상태표의 자본으로 들어있을 것이다. 따라서 손익계산서, 자본변동표 등은 재무상태표와 단절된 개념이 아니고 재무상태표에서 연결되고 파생된 자료임을 잊지 말자(혹시 잘 이해가 안 되는가? 걱정하지 않아도 된다. 다음 장으로 가면 또 이 부분이 거론될 것이다. 이해가 되지 않으더라도 다음으로 넘어가면 된다).

02

그 집에 돈 좀 있다며?
– 재무상태표(안랩을 통한 사례 분석)

1 재무상태표 기본개념 및 중요용어

우리는 중고등학교 시절 학교 다닐 때, 어떤 친구가 꽤 부유한 집의 자녀이면 "야, 그 애 집에 돈 좀 있다며?"라는 표현을 썼다. 이런 표현을 기업에 적용하면 마찬가지로 "그 회사에 자산이 상당하다며?"라는 표현을 쓸 수 있을 것이다. 이렇게 회사의 재무 상태(재산 상태)를 보여주는 것이 재무상태표다. 예전에는 대차대조표라고 불렸다.

이해하기 쉽도록 위해 앞의 예제를 통해서 확인해본다.

㈜흥부네 주주 및 채권자 구성

이 그림은 ㈜흥부네라는 가상의 기업을 만드는 데 주주로서 흥부와 놀부가 참여했고(자기자본), 은행으로부터 차입을 해서(타인자본) ㈜흥부네의 총 자산, 즉 자기자본과 타인자본의 합이 1,000만 원임을 보여준다. 이를 재무상태표 형식으로 보면 다음과 같다.

자산의 구성

| 자산(資産) | = | 누군가에게 투자를 받는가?(자기자본, 자본) | + | 은행에 가서 빌리든가?(타인자본, 부채) |

㈜흥부네 재무상태표

시점 : 20XX년 1월 1일

자산	1,000만 원	부채	500만 원
		자본	500만 원

자료를 보면 기업의 자산이란, 타인자본과 자기자본으로 구성된다. ㈜흥부네의 가상 재무상태표의 구성내역을 보면 자산 1,000만 원이 부채 500만 원과 자본 500만 원으로 된 것을 확인할 수 있다. 그런데 약간 이상한 부분이 하나 있을 것이다. 왜? 오른쪽에 자본을 부채보다 밑에 적을까? 기업의 주인을 주주로 본다면 당연히 타인자본인 부채보다 자기자본인 자본이 더 위로 가야 하지 않을까? 이에 대한 답은 간단하지만 중요한 의미를 담고 있다.

기업의 자산은 마치 살아있는 생물처럼 움직인다. 지금 이 순간도 주식시장에 상장돼 있는 수많은 기업들의 자산은 변하고 있을 것이다. 그러다가 특정 시점, 예를 들어서 연말 12월 31일에 자산 값을 확인하게 된다. 만약 ㈜흥부네 분식점이 연말에 200만원 의 당기순이익을 내서 배당하지 않고 모두 회사에 유보시켰다면 자산총계, 즉 총 자산은 1,200만 원이 됐을 것이다. 그런데 만약 그 사이 은행으로부터 추가 대출을 받지 않았다면 은행으로부터 부채는 그대로 500만 원이 된다. 이렇게 됨으로써 자본은 연초에 500만 원에서 연말에 700만 원으로 변하게 되는 것이다.

자본의 구성요소

㈜흥부네 가상 재무상태표

시점 : 20XX년 12월 31일

자산	1,200만 원	부채	500만 원
		자본	700만 원
		- 자본금	500만 원
		- 이익잉여금	200만 원
		- 자본잉여금	0원
		- 자본조정	0원

이렇게 자기자본에 해당하는 자본총계는 변하기 때문에 미리 기입하지 않고 특정 시점, 즉 연말이 돼 확인된 자산총계에서 부채총계를 빼고 남은 값이 자본총계가 된다. 그래서 자산총계를 총자산이라고 한다면 자본총계는 순(純)자산이라고 하는 것이다. 여기서 순(純)은 한자로 '순수할 순, 순전할 순'의 의미를 담고 있는데 총자산에서 부채를 빼고 순전한 주주의 몫이라는 뜻으로 해석할 수 있다.

그러면 재무상태표를 투자자(정보이용자) 측면에서 본다면, 재무상태표의 구성요소 중 일단 어디에 중점을 두고 봐야 할까? 물론 투자자마다 생각이 다를 수 있지만 필자는 구성요소 가운데 '자본'에 주목해야 한다고 생각한다. 기업이 아무리 자산이 많아도 자산의 대부분이 은행으로 차입해온 부채라면 그 많은 자산은 일반적으로 투자자에게는 큰 의미를 부여하기가 어렵다(그렇다고 완전히 의미가 없다는 것은 아니다. 부채를 잘 활용해 이익잉여금을 크게 확대시킨다면 부채가 많은 것도 영업활동에 큰 도움이 된다. 하지만 일반적으로는 부채의 많음보다는 자본의 많음이 더욱 중요한 의미를 갖는다는 것을 이야기한다).

'자본'에 대해서 조금 더 알아보자. 위 그림에서 알 수 있듯 자본은 자본금과 이익잉여금, 앞으로 설명할 자본잉여금, 자본조정 등으로 구성돼 있다.

㈜흥부네의 자본을 보면 사업시작 시 자본총계 500만 원에서 1개월 사업을 한 후 재무상태표를 보니 자본총계가 700만 원이 됐다. 여기서 자본은 어떻게 구성되는지를 알 수 있는데 쉽게 이야기하면 자본은 '내 돈'과 '번 돈'으로 구성된다. 무슨 말이냐고? '내 돈'은 주주들이 낸 납입자본금을 이야기하고 '번 돈'은 영업활동 후 벌어들인 순이익인 이익잉여금을 의미한다.

이제 '자본'은 자본금과 이익잉여금으로 나뉜다고 했다. 그렇다면 이 중에서는 어느 것이 중요한가? 물론 투자자 입장에서 둘 다 중요하다. 하지만 굳이 중요성을 구분하자면 '번 돈'인 이익잉여금이 중요하다고 생각한다. 돈을 벌고 있어야 사업을 할수록 순전한 주주의 몫은 커지는 것이다.

기업이 자본을 늘리는 방법, 자료에서 주주의 몫이 커지는 방법은 두 가지가 있다. 첫째, '내 돈'을 늘리는 경우로 주주와의 거래를 통해서 주주에게 손을 벌려서 자본금을 늘리는 것으로 이를 '자본거래'라 부른다. 둘째, '번 돈'을 늘리는 경우로 주주를 제외한 '제3자'와의 거래를 통해서 순이익을 냄으로 자본을 늘릴 수 있다. 이를 '손익거래'라 부른다. 따라서 영업활동을 통해서 '번 돈'인 이익잉여금이 기업을 분석할 때 상대적으로 중요하다 볼 수 있다(물론 둘 다 중요하다).

마지막으로 '내 돈'인 자본금은 다시 둘로 나뉠 수 있다. 일반적인 '납입자본금'과 '자본잉여금'이다. '자본잉여금'은 이해하기 쉽게 '주식발행초과금'으로 보면 된다. 여기까지 이론 설명을 했는데 이를 설명하지 않으면 조금 아쉬워서 거론했다. '이런 것이 있구나' 정도로 생각하고 읽으면 된다.

이제까지 내용을 그림으로 보고 한눈에 이해하면 간단한 이론 설명이 마무리됐다.

자본의 구성요소

재무상태표

시점 : 20XX년 12월 31일

자산	부채
	자본
	− '내 돈' : 자본금 ⇒ '자본거래' 　① 납입자본금 ② 자본잉여금 − '번 돈' : ③ 이익잉여금 ⇒ '손익거래' 　④ 자본조정

Q 만약 우리가 유가증권시장에 상장된 주식에 투자한다면 재무상태표의 세 가지 구성요소 중 어디에 대한 권리를 사는 것일까? 총자산에 대한 권리일까? 부채에 대한 권리일까? 순자산인 자본에 대한 권리일까?

A ㈜흥부네의 주주는 흥부와 놀부였다. 따라서 우리가 주식시장에서 주식에 투자한다는 것은 주주가 된다는 것이고 그렇게 되면 순자산, 즉 자본총계에 대한 권리를 투자한 지분만큼 갖게 되는 것이다.

Q 한 걸음만 더 나아가 보자. 만약 ㈜흥부네가 1년 동안 사업을 영위했더니 너무 잘됐다고 하자. 만약 1년 만에 당기순이익 500만 원을 냈다고 가정하자. 이런 상황에서 이 회사의 지분 100%를 ㈜흥부네 주주들이 팔려고 한다면 여러분이라면 얼마에 사겠는가?

① 500만 원   ② 1,000만 원   ③ 2,000만 원   ④ 1억 원

A 이미 인지하겠지만 이것이 우리가 1부에서 알아봤던 PBR의 논리다. PBR은 한 주당 가격인 주가를 주당순자산가인 BPS로 나눈 것이라 했다. 잘 이해가 안 가면 편하게 시가총액을 순자산으로 나눈 값으로 봐도 무난하다. 그렇다면 ㈜흥부네의 연도말 순자산이 1,000만 원(기초순자산 500만 원 + 이익잉여금 500만 원)이 됐기에 ① 만약 이 회사를 500만 원에 사겠다 한다면 (500만 원)/(1,000만 원)이 되므로 PBR 0.5배에 사겠다는 논리가 되고 ② 같은 논리로 1,000만 원에 사겠다고 하면 PBR 1배 에 사겠다는 논리 ③ PBR 2배에 사겠다는 논리, ④ PBR 10배에 사겠다는 논리가 된다. 다른 값은 상황에 따라서 이해가 될 수 있으나 마지막 ④번 PBR 10배에 사겠다는 논리는 가지고 있는 순자산 대비 너무 과한 고평가가 아닐까? 물론 필자의 생각일 뿐이다. 충분히 반론이 있을 수 있음을 이해한다.

이제 우리는 주식 투자자가 재무상태표에서 가장 우선적으로 중시해서 봐야 할 부분이 자본총계, 즉 순자산임을 알았다. 실제 기업의 재무상태표를 보면서 조금씩 눈에 익히는 과정으로 가본다.

> ### 잠깐! 용어정리 ⭐ 자본, 순자산, 자기자본, 자본총계
>
> 재무제표의 자본을 의미하는 단어는 여러가지다. 우선 자산총계를 총자산이라 한다면 자산에서 부채를 뺀 자본은 주주의 순전한 자산이다. 그래서 순자산이라고 부른다. 이는 총자산과의 비교에서 나온 용어. 다음으로 부채를 타인자본이라 부른다면 자본은 자기자본이다. 그리고 재무상태표의 계산에서 자본의 항목을 모두 더했다는 의미에서 자본총계라는 합산의 의미로도 사용된다. 따라서 자본, 순자산, 자기자본은 모두 같은 의미다. 자본총계는 자본의 수치에 대한 합산의 개념으로 보면 된다.
>
> 다만 이들과 자본금은 다른 개념이다. 자본은 자본금과 이익잉여금으로 구성된다. 여기서 자본금이란 액면주식만 발행된 경우라면 그 발행액면주식수에 1주당 액면금액을 곱한 총액이 자본금이 된다. 만약 액면금액 500원짜리 주식을 10,000주 발행했다면 자본금은 500(원/주)×10,000(주)=500만 원이 된다.

❷ 실전사례 – 안랩(053800)

실전사례로 재무상태표 예제를 볼 기업은 '안랩(053800)'이다. 과거 이름은 '안철수연구소'이고 잘 알다시피 'V3'라는 제품으로 통합보안서비스를 제공하는 사업을 하고 있다.

2016년 안랩 연간 사업보고서 내 연결재무상태표

제22기 2016년 12월 31일 현재
제21기 2015년 12월 31일 현재
제20기 2014년 12월 31일 현재

(단위 : 억 원)

구분	제22기	제21기	제20기
자산			
유동자산	1,367	1,183	939
현금및현금성자산	290	388	256
기타유동금융자산	797	566	424
매출채권 등	204	183	211
비유동자산	779	763	943
기타비유동금융자산	43	31	182
유형자산	663	661	691
영업권 이외의 무형자산	26	26	24
자산총계	2,146	1,946	1,881
부채			
유동부채	413	320	349
매입채무 및 기타유동채무	239	159	198
당기법인세부채	11	10	11
기타유동부채	163	151	139
비유동부채	13	13	15
장기차입금	0	0	0
기타비유동금융부채	11	11	8
퇴직급여부채	2	2	6
부채총계	426	333	364
자본			
자본금	52	52	52
자본잉여금	682	682	682
이익잉여금	1,194	1,090	996
자본총계	1,720	1,613	1,518
자본과 부채총계	2,146	1,946	1,881

참조 금융감독원 전자공시시스템

복잡한 재무상태표를 쉽게 이해하기 위해 위해서 숫자가 크지 않거나 이번 과정에서 중요히 다루지 않아도 되는 자료는 없애고 간단히 줄였다. 지금까지 간단히 알아본 이론을 가지고도 한눈에 볼 수 있는 부분이 있다.

유동자산&비유동자산

제22기가 2016년 연말 재무상태표인데 안랩의 이 당시 자산총계가 2,146억 원이다. 여기서 간단하지만 중요한 용어를 정리하고 간다. 자산이란 무엇인가? 자산은 미래에 경제적 이익을 가져다줄 것으로 기대되는 기업의 자원이다. 따라서 자산 중에서 미래에 기업에 경제적 이익을 가져다줄 수 없다면 이는 자산으로 분류할 수 없는 것이다. 미래에 돈이 될만한 것들이 모여있는 게 자산이다.

자산은 다시 유동자산과 비유동자산으로 나뉜다. 유동자산은 정상영업주기 내에 현금화(돈이 될 수 있는)가 가능한 자산을 의미하는데, 여기서 민감한 문구는 정상영업주기다. 보통은 정상영업주기를 12개월로 보고 있지만 업종의 특성상 18개월을 유동자산의 기준점으로 보기도 한다. 초보 독자라면 12개월로 보는 것이 무난하다. 그래서 만약 정상영업주기를 12개월로 본다면 유동자산은 보고기간 후 12개월 이내에 현금화 될 수 있는 자산을 말한다. 이와 비교되는 비유동자산은 보고기간 후 12개월 이후에 현금화가 되는 자산을 말한다.

2016년 사업보고서에는 안랩의 자산총계 2,146억 원 가운데 유동자산은 1,367억 원, 비유동자산은 779억 원으로 보고됐다.

유동부채&비유동부채

다음으로 타인자본인 부채총계는 426억 원이다. 부채는 마찬가지로 유동부채와 비유동부채로 나뉜다. 유동부채는 정상영업주기 내에 돈을 결제(또는 지급)해줘야 하는 부채를 의미하는데 여기서도 정상영업주기는 일반적으로 12개월로 본다. 비유동부채는 한마디로 만기가 1년 이상 남아있는 부채를 말한다.

부채이긴 부채인데 상환 만기가 1년 이내로 돌아온다면 유동부채로, 상환 만기가 1년 이상 남아있다면 비유동부채로 분류하면 이해가 쉽다. 2016년 사업보고서에는 안랩의 부채총계 426억 원 가운데 유동부채는 413억 원, 비유동부채는 13억 원으로 보고됐다.

유동비율(Current Ratio)

여기서 하나 알고가면 좋은 것은 기업의 단기유동성에 대한 비율이다. 유동비율은 영어이름에서도 알 수 있듯이 단기적으로 기업이 현금흐름에 어려운 난관이 있을지를 알아보는 비율이다. $\dfrac{유동자산}{유동부채} \times 100(\%)$

으로 계산된다. 안랩의 경우를 보면 $\dfrac{유동자산\ 1,367억\ 원}{유동부채\ 413억\ 원} \times 100(\%)$

=331%로써 1년 이내에 상환해야 하는 부채보다 1년 이내에 현금화할 수 있는 자산이 3배 이상 많다. 따라서 '단기적으로 현금유동성에 대한 쇼크는 없을 것으로 본다'는 판단을 내릴 수 있다.

주요 자산 항목들

기업의 미래에 경제적 이익을 가져올 것으로 기대하는 자산의 항목 가운데 투자자들은 무엇을 봐야 하는가? 이 역시 투자자에 따라 중요도를 달리할 수 있지만 필자의 경우에는 현금, 현금성자산, 금융상품 등의 금융자산, 매출채권, 재고자산, 유형자산, 투자자산 등의 순서로 중요하다고 생각한다. 왜 그렇게 생각할까? 그 원칙은 하나다. 얼마나 현금화를 빨리, 최대한 손실 없이 전환되느냐가 분석자 입장에서는 중요하기 때문이다.

예를 들어서 현금성자산과 유형자산을 비교하면, 현금성자산은 큰 거래비용 없이 현금으로 전환이 가능한 자산을 의미하는데 만약 만기가 3개월 이내의 국채를 기업이 보유하고 있다면 이는 현금성자산이다. 따라서 이 국채는 큰 비용 없이 3개월만 기다리면 가치 변동이 없는 현금으로 전환된다. 이와 비교되는 유형자산은 기업이 보유하고 있는 토지, 건물, 기계장치 등을 의미하는데 이는 취득 당시의 취득원가와 향후 매각시의 매각가격이 다르고 매각을 원해도 빠르게 매각할 수 없다는 단점이 있다. 그래서 투자자 입장에서는 현금, 현금성자산, 금융자산, 매출채권, 재고자산, 유형자산, 투자자산 등의 순서로 기업이 보유 중인 자산의 중요성을 분류할 수 있다고 판단하고 있다. 하지만 이는 일반적인 판단이고 해당 기업별로 이 중요도에 대한 판단은 당연히 달라져야 한다.

자본

이제 그럼 기업의 자기자본인 순자산(자본총계)으로 가본다. 투자자 입장에서 재무상태표의 구성요소 중 중요하게 봐야 할 부분이라 생각하는 곳이다. 앞서서 순자산의 개념을 설명하면서 '순자산이란 자산총계에서 타인자본(부채총계)를 빼주면 계산된다'는 언급을 했었다. 따라서 안랩의 경우 자산총계인 2,146억 원에서 부채총계인 426억 원을 빼면 주주의 자기자본인 1,720억 원이 나온다. 이것이 2016년도말 사업보고서에 보고된 주주의 순자산이다.

안랩(053800) **2016년 자본총계**

(단위 : 억 원)

자본	
자본금	52
자본잉여금	682
이익잉여금	1,194
자본총계	1,720

참조 금융감독원 전자공시시스템

순자산의 내역을 조금 더 들여다보면, 안랩은 주주들이 낸 자본금 52억 원으로 자본거래(회사의 주식을 추가로 발행하는 등 주주들에게 주식을 발행해서 초과금을 만든 것)를 해서 682억 원을 만들었고 지금까지 사업을 진행하면서 순이익을 냈다. 그 순이익을 유보해서 잉여금을 1,194억 원을 만들었다. 아직 설명하지 않겠지만 자본조정, 즉 자사주를 취득하고 소각하고 매각하는 등의 일련의 행위를 함으로써 순자산인 자본총계는 1,720억 원이 된 것이다.

이제 앞에서 이야기했던 이론과 접목을 하면, 기업이 '회계상 이익거래', 즉 자본을 늘리는 방법은 두 가지가 있다고 했다. 이미 우리가 알아봤는데, 이 두 가지가 무엇일까? 자본항목에서 보다시피 주주의 몫인 자본총계를 늘리는 방법은 '내 돈'을 늘리는 경우로 '자본거래'라는 것이 있고, 다음으로 '번 돈'을 늘리는 '손익거래'라는 것이 있다고 했다. 이제 안랩의 자본구성요소를 보면 ① 주주들이 낸 자본금 52억 원은 순이익에는 변화가 없고 ② 회사의 주식을 액면가 이상으로 발행함으로써 자본(주식)을 가지고 이익을 남기는 자본거래에 의한 잉여금은 682억 원이 있다. ③ 마지막으로 기업이 보유하고 있는 자산을 가지고 이익을 남기는 손익거래는 누적으로 1,194억 원이 있다.

그렇다면 여기서 흥미로운 것이 나올 수 있다. 만약 어느 기업이 보유하고 있는 자산으로 진행되는 손익거래는 이익이 안 나는데 자본거래는 여러 번 진행하면서 주식을 액면가 대비 초과 발행함으로써 자본잉여금을 쌓고 있다면 이런 기업이 존재할 수 있을까? 결국 주주들에게 증자해달라고 손을 자주 벌리는 기업이 가능할까?

이에 대한 답은 '가능하다'이다.

어느 상장사의 재무상태표 내의 자본총계

(단위 : 억 원)

자본	
자본금	175
주식발행초과금	397
결손금	-486
기타자본항목	65
자본 총계	162

　자료는 어느 상장사의 자본총계만을 간략히 정리한 것이다. 이 회사는 액면가로 발행한 주식의 자본금이 175억 원이다. 그리고 앞서 거론했던 자본거래, 즉 주식을 액면가 이상 초과로 발행함으로써 남긴 초과금('주식발행초과금' 흔히 이를 간단히 '주발초'라고도 한다)이 397억 원이다. 따라서 이를 합치면 기본적으로 572억 원은 있어야 한다. 그런데 그동안 사업을 진행하면서 자산을 가지고 순이익을 남기지 못하고 오히려 결손금만 쌓이게 되면서 486억 원의 누적적자를 기록했다. 따라서 그 외 기타자본항목 등을 더하면 572억 원이 있어야 하는 순자산이 162억 원밖에 남지 못한 것이다. 그러면 얼마의 금액에 증자를 했을까? 유상증자 내역을 본다.

어느 상장사의 유상증자 내역

주식 발행	발행(감소)	발행(감소)한 주식의 내용				
(감소)일자	형태	주식의 종류	수량	주당 액면가액	주당발행 (감소)가액	비고
2012.02.20	유상증자(일반공모)	보통주	1,084,000	500	922	-
2015.04.24	유상증자(제3자배정)	보통주	713,856	500	1,400	-
2015.05.26	유상증자(제3자배정)	보통주	6,766,105	500	2,480	-
2016.02.03	유상증자(제3자배정)	보통주	492,000	500	8,250	-
2016.09.01	유상증자(일반공모)	보통주	294,000	500	3,400	-

참조 금융감독원 전자공시시스템

이 상장사는 자료 외에도 CB라고 하는 전환사채의 전환권행사도 여러 차례 있었다. 하지만 이 부분은 빼고 쉽게 보기 위해서 주주들이 낸 유상증자 내역만 보면 위와 같다. 2012년에 주당 액면가 500원짜리 주식을 922원에 발행했고, 이후 여러 내역들이 있다가 2016년 9월에는 주당 500원짜리 주식을 3,400원에 발행했다. 따라서 이런 초과발행에 대한 차액이 잉여금으로 남아서 자본총계에 쌓여있는 것이다.

여기서 말하는 것은 이런 자본거래가 많은 기업을 골라내자는 주제는 아니다. 그냥 참고로 기술된 상황에서 한 걸음 더 진행해 알아본 것이다. 하지만 중요한 것은 우리가 재무상태표를 이제 간략하게라도 볼 줄 알아야 한다는 것이다. 물론 이를 정확히 이해하려면 아직도 봐야 할 부분이 상당히 많다. 그러나 이런 것들은 모두 이해하려고 하다가 재무제표를 포기하는 것보다는 이 책에서 이야기하는 부분 중심으로 이해한다면 재무제표를 조금씩 이해할 수 있을 것이다.

이제 중고등학생 때 시절, 어떤 친구에게 "그 친구 집에 돈 좀 있다며?"라는 표현을 했던 것처럼, 어느 기업에 "그 회사에 자산이 상당하다며?"라는 표현을 쓸 수 있는가? 한 걸음 더 나아가 손익거래로 그 회사가 돈을 벌었는지, 자본거래로 돈을 벌었는지도 볼 수 있다면 더욱 기분 좋게 다음 부분으로 넘어갈 수 있을 것 같다.

참고 최근 몇 년간 선거철만 되면 나타나는 안랩의 주가 상승

안랩이 앞에서의 '유상증자를 여러 번 진행한 기업'과 비교돼 투자하기에 좋은 대상이라는 의미는 절대 아니다. 참고로 안랩은 순자산이 1,720억 원인데, 이 글을 쓰는 현재의 종가 기준 시가총액은 1조 845억 원이다. PBR 논리로 계산해본다면 6.3배에 해당하는 평가를 받고 있다. 최근 몇 년간 반복되는 선거 때만 되면 급상승하는 안랩의 주식 흐름을 보면서 필자의 생각으로는 이해할 수 없을 때가 있다.

그렇다고 안랩의 투자가 잘못됐다는 것은 아니다. 투자하는 사람들은 그 나름의 철학이 있을 것이다. 이번 장을 마치면서 안랩이 상대적으로 앞의 회사 대비 우수한 투자처로 혹시나 여기는 분이 있을까 하는 노파심에서 이 글을 적는다.

아래 공시가 안랩의 모든 상황을 대변한다고 볼 수는 없으나 그래도 의미하는 바는 있는 것 같다. 이 공시를 보고 판단은 독자들에게 맡기려 한다.

안랩 임원의 주식 매도

발행회사와 관계	임원(등기 여부)	비등기임원	직위명	상무이사
	선임일	2017. 01. 01	퇴임일	–
	주요주주		–	

소유 특정 증권 등의 수 및 소유비율

	보고서 작성 기준일	특정 증권 등		주권	
		특정 증권 등의 수(주)	비율(%)	주식 수(주)	비율(%)
직전보고서	2015.02.26	1,000	0.01	1,000	0.01
이번보고서	2017.04.14	0	0	0	0
증 감		-1,000	-0.01	-1,000	-0.01

세부변동내역

보고사유	변동일	특정 증권 등의 종류	소유 주식 수(주)			취득/처분 단가(원)	비고
			변동 전	증감	변동후		
장내매도 (−)	2017. 04.07	보통주	1,000	-1,000	0	130,000	−
합 계			1,000	-1,000	0		−

참조 금융감독원 전자공시시스템

요즘 사업 잘된다며?
– 손익계산서(한샘을 통한 사례 분석)

1 손익계산서 기본개념 및 중요용어

이번 장에서는 재무제표의 두 번째 손익계산서를 알아본다. 앞선 ㈜ 흥부네 예제를 통해서 친숙한 몇 개의 용어만 이해하고 실제 상장기업 으로 가서 그 내용을 확인해보자.

㈜흥부네의 분식사업이 시작됐다. 맛있는 음식과 신선한 재료 등의 이유로 첫 한 달 동안 월 매출액이 1,000만 원(부가세 제외)이 됐다. 그 래서 한 달간 작성했던 영업장부를 정리해봤다. 라면, 김, 단무지 등 원 재료 비용이 300만 원, 직원 및 아르바이트생 월 급여와 전화비, 광고 전단비 등이 470만 원 들었다. 그리고 은행 이자비용과 기타 여러 잡손 실이 30만 원이었다. 월간 장부이므로 법인세는 고려하지 않았다. 이 를 정리하면 다음과 같다.

㈜흥부네 월간 손익계산서
20XX년 12월 1일~20XX년 12월 31일

(단위 : 원)

	월간
월간 매출액	1,000만 원
원재료(라면, 김, 단무지 등)	300만 원
매출총이익	700만 원
판매비와관리비(인건비, 통신비, 판촉비 등)	470만 원
영업이익	230만 원
영업외비용(이자비용, 잡손실 등)	30만 원
법인세비용차감전순이익	200만 원
법인세비용	0
월간 순이익	200만 원

　예제를 통해서 손익계산서의 대략적인 흐름을 이해할 수 있을 것이다. 손익계산서는 우리가 가정에서 기록하는 가계부의 흐름과 거의 유사해서 많은 투자자들이 쉽게 이해할 수 있다.

　손익계산서는 일정 기간 동안 기업이 달성한 경영성과를 보여준다. 앞서 알아본 재무상태표와의 차이는 재무상태표는 일정시점, 예를 들어 매년 12월 31일 등의 특정 날짜에 재무상태를 보여주는 지표라면 손익계산서는 일정 기간 동안의 보고서다. 그래서 대개 손익계산서를 보면 회기에 대한 언급이 상단에 나와 있다. 예를 들어 2016년 1월 1일~2016년 12월 31일 이런 식이다.

앞서 언급한 '경영성과'란, 실현된 수익에서 발생된 비용을 빼고 남은 순이익을 의미한다. ㈜흥부네의 가상자료에서 월간에 벌어들인 수익은 1,000만 원이었고 여기서 각종 비용 800만 원을 차감하면 월간 순이익은 200만 원이 되는 것이다.

그럼 여기서 중요한 부분인 재무상태표와 손익계산서의 연결고리를 찾아보자. 앞에서 손익계산서는 재무상태표와 단절된 재무제표가 아니라 연결되고 파생된 자료라고 이야기했다. 그럼 어디서 이 둘의 구성요소 간에 연결이 될까? 이 부분이 중요하다.

앞서 재무상태표의 자본 부분을 설명하면서 기업의 '회계상 이익'은 두 가지 가운데 하나라 했다. 첫째는 주주와 거래해서 잉여금을 만드는 것은 '자본거래', 둘째는 주주를 제외한 제3자와 거래해서 잉여금을 만드는 것은 '손익거래'다. 그러면 이 둘 중에 투자자는 어디에 관심이 더 많을까? 당연히 '손익거래'일 것이라고 언급했었다. 일반적으로 '내가 투자하려는 기업이 정상적 영업활동해서 순이익을 남기지는 못하고 주주와 거래해서 잉여금을 만드는 것에만 관심이 있다'면 굳이 내가 그런 기업에 투자할 필요는 없다고 생각한다.

그렇다면 투자자는 '손익거래'에 관심이 집중되는데 이 '손익거래'를 좀 자세히 보고 싶은 열망이 있을 것이다. 그래서 '손익거래' 측면에서 기업의 성과를 보고 싶은 투자자에게 조금 더 분류해서 보여주는 것이 손익계산서다.

손익계산서가 필요한 이유

재무상태표

시점 : 20XX년 12월 31일

자산	부채
	자본 – '내 돈' : 납입자본금 ⇒ '자본거래' – '번 돈' : 이익잉여금 ⇒ '손익거래'

> 정해진 기간 동안 이 부분의 성과를 좀 자세히 보여줘!

㈜흥부네 월간 손익계산서

	월간
월간 매출액	1,000만 원
원재료(라면, 김, 단무지 등)	300만 원
매출총이익	700만 원
판매비와관리비(인건비, 통신비, 판촉비 등)	470만 원
영업이익	230만 원
영업외비용(이자비용, 잡손실 등)	30만 원
법인세비용차감전순이익	200만 원
법인세비용	0
월간 순이익	200만 원

　손익계산서가 필요한 이유를 아는 것이 중요하다. 그래야만 재무제표를 볼 때 따로따로 보는 것이 아니라 하나의 통일된 시각으로 기업을 바라볼 수 있다. 위 자료에서 중요한 것이 하나 더 있는데 손익계산서는 재무상태표의 자본 중에서 '번 돈'에 대해서 자세히 분류해서 보여주는 것이지 '내 돈'에 대해서 상세히 보여주는 자료가 아니다. 그래서 손익계산서에는 주주와의 거래에서 발생하는 '자본거래'의 내용이 담겨있

으면 안 된다. 의외로 이 부분에 질문이 많이 나오는 데 "올해 유상증자 해서 잉여금이 발생했기에 당기순이익이 플러스(+)로 돼야 하는 거 아닌가요?"라는 요지의 질문들이다. 하지만 손익계산서에는 '자본거래'에 해당하는 내용이 담기면 안 된다.

다음으로 손익계산서의 구성요소를 보자. 위 그림의 아랫부분 손익 계산서의 예제를 보면 구성요소가 많은 것처럼 보인다. 하지만 손익계 산서는 의외로 간단하다. 오히려 재무상태표보다 더 간단하게 줄일 수 있다. 손익계산서의 구성요소는 단 두 가지, 즉 수익과 비용으로 구성 돼 있다. '정해진 기간 동안 얼마나 벌었는가'가 수익이고, '그 수익을 내기위해서 얼마나 지출했는가'가 비용이다. 그리고 '이 결과물로 번 것 에서 쓴 것을 빼고 얼마나 남았는가'가 순이익의 개념이 된다. 결국 손 익계산서의 흐름을 구성요소별로 정리하면 다음과 같다.

잠깐! 용어정리 📍 손익계산서의 흐름 3단계

- **수익** : 정해진 기간 동안(일반적으로 1년간) 얼마나 벌었는가?
- **비용** : 정해진 기간 동안 수익을 내기 위해서 얼마나 지출했는가?
- **순이익** : 수익에서 비용을 빼고 나면 얼마나 남겼는가?
  - ▶ 당기순이익 : 이번 기간에 얼마나 남겼는가? 보통 회기를 1년으로 본다면, '이번 1년간 얼마나 남겼는가'가 당기순이익임.
  - ▶ 당기순손실 : 만약 이번 기간에 수익보다 비용이 더 크면 순이익을 남긴 것이 아니라 순손실이 되기에 이런 경우를 당기순손실이라고 함.

그러면 '정해진 기간 동안 얼마나 벌었는가'가 수익인데 이 수익에는 어떤 종류가 있는가? 크게 수익에는 두 가지로 분류된다. 영업수익과 영업외수익이다.

① **영업수익** : 일반적으로 '매출액'이라 표현하고 기업의 경상적인 영업활동으로 벌어들인 수익을 말한다.

② **영업외수익** : 대표적으로 '이자수익', '임대료수익' 등이 있는데, 경상적인 영업활동 외의 원천에서 생기는 수익을 말한다. 이자수익은 기업이 보유하고 있는 현금에 해당하는 자산을 빌려주고 받는 수익이고 임대료수익은 기업이 보유하고 있는 유형자산(토지, 건물, 기계장치 등)을 빌려주고 받는 수익이다. 이들의 공통점은 사용료를 받는 수익이라는 것이다.

흔히들 수익을 매출액과 동일시하는데(필자도 이해를 쉽게 하기 위해서 수익과 매출액을 같은 의미로 사용하기도 한다) 이는 정확한 분류는 아니다.

다음으로 비용은 크게 네 가지로 분류될 수 있다.

① **매출원가** : 발생된 매출에 해당하는 제품, 상품, 용역의 원가에 해당한다.

② **판매비와관리비** : 상품과 용역 등의 판매활동과 기업을 관리하고 유지하는 데 드는 비용으로 급여, 임차료, 감가상각비, 광고선전비, 연구비, 대손상각비 등이 있다.

③ **영업외수익** : 기업의 주된 영업활동이 아닌 다른 활동에서 발생한 비용으로 이자비용이나 단기투자자산처분손실, 대여금에 대한 대손상각비 등이다. K-IFRS에서는 '금융비용', '기타비용'이라는 명칭으로 표시한다.

④ **법인세비용** : 법인세차감전순이익을 기준으로 법인에 부과하는 세금으로 과세표준별로 세율이 상이하다.

그래서 영업수익에 해당하는 매출액에서 '매출원가'를 빼면 '매출총이익'이 되고 여기서 '판매비와관리비'를 빼면 '영업이익'이 된다. 그 다음 순금융비용을 빼면 '법인세차감전순이익'이 되고 마지막으로 '법인세비용'을 빼면 '당기순이익'이 된다.

손익계산서 예제

제0기 20XX년 1월 1일~20XX년 12월 31일

영업수익(매출액)	1,000억 원
매출원가	750억 원
매출총이익	250억 원
판매비와관리비	120억 원
영업이익	130억 원
기타순손실(또는 기타순이익)	10억 원
금융순손실(또는 금융순이익)	20억 원
법인세차감전순이익	100억 원
법인세비용(과표 2억 원 ~ 200억 원까지는 세율 20% 적용)	20억 원
월간 순이익	80억 원

이 자료가 눈에 들어오면 투자자 입장에서 손익계산서의 흐름 및 용어는 대부분 이해됐다고 볼 수 있다.

한 걸음더 포괄손익

자본변동표 설명 때에 다시 언급하겠지만 K-IFRS가 도입되면서 포괄손익계산서가 재무제표에 도입됐다. 앞서 봤던 것처럼 특정 기간 동안 당기순이익까지가 실현된 이익으로 이해하고 포괄손익은 당기순이익에 미실현된 손익 개념의 기타포괄손익을 합쳐줌으로써 총포괄이익이 된다. 특이한 업종을 제외하면 당기순이익까지 분석에 포함하는 것이 일반적이고 기타포괄손익은 '매도가능금융자산(증권)평가손익'과 같이 중요한 부분 위주로 주석을 찾아보는 방법을 추천한다. 이해하기 어렵다면 자본변동표에서 다시 보면 이해가 쉬울 것이다.

2 실전사례 - 한샘(009240)

이론을 마치고, 실제 상장기업 사례를 살펴보자. 2011년경 필자는 경기도 분당으로 이사했다. 남자 아이만 키우는 집이다 보니 아래층과의 관계를 고려해서 아예 1층에 살자는 생각으로 집을 정해서 이사를 했다. 그런데 분당이라는 도시가 1990년대에 만들어진 도시고 그 가운데에서도 필자가 정한 집은 해가 그다지 많이 들지 않는 아파트 1층이다 보니 내부의 노후화뿐 아니라 각 방, 주방, 욕실, 거실 어디 하나 손을 안 볼 수 없는 상태였다.

그래서 이사하는 김에 인테리어 업체에 리모델링을 맡기자는 결정을 내렸다. 그런데 리모델링 업체에 맡기면 다 끝난줄 알았는데 그게 고민의 시작이었다. 침대는 놓을 것인지 말 것인지? 붙박이장은 어떤 제품으로 할 것인지? 아이들 책상이나 가구, 심지어 도배는 어떤 색으로 어떤 디자인으로 할 것인지? 주방수납장 및 주방가구는 어떤 제품으로 할 것인지? 등 많은 결정을 해야 했고 이런 결정이 있을 때마다 대부분은 비용과 연관돼 아내와 사소한 의견충돌이 있곤 했다. 이런 일을 몇 번 겪은 후 '이런 문제는 그냥 아내가 결정하게 하고 아내가 좋은 것이 최고다'라는 결론을 내리게 됐다. 그리고 이사를 했고 나름 분당 생활에 만족하며 살고 있었을 때, 퇴근 후 집에서 저녁식사를 하고 있는데 아내가 이런 이야기를 했다.

"오늘 아이 친구 ○○네를 다녀왔는데요. 그 집 정말 예쁘게 인테리어가 잘돼 있어서 완전 반했어요. 주방에 아일랜드 식탁 하며 주방수납장이 흰색으로 돼 있었는데 정말 고급스럽더라구요"
"어느 회사 건데요? 우리도 그럼 그걸로 하지 그랬어요?"
"한샘 거였는데요. 우리는 비싸서 못해요. 그게 세트로 구입하면 얼마나 비싼데요. 여자들은 한샘 주방가구 무지 좋아해요"

대충 이런 식의 대화였던 것으로 기억한다. 사실 한샘이라는 회사를 모르는 바 아니지만 가구나 홈인테리어에 관심 없는 일반적인 남자들은 그냥 보고도 지나치지, 그렇게 관심을 갖는 브랜드나 회사는 아니었다. 마치 일반적으로 여자들이 노트북이나 게임기에 관심 없는 것처럼 필자 역시 주방 인테리어 제품은 그리 큰 관심을 갖지 않았었다.

그런데 짧은 아내와의 대화 후 머릿속에 이런 생각이 이어져서 들었다.
'인구절벽 등 아파트 가격의 고점 논란 속에 몇 년 전 금융위기 이후

부터 사람들은 집을 사질 않는다. 대신 있는 집을 고쳐 쓴다'

'무리하게 큰 집보다는 식구에 맞는 작은 집을 선호하고 그러다 보니 과거에 사용했던 큰 가구보다는 효용성 있는 작은 가구를 선호한다'

'무리하게 대출을 포함해서 집을 사질 않다 보니 그 돈으로 나의 집을 예쁘게 꾸미고 싶어 한다'

'이제 서울 시내 및 수도권부터 노후화된 아파트들이 계속 나오게 될 텐데 그렇게 되면 재건축 물량도 늘어나겠지만 또한 리모델링의 수요도 꾸준할 것이다'

'그럼 철거물량이 늘어나는 것은 인선이엔티의 수혜이고 리모델링의 수요가 늘어나는 것은 한샘, 리바트, 에넥스, 대림B&Co, 하츠 등의 수혜가 이어지지 않을까?'

필자는 식사를 마치고 부랴부랴 컴퓨터를 켜서 이런 몇몇 종목들의 주가와 재무정보를 확인했다. 이들 종목에 대해서는 기술할 것들이 여럿 있지만 이번 장에서는 한샘(009240)으로 국한해서 예제를 보고자 한다. 나중에 다시 언급하겠지만 왜 한샘, 리바트, 에넥스 중에서 한샘을 먼저 분석 및 투자의 대안으로 생각했을까? 이제 한샘을 실전예제로 보면서 손익계산서의 내용을 조금 더 들어가본다.

2011년 한샘 연간 사업보고서 내 연결포괄손익계산서

제39기 2011년 1월 1일~2011년 12월 31일
제38기 2010년 1월 1일~2010년 12월 31일
제37기 2009년 1월 1일~2009년 12월 31일

(단위 : 억 원)

구분	제39기	제38기	제37기
수익(매출액)	7,093	6,239	5,471
매출원가	4,988	4,598	4,187
매출총이익	2,106	1,641	1,285
판매비와관리비	1,650	1,284	1,005
기타수익	95	72	0
기타비용, 기능별	35	55	0
영업이익	516	373	280
금융수익	26	33	35
금융원가	17	8	19
관계기업지분법이익	1	2	14
법인세비용차감전순이익	526	399	331
법인세비용	133	108	99
당기순이익	393	293	232
지배기업의 소유주에게 귀속되는 당기순이익	393	293	0
기본주당이익(단위 : 원)	2,086	1,512	1,165

참조 금융감독원 전자공시시스템

당시 분기보고서를 기준으로 판단했는지, 반기보고서를 기준으로 판단했는지는 정확히는 기억이 나질 않는다. 아마도 2011년 분기보고서 또는 반기보고서를 봤을 것이다. 다만 우리는 여기에서 연간 손익계산서를 알아봐야 하기에 이해하기 쉽도록 2011년 연간 사업보고서 내의

손익계산서를 앞에서 같이 정리했다.

제39기의 자료가 2011년 연간 손익계산서의 자료다. 가장 상단에 수익(매출액)이라고 나와 있는데 이는 기업이 경제활동의 대가로 거둬들인 경제가치의 총액을 의미한다. 앞서 이론 부분에서 언급했지만 회계상으로 수익(收益)과 이익(利益)은 다른 개념이다. '번 돈'이 수익이라면 '쓴 돈'을 빼고 남은 부분이 '이익'에 해당한다.

매출액의 성장

주로 자산운용사(대표적으로 펀드매니저)들이 중점적으로 보는 곳 위주로 기술하려 한다.

손익계산서에서 가장 쉽게, 가장 상단에서 볼 수 있는 것은 매출액의 성장추다.

2005~2011년 한샘의 매출액 추이

계정명 (단위 : 억 원)	2005.12 GAAP (연결)	2006.12 GAAP (연결)	2007.12 GAAP (연결)	2008.12 GAAP (연결)	2009.12 GAAP (연결)	2010.12 IFRS (연결)	2011.12 IFRS (연결)
매출액(수익)	4,244	4,367	4,954	5,049	6,334	6,239	7,093
연평균성장률 CAGR (Compound Annual Growth Rate)							8.9%

참조 FnGuide

2005년 이후 한샘의 매출은 연평균성장률 8.9%를 기록하고 있었다. 꾸준한 성장을 이루고 있었다. 주식시장의 투자자 가운데 성장하는 기업을 갈망하지 않는 투자자는 없을 것이다. 이는 재무제표를 보는 '잃지 않는 투자를 지향하는 투자자'들도 마찬가지다. 기업이 성장을 하지 못한다면 당장은 아니더라도 언젠가는 자기자본을 까먹게 될 터인데 누가 성장을 못하는 기업을 좋아하겠는가? 다만 흔히 말하는 가치투자자들이 무서워하는 것은 고성장기업이 주가가 비싸진 상태에서 투자하는 것을 두려워한다. 훌륭한 기업을 싸게 사는 것 그것이 가장 안전한 투자인 것이다. 어쨌거나 당시 한샘은 안정적인 성장세를 보여주고 있었다.

매출총이익률(GPM, Gross Profit Margin Ratio)

매출액에 비해서 얼마나 많은 매출총이익을 올렸는가를 보여주는 지표다. 매출총이익은 매출액에서 매출원가를 뺌으로써 구할 수 있다.

$$\text{매출총이익} = \text{매출액} - \text{매출원가}$$

$$\text{매출총이익률} = \frac{\text{매출총이익}}{\text{매출액}} \times 100(\%)$$

한샘의 매출총이익률 추이

계정명	2005.12	2006.12	2007.12	2008.12	2009.12	2010.12	2011.12
(단위 : 억 원)	GAAP (연결)	GAAP (연결)	GAAP (연결)	GAAP (연결)	GAAP (연결)	IFRS (연결)	IFRS (연결)
매출액(수익)	4,244	4,367	4,954	5,049	6,334	6,239	7,093
매출원가	3,096	3,074	3,579	3,628	4,854	4,598	5,050
매출원가율	73.0%	70.4%	72.2%	71.9%	76.6%	73.7%	71.2%
매출총이익	1,148	1,293	1,375	1,421	1,481	1,641	2,078
한샘 매출총이익률	27.0%	29.6%	27.8%	28.1%	23.4%	26.3%	29.3%
현대리바트 매출총이익률	20.3%	22.2%	21.2%	21.7%	20.8%	22.1%	18.0%
에넥스 매출총이익률	16.5%	19.7%	21.0%	18.5%	16.3%	16.2%	18.8%

참조 FnGuide

한샘의 매출총이익률은 2005년말 27.0%에서 2011년말 29.3%로 점진적으로 개선되고 있었다. 그런데 이 수치만 가지고 이 기업이 좋은 회사인지 그렇지 않은지를 논하기는 다소 이르다. 왜냐하면 매출총이익률은 산업에 따라 그 비율이 다르기 때문이다. 예를 들어, 대표적 박리다매 업종인 대형마트는 적게 이익 내고 많이 파는 전략이므로 매출총이익률이 낮을 것이다.

반대로 고급백화점은 고가전략을 구사하기에 매출총이익률이 높지만 판매수량은 상대적으로 많지 않을 것이다. 따라서 매출총이익률의 수치만 가지고 높다고 표현하기보다는 동종업종 내에서 해당 기업이 어느 정도의 매출총이익률을 보여주는가가 오히려 더 좋은 비교 지표가 될 것이다. 당시 필자는 한샘, 리바트, 에넥스의 매출총이익률을 비교해봤다.

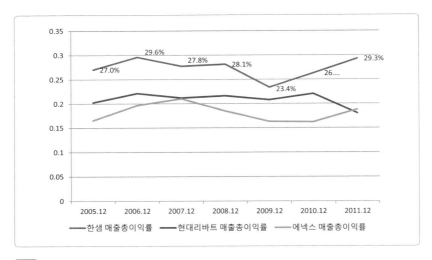

참조 FnGuide

자료에서 확연히 알 수 있는 것이 한샘은 매출총이익률이 점진적으로 개선되고 있고 또 경쟁사 대비 매출총이익률이 높게 나오고 있다. 이런 원인을 추정해보면, 첫째로 한샘은 경쟁사 대비 프리미엄 전략을 사용함으로 판매가가 높다고 추정될 수 있고, 둘째로 한샘은 경쟁사 대비 매출액이 크므로 원재료를 상대적으로 낮은 가격에 구매할 수 있다고 추정할 수 있다. 한마디로 구매력(Buying Power)이 좋다고 예상할 수 있다. 대표적으로 이 둘 중에 어느 쪽일지 모르나 어느 쪽이든 투자자 입장에서는 주식시장에서 비슷한 밸류에이션을 받고 있다면 한샘에 투자해야 하는 이유가 되는 것이다.

다음으로 손익계산서에서 투자자가 봐야 할 부분은 '판매비와관리비'다. 줄여서 '판관비'라고도 부르는데 우리가 기업에서 '비용통제가 됐다, 안됐다'고 논하는 중심 부분이다. 매출액이 수익의 중심이라면, 판관비는 비용의 중심이라고 볼 수 있다. 일단 판관비율을 계산해봐야 한다. 판관비율은 매출액에 비해서 얼마나 판관비가 사용됐는가를 보여주는 지표다.

$$판관비율 = \frac{판매비와관리비}{매출액} \times 100(\%)$$

한샘의 판매비와관리비 추이

계정명 (단위 : 억 원)	2005.12 GAAP (연결)	2006.12 GAAP (연결)	2007.12 GAAP (연결)	2008.12 GAAP (연결)	2009.12 GAAP (연결)	2010.12 IFRS (연결)	2011.12 IFRS (연결)
매출액(수익)	4,244	4,367	4,954	5,049	6,334	6,239	7,093
판매비와관리비	1,108	1,199	1,196	1,186	1,175	1,284	1,591
판관비율	26.1%	27.5%	24.1%	23.5%	18.5%	20.6%	22.4%
인건비	392	404	413	400	445	471	573
유무형자산상각비	39	33	40	38	32	38	43
연구개발비	13	17	14	18	18	12	15
광고선전비	48	83	73	51	57	60	109
판매비(*)	128	155	162	177	240	267	359
관리비(*)	486	503	487	498	378	432	446
(좌)영업이익	39	94	179	235	306	357	487
(우)영업이익률	0.9%	2.2%	3.6%	4.6%	4.8%	5.7%	6.9%

참조 FnGuide

판관비율은 해당 기업 내 변화추이가 중요하다. 한샘의 경우 2005년 이후 평균매출액 대비 판관비율이 23.3%였다. 따라서 투자를 고려하고 있었던 2011년 판관비율 22.4%는 이 기업의 연평균 '판매비와관리비'의 통제 안에 있다고 볼 수 있다. 만약 판관비의 내역 가운데 인건비가 과도하게 상승했다든지 혹은 자산상각비가 과도하게 상승했다든지 등의 사유로 판관비가 크게 증가했다면 주석을 통해서 그 원인이 무엇인지를 파악한 후에 투자가 돼야 한다.

다음으로 투자 기업 내에서 판관비의 비중이 어느 쪽이 많은가를 봐야 한다. 어느 기업은 인건비의 비중이 많고 그 다음 연구개발비, 판매비 등으로 갈 수 있고 또 어떤 기업은 판매비가 가장 높은 비중일 수 있다. 또 연구개발비가 판관비 내 가장 높은 비중인 기업도 있다. 이를 알아야 기업 내부가 아닌 외부에서 환경이 변화할 때 이 회사의 손익에 미치는 영향을 추정할 수 있기 때문이다.

예를 들어 음료회사의 경우 포장비가 속해있는 판매비의 비중이 높은 경우가 있는데, 이럴 경우 유가 상승이 급격히 이뤄지면 플라스틱 및 PET 병 가격의 상승으로 인해서 판관비가 늘어나고 이에 따라 영업이익이 감소하는 경우가 발생하게 된다. 이 부분은 상당히 중요한 부분인데, 많은 투자자들이 이를 분석하지 않고 '주가가 왜 이렇게 빠지는 거야? 영업이익률이 왜 이렇게 안 좋은 거야?'하는 언급을 자주 듣곤 한다.

이제 영업이익률(OPM, Operating Profit Margin ratio)이다. 이는 매출액 대비 영업이익의 비중을 의미하는 수치로, 앞선 매출총이익에서 판관비를 차감해 계산한다.

$$\text{영업이익} = \text{매출총이익} - \text{판매비와관리비}$$

$$\text{영업이익률} = \frac{\text{영업이익}}{\text{매출액}} \times 100(\%)$$

한샘의 매출액, 영업이익, 영업이익률 추이

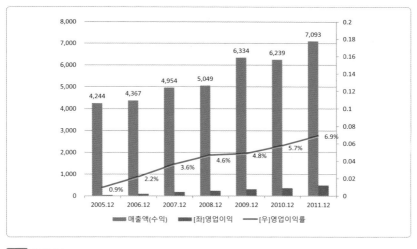

참조 FnGuide

영업이익은 흔히들 기업을 대표하는 두 가지 이익 중 하나다. 영업이익과 당기순이익이 그것인데 그 가운데 영업이익은 기업이 본 영업을 통해서 얼마나 이익을 냈는지를 보여준다. 영업이익이 왜 중요한지는 많은 투자자들이 알고 있지만 영업이익을 시장퇴출과 관련해서는 간과하는 경우가 많다. 여기서는 이 부분만 일단 짚고 넘어간다.

기업분석을 처음 이 책을 통해서 공부하는 분이라면 영업이익은 상장폐지 규정과 같이 알아둘 것이 있다. 유가증권시장, 즉 KOSPI시장에는 최근 연속 영업손실로 인한 상장폐지 규정은 없다. 세미나 시간에 이 질문을 하면 대부분 청중 가운데 '최근 4사업연도 영업손실'에 손드는 분이 반 정도 되고 '최근 5사업연도 영업손실'에 손드는 분이 반 정도 된다. 그러나 코스피시장에 최근 연속 영업손실로 인한 상장폐지 규정은 없다. 다만 이 규정은 코스닥시장에 존재한다.

코스닥시장 퇴출요건(2017년 1월 1일 개정규정 기준)

구분	관리종목	퇴출 요건
매출액	최근년도 30억 원 미만(지주회사는 연결 기준) * 기술성장기업, 이익미실현기업은 각각 상장 후 5년간 미적용	2년 연속 [실질심사] 이익미실현기업 관련, 관리종목지정 유예기간 중 최근 3사업연도연속으로 매출액이 5억 원 미만이면서 전년 대비 100분의 50 이상의 매출액 감소가 공시 등을 통해 확인되는 경우
법인세비용차감전계속사업손실	자기자본 50% 이상(&10억 원 이상)의 법인세비용차감전계속사업손실이 최근 3년간 2회 이상(&최근 연도 계속사업손실) * 기술성장기업 상장 후 3년간 미적용, 이익미실현기업 상장 후 5년 미적용	관리종목 지정 후 자기자본 50% 이상(&10억 원 이상)의 법인세적용차감전계속사업손실 발생 [실질심사] 이익미실현기업 관련, 관리종목 지정 유예기간 중 최근 3사업연도 연속으로 매출액이 5억 원 미만이면서 전년 대비 100분의 50 이상의 매출액 감소가 공시 등을 통해 확인되는 경우
장기영업손실	최근 4사업연도 영업손실(지주회사는 연결 기준) * 기술성장기업(기술성장기업부)은 미적용	[실질심사] 관리종목 지정 후 최근 사업연도 영업손실

참조 한국거래소

자료를 보면 코스닥시장에는 장기영업손실 항목에 '최근 4사업연도 영업손실'이면 관리종목에 편입된다. 이는 지주회사를 제외하고 별도재무제표 기준이다. '별도'라는 부분이 생소하면 이는 다음에 설명이 나올 것이므로 그냥 넘어가도 된다. 또한 최근 4사업연도 영업손실이 나서 관리종목에 편입된 기업이 또 최근 사업연도 영업손실을 내면 그때는 퇴출되는 것이다. 그렇기에 결국 최근 3사업연도까지 영업손실을 낸 회사는 그 다음해에 영업손실이냐 아니냐에 따라서 관리종목에 편입될 가능성이 있고 그렇게 되면 주가가 큰 폭의 하락을 겪기에 이런 주식들은 투자를 하면 안 되거나 혹은 투자를 하더라도 신중해야 하는 것이다.

필자는 가능하면 이런 흐름을 보이는 기업에는 투자하지 않기를 추천한다. 코스닥시장에는 영업이익을 내지 못하는 기업이 또 이런 영업손실을 최근 몇 년 지속됐느냐가 관리종목 그리고 퇴출의 대상이 되는 구분항목이기에, 앞서 거론한 영업이익 및 영업손실을 분석하는 것이 상당히 중요하다.

> **😊한 걸음더 코스닥 관리종목&퇴출**   »
>
> 코스닥 관리종목에 편입되거나 상장폐지되는 종목은 대부분 회사 매출액 및 영업이익이 나오지 않는 경우로 일반적으로 투자자는 부실한 기업으로 인식하게 된다. 그러나 이런 가운데에 대기업 계열도 있다. 대기업은 안전하다는 생각이 뒤집히는 예인데, 대표적으로 2017년 1월 11일 상장폐지 사유가 발생한 'SK컴즈'다. 잘 알다시피 'SK컴즈'는 당시 'SK텔레콤'의 손자회사였다.

SK컴즈 최근 4사업연도 영업손실 현황

(단위 : 억 원)

구분	당해 사업연도 (2016년)	직접 사업연도 (2015년)	전전 사업연도 (2014년)	전전전 사업연도 (2013년)
영업손실(지배회사인 경우에는 별도 재무제표, 지주회사인 경우에는 연결 재무제표)	11,089,714,535	8,947,475,377	15,973,010,575	44,814,991,582

참조 금융감독원 전자공시시스템

SK컴즈(066270)는 2012 사업연도에 영업손실 468억 원을 냈다. 그 다음으로 2013년에 448억 원의 영업손실 … 2016 사업연도에 110억 원의 영업손실을 발생했다. 그래서 최근 5사업연도 영업손실이 발생한 것이다. 그래서 자진 상장 폐지를 결정했다.

SK컴즈 자진 상장폐지 결정 – 주권 매매거래정지

1. 대상종목		에스케이커뮤니케이션즈㈜	보통주
2. 정지사유		자진 상장폐지 신청	
3. 정지기간	가. 정지일시	2016.11.24	17:48:00
	4. 만료일시	장종료 시까지	
4. 근거규정		코스닥시장상장규정 제29조 및 시행세칙 제29조	

참조 금융감독원 전자공시시스템

이렇게 됨으로써 SK컴즈는 주식 매수청구권을 행사하는 주주에게 1주당 2,956원에 사들인다는 공시를 냈다.

SK컴즈 주식매수청구권 행사가격 – SK커뮤니케이션즈㈜보통주

매수예정가격	2,956원
산출근거	자본시장과금융시장투자법에관한법률 제165조의5 및 동법 시행령 제176조의7에 따른 매수가격 산정방법에 의한 가액
협의가 성립되지 않을 경우 처리방법	자본시장과금융투자법에관한법률 제165조의5제3항에 따라 당해 회사 또는 매수를 청구하는 주주가 협의를 위한 회사의 제시가격에 반대하는 경우에는 법원에 매수가격의 결정을 청구할 수 있습니다.

참조 금융감독원 전자공시시스템

문제는 SK컴즈 주식의 투자자들은 얼마에 이 주식을 매수했느냐다.

2011년 SK컴즈 이후 주가흐름

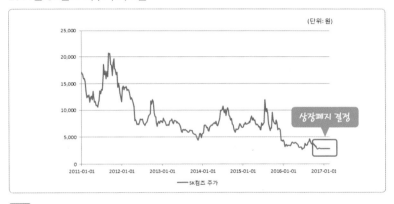

참조 FnGuide

2017년 이후 주가 2,800원대에 매수를 했다면 큰 문제가 없으나 5년 영업손실을 내는 동안에 주가는 10,000원 위에도 있었고 평균 7,000원대에 있었다. 따라서 이런 주가에 투자했던 투자자라면 주식 매수청구권에 의한 매수예정가는 상당히 손실이 큰 가격이 될 것이다.

이렇듯 영업이익 및 영업손실 추이를 보는 것은 큰 투자 이익이 날 수 있는 분석도 될 수 있지만 큰 손실이 나는 것을 막아주는 '잃지 않는 투자'의 첫걸음인 것이다.

금융비용&이자보상비율&당기순이익률

이제 마지막으로 봐야할 곳은 과거 '영업외이익&비용'으로 불렀던 순
금융비용 부분이다.

한샘의 금융수익 및 금융원가 추이

계정명 (단위 : 억 원)	2005.12 GAAP (연결)	2006.12 GAAP (연결)	2007.12 GAAP (연결)	2008.12 GAAP (연결)	2009.12 GAAP (연결)	2010.12 IFRS (연결)	2011.12 IFRS (연결)
매출액(수익)	4,244	4,367	4,954	5,049	6,334	6,239	7,093
금융수익	13	24	36	68	44	46	26
이자수익	11	20	35	59	40	46	25
금융원가	8	5	15	36	39	23	17
이자비용	5	4	6	16	29	23	9
당기순이익	21	91	147	173	218	293	393
당기순이익률	0.5%	2.1%	3.0%	3.4%	3.4%	4.7%	5.5%

참조 FnGuide

금융수익과 원가 부분은 과거 '영업외이익'으로 불렸었다. 2011년
IFRS가 우리나라 시장에 도입되면서 몇몇 기업은 영업외이익 부분을
영업이익 쪽으로 가져오고 싶어 했었다. 이유는 앞서 언급했지만 영업
이익 부분이 관리종목 지정 및 퇴출의 기준이 되기 때문이다. 하지만
2012년부터 다시 이전 규정으로 영업이익 계산방식이 정해지면서 다
소 혼란을 겪은 후 지금은 금융수익 및 원가로 분류되고 있다.

여기도 업종별 기업별로 다양한 논의 주제가 나오지만 내용을 간략
히 하고자, 여기서 봐야 할 부분은 금융원가 추이로 국한하겠다. 만약

금융부채가 과다한 기업은 이자비용이 어떻게 될까? 당연히 비용이 크게 잡힐 것이다. 그러므로 투자자가 봐야 할 것은 영업이익을 내고 있으나 순금융원가가 영업이익보다 더 큰 기업으로의 투자에 유의해야 한다. 즉, 영업이익으로 돈은 잘 버는데 은행에 이자비용을 지급하고 나면 남는 것이 없다면 주주에게 돌아올 순이익은 없거나 상대적으로 미미할 것이다. 투자에 유의해야 할 기업이다.

이때 사용되는 지표가 이자보상비율(이자보상배율)이라는 개념이다. 이는 투자자뿐 아니라 은행 등 신규대출을 해주려고 하는 기관에서도 민감히 보는 수치다.

잠깐! 용어정리 📍 이자보상비율(ICR, Interest Coverage Ratio)

실무에서 간편히 부를 때 ICR이라고 부르는데, 자주 사용되는 용어이다.

$$이자보상비율 = \frac{영업이익}{이자비용}$$

이자보상비율은 투자자 입장에서는 기업 내에 금융비용(이자비용)을 감당해낼 능력이 있는지를 보는 안정성 지표에 해당하고 은행 등 채권자 입장에서는 채무를 상환할 능력이 있는지를 가늠하는 지표가 된다.

이자보상비율이 1이면 영업활동에서 창출한 이익을 이자지급으로 다 쓴다는 의미이고 이자보상비율이 1보다 크면 영업활동으로 창출한 이익으로 금융비용을 감당해낼 수 있다는 의미로 해석된다. 기업의 이자지급 능력이 있다고 보게 된다. 이와는 반대로 이자보상비율이 1보다 작으면 영업활동으로 창출한 이익으로 기존 대출금이나 사채에 대한 이자 등을 감당하기 어려운 상태를 의미하게 된다.

그렇다면 한샘의 2011년 연말 기준 이자보상비율은 어떻게 될까? 한샘의 이 시기에 영업이익은 515억 원 정도였다. 그리고 금융원가는 대략 17

억 원 정도였다. 이자보상비율을 계산해보면 ICR = $\dfrac{51,559,703,265원}{1,653,858,216원}$

=31.2배가 된다. 따라서 영업이익은 금융원가의 31배에 해당하기에 기업의 안정성에 큰 문제가 없다고 해석될 수 있다. 또 이 당시 한샘에 이런 지표는 다소 무의미한 것이 이미 한샘은 금융수익으로 26억 원 정도를 금융원가로 17억 원 정도를 나타내고 있었기에 순금융수익을 기록하고 있었다. 이것은 가지고 있는 현금 및 현금성자산에 해당하는 이자수익으로 이자비용을 감당하고 남는다는 것이다.

다음은 어느 상장사의 2016년, 2015년 연결포괄손익계산서의 일부이다.

(단위 : 억 원)

	2016 사업연도	2015 사업연도
매출액	57,636	55,407
영업이익	2,565	461
기타수익	2,639	1,934
기타비용	3,395	2,748
금융수익	91	77
금융원가	1,436	1,432
법인세비용차감전계속영업이익	703	-1,411
법인세비용	193	-244
당기순이익	526	-1,392

참조 금융감독원 전자공시시스템

상장사는 2016년에 5.7조 원의 매출액을 올렸고 영업이익은 2,565 억 원을 기록했다. 그런데 연결 기준으로 부채총계가 7조 원대를 상회하다보니 이 가운데 단기차입금, 장기차입금, 사채 등으로 인한 금융원가가 연간 1,436억 원이 지출됐음을 알 수 있다. 이런 결과로 당기순이익은 영업이익보다 한참 적은 526억 원을 기록했다. 그런데 2015년에는 비슷한 상황으로 영업이익이 461억 원이었으나 금융원가의 과다로 당기순손실 1,392억 원을 기록했다. 물론 이 상장사의 포괄손익계산서가 그렇다는 것이고 다른 투자의 메리트도 상당히 있을 것이다.

하지만 금융원가 부분을 보는 것이기에 이쪽에만 국한해서 보면 높은 금융원가 비율은 영업이익을 감하게 되고 이로 인해 당기순이익에 영향을 미치게 된다. 이 상장사의 두 사업연도 이자보상비율을 계산해 보면 다음과 같다. 앞서 계산했던 2011년의 한샘과 비교하면 이자보상비율의 차이를 볼 수 있을 것이다.

구분	2016 사업연도	2015 사업연도
영업이익	2,565	461
금융원가	1,436	1,432
이자보상비율(배)	1.79	0.32

한샘의 경우에는 2011년말 기준 단기차입금이 226억 원 정도, 장기차입금이 44억 원 정도로 연간 금융원가는 16억 원 정도였다. 이와 반대로 보유현금성자산과 유동금융자산은 900억 원을 상회하므로 연간 금융수익은 26억 원 정도였다. 따라서 순금융수익이 발생하는 회사이므로 투자 결정에 심각한 문제점이 되질 않았다.

다음으로 당기순이익률(NPM, Net Profit Margin Ratio)을 알아보자. 이는 매출액 대비 순이익의 비중을 의미하는 수치로, 영업이익에서 순기타수익과 순금융수익을 합해 계산하고 여기에 법인세비용을 차감함으로써 계산된다. 물론 순기타수익와 순금융수익에 있어서 비용부분이 더 커서 마이너스(−)라면 그 금액만큼 차감될 것이다.

$$\textbf{순이익}=영업이익 + 순기타수익 + 순금융수익 - 법인세비용$$

$$\textbf{순이익률}=\frac{순이익}{매출액}\times100(\%)$$

순이익은 기업의 본래의 영업이익에다가 영업외이익(순기타수익, 순금융수익)을 합산함으로써 당기에 실현된 일회성 손익까지 포함되게 된다. 이 순이익이 당기에 주주에게 돌아가는 주주의 몫이다. 기업의 분석과 주식시장에서 이 당기순이익이 갖는 논의점은 방대할 것이다. 대표적으로 앞서 잠시 알아봤던 PER도 당기순이익과 연관이 있고 향후 알아볼 EBITDA도 당기순이익과 비교되는 개념이 된다.

한샘의 당기순이익 및 순이익률 추이

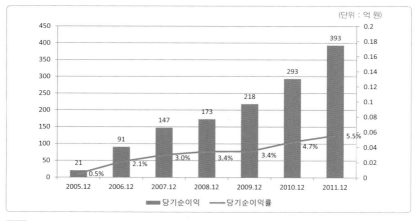

한샘의 당기순이익은 2005년말 21억 원에서 2011년말 393억 원까지 큰 폭으로 개선되고 있었다. 또한 순이익률도 0.5%대에서 5.5%대까지 이익률이 좋아졌다.

한샘 실전사례를 통해서

아내와 저녁식사 대화를 통해서 한샘이라는 주식을 떠올렸다. 그리고 탐방과 사업보고서, 재무제표를 분석하므로 확신까지는 아니지만 투자에 대한 믿음을 가질 수 있었다.

매출액은 연평균 9%대로 성장하고 있고 매출총이익률은 29%대 인데 당시 리바트나 에넥스 등 경쟁사 대비 그 수치가 월등했다. 판관비는 과거 연평균 수준으로 통제되고 있었고 영업이익률은 6.9%로 점점 좋아지고 있었다. 금융부채보다 금융자산이 많은 관계로 순금융수익이 발생하고 있고 이로 인해 순이익도 전년 대비 급증했다.

이런 주식이 대략 기억으로 16,000~17,000원 정도의 주가에 있으므로 시가총액이 4,000억 원 미만이었다. 물론 PBR로 보면 싼 주식은 아니었지만 PER로 보면 10배 미만에 있었기에 그 향후 예상되는 성장성 대비 주가는 싸다는 판단을 내렸다. 그래서 투자하게 됐다.

그런데 얼마나 수익이 났냐고 묻는다면 답할 수 없다. 이렇게 분석해 놓고 독자들의 생각처럼 큰 수익이 나지는 못했다. 한샘의 주가는 그 이후 1년 이상 오르내리고를 반복했다. 실적이 이렇게 좋아지고 있는

데 시장의 반응은 그다지 빨리 나오지 않았다. 그러다가 2013년 다시 한번 실적이 점프업 하는 것을 보고 주가는 큰 반응이 나왔다.

2013년 당시 연간 매출액이 1조 원을 넘었고 영업이익은 798억 원, 당기순이익은 613억 원을 발표했다. 2011년 당기순이익이 393억 원이었으므로 2년 만에 순이익이 +56% 정도 증가한 것이다. 또한 무엇보다 매출액이 연간 1조 원이 넘었다는 것에 시장은 흥분하기 시작했다. 그해에 주가는 50,000원을 넘었고 그 다음은 이야기하기 싫다. 왜냐하면 필자는 시장에서 너무 급한 상승으로 주가가 과열구간에 있다고 생각했다. 그래서 그 이후 투자하고 있지 않았다. 지금 생각해보면 참으로 어리석었던 것 같다. 하지만 이런 경험을 바탕으로 인선이엔티, 현대리바트 등 건자재 및 인테리어 유사업종에 투자할 수 있는 계기가 되었다.

😀한 걸음더 2010~2013년 당시 한샘과 경쟁사의 비교 »

이 부분까지 기술해야 할까 고민했다. 일반적으로 세미나 때 한샘에 대한 언급을 하게 되면 거론하는 부분인데 지면으로 쓰기에는 공간적 제한 요소가 있어서 고민을 했으나 짧게나마 쓰기로 마음먹었다. 사실 뭐 별 내용은 아니다. 하지만 한샘의 투자 매력과 재무제표에서도 선행지표를 일부 찾을 수 있다는 측면에서 읽어볼만할 것이다.

• 한샘

한샘의 매출액, 재고자산, 영업이익 추이

기업명(한샘)	2010.12	2011.12	2012.12	2013.12
(단위 : 억 원)	IFRS(연결)	IFRS(연결)	IFRS(연결)	IFRS(연결)
매출액(수익)	6,239	7,093	7,832	10,069
재고자산	265	353	249	413
재고자산증가율(yoy)		33.3%	-29.5%	65.7%
재고자산 비중(매출액 대비)	4.2%	5.0%	3.2%	4.1%
상품	77	130	114	221
재고자산 내 상품비율	29.0%	36.9%	45.6%	53.5%
제품	49	78	62	78
재고자산 내 제품비율	18.3%	22.0%	24.8%	18.9%
원재료(부재료)	123	114	67	63
미착품	14	30	19	65
영업이익	357	487	472	798
영업이익률	5.7%	6.9%	6.0%	7.9%

참조 금융감독원 전자공시시스템, FnGuide DataGuide

자료는 2010~2013년 당시 한샘의 매출액, 재고자산, 영업이익 등의 추이이다. 이 자료의 대부분은 전자공시시스템에 가서 한샘의 각 연도별 사업보고서의 재무상태표와 손익계산서, 주석을 참고하면 확인할 수 있다.

한샘의 당시 재고자산을 보면 2011년과 2013년에 재고자산이 전년도 대비 크게 증가함을 볼 수 있다(하지만 여전히 매출액 대비 재고자산의 비중은 적다. 그 이유는 결론 부분을 참고하면 된다). 2011년은 전년 대비 재고자산이 33%대 증가했고 2013년은 전년 대비 65%대 증가했다. 이런 재고자산의 증가는 재무상태표의 특성상 그 사업연도말 시점에 재고가 많이 팔리고 있으므로 재고를 전년 대비 많이 확보하고 있음을 반증한다. 그런데 한샘의 경우 상품과 제품 중에 어느 쪽의 비중이 높은가를 봐야 한다. 특이하게도 재고자산 내 제품의 비중은 18~24% 사이인데 상품의 비중은 29%에서 53%대로 2013년으로 갈수록 급격히 증가하고 있다. 결국 재고자산 내 상품의 비중이 빠르게 증가하면서 제품을 만들 때 필요한 원재료(부재료)의 비중은 감소하는 모양새를 보이고 있었다.

그러면 일반적으로 상품의 영업이익률이 높을까? 제품의 영업이익률이 높을까? 잘 이해되지 않으면 주로 남의 상품을 가져다 파는 대형마트의 영업이익률이 높을까? 직접 제조하는 삼성전자, 현대차의 영업이익률이 높을까? 당연히 일반적으로 직접 제조하는 제품의 영업이익률이 높을 것이다. 제품의 영업이익률이 10%대라면 상품의 영업이익률은 3~5%대 정도로 나눠지는 것이 일반적이다.

그런데 한샘의 자료를 보면 2013년으로 갈수록 재고자산 내 상품의 비중이 커지는 현상을 보이고 있는 데 반해 영업이익률은 오히려 8%대에 근접하고 있었다. 즉, 좋은 상품을 가져와서 자신의 한샘 브랜드를 달고 과거 대비 높은 가격에 팔고 있음을 예상할 수 있는 것이다. 그러면 이렇게 상품 위주로 매출이 바뀌는데 굳이 재고자산을 늘려갈 필요가 있을까? 주문이 들어오면 바로 제조업체에 주문을 내고 고객에게 전달까지 Delivery Time을 줄이거나 최적화해 JIT(Just In Time)시스템으로 가면 되는 것 아닐까? 여기서 그만큼 매출이 급증하고 있고 평균재고잔고를 높여야 한다는 기업의 의지를 파악할 수 있는 것이다. 따라서 상품이 주요재고임에도 재고자산 비중이 늘었다는 것은 '매출이 증가할 것이다'라는 것을 선행적으로 보여주고 있었다.

• 경쟁사

당시 경쟁사의 매출액, 재고자산, 영업이익 추이

기업명 (한샘)	2010.12	2011.12	2012.12	2013.12
(단위 : 억 원)	IFRS(연결)	IFRS(연결)	IFRS(연결)	IFRS(연결)
매출액(수익)	3,954	5,212	5,049	5,546
재고자산	494	686	603	650
재고자산증가율(yoy)		39.0%	-12.1%	7.8%
재고자산 비중(매출액 대비)	12.5%	13.2%	11.9%	11.7%
상품	115	173	156	140
재고자산 내 상품비율	23.4%	25.2%	25.9%	21.6%

제품	251	370	331	405
재고자산 내 제품비율	50.8%	53.9%	55.0%	62.4%
원재료(부재료)	80	60	53	42
미착품	18	22	16	17
영업이익	166	89	32	128
영업이익률	4.2%	1.7%	0.6%	2.3%

참조 금융감독원 전자공시시스템, FnGuide DataGuide

자료는 2010~2013년 당시 경쟁사의 매출액, 재고자산, 영업이익 등의 추이다. 당시 경쟁사의 재고자산을 보면 2011년에 재고자산이 전년도 대비 39%대 증가함을 확인할 수 있다. 그럼 한샘은 2012년을 제외하고 꾸준히 재고자산이 증가함을 알수 있었는 데 반해서 왜 이 경쟁사는 2011년 한 번 정도 전년 대비 재고자산이 증가하고 그 다음은 대략 600억 원대로 유지하고 있을까?

일단 이 경쟁사는 한샘 대비 재고자산의 비중이 높다. 매출액 대비 재고자산을 보면 한샘은 평균 4%대인데 경쟁사는 이 기간 동안 평균 12%대였다. 이 이야기는 고객사로부터 구매요청이 들어오고 실제 제조 후 고객에게 전달되는 Delivery Time 이 길다는 것을 추측해볼 수 있는데 그래서 제품과 상품비중을 확인해보니, 재고자산 내 상품비중은 평균 24%, 재고자산 내 제품비중은 55%대였다.

또 하나 한샘은 2013년으로 올수록 상품의 비중이 높아지는데 이 경쟁사는 2013 년으로 올수록 반대로 제품의 비중이 높아지고 있다. 물론 이는 어느 쪽이 좋다고 말할 수 없다. 자신이 제품을 잘 만들어서 이익률을 높게 가는 회사라면 당연히 제품의 비중이 높은 것이 좋은 것이고 자신이 만드는 것보다 아웃소싱을 줘 좋은 제품을 잘 파는 데 주력한다면 상품비중이 높은 것이 좋을 것으로 예상된다.

그래서 영업이익률 추이를 봤다. 경쟁사의 영업이익률은 이 기간 동안 평균 2%대였다. 앞서 봤지만 상품의 비중이 높아졌던 한샘은 영업이익률이 6%대 후반이었는데 제품의 비중이 높은 이 경쟁사는 영업이익률이 2%대라는 것이 좀 의아했다.

이후 각종 뉴스자료를 통한 분석과 몇몇 자료 등을 찾아보면서 그 원인을 찾을 수 있었다. 당시 주방용 가구 및 가정용 가구 시장은 흔히 말하는 리모델링 시장의 가정용과 건설업체의 신규주택을 대상으로 대량납품이 이뤄지는 특판용으로 크게 구분돼있었다. 한샘은 이 시기에 가정용과 특판용이 대략 8:2 정도의 비율로 가정용 매출이 월등했다. 따라서 향후 리모델링 시장이 커질 것에 대비해 고객의 니즈에 맞는 제품을 소싱하고자 공장에서 일괄적으로 찍어내는 제품의 비중을 낮추고 소비자의 다양한 요구를 빠르게 반영할 수 있도록 상품의 비중을 늘렸던 것이다.

반대로 경쟁사는 이 시기에 [가정용:사무용:특판용=3:2:3] 정도로 앞으로 커질 것으로 추정되는 리모델링 가정용 시장의 매출은 회사 전체 매출에 30% 정도밖에 안되고 나머지는 사무용과 특판용으로 건설업체가 아파트를 지을 때 대량으로 납품이 이뤄져야 하기에 제품의 비중이 높았던 것이다. 또한 이런 특판시장의 특성으로 인해서 영업이익률이 높지 않았던 것으로 판단했다. 그렇기에 리모델링 시장에 대한 재고자산도 크게 늘려갈 필요가 없었던 것으로 판단했다.

이외에도 경쟁사와 비교할 것은 몇 가지 더 있겠지만 이런 이유 등으로 필자의 판단에는 당시 한샘이 경쟁사 대비 투자 대상이 될 수 있었다. 또 한샘의 재고자산 증가가 투자의 선행지표가 될 수 있었다.

그런데 여기서 투자에 대한 판단이 끝나면 안 된다. '아! 한샘이 경쟁사 대비 투자 대상이구나!'로 끝나는 것이 아니라 만약 이 시장이 향후 특판용에서 가정용으로 바뀌어 간다면 먼저 1차 수혜는 이에 대비가 돼 있는 한샘이 누리겠지만 그 다음으로 경쟁사도 이에 대한 대비가 될 것으로 보인다면 그때는 한샘과 이 경쟁사를 같이 투자 대상으로 판단해야 하는 것이다. 그야말로 그때는 밸류에이션 싸움. 즉 어느 것이 주가가 싼 것인가를 매출 및 이익 증가와 같이 놓고 판단해야 한다.

현금은 얼마나 들어오는가?
– 현금흐름표(상장폐지 사례를 통한 사례 분석)

■ 현금흐름표 기본개념 및 중요용어

　재무제표의 세 번째 현금흐름표에 대해서 알아보자. 현금흐름표는 '주식 투자자의 기본'이라고 불릴 정도로 많은 투자자들이 재무제표 가운데에서도 가장 먼저 공부하는 부분인 것 같다. 또 많은 인터넷 블로그 등에서도 설명이 자세히 나와 있기에 여기서는 향후 거론될 부분을 제외하고 간략히 언급하고자 한다. 예제로 사용하고 있는 가상의 기업 ㈜흥부네의 예제를 이어가본다. 먼저 앞서서 간략히 보았던 ㈜흥부네의 월간 현금흐름표의 예시다.

㈜흥부네 월간 현금흐름표 예시

20XX년 12월 1일~20XX년 12월 31일

(단위 : 원)

Ⅰ. 영업활동으로 인한 현금흐름	0
Ⅱ. 투자활동으로 인한 현금흐름(유형자산 투자)	(1,000,000)
Ⅲ. 재무활동으로 인한 현금흐름(은행 추가 대출)	2,000,000
현금 및 현금성자산의 증가(Ⅰ+Ⅱ+Ⅲ)	1,000,000

　현금흐름표의 구성요소는 영업활동현금흐름, 투자활동현금흐름, 재무활동현금흐름으로 구성돼있다. 결국 재무상태표와 손익계산서가 가지고 있는 특성인 '발생', '거래' 중심의 기록에서 벗어나 현금흐름표는 현금이 어떻게 기업에 흐르고 있는지, 그리고 현금이 얼마나 남아있는지에 대한 정보를 보여주는 것이다. 그래서 회계원리 수업을 듣게 되면 첫 시간에 '발생주의', '현금주의'라는 이론을 듣게 된다. 우리는 여기서 손익계산서는 '발생주의', 현금흐름표는 '현금주의'를 따른다 정도만 이해하면 된다.

　만약 손익계산서상에 아무리 순이익이 많이 나도 기업에 현금이 없다면 부도의 위기에 놓이게 될 것이다. 정보 이용자(투자자) 입장에서는 이런 위기의 상황을 가려내고자 현금흐름표를 봐야 하며 정보 제공자 입장에서는 기업 내의 현금이 어떤 상태에 있다는 것을 보여줘야 하는 것이다. 잘 이해되지 않는가? 한마디로 쉽게 해서 '특정 기간 동안 현금이 어떻게 쓰였고 지금 얼마 있니?'라는 질문에 대한 답이 현금흐름표라고 생각하면 된다. 예제에서 보면 특정 기간 말에 현금이 100만 원이 있음을 알 수 있다.

이제 조금 더 이해하고자 ㈜흥부네 이야기를 전개해본다. ㈜흥부네는 분식사업이 시작되어 첫 월간 매출액이 1,000만 원이 됐고 월간 순이익이 200만 원이 되었다. 그런데 이 과정 속에 비용의 내역을 보니 냄비에 대한 감가상각비가 10만 원, 직원에 대한 퇴직급여가 20만 원이 비용에 포함돼있었다. 월말 기준으로 외상거래에 의한 매출채권 잔액은 230만 원이었다. 이런 상황이 되자 현금 부족이 발생할 것을 인지한 ㈜흥부네는 은행에서 200만 원을 추가로 차입했다. 그리고 그것으로 100만 원의 차량운반구(오토바이)를 유형자산으로 구입했다고 가정하자. 예시의 편의성을 위해서 기초의 현금성자산은 0원이었다고 가정한다. 이제 이를 통해서 가상의 '현금흐름표'를 완성해본다.

20XX년 12월 1일~20XX년 12월 31일

(단위 : 원)

Ⅰ. 영업활동으로 인한 현금흐름 (1)+(2)+(3)	0
(1) 월간 순이익	2,000,000
(2) 비현금 항목의 조정(조정사항)	300,000
감가상각비	100,000
퇴직급여	200,000
(3) 영업활동으로 인한 자산부채의 변동	(2,300,000)
매출채권의 증가	(2,300,000)
Ⅱ. 투자활동으로 인한 현금흐름	(1,000,000)
유형자산의 취득	(1,000,000)
Ⅲ. 재무활동으로 인한 현금흐름	2,000,000
차입금의 증가	2,000,000
Ⅳ. 현금및현금성자산의 증감	1,000,000
Ⅴ. 기초의 현금및현금성자산	0

Ⅵ. 현금및현금성자산의 환율변동효과	0
Ⅶ. 기말의 현금및현금성자산	1,000,000

* 표에서 괄호( )는 마이너스를 의미한다.

　예시를 통해서 현금흐름표의 대략적인 구조와 흐름을 이해할 수 있을 것이다. 중요한 것은 현금흐름표는 '현금의 흐름'을 본다는 것만 이해하면 된다.

영업활동현금흐름

　현금흐름표의 구성요소 세 가지 중 가장 위에 나오는 것은 '영업활동현금흐름'이다. 기업의 기본적인 수익창출인 제품／상품의 판매, 용역의 제공 등에서 발생되는 모든 현금의 유출과 유입을 말한다. 여기서 한 가지, 영업활동현금흐름을 작성하는 방법에는 직접법과 간접법이 있다. 그 가운데 실무에서는 간접법을 주로 사용하는데, 간접법은 이미 손익계산서에서 계산돼 나온 당기순이익을 기준으로 현금유출／유입이 있는지 등을 가감하는 방식이다. 손익계산서의 순이익 결과를 무시하고 현금 기준으로 새로 작성하는 직접법보다 작성 시 소요시간을 줄이는 등의 이점이 있어서 주로 간접법을 많이 사용한다.

　㈜흥부네의 예시를 보면, 월간 순이익이 200만 원이었다. 따라서 간접법 작성원리에 따라서 200만 원이 출발점이 된다. 그런데 200만 원이라는 순이익은 '발생주의'로 작성된 순이익이기에 실질적인 현금의 유출이나 유입이 없는데도 포함된 사건의 발생이 있다. 그래서 이 부

분을 가감해줘야 한다. 대표적으로 많이 거론되는 것이 '감가상각비'와 '퇴직급여' 등이다.

'감가상각비'는 기업이 대규모의 유형자산 투자 시에 이를 한 번에 비용으로 떨어내면 그 해에 너무 큰 손실이 생기게 된다. 만약 연간 매출이 1억 원하는 기업이 3억 원 정도의 유형자산이 필요하다면 그 해에 이 비용만으로 2억 원의 순손실이 생기는 것이다. 그래서 이럴 경우에 이 설비 투자금 3억 원을 유형자산으로 잡고 매년 정해진 금액을 상각시키는 방식을 취하게 된다. 만약 설비 투자금 3억 원을 10년간 감가상각시킨다면 대략적으로 매년 3,000만 원의 감가상각비가 발생하게 된다. 그런데 이 3,000만 원은 실제로 매년 지출되는 비용이 아니고 회계상으로만 매년 나눠서 상각시킨다는 개념을 쓰기 때문에 실제 매년 지출되는 비용은 없는 것이다. 그래서 '감가상각비'는 '현금유출이 없는 비용의 가산' 항목이 된다.

마찬가지로 '퇴직급여'도 같은 개념이다. 계속적 근로관계가 종료됐을 때를 사유로 기업이 근로자에게 지급하는 금전을 의미하는데, 해당 직원이 퇴직하지 않았다 해도 퇴직금은 이미 발생한 것이기에 그 금액을 퇴직급여충당금으로 잡아야 한다. 그런데 이는 회계상 잡는 것이지 아직 지출된 비용이 아니기에 '현금유출이 없는 비용의 가산' 항목이 된다.

그런데 이와 반대되는 '현금유입이 없는 수익의 차감'도 있지만, '영업활동으로 인한 자산, 부채의 변동'도 있다. 예를 들어 외상거래를 하면 수익이 증가하고 순이익도 증가할 것이다. 하지만 이 가운데 대금회수가 되지 못한 매출채권은 실제로 현금이 들어오지 않은 것이기에 매출채권의 증가는 현금흐름에 마이너스(-) 요인이 되는 것이다. 반대로 거래처로부터 원부자재를 매입했는데 아직 현금을 지급하지 않은 경우인 매입채무의 증가는 현금흐름에 플러스(+)가 된다.

그래서 ㈜흥부네의 '영업활동현금흐름' 예시에서 월간 순이익 200만 원으로 출발해서 그 순이익 200만 원에는 포함돼있지만 실제로는 현금이 유출되지 않은 두 가지, '감가상각비'와 '퇴직급여'가 가산돼 230만 원이 되고, 그 순이익 200만 원에 포함돼있지만 현금이 들어오지 않은 매출채권 230만 원이 감소되어 '영업활동현금흐름'은 (200만 원+20만 원+10만 원-230만 원)으로 계산되므로 0원이 된 것이다.

투자활동현금흐름

'투자활동현금흐름'은 각종 자산에 대한 투자활동의 현금유입과 유출 내역을 보는 것을 말한다. 여기서 각종 자산이란 미래에 기업의 경제적 이익을 가져다 줄 것으로 기대되는 기업 내 자원이라고 이야기했다. 따라서 다양한 형태의 자산이 존재할 것인데 크게 유무형자산과 투자자산, 금융상품들로 구분된다.

그러면 이들이 어떻게 현금의 유입과 유출에 관여될까? 만약에 기업이 주식, 채권, 부동산 등에 투자하면 현금이 유출될 것이다. 반대로 보유 중이던 정기예금을 해약하거나 주식, 채권, 부동산을 매각하면 현금이 유입될 것이다.

투자활동으로 인한 현금유입의 예	투자활동으로 인한 현금유출의 예
• 유형자산의 처분(토지, 건물, 기계장치 등)	• 유형자산의 취득(토지, 건물, 기계장치 등)
• 무형자산의 처분	• 무형자산의 취득
• 대여금의 회수	• 현금의 대여
• 단기투자자산의 처분	• 단기투자자산의 취득
• 관계기업투자주식의 처분	• 관계기업투자주식의 취득

　결국 어떤 투자활동을 하는데 현금이 들어가면 현금유출이 될 것이고 투자활동이 끝나고 처분함으로써 현금이 들어오면 현금유입이 된다.

　그런데 여기서 한 가지 겪었던 사례가 있다. 이에 대해서는 이번 절의 실전사례에서 다룰 예정이다. 정상적인 투자활동, 즉 미래 기업에 경제적 이익을 가져다줄 것으로 기대되는 투자활동이 아닌 다른 투자활동 비중이 큰 기업은 조심해야 한다는 것이다. 이 부분은 바로 조금 후에 이야기하겠다.

　그래서 ㈜흥부네는 배달에 사용할 차량운반구(오토바이)를 샀기에 '투자활동현금흐름'이 −100만 원이다.

재무활동현금흐름

'재무활동현금흐름'은 금융기관에 대한 차입 및 상환, 주주로부터의 증자 및 배당 등 손익거래가 아닌 자본거래 활동 시의 현금흐름을 말한다. 이 부분은 일반적인 특징이 있는데 만약 '영업활동현금흐름'이 양호하게 플러스(+)가 발생하는 기업은 '재무활동현금흐름'이 어떨까? 당연히 이익이 나고 현금이 있으므로 차입금 등을 상환하려고 할 것이고 '영업활동현금흐름'이 마이너스(-)가 발생하는 기업은 '재무활동현금흐름'을 통해서 꾸준히 시장에서 차입하거나 증자하려고 할 것이다. 물론 일반적으로 그렇다는 것이다.

재무활동으로 인한 현금 유입의 예	재무활동으로 인한 현금 유출의 예
• 단기차입금, 장기차입금의 차입 • 사채의 발행 • 주식의 발행, 자기주식의 매각	• 단기차입금, 장기차입금의 상환 • 사채의 상환 • 유상감자, 자기주식의 취득 • 배당금 지급

중요한 사항은 아니지만 일반적으로 투자회사에서 배당금을 받은 것, 즉 배당금 수취는 대개 '투자활동현금흐름'으로 간다. 그러나 기업에서 주주들에게 배당금을 지급하는 것은 '재무활동현금흐름'으로 간다.

㈜흥부네는 은행으로부터 200만 원을 추가로 차입했기에 기업에 현금이 들어왔다. 그래서 '재무활동현금흐름'이 +200만 원인 것이다.

현금흐름표로 보는 기업의 유형

아래 표는 투자자에게 기업을 볼 때 대략적인 유형을 분류할 수 있는 힌트를 준다.

유형	영업활동현금흐름	투자활동현금흐름	재무활동현금흐름
A	+	−	−
B	+	−	+
C	+	+	−
D	−	+	+
E	−	+	−

① 유형A(+,−,−) : 우량기업

이 유형은 영업활동으로 현금을 창출해서 투자활동과 재무활동에 현금을 사용하고 있다. 기업이 미래의 이익을 위해서 투자해야 하고 또 기업이 현금으로 기존 차입금을 상환하고 있다는 것을 의미하므로 우량한 유형이라 판단된다. 또한 미래를 봐도 투자되고 있으니 일반적으로 이익이 늘어날 것이고 차입금을 상환했으니 이자 비용도 줄 것으로 보이기에 좋은 투자 대상으로 분석해볼 가치가 있다. 그러나 이는 유형별 전략이지 개별기업의 전략은 아니다. 개별기업은 이런 유형의 느낌을 가지고 개별기업에 맞게 다시 분석해야 한다.

② 유형B(+,−,+) : 신성장기업

이 유형은 영업활동으로 현금을 창출하지만 이것이 충분하다고 여기지 않기에 추가로 차입을 하고 있다. 그리고 그 현금으로 투자가 진행 중인 유형이다. 성장 초기 기업들이 이런 모양새를 보이고 있고 투자자들도 영업활동현금흐름이 플러스(+)가 나고 있기에 좋아하는 기업이다. 문제는 대부분 주가나 밸류에이션 가격이 비쌀 가능성이 있다.

③ 유형C(+,+,−) : 산업이 성숙기에 있는 기업

영업활동으로 현금을 창출하고 있고 이미 투자된 것을 처분함으로써 현금화하고 있다. 그리고 그 현금으로 차입금 등을 상환하고 있다. 신규 투자처를 찾고 있는지를 봐야 한다.

④ 유형D(−,+,+) : 어려운 환경에 놓인 기업

영업활동으로 현금을 창출하지 못하고 있으며 투자자산을 처분해 현금화하고 있고 이것이 충분치 않아 추가로 차입을 하고 있다. 영업활동이 마이너스(−)인 것으로 사업 초기라 해석되기에는 투자자산을 처분하고 있는 것으로 보아 영업환경이 어려운 상황에 놓인 것으로 일반적인 유형 분류가 된다.

⑤ 유형E(−,+,−) : 어려운 환경에 놓인 기업

역시 유형D와 함께 어려운 환경에 놓인 기업으로 추정된다. 영업활동으로 현금을 창출하지 못하고 있으며 투자자산을 처분해 현금화하고 있고 이것으로 차입금부터 갚고 있는 상황이다(유형D, 유형E 둘 다 분류로 놓고 보면 어려운 업황에 있는 것으로 보인다).

그러나 표와 분류를 보고서 모든 기업이 이 분류와 같은 상황에 놓인 것은 아님을 유의해야 한다. 일반적인 분류지 개별기업으로 들어가 보면 충분히 상황이 다를 수 있다. 또한 한 해의 현금흐름표를 보고 위와 같이 분류하면 실수의 가능성이 높다. 일반적으로 3~5개년 현금흐름표를 비교해보면서 기업의 놓여 있는 상황을 파악해야 한다.

이제 현금흐름표 이론의 마지막으로, 지금까지 알아본 현금흐름표와 재무상태표, 손익계산서의 관계를 그림으로 이해해보자.

현금흐름표가 필요한 이유

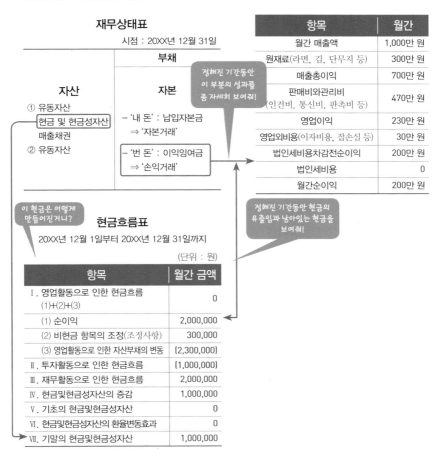

손익계산서가 필요한 이유를 아는 것이 중요했던 것처럼 현금흐름표 역시 그 필요한 이유를 알아야 한다. 재무제표는 구성원이 따로따로 떨어져 있는 것이 아니라고 언급했다. 먼저 정보제공자 입장에서는, 현금흐름표는 간접법으로 작성 시 손익계산서에서 나온 순이익을 기반으로 실제 현금유출이 있는지, 현금유입이 있는지를 확인해 작성한다. 그리고 현금흐름표의 작성의 결과로 기업 내 특정 회기말에 남아있는 현금 및 현금성자산은 다시 재무상태표의 자산 밑, 유동자산 밑 현금 및 현금성자산으로 들어가게 된다.

반대로 정보이용자 측면에서 보면 '자산 밑, 유동자산 밑에 있는 현금 및 현금성자산은 어떻게 만들어진 것이니?'라는 질문을 하게 될 때 '그 것은 현금흐름표를 보면 알 수 있어'라는 연결과정이 된다. 따라서 지금까지 알아본 재무제표의 세 구성요소, 재무상태표, 손익계산서, 현금흐름표는 서로 유기적으로 연결돼 같이 분석해야 한다.

❷ 실전사례 – 상장폐지 사례로 보는 현금흐름표

상황은 필자가 간접적으로 경험한 사례다. 이 실전사례는 현금흐름표를 보기 위함인데, 이런 류의 유형을 보이는 기업이 모두 위험한 기업은 아님을 미리 말하고자 한다. 즉 일반화되거나 유형화시킬 수 없다는 것이다. 그럼에도 이 기업을 예제로 삼는 것은 인터넷 블로그나 다른 책에 있는 흔한 현금흐름표 예제보다는 훨씬 공부할 것이 있고 한 번쯤은 다른 곳에서 다루지 않았던 눈여겨볼만한 내용이 있다는 판단에서다.

어느 날 지인에게서 전화가 왔다.

"은중아, 나 그 종목 아직 안 팔았는데 오늘 나온 공시가 뭐냐? 감사 보고서 제출 지연이라니?"

"아니? 아직 안 팔았다고?"

간단히 상황을 정리하면 이렇다. 대략 1년 전쯤 코스닥에 '위폐감별 지폐계수기'를 제조하는 기업 가운데 당시 시장에서 기술력과 영업력을 바탕으로 빠르게 성장하는 기업이 있었다. 필자는 이 기업을 지인에게 소개시켜줬다.

"몇 년 전부터 이익률도 꽤나 좋아지고 있고 매출액은 좀 들쑥날쑥 하지만 그래도 꾸준히 성장해오고 있더라구. 시총이 너무 적은 게 흠인 데 한번 관심 갖고 분석해볼만한 것 같아"

그리고나서 나는 잊고 있었는데 지인이 이 주식을 샀다고 연락이 왔다. 꽤 친한 지인이라 괜찮은 주식 있으면 분석해보라고 이야기해주곤 했는데 대부분 사질 않다가 그 종목은 조사해보고 마음에 들었는지 샀다고 연락이 왔다. 그 이야기를 듣고 친한 지인이 샀다고 해서 다시한 번 이런 저런 것을 보다 보니 국내 모 유명 공모펀드에서 지분 투자가 꽤 많이 됐음을 뒤늦게 알았다.

'뭐 펀드에서 이 정도 비율로 샀으면 시총이 적어도 큰 문제가 없겠구 나'라는 판단도 잠시 했었다.

과거 상장사A의 매출액 및 영업이익 흐름

계정명 (단위 : 억 원)	2007.12 GAAP (개별)	2008.12 GAAP (개별)	2009.12 GAAP (개별)	2010.12 IFRS (개별)	2011.12 IFRS (개별)	2012.12 IFRS (개별)
매출액(수익)	110	232	268	181	261	278
매출원가	72	125	140	95	145	169
매출총이익	37	108	129	86	116	109
판매비와관리비	28	28	38	24	32	37
영업이익	10	80	91	62	84	73
영업이익률	8.8%	34.4%	33.9%	34.4%	32.1%	26.1%

참조 FnGuide

이 기업은 2008년 이후 평균적으로 200억 원대 이상의 매출액을 올리면서 영업이익률 30%를 상회하는 수익성이 상당히 좋았던 기업이었다. 사실 필자도 수익성 때문에 관심을 가지고 분석을 시작했던 것으로 기억한다. 매출액의 증가도 그렇지만 높은 수익성이 투자자의 눈을 가리게 하는 부분이 있을 정도였다.

그런데 이 회사의 현금흐름표를 보면서 다소 이상함을 느꼈다. 현금흐름표를 보면 2011년과 2010년의 자료는 공시자료 가운데 일부 숫자가 크지 않은 자료 등을 삭제한 후 그대로 가져왔으며 2009년 공시된 자료는 2010년 등과 계정과목 및 분류의 차이가 있어서 비슷한 계정으로 필자가 옮겨서 정리했다. 따라서 2009년 현금흐름표 숫자 가운데 일부 계정과목은 2009년 공시된 현금흐름표와 약간의 차이가 있을 수 있음을 미리 말한다.

과거 상장사A의 현금흐름표

현금흐름표

제15기 20XX년 1월 1일~20XX년 12월 31일
제14기 20QQ년 1월 1일~20QQ년 12월 31일
제13기 20ZZ년 1월 1일~20ZZ년 12월 31일

(단위 : 억 원)

	제15기	제14기	제13기
영업활동현금흐름	82.5	75.1	70.4
당기순이익(손실)	84.2	60.2	72.7
비현금 조정	9.5	10.6	42.1
대손상각비	0.0	0.0	5.3
감가상각비	2.7	3.2	4.6
무형자산상각비	4.2	3.0	1.8
운전자본 조정	(16.5)	1.9	(44.4)
매출채권 및 기타채권	(3.4)	9.9	(23.0)
재고자산	(11.3)	4.4	(20.9)
매입채무 및 기타채무	5.2	(12.3)	7.0
이자수취	5.7	3.4	
이자지급	(0.5)	(0.9)	
투자활동현금흐름	(92.9)	(50.1)	(89.9)
단기금융상품의 감소	0.0	0.0	
기타금융자산의 취득	(78.7)	(41.0)	(83.6)
유형자산의 취득	(2.8)	(2.0)	
무형자산의 취득	(10.9)	(7.5)	
재무활동현금흐름	15.0	(32.3)	(11.4)
자기주식의 취득	0.0	0.0	

배당금 지급	0.0	0.0	
유상증자	15.0	0.0	
단기차입금의 상환	0.0	(14.0)	(14.4)
현금및현금성자산의 순증가(감소)	4.6	(7.2)	(30.9)
기초현금 및 현금성자산	4.4	11.6	42.5
기말현금 및 현금성자산	9.0	4.4	11.6

참조 금융감독원 전자공시시스템

먼저 재무제표의 다른 구성요소들도 그렇겠지만 현금흐름표는 분석 시에 최소 3년 이상 가능하면 5년 정도의 자료를 같이 보는 것을 추천한다. 현금흐름을 어느 한 해만 집중적으로 본다면 당해 연도의 특성 때문에 기업이 나아가야 할 방향을 제대로 읽지 못할 가능성이 있기 때문이다.

당기순이익 추이

현금흐름표를 간접법으로 작성 시에 그 출발점은 손익계산서의 당기순이익부터 시작된다고 언급했었다. 따라서 이 기업의 제13기~제15기의 당기순이익을 보면 앞에서 수익성에 놀랐던 바와 같이 안정적인 순이익을 내고 있었다. 13기에는 당기순이익 72억 원 수준, 14기에는 60억 원 수준, 15기에는 84억 원 수준이다. 결국 이 수치만 놓고 보면 이 기업은 한마디로 돈을 잘 버는 기업이라는 생각이 들었다.

현금흐름표의 유형

앞에서 우리는 현금흐름표로 보는 유형을 생각해본 적이 있다. 그렇다면 이 기업은 어느 유형에 속할까? 3개년의 공통추이를 보면 '영업활동현금흐름 +, 투자활동현금흐름 -, 재무활동현금흐름 -' 정도의 평균 유형으로 추측될 수 있다. 그런데 이 세 구성요소 가운데에서도 해당 기업은 '영업활동현금흐름'과 '투자활동현금흐름'에 그 현금이 크게 사용되고 있었고 이들에 비해 상대적으로 '재무활동현금흐름'은 많은 현금이 쓰이지는 않았다. 따라서 이 기업의 앞서 거론한 분류상으로 유형A(+,-,-)에 속한 것으로 판단됐다. 그러므로 표면상으로 보이는 현금흐름표를 보면 '유형A 우량기업'에 분류된다고 볼 수 있다.

영업활동현금흐름

'비현금 조정' 등의 과정을 보면 매년 평균 2~4억 원 정도의 회계상 비용이 실제로 지출되지는 않았기에 당기순이익에 더해지고 있다. 따라서 이 시기에 감가상각비나 대손상각비가 그리 비중이 큰 기업은 아니었다.

이에 비해 상대적으로 '운전자본 조정(영업활동으로 인한 자산부채의 변동)' 항목은 큰 현금 부분이 있는데 예를 들어 13기에 '매출채권 및 기타채권'이 23억 원 잡히면서 현금이 유입되지 않음을 알 수 있고 또 13기와 15기에는 '재고자산'이 잡히면서 현금이 유출됐음을 알 수 있다. 그러나 이것들이 앞선 '비현금 조정' 항목들의 현금보다 크다는 의미지 이 기업의 전체 연간 매출액이 200~250억 원 정도, 당기순이익 60억 원 ~85억 원 정도를 고려하면 무리하게 큰 수치는 아니었다.

투자활동현금흐름

필자는 이 기업의 현금흐름표를 보는데 '뭔가 이상하다'는 느낌을 '투자활동현금흐름'에서 느꼈었다. 필자의 의견을 말하기 전에 독자들에게 잠시 문제를 낸다. 현금흐름표로 가서 '투자활동현금흐름'에 시각을 맞춰두고 다시 보길 바란다. 어느 부분이 이상한가? 마음속으로 자신만의 의견을 정리했는가? 이제 필자의 의견과 비교해보자.

먼저 13기 현금흐름표를 본다. 영업활동현금흐름으로 연간 70.4억 원이 현금이 만들어졌다. 그래서 기업은 미래의 수익을 위해서 투자를 해야 하니까 그 가운데 일부를 투자활동현금흐름에 투자하고 또 남은 금액을 재무활동현금흐름에 사용하는 것이 일반적이다. 그래서 앞서서 이런 유형을 (+,-,-) 유형이라 불렀고 우량할 것이라고 예측했었다.

제13기에 영업활동현금흐름으로 70.4억 원의 현금이 만들어져서 그 가운데 투자활동현금흐름에 89.9억 원의 투자를 했고 재무활동현금흐름으로 일부 사채의 상환 등을 했다. 그래서 연초에 현금이 42.5억 원이 있었는데 연말에 11.6억 원으로 현금이 감소했다. 표면상으로는 문제가 없다.

특히 연말에 현금이 감소한 것은 세 구성요소 중 '투자활동현금흐름이 많이 있었구나'라고 생각할 수 있다. 그러기에 '많이 투자했으니 이후 거둬들일 미래의 수익은 더 좋겠구나'라고 발전해 생각할 수도 있을 것이다. 그런데 투자의 내역을 보면 당시 재무제표의 정확한 항목으로는 '단기금융상품의 증가'에 83.6억 원이 투자됐음을 알 수 있다.

과거 상장사A의 투자활동현금유출액

(단위 : 원)

투자활동으로 인한 현금유출액	(11,475,401,884)
단기금융상품의 증가	8,364,150,000
장기금융상품의 증가	12,000,000
지분법적용 투자주식의 취득	0
매도가능증권의 취득	1,686,463,980

참조 금융감독원 전자공시시스템

'아니, 연간 현금 70억 원 정도를 영업활동으로 벌어서 설비 투자도 개발비 투자도 아닌 단기금융상품에 83억 원 정도를 넣는다? 투자할 곳이 없나? 이제 큰 금액을 투자하지 않아도 수익을 거둘 수 있단 말인 가?' 이 수치를 보면서 고개는 갸우뚱해지고 질문이 꼬리에 꼬리를 물었다. 그래서 해당 주석 항목을 찾아봤다.

과거 상장사A의 재무제표 내의 주석

(단위 : 1,000원)

현금및현금성자산	현금	–	19,690	8,346
	외화현금	–	95,396	85,900
	보통예금	기업은행 외	567,657	228,830
	외화예금	기업은행 외	481,896	3,933,133
소 계			1,164,639	4,256,209
단기금융상품	정기예금 외	기업은행 외	11,100,000	2,735,850
장기금융상품	기타예금	ING생명보험	22,000	10,000
합계			12,286,639	7,002,059

참조 금융감독원 전자공시시스템

주석을 찾아보니 '정기예금 외'라고 나와 있으며 아마도 정기예금에 가입한 것으로 보인다. 이전 정기예금이 27억 원 정도 였으므로 당해에 83억 원이 더해지면서 총 단기금융상품은 111억 원이 되었다. 그래서 필자는 이런 생각을 하게 됐다.

'아~, 그 해에 투자할 것이 많지 않으니 정기예금에 일시적으로 넣었구나'

그런데 이런 필자의 생각은 금세 무너졌다. 이제 13기를 봤으므로 제14기와 제15기 현금흐름표를 보니 14기에도 '기타금융자산의 취득'에 41억 원, 15기에도 78억 원 정도가 사용되었다.

과거 상장사A의 현금흐름표

투자활동현금흐름	(9,290,116,359)	(5,007,843,199)
단기대여금 회수	9,000,000	6,000,000
기타채권의 회수	11,320,520	45,444,000
기타금융자산의 취득	(7,867,406,108)	(4,100,145,147)
장기금융자산의 취득	(12,000,000)	(12,000,000)
유형자산의 취득	(280,051,899)	(200,149,970)

참조 금융감독원 전자공시시스템

참고로 14기에는 영업활동현금흐름 대비 '기타금융자산의 취득' 비율이 54.6%에 해당하고 15기에는 같은 비율이 무려 95.4%에 해당했다. 그러니까 영업활동으로 현금 벌어서 그것에 54%와 95%를 기타금융자산의 취득하는 데 쓰고 있었다.

그래서 혹시나 하는 마음으로 '기타금융자산'이 무엇인가를 다시 주석을 찾아봤다.

과거 상장사A의 재무제표 내의 주석

(단위 : 1,000원)

정기예금 외	22,970,000	15,200,145	11,100,000
단기손익인식금융자산	118,770	-	-
합계	23,088,770	15,200,145	11,100,000

참조 금융감독원 전자공시시스템

앞서 13기 때 111억 원이었던 정기예금 추정금액이 14기로 오면서 152억(111억 원+41억 원), 15기로 오면서 약230억 원(152억 원+78억 원)으로 늘어나고 있었다.

물론 이외에도 다소 의심스러운 부분을 봤지만 현금흐름표에 국한하면, 투자활동현금흐름 가운데 정기예금(추정치)에 영업활동현금흐름의 54%~95%를 입금하고 있다는 것은 이해가 되지 않았다. 다른 것은 모두 논외로 하더라도 그럼 '앞으로 미래의 수익은 무엇으로 담보한단 말인가?'에 대한 답을 찾을 수 없었다. 지금 영업이익률이 30% 넘게 나온다 하더라도 그런 이익률이 앞으로도 영속적으로 된다는 보장이 어디 있을까?

필자는 이후 몇 가지 생각을 모아서 비록 늦었지만 지인에게 의견을 전달했다. "가능하면 투자는 안 하는 게 좋을 것 같고 만약 여전히 좋게 생각돼서 투자한다면 소액 정도로만 하는 편이 어떻겠냐고"

이후

그 다음 간간이 이 회사 주가가 상승하는 것을 봤다. 그리고 아마 그때 투자를 여러 이유로 미뤘던 나의 어리석음도 한탄했던 것 같다. 또한 여전히 국내 공모펀드 가운데 꽤 큰 비중으로 투자한 기관도 비중을 쉽사리 줄이지 않았던 것으로 기억한다. 그리고는 잊고 지내다 이 글의 처음에 있는 그런 연락을 받았던 것이다.

참고로 필자는 파악하지 못했었지만 이후에 또 정기예금으로 추정되는 금융자산을 늘렸다.

과거 상장사A의 재무제표 내의 주석

(단위 : 1,000원)

정기예금 외	25,025,000	22,970,000
단기손익인식금융자산	-	118,770
합계	25,025,000	23,088,770

참조 금융감독원 전자공시시스템

제15기 230억 원 정도를 생각하고 잊고 있었는데 이후 다시 주석을 열어보니 그 금액은 250억 원으로 늘어있었다.

과거 상장사A의 재무제표 내의 주석

(단위 : 1,000원)

현금	25,671	25,640
보통예금 등	845,896	873,990
합계	871,567	899,630

참조 금융감독원 전자공시시스템

이뿐 아니라 현금 및 보통예금이 8.7억 원 정도 있었기에 이들(정기예금 외 + 현금 + 보통예금 등)을 합치면 대략 현금 260억 원이 있었다는 이야기이다.

그럼 왜 이 기업은 이렇게 현금을 만들어가고 있었을까? 성장성도 있었고 수익성은 탁월한 기업이었는데, 계속 투자하고 연구개발하면 우리나라 안에서도 몇 손가락에 꼽히는 유망 중소기업으로 갈 수도 있지 않았을까? 도대체 현금흐름표로 보는 이 기업은 왜 현금을 만들어갔던 걸까?

아래는 필자의 의견을 첨언하지 않고 공시된 내용을 올리겠다. 판단은 독자들에게 맡기려 한다.

① 최대주주 변경

1. 변경내용	변경전	최대주주등	
		소유주식수(주)	2,558,753
		소유비율(%)	19.13
	변경후	최대주주등	
		소유주식수(주)	2,852,737
		소유비율(%)	21.32

② 두 번의 장외거래

취득/처분 방법	주식등의 종류	변동내역			취득/처분 단가	비고
		변동 전	증감	변동 후		
장외매수(+)	의결권 있는 주식	-	293,984	293,984	9,184	-
장외매수(+)	의결권 있는 주식	293,984	2,558,753	2,852,737	9,184	-

③ 감사보고서 제출 지연

1. 제출사유	감사보고서 제출 지연
2. 주요내용	당사는 2013년 03월 30일 오전 09시부터 제16기 정기주주총회가 예정되어 있는 바, 외감법 시행령 제7조 제1항에 따라 외부감사인은 2013년 03월 22일까지 감사부고서를 당사에 제출해야 하고, 당사는 제출받은 당일에 [감사보고서 제출] 공시를 해야 합니다. 하지만 당사의 자료제출 지연 등으로 금일 감사보고서 제출 및 공시가 지연되고 있습니다. 이에 당사는 외부감사인으로부터 감사보고서를 제출 받는 즉시 이를 공시할 예정임을 알려드립니다.

④ 횡령, 배임혐의 발생

(단위 : 원)

1. 사고발생내용		가. 전 대표이사 등의 횡령 · 배임혐의 발생 나. 혐의 내용 (2) 혐의 내용 : 업무상 횡령 · 배임
2. 횡령 등 금액	발생금액(원)	28,894,711,764
	자기자본(원)	30,672,172,191
	자기자본 대비(%)	94.20
	대기업해당 여부	미해당

04장을 끝내며

필자는 이 일로 인해서 정말 친한 지인에게 평생 미안함을 갖고 지내고 있다. 조금 더 면밀히 분석했다면 처음부터 이야기도 꺼내지 않았을 것이고 또한 이야기를 꺼냈다 해도 필자가 확고했다면 적극 만류했어야 했는데 그러지 못했던 것이 지금까지 못내 아쉽다. 사실 필자에게도 이 기업이 어찌 흘러갈지 확신이 없었던 것이 가장 큰 문제였던 거 같다.

독자들은 이 글을 읽을 때 '단순히 이런 일도 있었구나' 정도로 끝나면 안 된다. 필자의 이런 아픈 기억이 독자들에게는 생기지 않기를 바라며 충분히 이와 같은 징후를 현금흐름표에서 발견할 수 있었음을 인지하고 '재무제표는 후행하다'는 비판에서 벗어나 선행의미를 찾을 수 있음을 알고 분석한 후 투자해야 한다.

자본은 어떻게 변하는가?
– 자본변동표(한세실업을 통한 사례 분석)

1 자본변동표의 개념과 구조

자본변동표에 대한 언급을 하기 전에 먼저 아래 그림을 본다.

자본변동표가 필요한 이유

재무상태표

시점 : 20XX년 12월 31일

자산	부채
① 유동자산	**자본**
현금 및 현금성자산	– '내 돈' : 납입자본금 ⇒ '자본거래'
매출채권	
② 유동자산	– '번 돈' : 이익잉여금 ⇒ '손익거래'

정해진 기간동안 이 부분의 성과를 좀 자세히 보여줘!

항목	월간
월간 매출액	1,000만 원
원재료(라면, 김, 단무지 등)	300만 원
매출총이익	700만 원
판매비와관리비 (인건비, 통신비, 판촉비 등)	470만 원
영업이익	230만 원
영업외비용(이자비용, 잡손실 등)	30만 원
법인세비용차감전순이익	200만 원
법인세비용	0
월간 순이익	200만 원

이 현금은 어떻게 만들어진거니?

현금흐름표

20XX년 12월 1일부터 20XX년 12월 31일까지

(단위 : 원)

항목	월간 금액
Ⅰ. 영업활동으로 인한 현금흐름 (1)+(2)+(3)	0
(1) 순이익	2,000,000
(2) 비현금 항목의 조정(조정사항)	300,000
(3) 영업활동으로 인한 자산부채의 변동	(2,300,000)
Ⅱ. 투자활동으로 인한 현금흐름	(1,000,000)
Ⅲ. 재무활동으로 인한 현금흐름	2,000,000
Ⅳ. 현금및현금성자산의 증감	1,000,000
Ⅴ. 기초의 현금및현금성자산	0
Ⅵ. 현금및현금성자산의 환율변동효과	0
Ⅶ. 기말의 현금및현금성자산	1,000,000

정해진 기간동안 현금의 유출입과 남아있는 현금을 보여줘!

주주는 이 자본이 어떻게 변화된건지가 궁금해

		자본
		지배기업의 자본금
20XX.01.01(기초자본)		
Ⅱ. 자본의 변동	(1) 총포괄손익	
	(2) 소유주와의 거래	
20XX.12.31(기말자본)		

주주는 사실 주주의 몫에 해당하는 자본에 대한 관심이 가장 높다. 아무리 자산이 크게 증가한다 해도 그게 대부분 부채라면 그리 좋아할 일이 아니다. 그렇다면 특정 기간 동안 자본의 크기와 변동이 어떻게 발생했는지가 당연히 궁금해진다. 그것을 보여주는 것이 바로 '자본변동표'다.

자료의 오른쪽 밑에 보면 자본변동표가 나오는 데 이것은 결국 재무상태표에서 파생된 것이다. 재무상태표의 자본 부분이 어떻게 특정 기간 동안 바뀌었는지를 상세히 보여주는 역할을 한다. 또 하나 재무상태표의 단점이 무엇인가? 재무상태표는 어느 특정 시점에 기업의 재무상황을 보여주는 것이기에 '특정 기간(예, 1년) 동안 자본이 어떻게 변했는지를 보여줄 수 없다. 그래서 이런 흐름을 보여주기 위해 만든 것이 자본변동표다.

재무제표의 구성요소는 개별적인 자료가 아니라 모두 연관되며 파생되어 움직인다는 것을 더욱 확연히 알 수 있을 것이다. 그럼 그 중심에는 무엇이 있을까? 어떤 투자자는 현금흐름표가 중심에 있다고 볼 수 있고 또 어떤 투자자는 손익계산서가 중심에 있다고 주장할 수 있다. 하지만 위 자료에서 알 수 있듯이 필자는 재무제표의 중심은 재무상태표라고 생각한다.

> **참조 재무제표의 가장 중심은 무엇일까?**
>
> 필자의 생각은 재무상태표다. 재무상태표를 보다가 '수익과 이익' 부분이 궁금하면 이를 확대해서 보는 것이 '손익계산서'이고 재무상태표를 보다가 '현금' 부분이 궁금하면 확대해서 보는 것이 '현금흐름표'다. 또한 재무상태표를 보다가 '자본' 부분이 궁금하면 확대해서 보는 것이 '자본변동표'다.

이제 자본변동표의 대략적 의미를 알 수 있었다. 그럼 조금 더 들어가 본다. 앞서서 재무상태표를 알아볼 때 기업이 자본을 늘리는 방법, 혹은 자본의 거래가 이뤄지는 방법에는 두 가지가 있다고 했다. 그 하나는 '내 돈'을 늘리는 방법으로 '자본거래'라 부르고 나머지 하나는 '번 돈'을 늘리는 경우로 '손익거래'라 부른다고 했다.

자본변동표의 구조 예시

I. 기초자본		
II. 자본의 변동	(1) 총포괄손익	1. 당기순손익
		2. 순확정급여부채의 재측정요소
		3. 매도가능금융자산평가
		4. 관계기업기타 포괄손익
		5. 총포괄손익 소계
	(2) 자본거래	1. 주식선택권
		2. 주식 발행
		3. 자기주식의 취득
		4. 주식보상비용
		5. 연결범위의 변동
		6. 소유주와의 거래소계
III. 기말자본		

대략적으로 자본변동표는 이와 같은 형태를 띄게 된다. 세로축은 자본거래의 내용으로써 '기초자본'에서 출발하여 특정 기간 동안 '총포괄손익거래'의 금액을 더하고 거기에 '자본거래'한 금액을 더하여 최종 기말자본을 보여주게 된다. 재무상태표의 '자본총계'와 같은 값이 된다.

다음으로 위 그림의 가로축은 자본변동표의 계정들에 해당한다. 그러면 어떤 계정과목들의 변화를 보여줄까?

- 자본금
- 자본잉여금(주식 발행초과금, 기타자본잉여금 등)
- 이익잉여금
- 기타포괄손익누계액

가장 먼저는 자본금이 있을 것이다. 자본금이 이 기간 동안 어떻게 변했는지를 보여준다. 다음으로 자본잉여금이 있다. 흔히들 주식발행초과금을 떠올리는데 이외에도 기타자본잉여금도 있다. 기타자본잉여금에는 '자기 주식 처분이익', '감자차익', '주식선택권' 등이 있는데 필요하면 인터넷 검색을 통해서 용어 정리를 해두길 추천한다. 혹시 만약 머리 아픈가? 그럼 이 부분은 넘어가도 좋다.

이외에도 재무상태표, 손익계산서 부분에서 알아봤던 이익잉여금, 기타포괄손익누계액 등이 있다.

이런 딱딱한 이론 설명보다는 한 번의 예제로 설명하는 것이 이해를 쉬울 것으로 생각돼 다음의 실전예제로 바로 들어가려고 한다.

❷ 실전사례 – 한세실업(105630)

이제 실전사례로 한세실업의 경우를 보면서 자본변동표를 알아본다. 한세실업에 대해서 역시 얽힌 에피소드가 있으나 이는 넘어가고 바로 본론으로 들어간다.

한세실업 자본변동표

연결 자본변동표

제8기 2016년 1월 1일~2016년 12월 31일

(단위 : 억 원)

		자본					비지배 지분	자본 합계
		지배기업의 소유주에게 귀속되는 자본						
		자본금	기타불입 자본	기타자본 구성요소	이익잉 여금	지배주주 자본합계		
2016.1.1(기초자본)		200	469	(11)	3,598	4,256	0	4,256
자본의 변동	배당금 지급	0	0	0	(100)	(100)	0	(100)
	자기주식 거래에 따른 증가(감소)	0	(98)	0	0	(98)	0	(98)
	종속기업 추가 로 인한 변동	0	(19)	0	0	(19)	5	(13)
	당기순이익 (손실)	0	0	0	469	469	(10)	460
	해외사업환산 손익	0	0	(5)	0	(5)	1	(4)
	소유주의 기타 출자에 따른 증가(감소)	0	0	0	0	0	1,138	1,138
2016.12.31(기말자본)		200	352	(15)	3,965	4,502	1,134	5,636

참조 금융감독원 전자공시시스템

　역시 줄여서 표를 만드는 과정 속에 숫자가 미미하거나 큰 의미를 둘 필요 없는 내용들은 삭제하고 작성했다. 따라서 일부 미미한 숫자의 차이가 있을 수 있다.

연결자본총계&지배주주자본총계

이 자본변동표는 2016년 연간 연결자본변동표다. 가장 먼저 확인해야 할 부분은 오른쪽 하단에 있는 2016년 기말 자본합계가 재무상태표의 자본총계가 일치하는 지 확인해본다. 당연히 일치할 것이다.

한세실업 재무상태표

자본	
지배기업의 소유주에게 귀속되는 자본	450,177,740,435
납입자본	20,000,000,000
자본금	20,000,000,000
보통주자본금	20,000,000,000
기타불입자본	35,227,217,428
기타자본구성요소	(1,510,425,113)
이익잉여금(결손금)	396,460,948,120
비지배지분	113,434,462,805
자본총계	563,612,203,240

참조 금융감독원 전자공시시스템

이를 확인하는 이유는 한세실업이 재무제표를 실수 없이 작성했는가를 확인하는 것이 아니다. 당연히 잘 작성했을 것이다. 그러나 투자자가 이를 다시 한번 확인하는 이유는 자본변동표가 어디서 왔는가를 마음속으로 뒤짚어보기 위함이다. 몇 번 강조하지만 자본변동표는 재무상태표의 자본에서 그 내역과 흐름을 보기 위한 것이다.

또 하나 아직 거론하지 않아서 조금 생소할 수 있지만 재무상태표 그림에서 자본총계 위에 '비지배지분'이라는 것이 보인다. 이는 K-IFRS 기준 연결재무제표를 작성하다 보니 연결로 잡았지만 종속기업의 지배하지 않는 지분만큼은 지배기업에서 빼줘야 지배기업 주주들의 자기 몫을 확인할 수 있다(만약 이해가 잘 안된다면, 괜찮다. 어차피 바로 이어서 설명할 내용이다). 그래서 한세실업의 자본총계는 5,636억 원 정도인데 비지배지분 1,134억 원을 빼주니 실제 지배기업의 주주에게 귀속되는 자본은 4,502억 원 정도임을 보여주고 있다.

그렇다면 자본변동표에서도 이를 보여줘야 한다.

한세실업 자본변동표

(단위 : 억 원)

2016.12.31 (기말자본)	200	352	(15)	3,965	4,502	1,134	5,636

참조 금융감독원 전자공시시스템

이 그림은 한세실업 2016년 자본변동표의 기말수치다. 오른쪽 하단에 보면 연결재무제표의 자본총계는 5,636억 원인데 비지배지분이 1,134억 원 있어서 '지배주주자본합계'가 4,502억 원임을 명시하고 있다. 그래서 이렇게 연결재무제표를 볼 때는 '비지배지분'을 포함 숫자를 보는 것이 아니라 '지배주주'의 숫자를 보는 것에 익숙해져야 한다.

자본계정

① 자본금

앞부분에 있는 '한세실업 연결자본변동표'를 보면서 이 설명을 같이 읽어주길 바란다. 그 표의 상단에 있는 자본계정들 가운데 가장 왼쪽에 먼저 나오는 것이 자본금이다. 한세실업은 2016년 기초에 자본금이

200억 원이었고 이 기간 중에 자본금 변동이 없었다. 그래서 기말자본도 200억 원이다.

② 기타불입자본

'한세실업 연결자본변동표'에서 자본금 다음으로 오른쪽에 '기타불입자본'이라는 계정이 있다. 참고로 IFRS에서는 계정명 등 용어를 표준화하고 있지 않다. 대부분 기업의 자율성에 맡기고 '최대한 정보이용자들이 잘 볼 수 있도록 주석을 활용해 자세히 보여주라'는 것이 취지다. 그러다 보니 기업마다 그 내용은 비슷하지만 용어가 상이한 경우가 많다. 여기서도 '기타불입자본'이라는 용어를 사용했지만 앞서 우리가 봤던 '자본잉여금', '기타자본잉여금'으로 봐주면 무난하다.

'기타불입자본'의 계정에는 '자기 주식 거래에 따른 감소' 내용으로 98억 원의 자기 주식 취득비용이 기록되어 있다.

한세실업 연결재무제표 내 주석

(1) 기타불입자본의 구성내역

(단위 : 1,000원)

구분	당기말	전기말
주식발행초과금	47,632,939	47,632,939
자기 주식	(9,770,553)	-
합 계	35,227,217	47,632,939

참조 금융감독원 전자공시시스템

자기 주식을 취득함으로써 기초에 가지고 있었던 '주식 발행초과금' 등을 포함한 469억 원의 '기타불입자본'이 기말에 352억 원으로 바뀐 것이다. 이 주석을 읽으면서 우리가 깨닫는 것은 '아! 이 기업이 기간 동안 자사주를 샀구나'라고 이해할 수 있다.

③ 기타자본구성요소

한세실업의 세 번째 계정은 '기타자본구성요소'이다. 이것은 '기타포괄손익누계액'이라고 유사하게 부르는 데 포괄손익에 대한 자본의 변동을 의미한다. 일단 한세실업의 주석에서 관련 부분을 본다.

한세실업 연결재무제표 내 주석

(2) 기타자본구성요소의 구성내역

(단위 : 1,000원)

구분	당기말	전기말
매도가능금융 자산평가 이익	5,556,333	8,716,173
매도가능금융 자산평가 손실	(185,340)	(3,385,213)
해외사업환산손익	(6,881,418)	(6,396,822)
합 계	(1,510,425)	(1,065,862)

참조 금융감독원 전자공시시스템

앞서 포괄손익이라는 개념을 '한 걸음 더'에서 잠시 거론했었지만 한마디로 이렇다. 기업이 보유한 '매도가능증권'이나 '파생상품' 등은 정상적 영업활동을 위해서 보유해야 할 필요가 있을 때가 있다. 그러니까 빈번히 매매하지 않고 보유하고 있을 때 이 평가손익들에 의해서 당기순이익이 좌우되는 것이 기업 입장에서 싫을 것이다.

예를 들어서 당기순이익이 올해 10억 원 발생했는 데 보유하고 있는 '매도가능증권'의 시장가가 하락하면서 5억 원 손실이 발생했다면 이것 때문에 올해 순이익이 반 토막 나게 보이는 것이다. 실제로 이 '매도 가능증권'은 또 다음 해에 가치가 올라갈 수도 있지 않는가. 그래서 이렇게 실제 매도가 이뤄지지 않고 평가나 환산해서 손익이 발생하는 것은 당기순이익에 넣지 않고 기타포괄손익에 넣는다는 것이 포괄손익의 개념이다.

한세실업의 자본변동표와 관련 주석을 보면 '기타자본구성요소'가 기초에 −11억 원에서 기말에 −15억 원이 됐는데 5억 원 정도 손실이 증가한 이유는 '해외사업과 관련된 손실'이 6.8억 원 증가하면서 −15억 원이 됐음을 알 수 있다. 한세실업 입장에서는 금액도 크지 않고 자본변동에 미치는 영향도 미미하기에 이해만 하고 넘어간다.

④ 이익잉여금

이제 자본변동표에서 이익잉여금을 보자. 당연히 투자자 혹은 주주 입장에서 가장 관심사 중 하나일 것이다. 이익이 났는데 그 이익금을 어떻게 할 것에 대한 부분이다.

한세실업 연결재무제표 내 주석

(2) 이익잉여금의 변동내역

(단위 : 1,000원)

구분	당기말	전기말
기초금액	359,807,239	264,712,664
지배기업주주지분 귀속 당기순이익	46,947,778	103,433,610
순확정급여부채의 재측정요소	(294,069)	(339,035)
배당금 지급	(10,000,000)	(8,000,000)
기말금액	396,460,948	359,807,239

참조 금융감독원 전자공시시스템

이익잉여금이 전기말에 3,598억 원이 있었다. 이 금액에서 2016년 당기순이익이 469억 원이 발생했고 그 가운데 배당금으로 100억 원이 지급된 것을 알 수 있다. 그래서 자본총계 내의 이익잉여금 계정은 기말에 3,964억 원으로 변경된 것이다.

잠시만 다른 이야기를 하면, 지금 필자가 자본변동표를 실무에서 풀어가는 과정에서 자본변동표뿐 아니라 재무제표 내의 주석을 활용하고 있음을 알 수 있을 것이다. 대부분 기업에서 투자자에게 설명하고 싶은 것은 이곳에 적어두고 있기에 주석과 친해지는 것이 분석의 지름길이라 해도 과언이 아니다.

⑤ 지배주주 자본합계

이렇게 해서 지배주주의 자본은 기초에 4,256억 원에서 당기순이익 469억 원을 더한 후, 배당금 100억 원을 제하고 자사주를 98억 원 정도 사들이고 해외사업환산손실 5억 원 정도 발생하는 등 해서 4,502억 원이 됐다고 결론내릴 수 있다.

⑥ 자본총계

'지배주주 자본합계'에 '비지배지분' 1,134억 원을 더하면 자본총계 5,636억 원이 된다. 이렇게 되면 출발은 자본변동표를 분석함으로 출발했는데 마무리는 재무상태표의 자본으로 마무리가 됐다.

한세실업 재무상태표 내의 자본

(단위 : 원)

자본			
지배기업 소유주지분			450,177,740,435
자본금	1.27	20,000,000	
기타불입자본	28	35,227,217,428	
기타자본구성요소	28	(1,510,425,113)	
이익잉여금	29	396,460,948,120	
비지배지분			113,434,462,805
자본총계			563,612,203,240

참조 금융감독원 전자공시시스템

연결재무제표와 별도재무제표
-한국가구 / 동아엘텍을 통한 사례 분석

재무제표를 알아보면서 여러 번 연결재무제표라는 용어를 사용했다. 물론 그와 비교되는 용어는 별도재무제표다. 그렇다면 연결재무제표는 무엇이고 별도재무제표는 무엇인가? 다음은 상장사 한국가구(004590)에 대한 별도재무제표다. 바로 실전예제를 통해서 이 질문에 대한 답을 찾아본다.

❶ 실전예제 – 한국가구(004590)를 통해서 보는 연결재무제표/별도재무제표

별도재무제표

한국가구 별도재무제표 내의 재무상태표

재무상태표
제51기 2016년 12월 31일 현재

(단위 : 억 원)

자산	
유동자산	100
비유동자산	602
자산총계	702
부채	
유동부채	50
비유동부채	41
부채총계	91
자본	
납입자본	15
이익잉여금	463
자본총계	612

참조 금융감독원 전자공시시스템

한국가구는 그 회사명에서 알 수 있듯이 백화점 등을 통해서 고급가구를 판매하는 가구회사다. 2016년 연말 기준 별도재무제표의 재무상태표를 보면 자산 702억 원, 부채 91억 원, 자본 612억 원을 보고했다.

이번에는 별도재무제표 내의 포괄손익계산서를 본다.

한국가구 별도재무제표 내의 포괄손익계산서

포괄손익계산서

제51기 2016년 1월 1일~2016년 12월 31일

(단위 : 억 원)

매출액	102
매출원가	52
매출총이익	49
판매비와관리비	59
영업이익(손실)	(10)
기타수익	23
기타비용	3
법인세비용차감전순이익	9
법인세비용	(3)
당기순이익(손실)	12
총포괄손익	12
주당이익	
기본주당이익(단위 : 원)	798

참조 금융감독원 전자공시시스템

2016년 연간 포괄손익계산서를 보면 매출액 102억 원, 영업손실 10억 원, 당기순이익 12억 원을 보고했다. 개략적으로 별도재무제표 기준 포괄손익계산서를 보면 자산 대비 매출액이 그리 크지도 않고 영업적자를 발표했으며 당기순이익은 12억 원 정도로 이를 기준으로 하는 주당순이익은 798원이다.

이 글을 쓰는 날짜 기준의 한국가구의 주가는 44,100원으로 시가총액은 662억 원이다. 굳이 PER, PBR, EV/EBITDA 논리로 계산하지 않아도 뭔가 시가총액과 기업의 별도재무제표와는 괴리감이 있음을 느낄 수 있다.

연결재무제표

다음으로 연결재무제표를 확인해봤다. 내용을 비교하고자 별도재무제표와 연결재무제표를 같이 확인한다.

[한국가구 연결재무제표 내의 재무상태표]

재무상태표

제51기 2016년 12월 31일 현재

(단위 : 억 원)

항목	제51기 별도재무제표	제51기 연결재무제표
자산		
유동자산	100	416
비유동자산	602	582
자산총계	702	997
부채		
유동부채	50	124
비유동부채	41	54
부채총계	91	178
자본		
지배기업의 소유주에게 귀속되는 자본		819
납입자본	15	15
이익잉여금	463	653
자본총계	612	819

참조 금융감독원 전자공시시스템

연결재무제표는 그 이름에서 알 수 있듯이 '무엇인가를 연결했다'는 의미를 가지고 있다. 무엇인가를 연결했더니 별도재무제표상의 자산 702억 원에서 연결재무제표의 자산 997억 원으로 변경됐다. 마찬가지로 부채도 91억 원에서 178억 원으로, 자본도 612억 원에서 819억 원으로 변경됐다. 그리고 별도재무제표에서 볼 수 없었던 부분이 생겼는데 '지배기업의 소유주에게 귀속되는 자본' 부분이 연결재무제표에 새로 생겼다.

연결재무제표로 보면 '무엇인가를 연결했더니 자산, 부채, 자본이 늘어났구나' 정도로 이해하고 다음 연결포괄손익계산서로 가본다.

한국가구 연결재무제표 내의 포괄손익계산서

제51기 2016년 1월 1일~2016년 12월 31일

(단위 : 억 원)

항목	제51기 별도재무제표	제51기 연결재무제표
매출액	102	575
매출원가	52	383
매출총이익	49	192
판매비와관리비	59	117
영업이익(손실)	(10)	75
기타수익	23	4
기타비용	3	6
법인세비용차감전순이익	9	74
법인세비용	(3)	16
당기순이익(손실)	12	57

지배기업의 소유주에게 귀속되는 당기순이익(손실)		57
총포괄손익	12	57
주당이익		
기본주당이익(단위 : 원)	798	3,829

참조 금융감독원 전자공시시스템

　'무엇인가를 연결했더니' 매출액은 연결 전에 102억 원에서 575억 원으로 급격히 늘어났고 연결 전에 영업적자였던 부분이 75억 원 영업흑자로, 연결 전에 12억 원의 당기순이익이 57억 원으로 증가됨을 알 수 있다. 또한 별도재무제표에서 볼 수 없었던 부분이 여기도 있는데 '지배기업의 소유주에게 귀속되는 당기순이익' 부분이 연결재무제표에 새로 생겼다. 마지막으로 주당이익은 연결 전에 주당 798원에서 연결 후에 3,829원으로 크게 증가했다. 이렇게 되므로 한국가구의 현재 주가 44,100원과 비교하면 PER 11.5배 정도로 시장의 논리와 비슷하게 맞아감을 알 수 있다.

　이제 한국가구라는 기업의 자료를 여기까지 봄으로써 '별도재무제표보다는 연결재무제표가 시장의 주식에 대한 평가와 더 부합하는구나' 정도를 확인할 수 있을 것이다.

별도재무제표와 연결재무제표

　이미 많은 투자자들이 알고 있는 내용이지만 연결재무제표와 별도재무제표의 차이는 종속기업(자회사)을 연결로 해서 같이 보느냐 혹은 그냥 별도로 한 회사만 볼 것인가에 대한 차이다.

이와는 조금 다른 개념이 있는데 개별재무제표라는 게 있다. 이는 종속기업(자회사)이 없어서 연결재무제표를 아예 고려하지 않아도 되는 기업은 개별재무제표를 생성하면 된다.

현재 우리나라의 기본이 되는 주 재무제표는 연결재무제표다. 그렇기에 앞의 한국가구 예제에서 보면 주식시장의 주가 및 시가총액은 별도재무제표 수치보다는 연결재무제표의 수치가 반영돼 나타나는 결과로 생각할 수 있다.

그렇다면 여기서 궁금한 부분이 생긴다. 지배기업과 종속기업이라 하는데 어디까지가 종속기업, 흔히 말하는 자회사로 봐야 하는가? 가장 간단히 지분율 기준으로 50%를 초과해 지분을 보유하고 있으면 지배력을 갖고 있다고 본다. 또한 지분율을 50% 미만으로 보유하고 있어도 실질지배력이 있다고 본다면 종속기업으로 연결하게 되는데, 예를 들어 의결권 있는 주식을 30% 초과로 소유하고 있으면서 최다출자자인 경우라면 실질지배력이 있는 경우에 해당한다.

'종속기업'의 개념에 비교되면서 한 가지 더 알아둬야 할 부분이 있다. 바로 '관계기업'이다. 실무에서 '관계기업'과 '종속기업'을 혼동해서 사용하는 경우가 있는데 사실 이는 구분돼야 한다. '종속기업'이 지배기업의 지배를 받는 개념이라면, '관계기업'은 투자기업의 유의적인 영향력을 받는 기업에 해당한다. 그 말이 그 말 아니냐고? 그렇지 않다. '투자기업−관계기업'과의 관계는 간단히 지분율 기준으로는 20%를 기준으로 한다. 예를 들어 의결권 있는 주식을 20%를 초과하고 50% 미만으로 보유하고 있다면 그 기업은 관계기업으로 보고 지분법을 적용하게 된다. 물론 20% 미만으로 보유하고 있어도 관계기업에 재무 및 영업정책에 대한 의사결정에 참여할 수 있는 관계라면 유의적 영향력이 있는 것으로 보게 되고 관계기업이 될 수 있다.

참조 종속기업과 관계기업

일반적으로 50%를 초과해 지분을 보유하고 있으면 '종속기업'으로 보고 재무제표 작성 시 연결대상으로 적용한다.

반면에 20% 이상 50% 미만으로 지분을 보유하고 있으면 '관계기업'으로 보고 재무제표 작성 시 지분법 대상으로 적용한다.

그럼 이 이론을 한국가구에 적용해보자. 일단 한국가구에 어떤 종속회사가 있길래 이를 연결했더니 연결재무제표로 보면 회사의 영업이익 및 순이익이 급격히 좋아지는가?

한국가구 연결감사보고서

1. 연결대상회사의 개요

연결실체는 지배회사인 주식회사 한국가구와 종속회사인 제원인터내쇼날로 구성돼있습니다. 주식회사 제원인터내쇼날은 2010년 10월 11일 주식회사 한국가구가 지분 100% 인수해 연결실체에 포함됐습니다.

참조 금융감독원 전자공시시스템

이제 알았다. 한국가구는 제원인터내쇼날 이라는 회사지분을 100% 인수하여 종속회사로 포함시켰기에 연결재무제표에서 실적이 확 좋아지게 된 것이었다. 이 결과를 확연히 알기 위해서 이 두 회사의 영업이익까지 손익계산서를 비교해봤다.

한국가구와 제원인터내쇼날 포괄손익계산서

제51기 2016년 1월 1일~2016년 12월 31일

(단위 : 억 원)

	한국가구 별도재무제표	제원인터내쇼날 개별재무제표	제51기 연결재무제표
매출액	102	475	575
매출원가	52	331	383
매출총이익	49	144	192
판매비와관리비	59	59	117
영업이익(손실)	(10)	85	75

참조 금융감독원 전자공시시스템

한국가구의 별도재무제표상의 매출액은 102억 원이었고 제원인터내쇼날의 개별재무제표상의 매출액은 475억 원이었다. 이 둘을 합치니 한국가구의 연결재무제표상의 매출액은 575억 원이 된 것이다. 나머지는 생략하고 마찬가지로 영업이익을 보면 한국가구의 별도재무제표에는 10억 원 영업적자였으나 제원인터내쇼날의 영업이익은 85억 원이었기에 한국가구의 연결재무제표에는 영업이익 75억 원이 된 것이다.

이를 이해하기 쉽게 몽룡이와 춘향이가 결혼했는데 몽룡이는 월급 200만 원을 받았고 춘향이는 월급 500만 원을 받았는데 부부가 됨으로써 이 둘의 월급을 합치니(연결재무제표로 보니) 이 가정의 월급은 700만 원이 되었다.

이몽룡과 성춘향 부부의 연결 월급

500만 원   200만 원

우리 둘이 부부가 되니 우린 월급 700만 원 부부!!

이제 연결재무제표의 의미를 알 수 있을 것이다. 한마디로 우량한 종속회사(자회사)가 있는데 이를 따로 보는 것이 아니라 하나의 실체(기업)로 봐서 투자하는 것이 적절하다는 이야기다. 그러므로 우리는 특별한 언급이 없는 한 기본적으로 기업이 제공하는 연결재무제표를 확인해야 하고 분석해야 한다.

2 실전예제 - 동아엘텍(088130)를 통해서 보는 연결재무제표/별도재무제표

　한국가구의 사례에서는 지배기업인 한국가구가 종속기업인 제원인 터내쇼날의 지분을 100% 보유하고 있기에 사실 회계상 하나의 실체로 봐도 전혀 무리가 없었다. 그런데 만약 지배기업이 종속기업의 지분을 100% 갖지 못하면 연결로 볼 때 어떤 문제가 생길까?

　먼저, 가상의 ㈜몽룡과 ㈜춘향의 사례를 만들어서 알아보자.

㈜몽룡이 ㈜춘향의 지분을 100% 보유 시 손익계산서 일부

	㈜몽룡	지분 100% 보유 →	㈜춘향		㈜몽룡 연결재무제표
영업수익	100억 원	+	300억 원	=	400억 원
비용	90억 원		200억 원		290억 원
순이익	10억 원		100억 원		110억 원

　지배기업인 ㈜몽룡이 종속기업인 ㈜춘향의 지분을 100% 보유하는 경우라면 비록 별개의 기업이지만 자료와 같이 두 기업의 손익계산서 등을 합치고 내부거래 조정 등을 거치면 연결재무제표가 만들어지는 것이다(위 예제는 내부거래 조정 항목은 없는 것으로 간주한다).

한 걸음 더　내부거래의 조정　≫

남편 A와 아내 B가 결혼을 했다. 남편과 아내는 둘 다 월급이 300만 원씩이다. 그런데 결혼을 하면서 남편이 아내에게 생활비 명목으로 100만 원을 주기로 했다. 그렇다면 남편의 개별가계부에는 (월급 300만 원, 생활비용 −100만 원)이 기록될 것이고, 아내의 가계부에는 (월급 300만 원 + 남편으로부터 부가수입 100만 원)이 기록될 것이다.

이제 이 둘을 합쳐서 가정에 대한 하나의 통합 가계부를 생각해본다면 이 가정의 총 수입은 얼마인가? 남편 월급 300만 원 + 아내 월급 300만 원 + 아내의 부가수입 100만 원 등 총 700만 원이 맞는가?

아니다. 이 둘이 각각 다른 가계부를 기록할 때는 남편은 생활비용을 −100만 원 기록해야 하고 아내는 남편으로부터 부가수입 +100만 원을 각각 자신의 가계부에 기록해야 하지만 하나의 가정으로 본다면(연결로 본다면) 실제로 남편에게서 나간 생활비용 −100만 원과 아내가 남편에게서 받은 부가수입 +100만 원은 하나의 가정 안에서는 지출되거나 수입된 것이 아니다.

이렇게 연결실체 기준으로 내부에서 이루어진 거래에 대해서는 외부에 공시할 때 조정해줘야 하는데 이것이 내부거래의 조정이다.

이제 다른 사례를 보자.

㈜몽룡이 ㈜춘향의 지분을 70% 보유 시 손익계산서 일부

	㈜몽룡	㈜춘향	㈜몽룡 연결재무제표
영업수익	100억 원	300억 원	400억 원
비용	90억 원	200억 원	290억 원
순이익	10억 원	100억 원	110억 원
지배기업순이익	10억 원	70억 원	80억 원
비지배지분순이익		30억 원	30억 원

지배기업인 ㈜몽룡이 종속기업인 ㈜춘향의 지분을 70% 보유하는 경우의 연결재무제표라면 민감한 부분이 발생한다. ㈜춘향의 순이익 100억 원을 모두 지배기업인 ㈜몽룡의 것으로 볼 수 있을까? 당연히 볼 수 없다. ㈜몽룡이 ㈜춘향의 지분 70%를 지배하고 있기에 이익의 70%만 ㈜몽룡에게 귀속될 뿐 나머지 30%는 ㈜춘향의 다른 주주의 몫이기 때문이다.

따라서 ㈜몽룡의 연결재무제표에 순이익이 110억 원으로 잡혀있지만 연결재무제표에서 이보다 더 중요한 것은 '지배기업순이익'인 것이다. 내가 지배하고 있는 지분만큼 순이익으로 봐야 하기에 80억 원이 ㈜몽룡의 연결재무제표 '지배기업순이익'이 되는 것이다. 그래서 연결재무제표에는 용어는 여러 가지로 다르게 적힐 수 있지만 '지배기업 순이익' 중심으로 봐야 한다.

지금 우리는 포괄손익계산서를 예제로 들어서 확인했지만 연결재무제표의 자본변동표에도 비슷한 것이 있다. 바로 '자본총계'다. 두 기업을 연결로 보면서 각각의 자본을 하나의 연결기업에 자본총계로 보게 되는데 이때도 지배기업이 종속기업의 자본 가운데 보유하고 있는 지분율 만큼의 '지배기업 소유주지분의 자본'이 있고 나머지는 종속기업의 다른 주주의 몫이 된다.

이제 지금까지 알아본 이론을 기반으로 동아엘텍(088130)의 연결재무제표를 본다. 동아엘텍은 LCD검사장비 제조기업으로 시장에 알려져 있지만 그보다 OLED 증착장비 기업인 비상장회사 선익시스템의 지배기업으로도 유명하다. 먼저 동아엘텍의 종속기업 현황을 연결감사보고서에서 찾아봤다.

2. 종속회사의 현황

(1) 당기말 현재 종속기업 투자의 내역은 다음과 같습니다.

회사명	총발행주식수	투자주식수	지분율	결산일
㈜선익시스템	5,000,000주	3,504,160주	70.08%	12월 31일

주식회사 선익시스템(이하 '종속회사')은 OLED 증착장비, 반도체 진공장비 등의 장비제조 및 판매를 목적으로 1990년 설립됐으며 경기도 수원시 권선구 산업로 155길에 본사를 두고 있습니다.

참조 금융감독원 전자공시시스템

지배기업인 동아엘텍은 종속기업인 선익시스템의 지분을 70.08% 보유하고 있다. 따라서 자본총계나 순이익의 70.08%가 지배주주의 몫이 될 것이다. 다음 자료에서 확인해본다.

동아엘텍과 선익시스템 재무상태표

제51기 2016년 12월 31일 현재

(단위 : 억 원)

	동아엘텍 별도재무제표	선익시스템 별도재무제표	동아엘텍 연결재무제표
자산			
자산총계	1,266	842	2,016
부채			
부채총계	344	399	766
자본			

지배기업의 소유주에게 귀속되는 자본			1,117
비지배지분			133
자본총계	922	443	1,250

참조 금융감독원 전자공시시스템

동아엘텍의 별도재무제표상의 2016년 연말 기준 자본총계는 922억 원이다. 또한 선익시스템의 별도재무제표상의 자본총계는 443억 원이다. 이 상황에서 동아엘텍이 선익시스템의 지분 70.08%를 보유한 지배기업이므로 동아엘텍의 연결재무제표상의 자본총계는 1,250원이 됐다(물론 이 둘 사이의 내부중복 항목은 조정돼야 한다. 예를 들어 동아엘텍의 별도재무제표의 재무상태표에 있는 종속기업 투자 89억 원은 선익시스템에 대한 장부가액이므로 이는 제거돼야 한다).

그래서 선익시스템의 별도재무제표 기준 자본총계 443억 원 가운데 133억 원(약 30%)은 비지배지분이 되는 것이고 남은 310억 원 지배지분이 되어서 동아엘텍의 연결재무제표에 합쳐지게 된다. 따라서 동아엘텍의 연결재무제표상의 자본총계는 1250억 원이지만 비지배지분 133억 원을 제외한 1,117억 원이 지배기업의 소유주에게 귀속되는 자본총계가 된다. 만약 동아엘텍의 자산총계와 시가총액을 비교하려면 연결자본총계와 비교하는 것이 아니라 지배기업의 소유주에게 귀속되는 자본과 비교해야 한다.

동아엘텍과 선익시스템 재무상태표

포괄손익계산서

제51기 2016년 1월 1일~2016년 12월 31일

(단위 : 억 원)

	동아엘텍 별도재무제표	선익시스템 별도재무제표	동아엘텍 연결재무제표
매출액	739	1,437	2,162
매출총이익	210	379	590
영업이익(손실)	101	234	336
당기순이익(손실)	99	236	317
지배주주당기순이익			246
비지배주주당기순이익			71
총포괄손익	98	234	315
지배주주총포괄손익			244
비지배주주총포괄손익			70

참조 금융감독원 전자공시시스템

　이 자료는 동아엘텍의 연결재무제표 기준 포괄손익계산서다. 2016년 연간 기준 이 두 기업을 연결로 보면 매출액은 2,162억 원, 영업이익은 336억 원, 당기순이익은 317억 원, 총포괄손익은 315억 원이었다. 여기서 당기순이익 317억 원 가운데 동아엘텍의 선익시스템 지분율에 해당하는 지배주주당기순이익은 246억 원이고 비지배주주당기순이익은 71억 원이다. 또한 총포괄손익 가운데 지배주주총포괄손익은 244억 원, 비지배주주총포괄손익은 70억 원이 된다. 그래서 나중에 PER 등을 고려할 때, 기업의 이익과 주식시장의 시가총액을 비교하려면 지배주주의 당기순이익, 지배주주의 총포괄손익을 사용해 계산해야 한다.

연결재무제표까지 알아봤다. 연결재무제표란 지배기업과 종속기업을 하나의 연결실체로 보고 재무제표를 작성하는 것을 말한다. 마치 부부가 결혼했으니 남편의 가계부와 아내의 가계부를 하나로 작성해 부부의 가계부를 만드는 것과 같은 원리다.

따라서 우리는 기본적으로 연결재무제표를 발표하는 기업은 별도재무제표가 아닌 연결재무제표를 기준으로 봐야 한다. 이때 자본은 '지배기업에게 소유되는 자본'을 중점으로 봐야 하고 당기순이익이나 총포괄손익 역시 '지배기업에게 귀속되는 이익'을 봐야 함을 잊지 말자.

PART

04

주식시장의 위험을 피해야 한다

3부에서 주식 투자를 시작할 때 먼저 기업의 재무제표를 봐야 한다는 것과 재무제표 가운데에도 어디를 중점으로 분석해야 한다는 것을 이야기했다. 강원도 최전방 군사지역 내에 지뢰가 매설됐을 것으로 추정되는 지역이 아직도 있듯이 주식시장에서도 필자의 생각에 가능하면 투자를 피하거나 조심해야 할 기업들이 있다. 이런 대상 기업들을 고르는 데 재무제표를 공부하는 것은 반드시 선행돼야 하는 필수 과정이다.

앞 장에서 '더덕과 지뢰 사이'라는 예제를 들었는데 앞으로 우리는 이미 알아본 재무제표를 바탕으로 필자가 생각하는 더덕에 해당하는 기업을 찾으러 갈 것이다. 하지만 그보다 먼저 투자함에 있어서 가급적 조심해야 하는 투자 대상을 분류하는 것도 또한 중요하다.

물론 투자자에 따라 투자 대상을 보는 시각이 다를 수도 있다. 같은 기업이라 해도 어떤 투자자는 좋은 투자 대상이라 생각할수 도 있을 것이고 또 어떤 투자자는 투자를 피해야 하는 대상으로 생각할 수도 있을 것이다. 하지만 이런 상황에서는 벤자민그레이엄의 말은 한번 곱씹어 볼 필요가 있다. 워렌 버핏의 스승으로 더 유명한 그는 '주식 투자는 아내를 선택하는 일과 비슷하다'고 이야기했다. 아내를 선택하든 혹은 남편을 선택하든 그렇게 자신의 일생에 중요한 것을 간단히 즉흥적으로 진행할 수는 없지 않은가. 할 수 있다면 자신에게 맞지 않는 피해야 할 스타일의 상대방은 피하고 또 자신이 선망하는 스타일의 배우자를 기다려야 하지 않을까?

이 부에서는 필자의 생각에 투자 대상들로 피해야 할 기업을 분류하고자 한다. 물론 이런 생각에 이견이 있을 수 있다. 하지만 한번 읽어본다면 생각이 바뀔 수도 있으니 간곡히 읽어주길 바란다. 왜 좋은 주식, 훌륭한 주식에 대한 언급보다 피해야 할 주식을 먼저 이야기하냐고 반문할지 모르겠다. 그 이유는 피해야 할 주식을 선별하는 과정이 바로 훌륭한 주식에 투자하는 과정의 선행과정이기 때문이다.

가급적 필자의 주관적 판단을 피하고자 그 기준을 '한국거래소 http://www.krx.co.kr'의 유가증권시장 및 코스닥시장의 '관리종목 지정 및 상장폐지 기준'에 맞추려 노력할 것이며, 금융감독원에서 작성하여 배포하는 '상장폐지사유 등 발생기업의 주요 특징' 자료를 참조해 기술할 생각이다.

01

관리종목지정 및 상장폐지 기준은 어떤 것이 있는가?

3부에서 'SK컴즈' 사례를 이야기하면서 이미 우리는 상장폐지 기준의 일부를 확인했다. 여기에서는 여러 분류를 통해서 관리종목 및 상장폐지 기준에는 어떤 것이 있는지 좀 더 자세히 알아보고자 한다.

1 유가증권시장 관리종목 지정 및 상장폐지 기준

유가증권시장(KOSPI Market)은 총 13가지 기준으로 '관리종목지정 및 상장폐지 기준'을 두고 있다. 이 가운데 우리가 재무제표를 분석함으로사전에 어느 정도 징후를 예측이 가능한 사항을 정리하면 다음과 같다.

유가증권시장 관리종목지정 및 상장폐지 기준

구분	관리종목지정 (유가증권시장 상장규정 제47조)	상장폐지 기준 (유가증권시장 상장규정 제48조)
정기보고서 미제출	법정제출기한(사업연도 경과 후 90일) 내 사업보고서 미제출	사업보고서 미제출로 관리종목지정 후 법정제출기한으로부터 10일 이내 사업보고서 미제출
	법정제출기한(분·반기 경과 후 45일 이내) 내 반기, 분기보고서 제출	반기·분기보고서 미제출로 관리종목지정 후 사업·반기·분기보고서 미제출
감사인 의견 미달	감사보고서상 감사의견이 감사범위제한한정인 경우(연결감사보고서 포함)	최근 사업연도 감사보고서상 감사의견이 부적정 또는 의견거절인 경우(연결감사보고서 포함)
	반기 검토보고서상 검토의견이 부적정 또는 의견거절인 경우	2년 연속 감사보고서상 감사의견이 감사범위제한 한정인 경우
자본잠식	최근 사업연도 사업보고서상 자본금 50% 이상 잠식 * 자본잠식률 $=\dfrac{(\text{자본금}-\text{자본총계})}{\text{자본금}}$ * 종속회사가 있는 경우 연결재무제표상 자본금, 자본총계(외부주주지분 제외)	최근 사업연도 사업보고서상 자본금 전액 잠식
		자본금 50% 이상 잠식 2년 연속
매출액 미달	최근 사업연도 50억 원 미만(지주회사의 경우 연결매출액 기준)	2년 연속 매출액 50억 원 미만
주가/시가 총액 미달	• 주가가 액면가의 20% 미달 30일간 지속 • 시총 50억 원 미달 30일간 지속	관리종목지정 후 90일 이내 관리지정사유 미해소
상장적격성 실질심사	−	주된 영업이 정지된 경우(분기 매출액 5억 원 미달)
		주권의 상장 또는 상장폐지와 관련한 제출서류의 내용 중 중요한 사항의 허위기재 또는 누락내용이 투자자 보호를 위해 중요하다고 판단되는 경우

		기업의 계속성, 경영의 투명성, 기타 공익과 투자자 보호 등을 종합적으로 고려해 상장폐지가 필요하다고 인정되는 경우
상장적격성 실질심사		• 유상증자나 분할 등이 상장폐지 요건을 회피하기 위한 것으로 인정되는 경우 • 당해 법인에게 상당한 규모의 재무적 손실을 가져올 것으로 인정되는 횡령·배임 등과 관련된 공시 및 사실확인의 경우 • 외감법 제13조제3항(분식회계)의 중대한 위반이 확인된 경우 • 주된 영업이 정지된 경우 • 자본잠식에 따른 상장폐지 기준에 해당된 법인이 자구감사보고서를 제출하여 상장폐지사유를 해소한 경우 • 거래소가 투자자 보호를 위해 상장폐지가 필요하다고 인정하는 경우

참조 한국거래소

먼저 주요한 구분항목들은 이와 같다.

- 정기보고서 미제출
- 감사인 의견 미달
- 자본잠식
- 매출액 미달
- 주식/시가총액 미달
- 상장적격성 실질심사 항목

이 가운데 중요하다고 생각되는 주요 항목에 대한 내용 및 실질사례는 다음 장에 이어서 설명할 예정이다(자본잠식, 감사의견 미달 등).

이외에도 주식분산 미달, 거래량 미달, 지배구조 미달 등이 있다. 이에 대한 자세한 내용을 확인하고자 한다면 [거래소 홈페이지(http://www.krx.co.kr) → 상단의 '상장공시' 메뉴 클릭 → 하단의 '주권상장' 메뉴 클릭 → '유가증권상장' → '상장폐지']를 클릭하면 상세히 확인 가능하다.

참조 한국거래소

② 코스닥시장 관리종목지정 및 상장폐지 기준

유가증권시장과 마찬가지로 코스닥시장에도 '관리종목 지정 및 퇴출 기준'이 있다.

코스닥시장 관리종목지정 및 퇴출 요건

구분	관리종목지정 (코스닥시장 요건) 2017년 1월 1일 개정규정 기준	퇴출 기준 (코스닥시장 요건) 2017년 1월 1일 개정규정 기준
매출액	최근년도 30억 원 미만(지주회사는 연결 기준) * 기술성장기업, 이익미실현기업은 각각 상장 후 5년간 미적용	2년 연속 [실질심사] 이익미실현기업 관련, 관리종목지정유예기간 중 최근 3사업연도연속으로 매출액이 5억 원 미만이면서 전년 대비 100분의 50 이상의 매출액 감소가 공시 등을 통해 확인되는 경우
주1) 법인세 비용차감 전계속 사업손실	자기자본 50% 이상(&10억 원 이상)의 법인세비용차감전계속사업손실이 최근 3년간 2회 이상(&최근연도계속사업손실) * 기술성장기업 상장 후 3년간 미적용, 이익미실현기업 상장 후 5년 미적용	관리종목 지정 후 자기자본 50% 이상(&10억 원 이상)의 법인세비용차감전계속사업손실 발생 [실질심사] 이익미실현기업 관련, 관리종목지정유예기간 중 최근 3사업연도 연속으로 매출액이 5억 원 미만이면서 전년 대비 100분의50 이상의 매출액감소가공시 등을 통해 확인되는 경우
장기영업 손실	최근 4사업연도 영업손실(지주회사는 연결 기준) * 기술성장기업(기술성장기업부)은 미적용	[실질심사] 관리종목 지정 후 최근 사업연도 영업손실

주2) 자본 잠식/ 자기자본	(A) 사업연도(반기)말 자본잠식률[1] 50% 이상 (B) 사업연도(반기)말 자기자본 10억 원 미만 (C) 반기보고서 제출 기한 경과 후 10일내 반기검토(감사)보고서 미제출 또는 검토(감사)의견부적정·의견거절·범위제한 한정 * 자본잠식률 $= \dfrac{(자본금-자기자본)}{자본금} \times 100$	최근년말 완전자본잠식 (A) 또는 (C) 후 사업연도(반기)말 자본잠식률 50% 이상 (B) 또는 (C) 후 사업연도(반기)말 자기자본 10억 원 미만 (A) 또는 (B) 또는 (C) 후 반기말 반기보고서 기한 경과 후10일 내 미제출 또는 감사의견 부적정·의견거절·범위제한 한정 [실질심사] 사업보고서 또는 반기보고서의 법정제출기한까지 당해 상장폐지 기준 해당 사실을 해소했음을 입증하는 재무제표 및 이에 대한 감사인(정기재무제표에 대한 감사인과 동일한 감사인에 한함)의 감사보고서를 제출하는 경우
주3) 감사의견		감사보고서 부적정, 의견거절, 범위제한 한정 * 계속기업불확실성에 의한 경우 사유 해소 확인 시 반기말까지 퇴출 유예
시가총액	보통주 시가총액 40억 원미만 30일간 지속	관리종목 지정 후 90일간 '연속 10일&누적 30일간 40억 원 이상'의 조건을 미충족
공시서류	(A) 분기. 반기사업보고서 미제출 (B) 정기주총에서 재무제표 미승인 또는 정기주총 미개최	2년간 3회 분기. 반기사업보고서 미제출 사업보고서 제출 기한후 10일 내 미제출 (A)(미제출 상태 유지) 또는 (B) 후 다음 회차에 (A) 또는 (B)

주1) 연결재무제표 작성대상법인의 경우, 연결재무제표상 법인세비용차감전계속사업손실 및 자기자본 기준

주2) 연결재무제표 작성대상법인의 경우, 연결재무제표를 기준으로 하되 자기자본에서 비지배지분을 제외

주3) 연결재무제표 작성대상법인의 경우, 연결재무제표에 대한 감사의견을 포함

참조 한국거래소

코스닥시장에서 고려해야 할 주요한 구분항목들은 다음과 같다.

- 매출액 기준
- 법인세비용차감전계속사업손실 기준
- 장기영업손실 기준
- 자본잠식/자기자본 기준
- 감사의견
- 시가총액 기준
- 공시서류

역시 주요 항목에 대한 상세한 부분은 다음 장에 이어서 설명할 예정이다(자본잠식, 4연속 영업손실, 대규모손실, 감사의견 미달 등).

이외에도 거래량, 지분분산, 사외이사 등의 고려사항이 있다. 이에 대한 자세한 내용을 확인하고자 한다면 [거래소 홈페이지(http://www.krx.co.kr) → 상단의 '상장공시' 메뉴 클릭 → 하단의 '주권상장' 메뉴 클릭 → '코스닥시장 상장' → '상장폐지']를 클릭하면 상세한 확인이 가능하다.

자본잠식, 주주가 낸 돈은?
포스코플랜텍을 통한 사례 분석

'관리종목 지정 및 상장폐지 기준'에 대한 필자가 판단하는 주요한 시장조치 사유는 크게 네 가지다. 자본잠식, 4연속 영업손실, 대규모손실, 감사의견 미달 등이다. 또한 자본잠식과 관련해 감자(減資)도 이번 장에서 알아보고자 한다. 가장 먼저 자본잠식부터 확인해보자.

■ 자본잠식에 대해서

우리는 3부에서 다음 자료를 알아봤다.

자본의 구조

재무상태표

시점 : 20XX년 12월 31일

자산	부채
	자본
	─ '내 돈' : 자본금 ⇒ '자본거래'
	① 납입자본금 ② 자본잉여금
	─ '번 돈' : ③이익잉여금 ⇒ '손익거래'
	④ 자본조정

잠시 복습을 하고 넘어가자. 기업의 자산에서 부채를 빼면 자본이 된다. 이 자본은 주주가 낸 '내 돈'과 영업을 해서 벌어들인 '번 돈'으로 나뉘게 된다. 이때 주주가 낸 '내 돈'에 해당하는 것을 자본금이라고 하고 이 자본금을 조금 더 세분화하면 다시 액면가 해당해여 주주가 납입한 '(납입)자본금'과 액면가를 초과해서 발행한 금액에 해당하는 '자본잉여금'으로 나뉘게 된다. 그 외에 자본조정이라고 불리는 '내 돈'과 '번 돈'으로 구분하기 어려운 자기 주식 및 기타포괄손익누계액 등은 '자본조정'에 속한다.

자본 부분만을 이해하기 쉽도록 그리면 다음과 같다(자본조정은 제외).

자본의 구조

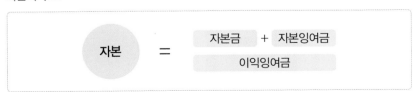

이 상황에서 기업이 영업을 시작했다. 일반적으로 주주들이 기대하는 상황이라면 한 해 동안 정상적인 영업을 해서 영업이익이 플러스(+)가 발생하고 그 영업이익 및 당기순이익이 다시 재무상태표의 이익잉여금으로 들어오는 순환과정일 것이다.

그런데 만약 여러 이유로 당기순손실이 발생하고 이익잉여금이 마이너스(-)가 됨으로써 자본금이 자본총계보다 적어지면 어떻게 되는 것일까?

간단한 예를 하나만 들어보자. ㈜흥부네가 주주인 흥부와 놀부의 자본금인 500만 원과 은행 차입금 500만 원을 합쳐서 자산 1,000만 원으로 사업이 시작됐다. 1년간 사업을 영위한 후 손익계산서를 보니 연간 (A) 당기순손실이 100만 원인 경우, (B) 당기순손실이 250만 원인 경우, (C) 당기순손실이 500만 원인 경우 등 세 가지의 경우가 발생됐다고 하자. 각각 이 경우에 자본은 어떻게 될까?

㈜흥부네 가상 재무상태표의 변화

	(A)	(B)	(C)
자산	1,000만 원	1,000만 원	1,000만 원
부채	500만 원	500만 원	500만 원
자본	500만 원	500만 원	500만 원
자본금	500만 원	500만 원	500만 원
1년간 영업활동 후			
당기순손실	(100만 원)	(250만 원)	(500만 원)
자본	400만 원	250만 원	0원
자본잠식	자본잠식	50% 부분잠식	완전잠식

예제의 경우 자본잉여금과 이익잉여금이 사업 첫해에는 없었기에 자본과 자본금이 같게 돼 시작된다. 자, 이제 1년간 사업이 진행되었고 영업결과가 나왔다.

(A)의 경우라면, 첫 해에 100만 원의 당기순손실이 실현됐기에 당기순손실은 재무상태표로 가서 이익결손금으로 잡히게 돼 자본총계는 400만 원으로 바뀔 것이다. 이때 사업 후 연말의 자본잠식률은 [자본잠식률 = $\frac{자본금-자본총계}{자본금} \times 100\%$]로 계산돼 [A 자본잠식률

$= \frac{500만\ 원-400만\ 원}{500만\ 원} \times 100\% = 20\%$] 20%로 계산된다.

(B)의 경우라면, 첫 해에 250만 원의 당기순손실이 실현됐기에 역시 이 순손실은 재무상태표로 가서 이익결손금으로 잡히게 되고 자본총계는 250만 원으로 바뀔 것이다. 이때 사업 후 연말의 자본잠식률은 [B 자본잠식률 = $\frac{500만\ 원-250만\ 원)}{500만\ 원} \times 100\% = 50\%$] 50%로 계산된다. 이를 50% 부분잠식이라고 표현한다.

(C)의 경우라면, 첫 해에 500만 원의 당기순손실이 실현됐기에 역시 이 순손실은 재무상태표로 가서 이익결손금으로 잡히게 되고 자본총계는 0원으로 바뀔 것이다. 이때 사업 후 연말의 자본잠식률은 [C 자본잠식률 = $\frac{500만\ 원-0원}{500만\ 원} \times 100\% = 100\%$] 100%로 계산된다. 이를 완전잠

식이라고 하는데 한마디로 자본금이 남아있지 않다는 것을 의미한다.

주주가 사업을 영위하기 위해서 초기에 자본금을 투자하든 혹은 증자에 참여하든 투자금을 내놨는데 사업 후 그 자본금이 일부 혹은 완전히 잠식된 현상이 발생한 것이다.

일부 자본잠식, 50% 부분잠식, 완전잠식 등 이런 자본잠식들은 그특징이 있다. 자본총계 = (납입)자본금 + 자본잉여금 + 이익잉여금 + 자본조정 등으로 되기에 일반적으로 자본총계가 자본금보다 크게 되는 것이 일반적인 경우이다. 하지만 자본잠식들은 영업활동 후 누적결손금이 발생하면서 잉여금이 모두 소진된 상태이기에 자본총계가 자본금보다 적어지는 특징이 생기게 된다.

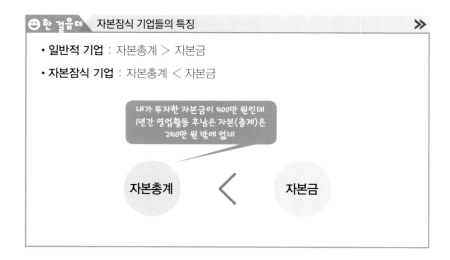

만약 주식시장에 상장된 기업에서 이런 일이 발생하면 어떻게 될까?

자본잠식/자기자본에 대한 관리종목 및 상장폐지 지정 기준

구분	관리종목 지정 기준	상장폐지 지정 기준
유가증권 시장 자본잠식	최근 사업연도 사업보고서상 자본금 50% 이상 잠식 $*\ 자본잠식률 = \dfrac{(자본금-자본총계)}{자본금}$ * 종속회사가 있는 경우 연결재무제표상 자본금, 자본총계(외부주주지분 제외) 기준	최근 사업연도 사업보고서상 자본금 전액 잠식 자본금 50% 이상 잠식 2년 연속
주1) KOSDAQ시장 자본잠식 및 자기자본	(A) 사업연도(반기)말 자본잠식률 50% 이상 (B) 사업연도(반기)말 자기자본 10억 원 미만 (C) 반기보고서 제출기한 경과 후 10일내 반기검토(감사)보고서 미제출 또는 검토(감사)의견 부적정·의견거절·범위제한 한정 $*\ 자본잠식률$ $= \dfrac{(자본금-자기자본)}{자본금} \times 100$	최근년말 완전자본잠식 (A) 또는 (C) 후 사업연도(반기)말 자본잠식률 50% 이상 (B) 또는 (C) 후 사업연도(반기)말 자기자본 10억 원 미만 (A) 또는 (B) 또는 (C) 후 반기말 반기보고서 기한 경과 후 10일내 미제출 또는 감사의견 부적정·의견거절·범위제한 한정 [실질심사] 사업보고서 또는 반기보고서의 법정제출 기한까지 당해 상장폐지 기준 해당 사실을 해소 했음을 입증하는 재무제표 및 이에 대한 감사인(정기재무제표에 대한 감사인과 동일한 감사인에 한함)의 감사보고서를 제출하는 경우

주1) 연결재무제표 작성대상 법인의 경우, 연결재무제표를 기준으로 하되 자기자본에서 비지배지분을 제외

참조 한국거래소

위 자료에서 확인할 수 있듯이 자본잠식이 되면 관리종목으로 지정되거나 심지어 상장폐지될 수가 있다. 아무리 주식 투자를 잘 해왔다 해도 한 번 이런 일을 겪게 되면 투자수익률이 급감하는 것은 물론 과

거 필자가 경험했던 것처럼 실의에 빠지게 된다. 따라서 이제부터라도 재무제표를 보면서 이런 기업에 투자는 피하거나 반드시 조심해야 한다. 그냥 한마디로 이런 징후의 기업은 투자하지 않았으면 좋겠다.

참고로 필자가 운용해왔던 대부분의 기관자금은 '자산운용지침서'라는 것이 있고 이 지침 안에서 기관자금을 운용을 해야 한다. 다음은 '자산운용지침서' 사례의 일부다.

😃 **한 걸음더** ▶ 기관 자금 '자산운용지침서'의 사례 ≫

투자금지사항

가. 관리 대상 종목
나. 최근 3년 연속 당기순손실 실현 기업주식
다. 불공정 매매. 시세조정 등 문제의 소지가 있는 종목
라. 기타 정책적 판단에 의해 필요한 경우 등

기관자금을 운용할 때에는 특별한 경우를 제외하고는 '관리대상 종목'에 투자할 수가 없다. 그러므로 상장폐지 가능 종목은 더 말할 것도 없게 된다. 그렇다면 기관들도 안 들어가는 투자처를 굳이 내가 투자해야 하는 이유는 무엇일까? 그래서 필자의 생각에는 그냥 이런 종목은 투자하지 않았으면 좋겠다.

② 포스코플랜텍으로 보는 자본잠식

예제로 포스코플랜텍(051310)을 보고자 한다. 과거 이름은 성진지오텍 이었다. 주로 발전설비와 해양플랜트 Package 사업 및 모듈사업을 진행해왔으며 2010년 포스코 그룹에 편입됐다.

이 기업에 집중된 당기순이익(손실)과 자본금 현황을 보기 위해서 별
도재무제표를 다음과 같이 정리해봤다(설명의 용이성을 위해 별도재무제
표를 이용할 뿐 실제로 종속회사가 있는 경우 연결재무제표상 자본금, 자본총
계 '비지배지분 제외'를 봐야 함을 잊지 말자).

포스코플랜텍 재무상태표 및 손익계산서 일부

(단위 : 억 원)

계정명	2007.12	2008.12	2009.12	2010.12	2011.12	2012.12	2013.12	2014.12	2015.12	2016.12
	GAAP (개별)	GAAP (개별)	GAAP (개별)	IFRS (별도)	IFRS (별도)	IFRS (별도)	IFRS (별도)	IFRS (별도)	IFRS (별도)	IFRS (별도)
자본	1,606	97	344	1,442	1,058	1,306	1,349	2,159	-1,341	-1,763
자본금	166	166	201	247	247	273	324	917	917	917
자본잉여금	1,189	1,189	1,465	2,428	2,650	3,191	4,153	7,163	7,163	7,163
이익잉여금 (결손금)	248	-1,699	-1,763	-1,233	-1,838	-2,159	-3,096	-5,888	-9,387	-9,810
자본잠식률	-	41.3%	-	-	-	-	-	-	246.2%	292.3%
증자현황	-	-	유상증자	유상증자	-	유상증자	합병	유상증자	-	-
당기순이익(손실)	104	-1,910	-64	160	-592	-292	-984	-2,792	-3,491	-432

참조 금융감독원 전자공시시스템

다소 여러 숫자가 나열돼있지만 이제 이 표가 독자들의 눈에 조금씩
들어왔으면 좋겠다. 아직 낯설다 하더라도 앞으로 반복해서 보면 익숙
해질 것이라 생각한다. 재무상태표에 위 내용 외에도 '기타자본' 계정과
'기타포괄손익누계액' 등의 자본조정 계정이 있지만 표를 다소 간결히
보기 위해서 삭제했다. 따라서 다소 간의 숫자가 상이할 수 있음을 말
씀드린다.

이 기업은 2007년까지 당기순이익을 냈었다. 물론 2002년과 2004년에 당기순손실도 있었지만 이후 발생할 당기순손실 금액에 비하면 그리 크지 않았기에 큰 의미를 둘 상황은 아니었다. 그러다가 금융위기 당시 2008년 연간 1,910억 원의 당기순손실을 기록한다. 이로 인해 그전까지 누적으로 보유 중이던 이익잉여금과 자본잉여금은 모두 결손금으로 전환되고 2008년말 자본총계는 97억 원이 되었다. 당시 자본금이 166억 원이었으므로 자본잠식률($=\frac{166-97}{166}\times 100(\%) = 41.3\%$) 41.3%가 된다. 즉 재무제표에 자본잠식이 보이기 시작한 것이다. 그러나 아직 자본잠식률이 50% 부분잠식이나 완전잠식은 아니었다.

그러다보니 기업은 다급했고 기존 주주 혹은 예비 주주들 대상으로 증자를 실시하게 됐다.

포스코플랜텍 증자 현황

가. 증자(감자)현황

(기준일 : 2016.12.31   )   (단위 : 원, 주)

주식발행 (감소)일자	발행(감소) 형태	발행(감소)한 주식의 내용				
		주식의 종류	수량	주당 액면가액	주당발행 (감소)가액	비고
2009.03.25	유상증자(제3자배정)	우선주	6,250,000	500	4,000	보통주전환 2011.6.21
2009.07.21	유상증자(제3자배정)	우선주	729,927	500	6,850	보통주전환 2011.6.21
2010.09.14	신주인수권행사	보통주	3,750,000	500	4,000	-
2010.09.14	신주인수권행사	보통주	709,220	500	7,050	-
2010.10.28	유상증자(제3자배정)	보통주	4,848,400	500	16,500	-
2012.01.10	유상증자(제3자배정)	보통주	5,206,671	500	10,900	-
2013.07.01	-	보통주	10,171,878	500	10,828	합병
2014.03.15	유상증자(주주우선공모)	보통주	18,940,000	500	3,790	-
2014.12.25	유상증자(제3자배정)	보통주	99,656,350	500	2,910	-

참조 금융감독원 전자공시시스템

2009년부터 2014년까지 유상증자와 신주인수권행사, 합병 등의 방법으로 자본금을 늘린 것을 알 수 있다.

그중 하나의 예만 거론하면 2008년에 대규모 당기순손실을 기록하게 됨으로 자본잠식이 발생하자 2009년 3월에 산업은행을 대상으로 하는 '제3자배정 유상증자'를 실시했다. 배정 주식 수는 625만 주이고 주당 4,000원의 가격이었다. 1주당 액면가격은 500원이었기에 약 31억 원(625만 주×500원)은 자본금 계정으로, 나머지 약 218억 원(625만 주×3,500원)은 자본잉여금 계정으로 들어갔다. 2009년에는 이후 7월에 한 번 더 산업은행을 대상으로 하는 '제3자배정 유상증자'가 더 있었다.

그래서 2009년에도 소폭의 당기순손실이 있었지만 자본금은 201억 원, 자본총계는 344억 원이 되었다. 자본잠식을 벗어난 것이다. 그런데 2009년 말에 자본잠식을 어떻게 벗어난 것인가? 기업의 거래는 두 가지가 있다고 했는데 하나는 '손익거래'이고 나머지 하나는 '자본거래'라고 했다. 그렇다면 둘 중에서 기업은 어떤 거래를 통해서 자본잠식을 벗어났는가? 이미 알겠지만 2009년 말 당시 이 기업은 연간 '손익거래'는 여전히 순손실을 기록했고 주주와의 거래에서 발생한 '자본거래'를 통해서 자본잠식을 벗어난 것이었다.

잠시 이 당시의 포스코플랜텍 주가를 보자.

포스코플랜텍 주가 추이

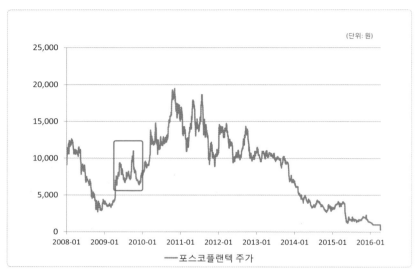

참조 FnGuide

    자본잠식에서 벗어나고자 유상증자를 진행하는 사이 주가는 5,000 원을 넘어서 8,000원 근처까지 상승하고 있었다.

    이후 이 기업은 앞서 봤던 것과 같이 계속된 증자과정이 있었다. 이 기간 동안 2010년에 당기순이익 160억 원을 기록했을 뿐 2011년, 2012년, 2013년까지 3개년 동안 당기순손실을 기록했다. 그럼에도 계속된 증자의 영향으로 자본잠식 상태는 아니었다. 이 시기에 포스코플랜텍 재무상태표를 보면 마치 자본잉여금과 누적결손금과의 싸움을 보는 듯 했다. 자본잉여금을 빨리 쌓느냐, 혹은 누적결손금이 빨리 커지느냐의 모양새였다.

그러다가 2014년 연간 당기순손실 2,792억 원, 2015년 연간 당기순손실 3,491억 원을 기록함으로 감당할 수 없는 큰 폭의 누적결손금이 나오자 완전잠식을 기록하게 된 것이다. 2015년 연말 기준 자본잠식률은 246%였다. 2015년 분기별 상황을 나눠보면 1분기 분기보고서에는 별도재무제표 기준으로 자본총계가 1,424억 원으로 자본금 917억 원보다 많았으나 2분기 반기보고서에는 별도재무제표 기준으로 자본총계가 −41억 원으로 이미 완전자본잠식이 된 상태였다.

하지만 여전히 주가는 이후에도 거래가 됐고 실제 거래정지는 2016년 1월에 됐다.

2015년 포스코플랜텍 반기보고서 발표 이후 주가

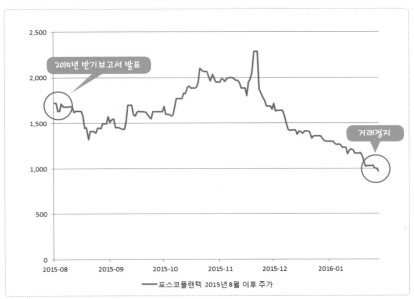

참조 FnGuide

사실 2008년 자본잠식이 금융위기 당시 일시적 현상이었다고 판단해서 그 이후 투자를 이어갔다면 그 당시는 이해가 될 만하다. 하지만 그 이후에도 연속된 당기순손실을 기록했고 2015년은 상반기 반기보고서에 완전잠식이 된 상태에서 주가가 1,500원대에서 1,000원 이하로 급락하고 이후 거래정지가 돼서 2016년 4월 주당 300원대로 상장폐지 됐다면 적어도 2015년 8월 이후에는 투자에 유의했어야 하지 않을까? 물론 이 기업의 정성적인 내용을 잘 알아서 필자와 다른 의견이 있다면 그 부분은 존중한다. 하지만 필자는 자본잠식 기업으로의 투자는 하지 않거나 혹은 진행하더라도 조심히 진행되기를 바라는 마음에서 이 글을 쓴다. 지금 이 순간도 부분잠식 등 자본잠식 기업들은 주식시장에서 거래가 되고 있다.

감자, 어떻게 봐야 하나?
갑을메탈/동원/코카콜라음료를
통한 사례 분석

주식시장의 위험요소를 이야기하면서 투자자 입장에서의 자본잠식을 알아 봤다. 그렇다면 반대로 기업 입장에서 자본잠식을 피할 수 있는 방법은 어떤 것이 있을까? 이미 포스코플랜텍 사례에서 봤듯이 유상증자를 실시함으로써 자본 내에 자본금과 자본잉여금이 늘어나면서 누적 결손금의 문제를 막을 수 있다. 하지만 모든 기업이 유상증자를 실시할 수 있는 것은 아니고 또한 유상증자도 조건이 맞아야 가능하다. 그래서 이번 장에서는 감자(減資)를 통해서 자본잠식을 벗어나는 방법을 보고자 한다.

먼저, 앞에서 증자라는 용어가 본격적으로 나오기 시작했고 이번 절에는 감자라는 용어가 나오기 시작하는데 알기 쉽게 정리하고 가자.

- 유상증자 : 기업이 돈이 필요한데, 주주들(기존주주, 예비주주)이 돈을 좀 내줘.
- 무상증자 : 기업 내에 남는 돈이 있으니 이것으로 신주를 발행하고 주주들에게 신주를 나눠줄게.
- 유상감자 : 기업 내에 자본금이 많으니까 투자금을 돌려줄게.
- 무상감자 : 기업 내에 자본금을 줄여야 하는데 주주에게 돌려줄 돈은 없어.

1 무상감자, 갑을메탈을 통한 무상감자의 추측

이해하기 쉽게 무상감자(無償減資)를 '주주에게 돌려줄 돈은 없어'라는 표현을 사용했다. 그렇다면 왜 그런 것일까? 일단, 감자(減資)라는 말에서 알 수 있듯이 이는 자본금, 즉 주식 수를 줄이는 행위이다. 흔히들 주식시장에서 은어(隱語)로 보유 주식이 (무상)감자가 되면 '감자탕 먹었다'는 표현을 쓴다. (무상)감자가 되면 대부분의 주식이 급락을 하게 된다.

예제로 2016년 10월 재무구조 개선의 사유로 감자를 결정한 갑을메탈(024840)을 보고자 한다.

감자 결정으로 인한 갑을메탈(024840)의 주가 하락

참조 미래에셋대우증권 HTS

갑을메탈은 과거 엠비성산이란 상호를 사용하다가 2013년 현재의
상호명인 갑을메탈로 변경했다. 이 기업은 각종 전자제품에 내장되는
철심(Core)을 생산하는 기업이다. 2016년 10월 감자 결정으로 다음날
하한가를 포함해 2개월 사이 주가가 40% 넘게 급락했다.

도대체 어떤 감자를 결정했기에 이런 하락이 나왔는지 내용을 보자.

갑을메탈의 감자 결정

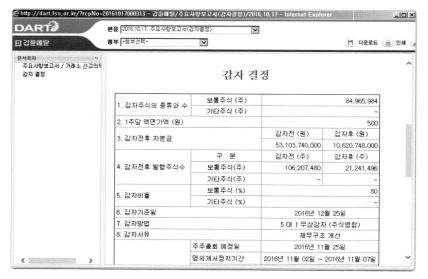

 감자는 '5:1 무상감자'라고 감자방법에 나와 있다. 그 사유로는 재무
구조 개선이다. 이렇게 됨으로써 감자 전 발행 주식 수는 106,207,480
주에서 21,241,496주로 바뀌게 된다.

 다음 내용은 갑을메탈 재무제표의 일부 자료다. 2013년, 2014년은
코스모링크라는 기업을 종속기업으로 연결했다가 2015년에 동국실업
등에 일부 지분을 매각함으로 2015년 이후는 개별재무제표로 전환하
는 등의 이벤트가 발생했다.

갑을메탈의 재무제표 일부

계정명	IFRS(연결)	IFRS(연결)	IFRS(연결)	IFRS(개별)	IFRS(개별)
(단위 : 억 원)	201212	201312	201412	201512	201612
자본	480	649	582	431	461
지배기업주주지분	480	624	561	431	461
자본금	506	506	531	531	106
자본잉여금	41	41	41	41	454
기타자본	-15	-15	-15	-15	-3
이익잉여금	-51	92	4	-126	-96
비지배주주지분	-	25	21	-	-
자본잠식률	5.2%	-	-	18.8%	-
증자현황	-	-	25	-	감자 결정
당기순이익	-34	153	-91	-127	32
발행한 주식 총수	101,207,480	101,207,480	106,207,480	106,207,480	21,241,496

참조 금융감독원 전자공시시스템

　　자료를 통해서 무상감자를 왜 진행했는지 또 무상감자 후 어떤 효과
가 발생하는지를 추측해보고자 한다. 이는 이 기업의 사업현황 및 내부
정성적인 흐름을 알 수 없기에 필자의 추측임을 먼저 언급한다.

　　무상감자를 왜 했는지에 대해서 추측해보면, 갑을메탈은 2012년 이
익잉여금이 −51억 원으로 누적결손금을 보이고 있었다. 이 당시 자본
금은 506억 원이고 자본총계는 480억 원으로 자본잠식률이 5.2% 정
도의 자본잠식 상태였다. 만약 이대로 2013년에도 당기순손실이 기록
된다면 반기보고서부터 자본잠식률이 50%인지 여부에 따라서 관리종
목에 지정될 수 있던 상황이었다.

그러나 2013년은 153억 원의 당기순이익이 발생함으로써 이익잉여금도 다시 플러스(+)로 되고 자본잠식도 벗어날 수 있었다. 하지만 2014년 당기순손실 91억 원, 2015년 당기순손실 127억 원이 발생해 다시금 2015년말 기준 누적이익결손금이 126억 원이 됐다. 이때 자본금이 531억 원, 자본총계가 431억 원으로 자본잠식률은 18.8%가 됐다.

만약 여기서 2013년과 같이 2016년에도 영업활동이 큰 폭의 당기순이익이 예상된다면 굳이 재무구조 개선을 할 필요가 없을 것으로 예상된다. 하지만 그렇지 않다면 사업연도 말 혹은 반기말 자본잠식률 50% 이상이라는 관리종목 기준에 문제가 될 소지가 있을 것이다.

그렇다면 여기서 기업입장에서 자본잠식을 벗어나는 방법은 크게 두 가지가 있을 수 있다. 그 첫째는 앞서서 포스코플랜텍 사례에서 봤지만 유상증자를 하는 것이다. 그러면 자본금과 자본잉여금이 늘어나기에 자본총계가 증가하게 된다. 그런데 만약 유상증자가 여의치 않거나 다른 이유로 불가능하다면 어떻게 할까? 이런 경우에 진행하는 것이 무상감자다. 자본잠식률 산출에서 분모의 문제가 되는 기준점은 자본금이다. 결국 자본잠식이란 자본총계가 자본금보다 적어지기 때문에 발생하는 현상 아닌가!

다시 앞에서 봤던 그림으로 이론을 재정립하자.

자본잠식 기업의 특징

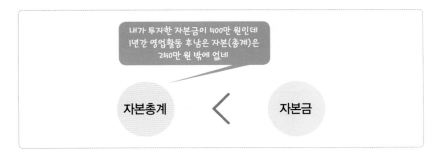

내가 투자한 자본금이 500만 원인데 1년간 영업활동 후남은 자본(총계)은 250만 원 밖에 없네

자본총계 < 자본금

즉 자본잠식을 벗어나려면 ① 유상증자를 통해서 자본잉여금을 늘림으로써 자본총계를 자본금보다 크게 할 수 있고 ② 반대로 무상감자를 통해서 자본금을 줄이면 자본잠식을 벗어날 수 있게 된다.

이 방법 중 두 번째 방법이 (무상)감자를 진행하는 대표적인 이유다. 솔직히 갑을메탈이 왜 감자를 진행했는지 명확히는 알 수 없으나 위와 같은 예상은 해볼 수 있다.

이제 그러면 무상감자 후 재무제표에 어떤 효과가 발생하는지를 확인해본다.

갑을메탈의 재무제표 일부

(단위 : 억 원)

항목	2015.12.31 현재	2016.12.31 현재
자본		
자본금	531	106
자본잉여금	41	454
자본조정	-15	-3
이익잉여금(결손금)	-126	-96
자본총계	431	461
자본잠식률	18.8%	자본잠식 탈피

참조 금융감독원 전자공시시스템

무상감자 전후인 2015년과 2016년 재무상태표를 정리한 자료다. 먼저 눈에 띄는 것은 자본금이 2015년 531억 원에서 2016년 106억 원이 되었다. 여기가 바로 '5:1 무상감자'를 한 결과다. 5주를 1주로 주식 병합이 됐다. 간단한 계산과정은 다음과 같다.

자본금 계산 내역

(단위 : 주, 원)

감자 전후 자본금 변동	감자 전 2015.12.31 현재	감자 후 2016.12.31 현재
(A)주식 수(단위 : 주)	106,207,480	21,241,496
(B)액면가	500	500
(납입)자본금(C)=(A)×(B)	53,103,740,000	10,620,748,000

이와 같이 무상감자가 진행됐으므로 2016년말 기준 자본총계 461억 원 > 자본금106억 원보다 커지게 됐고 자본잠식에서 탈피된 것이다.

그럼 마지막으로 무상감자가 진행됨으로써 2015년에서 줄어든 자본금 약 425억 원은 어디로 갔을까? 이게 만약 유상감자라면 이 금액은 주식을 환원하고 그 대가로 주주들이 돌려받는 금액이 되겠지만 무상감자이기에 이 금액은 감자차익이 되어 자본잉여금으로 가게 되었다. 그냥 편하게 '주주들의 주식 약 8천 5백만 주를 없애고 그들이 낸 투자금 약 413억 원이 기업으로 귀속됐다' 이렇게 이해하면 편하다. 이 내용은 2016년 사업보고서 내 감사보고서의 주석에 상세히 기록돼 있다.

2016년 갑을메탈 감사보고서 내 주석

당기 및 전기 중 자본금의 변동내역은 다음과 같습니다.

(단위: 주,천원)

구 분	주식수	보통주자본금	자본잉여금
전기초	106,207,480	53,103,740	4,066,447
전기말	106,207,480	53,103,740	4,066,447
무상감자(주)	(84,965,984)	(42,482,992)	41,303,119
당기말	21,241,496	10,620,748	45,369,566

(주) 당기 중 실행한 5:1 무상감자로 인해 감소하였습니다.

23. 자본잉여금

보고기간종료일 현재 자본잉여금의 내역은 다음과 같습니다.

(단위: 천원)

구 분	당기말	전기말
주식발행초과금	4,066,447	4,066,447
감자차익(주)	41,303,119	-
합 계	45,369,566	4,066,447

(주) 당기 중 실행한 5:1 무상감자로 인해 발생하였습니다.

참조 금융감독원 전자공시시스템

그러나 여기서 주의할 것이 하나 있다. (무상)감자를 했다고 해서 자산 가운데 주주의 몫인 자기자본, 즉 순자산은 변화가 없는 것이다. 앞에서도 봤지만 자본금 계정에서 대략 400여억 원을 빼내어서 자본잉여금 계정으로 400여억 원을 넣는 것이기에 큰 틀에서 보면 순자산 금액의 변화는 미미하다. 오른쪽 주머니에서 현금을 빼내서 왼쪽 주머니로 옮겼다고 하는 정도로 이해하면 편할 것이다. 결국 주주의 몫인 순자산에는 변화가 없다는 것에 유념해야 한다.

그러면 왜 시장은 (무상)감자가 진행되면 '감자탕을 먹었다'고 은어가 나올 정도로 한동안 급락하는 것일까? 그 답은 무상감자를 진행하는 이유에 있다. 주식시장에 무상감자를 진행하는 이유로 대표적인 '자본잠식 탈피'에 그 의미를 둔다면 이대로 두면 관리종목이 될 것이고 그만큼 기업이 어려운 상황이라는 것을 반증하기에 주주들은 자신의 주식 중 얼마가 감소(휴지조각)가 돼도 이를 감수하면서까지 감자에 동의하는 것이다. 그렇기에 주식시장은 당분간 하락세가 급격히 일반적이다.

② 무상감자, 동원을 통한 무상감자의 추측

앞에서 갑을메탈 예제로 무상감자에 대한 상황을 추측해보았다. 그런데 (무상)감자를 결정했는데 주가가 하락하지 않고 오히려 오르는 경우도 흔치는 않지만 가끔씩 존재한다. 그런 경우를 간단히 알아보자.

동원(003580)이라는 기업은 2016년 7월 '5:1 감자'를 결정했다.

동원(003580) 감자 결정

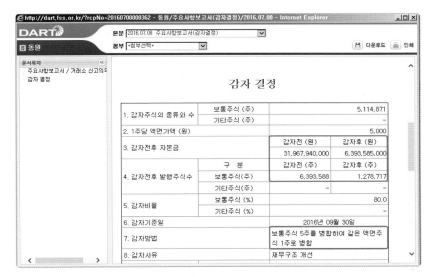

참조 금융감독원 전자공시시스템

그런데 주식시장에서 동원(003580)은 앞선 갑을메탈의 예와 달리 감자 결정 후 거래정지가 될 때까지 오히려 주가는 상승세를 보였다.

동원(003580) 감자 결정 후 주가는 점진적 상승세

참조 미래에셋대우증권 HTS

　　그렇다면 이 둘은 차이는 무엇인가? 역시 필자가 계속 강조하지만 그 답은 재무제표 안에 있다.

동원 재무제표 일부

(단위 : 억 원)

항목	2014.12.31 현재	2015.12.31 현재	2016.12.31 현재
자본			
지배기업 소유주 자본	259	375	435
자본금	236	236	64
주식발행초과금	150	150	150
기타자본구성요소	99	86	341
기타포괄손익누계액	-7	0	-2
결손금	-219	-97	-118
비지배지분	2	0	0
자본총계	261	375	435
자본잠식 여부	자본잠식 아님 (자본 259억 원 > 자본금 236억 원)	자본잠식 아님 (자본 375억 원 > 자본금 236억 원)	자본잠식 아님 (자본 435억 원 > 자본금 64억 원)

참조 금융감독원 전자공시시스템

동원(003580)의 재무상태표를 보면 비록 누적결손금이 계속 쌓여가면서 손익계산서상의 당기순이익을 내지 못하고 있음을 반증하지만 증가되는 누적결손금 금액이 그리 크지 않다. 따라서 2014년, 2015년 자본잠식 상태도 아니었다. 시장에서는 자본잠식의 우려 때문에 감자를 결정한 것이 아니라고 판단한 것으로 보이고 그렇기에 주가의 급격한 하락은 진행되지 않은 것이다. 오히려 이 시기 전에 동원의 최대주주가 변경되면서 변경된 최대주주에 대한 기대감이 주가에 작용하고 있는 것으로 예상된다.

이제 갑을메탈과 동원의 두 실전예제를 보면서 (무상)감자에 대한 결정사유와 이후 시장반응에 대한 차이를 확인해봤다. 한 가지 우려가 되는 것은 '갑을메탈에 비해서 동원은 좋은 기업이구나'로 결정내려져서는 안 된다. 이 둘은 같은 업종도 아니고 서로의 비교대상 기업군도 아니다. (무상)감자를 결정했다는 이유에서 필자가 결정배경 및 그 효과를 추측한 것이지, 한 기업은 좋은 투자 대상이고 한 기업은 그렇지 않다는 결정이 아님을 다시 언급한다.

필자가 강조하고픈 것은 재무제표를 보고 일부라도 자본잠식이 발생하고 있거나 주주에게 손을 벌려야만 하는 기업은 투자하지 않기를 바라는 마음이다.

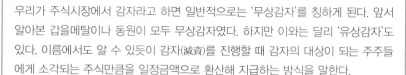

유상감자는 다른 시각으로

우리가 주식시장에서 감자라고 하면 일반적으로는 '무상감자'를 칭하게 된다. 앞서 알아본 갑을메탈이나 동원이 모두 무상감자였다. 하지만 이와는 달리 '유상감자'도 있다. 이름에서도 알 수 있듯이 감자(減資)를 진행할 때 감자의 대상이 되는 주주들에게 소각되는 주식만큼을 일정금액으로 환산해 지급하는 방식을 말한다.

앞에서 자세히 거론하지는 않았지만 일반적으로 무상감자가 주식병합 방식을 취한다면(예. 주주의 보유주식 5주를 1주로 병합 등) 유상감자는 소각 방식을 취한다. 이럴 때 주식을 소각한 주주는 그에 따른 유상의 대가를 받게 되고 소각하지 않고 남은 주식에 대한 주주는 주식 수가 줄어드는 효과를 누리게 된다.

상장 주식에서는 쉽게 찾아보기 어려운 경우이나 비상장사 가운데는 어렵지 않게 유상감자의 경우를 찾을 수 있다. 다음은 2017년 1월 비상장사인 코카콜라음료의 감자 결정에 대한 공시다.

비상장사 코카콜라음료의 감자 결정

감자 결정

기업집단명	엘지	회사명	코카콜라음료(주)	공시일자	2017.01.24	관련법규	공정거래법

1. 감자주식의 종류와 수	보통주 (주)			5,000,000
	우선주 (주)			
2. 1주당 액면가액 (원)				5,000

3. 감자전후 자본금		감자전 (원)	감자후 (원)
		50,000,000,000	25,000,000,000

4. 감자전후 발행주식수	구 분	감자전 (주)	감자후 (주)
	보통주(주)	10,000,000	5,000,000
	우선주(주)	–	–

5. 감자비율	보통주 (%)	50
	우선주 (%)	
6. 감자기준일		2017.04.11
7. 감자방법		강제 유상소각
8. 감자사유		주주가치 제고 및 자본규모 적정화

참조 금융감독원 전자공시시스템

내용을 보면 총 500만 주를 감자한다는 것이고 감자 후에 자본금은 250억 원으로 줄어들게 된다. 감자방법은 강제 유상소각이고 그 사유로는 주주가치 제고 등이라고 나와 있다. 앞서 예제로 본 갑을메탈, 동원과는 공시 내용이 사뭇 다름을 알 수 있다.

이어서 이 공시의 하단부의 내용을 조금 더 보자.

비상장사 코카콜라음료의 감자 결정

| | 13. 기타 투자판단에 참고할 사항 | 1. 보통주 5,000,000주를 주당 16,500원에 매수하여 유상소각함.
2. 본건 감자결의와 관련한 세부사항의 결정 및 구체적인 실행에 관한 일체의 권한은 대표이사에게 위임함.
3. 상기 내용은 주주총회 결의 과정에서 변경될 수 있음. |

참조 금융감독원 전자공시시스템

이번에 강제소각하는 500만 주를 주당 16,500원에 기업은 주주로부터 매수해 유상소각한다는 것이 주 내용이다. 잠시만, 이게 액면가 얼마짜리 주식이었던가? 공시에 보면 액면가 5,000원이라고 나와 있었다. 그렇다면 액면가 5,000원 짜리 주식을 주당 16,500원에 유상소각하게 되고 이에 응하는 주주는 총 500만 주를 주당 16,500원의 유상대가를 받게 되므로 총 825억 원이 주주에게 지급된다.

그러면 여기까지 읽어봐도 이 기업에 돈이 많다는 것을 짐작할 수 있다. 돈이 많아야 이를 주주에게 비싸게 다시 사와서 소각할 수 있는 것 아닌가? 간단히 재무상태표를 본다.

코카콜라음료 재무상태표 일부(2016년 12월 31일 현재)

(단위 : 억 원)

자본	
자본금	500
자본잉여금	481
이익잉여금	5,053
자본총계	6,034
부채와 자본총계	7,868

참조 금융감독원 전자공시시스템

코카콜라음료의 2016년 연말 연결재무상태표상의 총자산은 7,868억 원이다. 이 가운데 주주의 몫인 순자산은 6,034억 원이고 이익잉여금은 5,053억 원이다. 유보율은 자본잠식률과 반대 개념의 용어로 기업이 얼마나 많은 자금을 유보(보유)하고 있는지를 알 수 있는 지표다.

잠깐! 용어정리 📍 유보율

- 기업의 잉여금을 납입자본금으로 나눈 비율
- 유보율 $= \dfrac{\text{이익잉여금} + \text{자본잉여금}}{\text{자본금}} \times 100(\%)$

코카콜라음료의 2016년 말 기준 유보율을 계산해보면 $\dfrac{(\text{이익잉여금 } 5,053\text{억 원} + \text{자본잉여금 } 481\text{억 원})}{(\text{자본금 } 500\text{억 원})} \times 100(\%) = 1,107\%$라는 수치가 나온다. 즉 자본금을 가지고 기업이 사업을 시작해 2016년 제21기까지 오는 동안에 자본의 11배에 해당하는 잉여금을 보유하고 있었다.

이제 여기서 기업의 경영진은 고민을 할 것이다. 앞으로 만약에 계속 연구개발이 되고 투자가 돼야 할 사업이라면 이 유보금을 회사에 잉여금으로 남기면서 신규 투자에 대응할 것이고 만약 그렇지 않다면 지금의 자본규모는 너무 크다는 고민이 될 수도 있을 듯하다. 그러다가 공시와 같은 '주주가치 제고 및 자본규모 적정화'라는 사유로 주주의 주식을 사들이고 이를 소각하는 결정을 내린 것으로 추측된다.

대부분 아는 사항이지만 이 기업의 대주주는 누구일까?

코카콜라음료의 최대주주

1. 당사의 개요

코카콜라음료 주식회사("당사")는 청량음료 등의 제조 및 판매를 목적으로 1996년 11월 15일에 설립되었으며, 1997년 4월 24일 우성식품(주)로부터 청량음료 등의 제조 및 판매와 관련된 영업일체를 양수하고 동일자로 영업을 개시하였습니다. 당사는 당기말 현재 경남 양산시 충렬로에 본사를 두고 있으며, 여주, 양산 및 광주에 제조시설을 보유하고 있습니다. 당사는 2008년 1월 2일에 회사의 사명을 한국 코카콜라 보틀링 주식회사에서 코카콜라음료 주식회사로 변경하였습니다.

당기말 현재 당사의 자본금은 50,000백만원이며, 최대주주는 보통주 지분의 90.00%를 소유하고 있는 주식회사 LG생활건강입니다.

참조 금융감독원 전자공시시스템

LG생활건강이다. 지분의 90%를 보유하고 있으므로 총 유상감자 대금 825억 원 가운데 지분 90%에 해당하는 약 743억 원을 지급받게 되고 이는 강제소각이기에 주주는 지분율대로 이 소각에 응해야 한다. 따라서 유상감자 후 지분율 변화는 없다. 지분율은 그대로 유지되면서

743억 원의 유상소각이라니? 필자는 이런 기업의 주주가 되고 싶다.

이번 코카콜라음료의 예는 4장의 제목이 〈주식시장의 위험을 피해야 한다〉인데 이 제목과 맞지 않는 느낌이다. 하지만 앞서 무상감자의 자본잠식 상황과 비교되면서 [한 걸음 더] 나아가 볼만한 주제라 생각한다.

재무제표를 분석하다보면 코카콜라음료와 같은 기업을 찾을 날이 올 것이라고 필자는 오늘도 마음먹고 있다.

장기영업손실, 계속되는 영업손실은
유의해야 한다
에스에스컴텍을 통한 사례 분석

다음으로 고려해볼 투자 시 유의해야 할 시장조치에 대한 사항은 장기영업손실이다. 참고로 이 규정은 유가증권시장(KOSPI Market)에는 없고 코스닥시장에 존재하는 규정이다. 따라서 유가증권시장에 상장되어 있는 기업에게 "몇년 영업손실이 계속 나면 상장폐지가 되지?"라고 묻는 것은 잘못된 물음이다. 다만 몇 년간 연속된 영업손실이 발생하면 자본잠식의 가능성이 높아지고 그럴 경우 앞에서 알아본 자본잠식 규정에 의해서 관리종목 혹은 상장폐지가 될 가능성이 존재하게 된다.

그렇다면 코스닥시장에서 이와 관련된 규정은 어떻게 되는지 확인해본다.

코스닥시장 '장기영업손실' 관련 관리종목지정 및 퇴출 기준

구분	관리종목지정 (코스닥시장 요건 2017.1.1 개정규정 기준)	퇴출 기준 (코스닥시장 요건 2017.1.1 개정규정 기준)
장기 영업 손실	최근 4사업연도 영업손실 (지주회사는 연결기준) * 기술성장기업(기술성장기업부)은 미적용	**[실질심사]** 관리종목 지정 후 최근사업연도 영업손실

참조 한국거래소 KRX

규정을 보면 먼저 관리종목 지정은 '최근 4사업연도 영업손실'이 발생하면 지정이 되고 그렇게 지정된 후 다음 사업연도에도 영업손실이 발생하면 코스닥시장에서 퇴출된다. 이때 유의할 것은 연결기준의 영업손실이 아니라 별도기준의 영업손실이다. 코스닥시장에서 관리종목 등의 지정기준은 종속회사까지 포함해서 영업이익을 보는 것이 아니라 해당 별도기업만 영업손실의 연속추이를 보겠다는 뜻이다.

앞에서 자본잠식을 알아볼 때, 해당 기업이 연결재무제표 작성 대상이면 연결재무제표를 기준으로 보고 특히 자기자본은 비지배지분을 제외한 수치를 적용한다고 강조했었는데 이 '장기영업손실' 항목은 연결기준의 자료가 아니고 별도기준의 영업손실임을 다시 한번 인지해야 한다.

그리고 한 가지 더 유의사항은 코스닥의 기술성장기업부에 있는 기업들은 이 적용에 예외된다. 코스닥시장은 크게 4개의 소속부가 있는데 ① 우량기업부 ② 벤처기업부 ③ 중견기업부 ④ 신성장기업부다. 이

가운데 신성장기업부는 기술성장기업으로 평가받아 상장된 기업들로 기술신용평가기관(기술보증기금, 나이스평가정보, 한국기업데이터, 이크레더블 등) 및 정부산하 연구기관에서 기술평가를 받아서 시장에 상장되었기에 단기간의 수익성 여부에 연연하면 기업의 성장을 이룰 수 없다는 취지에서 이 적용에 제외된다.

참고로 이에 해당하는 기업들은 어떤 기업이 있는지 2017년 4월 기준으로 조회해본다.

코스닥시장 기술성장기업부

종목코드	회사명	소속부	종목코드	회사명	소속부
A048530	인트론바이오테크놀로지	코스닥 기술성장기업부	A127160	매직마이크로	코스닥 기술성장기업부
A064550	바이오니아	코스닥 기술성장기업부	A180400	엠지메드	코스닥 기술성장기업부
A083790	크리스탈지노믹스	코스닥 기술성장기업부	A058110	멕아이씨에스	코스닥 기술성장기업부
A084990	바이로메드	코스닥 기술성장기업부	A140860	파크시스템스	코스닥 기술성장기업부
A086890	이수앱지스	코스닥 기술성장기업부	A047920	씨트리	코스닥 기술성장기업부
A109820	진매트릭스	코스닥 기술성장기업부	A217730	강스템바이오텍	코스닥 기술성장기업부
A138610	나이벡	코스닥 기술성장기업부	A206560	엑스터스튜디오	코스닥 기술성장기업부
A127120	디엔에이링크	코스닥 기술성장기업부	A065660	안트로젠	코스닥 기술성장기업부
A104540	코렌텍	코스닥 기술성장기업부	A115180	큐리언트	코스닥 기술성장기업부
A095700	제넥신	코스닥 기술성장기업부	A222110	팬젠	코스닥 기술성장기업부
A141080	레고켐바이오사이언스	코스닥 기술성장기업부	A148250	알엔투테크놀로지	코스닥 기술성장기업부
A092040	아미코젠	코스닥 기술성장기업부	A142760	바이오리더스	코스닥 기술성장기업부
A150840	인트로메딕	코스닥 기술성장기업부	A123010	옵토팩	코스닥 기술성장기업부
A196170	알테오젠	코스닥 기술성장기업부	A204840	지엘팜텍	코스닥 기술성장기업부
A067390	아스트	코스닥 기술성장기업부	A238120	로고스바이오시스템스	코스닥 기술성장기업부
A187420	주식회사 제노포커스	코스닥 기술성장기업부	A220180	핸디소프트	코스닥 기술성장기업부
A177350	베셀	코스닥 기술성장기업부	A220100	퓨쳐켐	코스닥 기술성장기업부
A166480	코아스템	코스닥 기술성장기업부	A215600	신라젠	코스닥 기술성장기업부
A087010	펩트론	코스닥 기술성장기업부	A196300	애니젠	코스닥 기술성장기업부
A182400	에이티젠	코스닥 기술성장기업부	A206650	유바이오로직스	코스닥 기술성장기업부
A056090	유앤아이	코스닥 기술성장기업부	A241820	피씨엘	코스닥 기술성장기업부
A185490	아이진	코스닥 기술성장기업부	A246720	아스타	코스닥 기술성장기업부

참조 한국거래소 Marketdata http://marketdata.krx.co.kr

이런 기업들은 코스닥시장에서 장기영업손실에 의한 '관리종목 지정'에서 제외한다는 것을 알았다. 그리고 별도기준 재무제표를 확인해야 한다는 것도 알았다.

예제를 통해서 이 경우를 확인해보자. 과거 유원컴텍이라 불렸었고 2015년 이후 에스에스컴텍(036500)으로 이름이 바뀐 기업이다.

먼저, 2012년부터 2014년까지 3개년의 별도기준 재무상태표를 보았다.

2012~2014년 에스에스컴텍 재무상태표 일부

(단위 : 억 원)

항목	2012.12월	2013.12월	2014.12월
자본			
자본금	75	81	85
자본잉여금	326	411	446
기타자본구성요소	-18	-19	-19
이익잉여금(결손금)	6	-110	-225
자본총계	389	363	287
자본잠식 여부	자본잠식 아님 (자본 389억 원 > 자본금 75억 원)	자본잠식 아님 (자본 363억 원 > 자본금 81억 원)	자본잠식 아님 (자본 287억 원 > 자본금 85억 원)

참조 금융감독원 전자공시시스템

일단 우리가 앞서 알아본 자본잠식 여부를 확인한 결과 3개년 모두 자본잠식은 아니었다. 하지만 2013년과 2014년으로 갈수록 이익결손금이 커지면서 자본총계가 389억 원, 363억 원, 287억 원으로 감소 추이에 있음을 알 수 있다.

다음으로 영업이익 기준의 포괄손익계산서를 봤다.

2012~2014년 에스에스컴텍 포괄손익계산서 일부

(단위 : 억 원)

항목	2012.12월	2013.12월	2014.12월
영업이익(손실)	-14	-99	-72

참조 금융감독원 전자공시시스템

2012년 이후 별도기준 영업이익은 3개년 연속 영업손실을 내고 있었다. 이 당시만 해도 기업명은 유원컴텍이었다. 이후 2015년에 기업명을 에스에스컴텍으로 바꾸고 타법인 지분을 취득함으로써 스마트폰컨텐츠 등 신규사업에 진출한다는 공시를 냈다.

문제는 앞서서 본 바와 같이 개별 기준 영업손실을 한 번 더 내면 이제 4년 연속 영업손실이 되기에 관리종목 지정에 대한 우려가 있었다. 그러다가 2016년 3월 외부감사 종료 이전이라는 조건을 달고 '매출액 또는 손익구조 30% 이상 변동' 공시를 냈다. 공시 내용이 길어서 이번 절과 연관된 부분 위주로 다음과 같이 편집했다.

에스에스컴텍 매출액 또는 손익구조 30% 이상 변동 공시

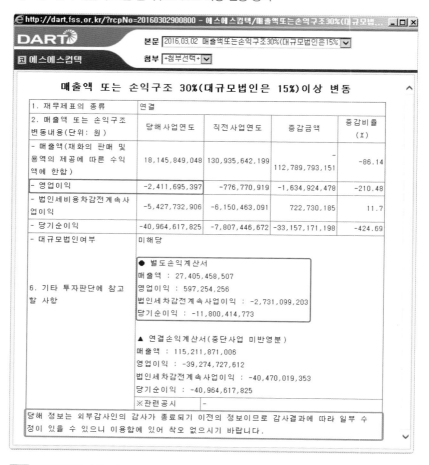

공시 내용은 이렇다. '우리는 2015년 연말 기준 연결법인은 24억 원 영
업손실을 낼 것 같습니다. 하지만 별도 법인으로 보면 대략 6억 원 정도의
영업이익이 될 것으로 예상합니다. 그러나 이 공시는 외부감사인의 감사
가 종료되기 이전이므로 감사 결과에 따라 일부 수정될 수 있습니다.'

독자들은 이런 공시를 보면 어떤 생각이 드는가? ① '이전까지 3개년 연속 별도기준 영업적자를 낸 기업이 이번에는 흑자전환했구나!' ② '연결기준으로는 영업적자인데 별도기준으로는 6억 원 정도의 소폭 영업이라니? 뭔가 이상하다!' 대표적으로 이 두 가지 추측 중에 어떤 쪽으로 생각이 되는가?

이에 대한 답은 당시 주가흐름이 말해줄 것이라 생각된다.

에스에스컴텍(036500)의 주가 추이

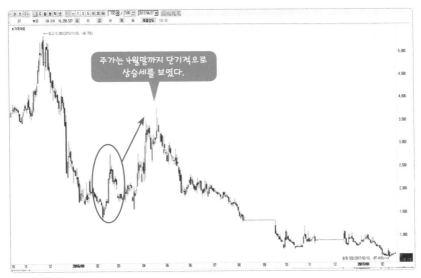

주가는 4월말까지 단기적으로 상승세를 보였다.

참조 미래에셋대우증권 HTS

주식시장에서 에스에스컴텍은 이 공시가 났던 2016년 3월 이전까지 큰 하락세가 이어졌다. 기타 이 회사의 정성적인 문제도 있었겠지만 4년 연속 영업손실에 대한 우려감도 작용한 결과라 생각된다. 그러나 이 공시가 나던 3월 초와 다음 공시가 나던 3월 중순을 바닥으로 오히려 4

월까지 주가는 상승세를 보였다. 왜 주가는 상승했을까?

다음 공시는 2016년 3월 22일에 2016년도 사업에 대한 감사보고서
가 제출됐다. 과연 별도기준 영업이익을 냈을까? 못 냈을까?

2016년 에스에스컴텍(036500) 감사보고서 별도재무제표 감사의견

[개별/별도재무제표 관련 감사의견 및 재무내용]

1. 감사의견 및 재무내용	당해 사업연도	직전 사업연도
가. 감사의견 등		
-감사의견	적정	적정
-계속기업 존속불확실성 사유 해당여부	미해당	미해당
-내부회계관리제도 검토의견 비 적정 등 여부	미해당	미해당
나. 감사의견과 관련 없는 계속 기업 존속 불확실성 기재여부	기재	미기재
다. 주요 재무내용(단위 : 원)		
-자산총계	52,447,671,261	79,597,207,225
-부채총계	31,615,845,498	50,895,903,117
-자본총계	20,831,825,763	28,701,304,108
-자본금	10,419,988,500	8,456,657,500
-매출액(재화의 판매 및 용역의 제공에 따른 수익액에 한합)	27,405,458,507	19,385,651,614
-영업이익	-1,852,194,915	-6,560,968,462
-법인세비용차감전계속사업이익	-12,604,686,860	-10,865,069,449
-당기순이익	-22,738,174,656	-11,469,899,126

참조 금융감독원 전자공시시스템

연결기준의 재무제표도 궁금하지만 이는 핵심내용이 아니기 때문에
독자들이 찾아보길 추천하고 별도기준 재무제표의 요약을 본다. 감사

를 거치니 영업이익이 대략 18억 원 손실로 기록돼있다. 앞서 감사 전에 발표한 2016년도 별도법인 영업이익은 대략 6억 원 흑자였는데 감사 후 이것이 18억 원 적자로 바뀐 것이다. 그럼 이제 어떻게 되겠는가? 2012년부터 2015년까지 별도기준 연속 영업손실을 4년 동안 기록했으므로 관리종목에 지정됐다. 관리종목 지정 여부를 감사보고서 공시에는 친절히 알려주게 돼 있는데 이는 잠시 후 확인하고 자료에서 하나만 더 보고 넘어간다.

다음 장에서 얘기하겠지만 이미 나왔기에 한번 눈에 보고 넘어가자. 자료에서 보면 '감사의견과 관련 없는 계속기업 존속 불확실성 기재여부'라는 부분에서 직전사업연도에는 미기재로 있었으나 이번 2015년 사업연도에는 기재로 바뀌어 있다. 그럼 이게 무엇인가? 기업을 감사할 때에는 기본적으로 기업은 계속적으로 존재함을 가정한다. 즉, 청산법인이 아니라 계속기업이라는 의미다. 그런데 계속기업으로 존속하기에는 무엇인가 불확실한 부분이 있기에 이를 기재해뒀다는 의미다. 따라서 투자자에게 중요한 문구일까? 아닐까? 당연히 중요한 문구다. 이 부분은 다음장에 이어서 확인해보고 여기서는 일단 넘어간다.

이제, 기업에서 최근 4사업연도 동안 영업손실을 기록해뒀다는 부분을 보자. 감사보고서의 하단에 보면 다음 내용이 이어진다.

2016년 에스에스컴텍(036500) 감사보고서 감사의견

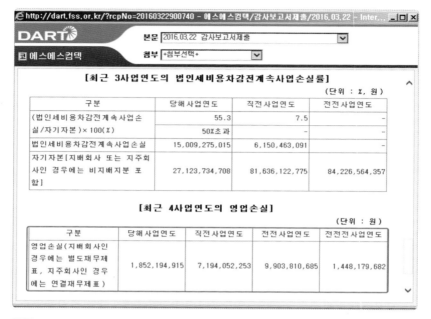

[최근 3사업연도의 법인세비용차감전계속사업손실률]

(단위 : %, 원)

구분	당해 사업연도	직전 사업연도	전전 사업연도
(법인세비용차감전계속사업손실/자기자본)×100(%)	55.3	7.5	-
	50%초과		-
법인세비용차감전계속사업손실	15,009,275,015	6,150,463,091	-
자기자본[지배회사 또는 지주회사인 경우에는 비지배지분 포함]	27,123,734,708	81,636,122,775	84,226,564,357

[최근 4사업연도의 영업손실]

(단위 : 원)

구분	당해 사업연도	직전 사업연도	전전 사업연도	전전전 사업연도
영업손실(지배회사인 경우에는 별도재무제표, 지주회사인 경우에는 연결재무제표)	1,852,194,915	7,194,052,253	9,903,810,685	1,448,179,682

참조 금융감독원 전자공시시스템

'2012년부터 2015년까지 별도기준으로 영업손실을 4년 기록했다'는 내용이 나와 있다. 그렇기에 관리종목으로 지정되는 것이다.

이후 이 기업은 '대출원리금 연체사실(2016년 4월)'이 발생했고 '반기 보고서 감사 의견거절(2016년 8월)'을 받았으며 결정적으로 별도기준 '최근 5사업연도 연속 영업손실'이 발생함으로써 상장적격성 실질심사 대상이 되어 정리매매 과정에 들어가게 됐다. 이후 과정을 상세히 하지 않는 이유는 앞의 '최근 4사업연도 연속 영업손실' 과정과 그 흐름이 유사해 반복 기술의 의미가 없기 때문이다.

이제 관리종목 지정 후의 주가흐름을 본다.

에스에스컴텍(036500) **주가 추이**

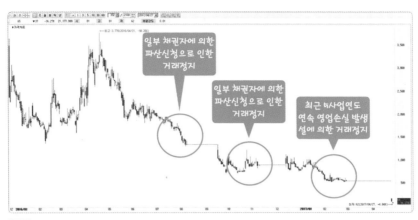

참조 미래에셋대우증권 HTS

2016년 3월 감사보고서 제출로 인해 '최근 4사업연도 연속 영업손실'이 되어서 관리종목이 됐다면(물론 그 이전도 마찬가지지만) 적어도 그 이후에는 투자에 더욱 유의했어야 했다. 그래도 그 당시의 주가는 주당 1,500원 위였다. 그러나 '최근 5사업연도 연속 영업손실 발생설'로 인한 거래정지 됐을 때가 553원으로 이미 주가는 대략 1년의 기간 동안 고가대비 63%가 하락해있었고 이후 정리매매는 따로 하락률을 거론할 의미가 없게 돼 버렸다.

따라서 이런 기업으로의 투자는 반드시 조심해야 한다. 또한 정말 이 기업의 내막이나 내부 정성적 흐름을 잘 아는 투자자를 제외하고 가능하면 영업이 본격적으로 턴어라운드 되기 전까지는 투자에 유의해야 한다.

각종 세미나 등이나 고객과의 면담 등에서 이에 대한 이야기를 거론하면 다음과 같은 질문이 나오곤 한다. "그런데 그건 후행적인 이야기 아닌가요? 지나간 결과를 이야기하는 거 아닌가요?"

하지만 필자가 저술하는 이 시각에도 '별도기준 최근 4연속 영업손실'로 관리종목으로 지정된 기업들이 코스닥시장에 있다. 절대 이 기업들이 나쁜 투자 대상이란 의미가 아니다. 필자가 재무제표에 드러난 숫자만 보고 이를 어찌 알겠는가? 또 다음 기업 중에 본래 영업이 본격적으로 턴어라운드 되면서 영업이익 등이 크게 좋아지고 있을 수도 있다. 다만 투자 시에 꼭 분석하고 유의해서 진행해야 한다는 것을 부탁하고 밝히는 바이다.

코스닥시장의 최근4연속 영업손실로 관리종목 지정 기업 리스트

(단위 : 억 원)

구분	회계기준	IFRS(별도)	IFRS(별도)	IFRS(별도)	IFRS(별도)
	Name	2013 영업이익	2014 영업이익	2015 영업이익	2016 영업이익
072520	태양씨앤엘	-56	-254	-186	-57
073640	삼원테크	-31	-61	-89	-43
087220	스틸플라워	-86	-189	-217	-204
089230	THE E&M	-215	-440	-132	-7
089890	고려반도체	-77	-32	-1	-33
099830	씨그널엔터테인먼트그룹	-16	-46	-55	-40
101680	한국정밀기계	-30	-157	-166	-73
115530	씨엔플러스	-5	-69	-36	-45
141020	포티스	-59	-62	-33	-13

참조 금융감독원 전자공시시스템, FnGuide

대규모 세전손실, 유의해서
분석해야 한다
오리엔탈정공을 통한 사례 분석

다음으로 고려해볼 투자 시 유의해야 할 시장조치 사항은 법인세비용차감전계속사업손실(약칭 '세전손실' 혹은 '세전이익')이다. 역시 이 규정은 유가증권시장(KOSPI Market)에는 없고 코스닥시장에 존재하는 규정이다.

코스닥시장 약칭 '세전손실' 관련 관리종목지정 및 퇴출 요건

구분	관리종목지정 (코스닥시장 요건 2017.1.1 정규정 기준)	퇴출 요건 (코스닥시장 요건 2017.1.1 개정규정 기준)
주1) 법인세 비용차감전 계속사업손실	자기자본 50% 이상(&10억 원이 상)의 법인세비용차감전계속사업손실이 최근 3년간 2회 이상 (&최근 연도계속사업손실) * 기술성장기업 상장 후 3년간 미적용, 이익미실현 기업 상장 후 5년 미적용	관리종목 지정 후 자기자본 50% 이상(&10억 원 이상)의 법인세비용차감전계속사업손실 발생

주1) 연결재무제표 작성대상법인의 경우, 연결재무제표상 법인세비용차감전계속사업손실 및 자기자본 기준

참조 한국거래소 KRX

규정에서 '법인세비용차감전계속사업손실의 규모가 10억 원 이상이고 자기자본 50% 이상의 법인세비용차감전계속사업손실이 최근 3년간 2회 이상'이면 먼저 코스닥시장의 관리종목에 지정된다. 그 다음 '관리종목 지정 후 자기자본 50% 이상(&10억 원 이상)의 법인세비용차감전계속사업손실이 또 발생'하면 시장에서 퇴출된다. 앞서 거론했던 기술성장기업은 상장 후 3년간 미적용되고 흔히들 테슬라 요건이라 부르는 이익미실현 기업은 상장 후 5년간 이 조건에 미적용된다. 이 조건에서 마지막으로 중요한 것은 연결재무제표 작성대상법인의 경우에는 연결재무제표의 법인세비용차감전계속사업손실액 및 자기자본을 그 기준으로 한다.

잠깐! 용어정리 📍 관리종목 및 상장퇴출 항목별 조건 정리

- **자본잠식** : 연결재무제표 작성대상법인이면 연결재무제표를 기준. 이때 자기자본은 비지배지분을 제외한 수치 적용
- **장기영업손실 항목** : 별도기준의 영업손실 수치 적용
- **대규모 세전손실 항목** : 연결재무제표 작성대상법인이면 연결재무제표의 법인세비용차감전계속사업손실액 및 자기자본의 수치 적용(단, 자기자본의 비지배지분 포함)

* 참고로 항목별 조건 등은 암기할 필요가 없다. 포스트잇 등에 간단히 써 두고 PC 앞에 붙여두다가 기업 분석 시 필요하면 참고하면 된다. 암기에 스트레스받지 말자. 필자도 강의 때 여러 번 사용하지만 가끔 가우뚱할 때가 있다.

일단 이 항목은 '법인세비용차감전계속사업손실'이라는 이름이 길어서 투자자에게 생소한 관리종목 조건이다. 하지만 다음 내용을 보면 크게 어려운 것이 없다. 이번 장에서 이후 법인세비용 차감 전계속사업손실은 약칭으로 '세전손실'로 칭하겠다.

예제를 통해서 보면 단순한 이론보다 훨씬 쉽게 다가온다. 예제는 세전손실과 관련해 관리종목에 지정돼있는 오리엔탈정공(014940)이다. 먼저 주가흐름부터 알아본다.

오리엔탈정공(014940)의 주가 추이

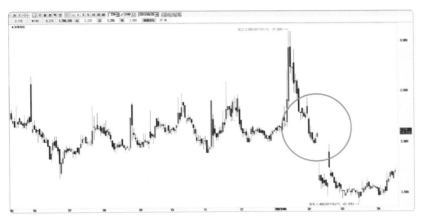

참조 미래에셋대우증권 HTS

2017년 1월 고점 대비해서는 주가가 51% 이상 하락했고 대략 2월 이후로는 25%대의 하락세가 나오고 있다. 왜 그런 것일까? 주가가 당일 20% 가까이 하락했던 2월 10일, 그 전날인 2월 9일의 공시 등을 찾아봤다.

오리엔탈정공 주권매매거래정지 공시

2017년 2월 9일에 관리종목 지정 우려로 주권매매거래정지가 공시됐다. 그래서 하락한 것으로 생각된다.

그럼 왜 관리종목으로 지정된 것일까? 일단 재무상태표부터 확인한다.

2014~2016년 오리엔탈정공의 재무상태표 일부

(단위 : 억 원)

항목	2014.12월	2015.12월	2016.12월
자본	-	-	-
지배기업의 소유주에게 귀속되는 자본	233	311	114
납입자본	2,112	1,489	1,489
자본금	903	203	203
주식발행초과금	1,209	1,287	1,287
기타자본구성요소	77	801	799
기타포괄손익누계액	3	5	2
기타자본	74	797	797
이익잉여금(결손금)	(1,956)	(1,980)	(2,174)

비지배지분	0	0	0
자본총계	233	311	114
자본잠식 여부	(자본 233억 원 < 자본금 903억 원) **자본잠식률 74.2%**	(자본311억 원 > 자본금 203억 원) **자본잠식 탈피**	(자본 114억 원 < 자본금 203억 원) **자본잠식 43.8%**

참조 금융감독원 전자공시시스템

우리가 앞서 봤던 관리종목 지정 기준에 해당하는지를 봤다. 먼저 2014년은 자본금이 903억 원인데 연결기준 자본총계가 233억 원으로 자본잠식이 됐다. 자본잠식률이 74.2%로 계산됐다. 그래서 관리종목으로 지정됐으나 2015년 2월 '5:1 액면병합' 하는 감자를 결정하는 등의 노력으로 2015년 사업보고서를 받은 2016년에는 자본잠식이 탈피되었다. 이후 2016년 사업보고서에는 자본금이 203억 원인데 자본총계는 114억 원으로 다시 자본잠식이 됐다. 그러나 자본잠식률은 43.8%로 코스닥 관리종목 지정 기준인 50% 이상을 하회했기에 이로 인한 관리종목 지정은 아니었다.

다음으로 오리엔탈정공의 별도기준 포괄손익계산서를 봤다.

2014~2016년 오리엔탈정공의 별도기준 포괄손익계산서 일부

(단위 : 억 원)

항목	2014.12월	2015.12월	2016.12월
수익(매출액)	1,509	1,177	820
영업이익(손실)	(284)	8	78

참조 금융감독원 전자공시시스템

장기영업손실에 해당해 관리종목이 됐는지를 보기 위해서 별도기준 포괄손익계산서를 보니 2015년과 2016년은 별도기준으로 영업이익이 발생했다. 따라서 연속 영업손실 대상도 아니었다.

그렇다면 어떤 기준일까? 여기서는 이번 장에서 새롭게 알아보는 '관리종목지정 우려 사유 : 최근 3사업연도 중 2사업연도 자기자본 50% 초과 법인세비용차감전계속사업손실 발생'의 내용이 나오게 된다.

2014~2106년 오리엔탈정공의 별도기준 포괄손익계산서 일부

(단위 : 억 원)

항목	2014.12월	2015.12월	2016.12월
자본총계	233	311	114
법인세비용차감전순이익(손실)	(341)	(74)	(198)
자기자본의 50%	116.5	155.5	57.0
자기자본 50% 이상의 세전손실 발생 여부	50% 이상 손실 발생	미발생	50% 이상 손실 발생

참조 금융감독원 전자공시시스템

2014년부터 보면 연결기준 자기자본에 해당하는 자본총계는 233억 원이었다. 따라서 이 자기자본의 50%는 약 116억 원 수준이고 손실규모가 이 금액을 상회하면 기준에 해당하는 것이다. 그런데 이 당시 세전손실은 341억 원이었으므로 자기자본 50% 이상의 세전손실이 발생됐다. '최근 3년 가운데 2회 이상'이 규정이기에 이제 1회 규정에 해당한 것이다.

2015년에는 같은 기준으로 자기자본의 50%는 약 155억 원 수준인데 이 당시 세전손실은 74억 원이므로 이 수치는 자기자본의 50%를 상회하지 않았다. 따라서 세전손실을 상회하는 초과손실이 발생하지 않아서 2015년에는 관리종목에 지정되지 않은 것이다.

그러나 이 규정의 특성은 '최근 3년 가운데 2회 이상'이라는 부분이기에 2015년에 해당하지 않았다고 해서 관리종목 지정에 완전히 자유롭게 된 것은 아니다. 문제는 2016년인데 여기서 조건에 해당하면 '최근 3년 가운데 2회 이상'에 걸리게 된다. 따라서 2016년 사업보고서를 보면 자기자본의 50%는 약 57억 원 수준인데 이 당시 세전손실은 198억 원이므로 이 수치는 자기자본 50% 이상의 세전손실이 발생한 것이다. 그래서 '최근 3년 가운데 2회 이상'에 해당해 관리종목에 지정됐다.

이 규정은 용어가 어려울 뿐이지 규정에 대한 논리나 계산과정이 어려운 것은 아니다. 따라서 읽어두면 다른 투자자보다 세심한 분석이 가능할 것이라 생각한다.

감사보고서와 감사의견을 활용한다
아이팩토리 등의 사례 분석

주요 기술사항이었던 4가지 중 마지막 항목은 '감사의견'에 대한 부분이다.

감사인 의견에 대한 관리종목 및 상장폐지 기준

구분	관리종목 지정 기준	상장폐지 지정 기준
유가증권시장 감사인 의견 미달	감사보고서상 감사의견이감사범위제한 한정인 경우(연결감사보고서 포함)	최근 사업연도 감사보고서상 감사의견이 부적정 또는 의견거절인 경우(연결감사보고서 포함)
	반기 검토보고서상 검토의견이 부적정 또는 의견거절인 경우	2년 연속 감사보고서상 감사의견이 감사범위제한 한정인 경우
주1) 코스닥시장 감사인 의견 미달	–	감사보고서 부적정, 의견거절, 범위제한한정 * 계속기업불확실성에 의한 경우 사유해소 확인 시 반기말까지 퇴출 유예

주1) 연결재무제표 작성대상법인의 경우. 연결재무제표에 대한 감사의견을 포함

참조 한국거래소

먼저, 감사보고서는 기업이 작성한 재무제표 등의 자료를 외부의 독립된 감사인이 중요성의 관점에서 공정하게 작성됐는지를 감사하여 그 결과를 보고서 형식으로 공시하는 것을 말한다. 모든 상장사는 반기보고서에는 반기검토보고서를, 연간 사업보고서에는 감사보고서를 첨부해야 한다. 추가로 자산총액이 5,000억 원 이상인 기업은 1분기와 3분기에 제출하는 분기보고서에도 검토보고서가 첨부돼야 한다.

일반적으로 연간 사업에 해당하는 사업보고서는 12월 결산법인의 경우 사업연도 경과 후 90일 이내(통상 3월말)까지 제출해야 하고 사업보고서 제출 시에 감사보고서를 첨부하도록 돼 있다. 감사보고서 제출기한은 정기주주총회 1주일 전까지다. 이때 한 가지 간단하지만 중요한 것은 상장법인이 감사보고서가 첨부된 사업보고서를 기한 내에 제출하지 않을 경우 관리종목으로 지정되고 사업보고서 미제출로 관리종목

지정 후 법정제출기한부터 10일 이내 사업보고서를 미제출하면 상장폐지되므로 이 역시 꼭 확인해둘 필요가 있다(유가증권시장 기준).

감사보고서는 어디에 있는가?

감사보고서 및 검토보고서는 금융감독원 전자공시시스템에서 확인이 가능하다. 먼저 일단 금융감독원 전자공시시스템으로 이동해 감사보고서를 찾아본다. 각종 네이버, 다음 등 포털사이트에서 '전자공시시스템'이라고 입력해 해당 사이트로 입력해도 되고 인터넷 주소줄에 'http://dart.fss.or.kr'를 입력하고 이동해도 된다. 이 과정은 앞에서 이미 진행했기에 생략한다.

이렇게 전자공시시스템 사이트로 이동하면 상단의 회사명 검색란에 원하는 기업을 입력하면 된다. 필자는 '삼성전자'라고 입력했다. 다음으로 기간설정부분인데 감사보고서는 앞에서 서술했듯 반기보고서와 연간 사업보고서에 첨부돼야 하므로 일단 1년으로 설정해둔다. 세 번째로 어떤 보고서를 볼 것이냐는 부분에서 사업보고서와 반기보고서는 정기공시 보고 사항이므로 '정기공시'를 체크한다. 그러면 상세화면이 나오는 데 여기서 '사업보고서'와 '반기보고서'를 체크한다. 이제 설정을 마쳤으므로 [검색] 버튼을 클릭한다.

전자공시시스템 감사보고서 검색

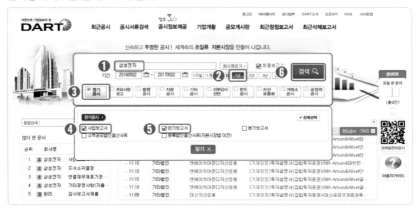

참조 금융감독원 전자공시시스템

검색결과가 화면에 나오게 된다. 그 가운데 상단에 있는 [사업보고서]를 클릭해본다.

전자공시시스템 감사보고서 검색결과

참조 금융감독원 전자공시시스템

해당 기업의 사업보고서 내의 첨부파일을 봐야 한다. 그래서 화면 상단에 있는 [첨부] 부분을 클릭해 그 하단에 나오는 [연결감사보고서]를 클릭해본다.

삼성전자 '사업보고서'

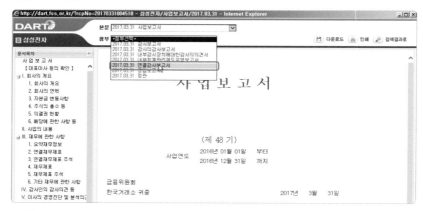

이제 '연결감사보고서'가 나오면 그 왼쪽에 있는 메뉴를 클릭해서 보고자 하는 내용을 찾아보면 된다. 이번 절에서 가장 중요시하고 있는 '감사의견'을 찾아보고자 왼쪽 메뉴의 [독립된 감사인의 감사보고서]를 클릭한다. 그렇게 되면 화면의 하단부에 '감사의견'을 볼 수가 있다.

삼성전자 '연결감사보고서'

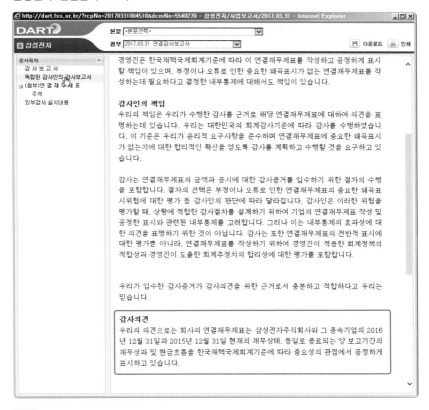

경영진은 한국채택국제회계기준에 따라 이 연결재무제표를 작성하고 공정하게 표시할 책임이 있으며, 부정이나 오류로 인한 중요한 왜곡표시가 없는 연결재무제표를 작성하는데 필요하다고 결정한 내부통제에 대해서도 책임이 있습니다.

감사인의 책임
우리의 책임은 우리가 수행한 감사를 근거로 해당 연결재무제표에 대하여 의견을 표명하는데 있습니다. 우리는 대한민국의 회계감사기준에 따라 감사를 수행하였습니다. 이 기준은 우리가 윤리적 요구사항을 준수하며 연결재무제표에 중요한 왜곡표시가 없는지에 대한 합리적인 확신을 얻도록 감사를 계획하고 수행할 것을 요구하고 있습니다.

감사는 연결재무제표의 금액과 공시에 대한 감사증거를 입수하기 위한 절차의 수행을 포함합니다. 절차의 선택은 부정이나 오류로 인한 연결재무제표의 중요한 왜곡표시위험에 대한 평가 등 감사인의 판단에 따라 달라집니다. 감사인은 이러한 위험을 평가할 때, 상황에 적합한 감사절차를 설계하기 위하여 기업의 연결재무제표 작성 및 공정한 표시와 관련된 내부통제를 고려합니다. 그러나 이는 내부통제의 효과성에 대한 의견을 표명하기 위한 것이 아닙니다. 감사는 또한 연결재무제표의 전반적 표시에 대한 평가뿐 아니라, 연결재무제표를 작성하기 위하여 경영진이 적용한 회계정책의 적합성과 경영진이 도출한 회계추정치의 합리성에 대한 평가를 포함합니다.

우리가 입수한 감사증거가 감사의견을 위한 근거로서 충분하고 적합하다고 우리는 믿습니다.

감사의견
우리의 의견으로는 회사의 연결재무제표는 삼성전자주식회사와 그 종속기업의 2016년 12월 31일과 2015년 12월 31일 현재의 재무상태, 동일로 종료되는 양 보고기간의 재무성과 및 현금흐름을 한국채택국제회계기준에 따라 중요성의 관점에서 공정하게 표시하고 있습니다.

참조 금융감독원 전자공시시스템

삼성전자는 감사의견에 해당하는 결과를 무엇이라고 기술돼있는가? 한마디로 '중요성의 관점에서 공정하게 표시돼 있다'고 말한다. 그럼 '중요성의 관점에서'라는 표현은 무엇인가? 이는 기업의 중요한 영향을 미칠만한 것을 보니 그 관점에서는 공정하게 표시하고 있다는 의미다.

간단한 예로 총자산 26조 원대인 기업에서 외부인의 회계감사 시에 끝자리까지도 그 자료의 공정성이 유지되고 있는지를 판단하기는 거의 불가능한 일이다. 정해진 날짜 안에 정해진 투입인력으로 감사를 해야 하니 '해당 기업에 영향을 미칠만한 중요한 자료를 중심으로 감사를 해 보니 그 결과로 공정히 표시하고 있다'고 결과를 내리는 것이다.

이제 감사보고서가 어디에 첨부돼있는지 그 결과로 어떤 의견이 기술되는지를 알아봤다.

감사의견에는 어떤 것이 있는가?

우리는 앞서 삼성전자의 감사의견을 보면서 '적정의견'을 확인했다. 한 마디로 '중요성의 관점에서 공정하게 표시돼있다'고 기술돼있다. 그렇다면 상장사의 감사의견은 모두 이와 같은 의견만 있는 것일까?

일단 먼저 다른 의견의 예를 한번 찾아보자. 2016년 사업연도 감사의견 거절 등으로 상장폐지가 확정된 우전(052270)이라는 기업을 찾아보자. 전자공시시스템에서 해당 기업을 찾는 과정은 앞서 진행했으므로 상세한 [따라 하기] 과정은 생략한다. 개략적으로 상단의 회사명 찾기를 통해서 '우전'을 찾고 기간이나 보고서 종류 등은 그냥 설정하지 말고 기본으로 두고 바로 [검색]을 클릭한다. 그러면 우전이라는 기업의 공시된 보고서들이 모두 나열될 것이다. 거기서 사업보고서 내에 첨부돼 있는 감사보고서 말고 제출된 감사보고서만 볼 수 있는 [감사보고서 제출] 부분을 찾아서 클릭한다.

우전 '감사보고서'

참조 금융감독원 전자공시시스템

이제 [감사보고서 제출]을 클릭하면 해당 기업의 '감사의견과 재무요
건' 등을 한눈에 확인할 수 있는 페이지가 나타난다.

우전 '감사보고서'

DART

본문 2017.03.21 감사보고서제출

첨부 +첨부선택+

감사보고서 제출

[지배회사 또는 지주회사의 연결재무제표 기준 감사의견 및 재무요건]

구분	당해 사업연도	직전 사업연도
1. 연결 감사의견 등		
-감사의견	의견거절	적정
-계속기업 존속불확실성 사유 해당여부	미해당	미해당
2. 감사의견과 관련 없는 계속 기업 존속 불확실성 기재여부	기재	기재
3. 연결 재무내용 (원)		
-자산총계	118,530,596,369	252,299,360,478
-부채총계	215,016,289,793	232,707,690,089
-자본총계	-96,485,693,424	19,591,670,389
-자본금	14,651,641,000	14,651,641,000
4. 연결 손익내용 (원)		
-매출액(재화의 판매 및 용역의 제공에 따른 수익액에 한함)	115,577,878,440	192,367,040,536
-영업이익	-37,811,077,993	-48,682,164,211
-법인세비용차감전계속사업이익	-143,496,801,309	-60,194,635,178
-당기순이익	-144,141,232,977	-63,279,896,331
-지배기업 소유주지분 순이익	-144,111,800,016	-62,652,117,846
5. 연결대상 종속회사 수(단 위 : 사)	9	9
6. 주요종속회사 수(단위 : 사)	3	3

참조 금융감독원 전자공시시스템

　앞서 봤던 삼성전자의 경우와 다른 것은 감사의견이 '의견거절'이라는 것이다. 코스닥기업의 관리종목 기준 및 퇴출 요건을 기억하는가? 그 기준에 의하면 '의견거절'이 나오면 코스닥시장은 바로 퇴출 요건이 되는 것이다. 다시 한번 아래 내용을 확인해둔다.

감사인 의견에 대한 관리종목 및 상장폐지 기준

구분	관리종목 지정 기준	상장폐지 지정 기준
유가증권시장 감사인 의견 미달	감사보고서상 감사의견이 감사범위제한 한정인 경우(연결감사보고서 포함)	최근 사업연도 감사보고서상 감사의견이 부적정 또는 의견거절인 경우(연결감사보고서 포함)
	반기 검토보고서상 검토의견이 부적정 또는 의견거절인 경우	2년 연속 감사보고서상 감사의견이 감사범위제한 한정인 경우
주1) 코스닥시장 감사인 의견 미달	–	감사보고서 부적정, 의견거절, 범위제한 한정 * 계속기업불확실성에 의한 경우 사유해소 확인 시 반기말까지 퇴출 유예

주1) 연결재무제표 작성대상법인의 경우, 연결재무제표에 대한 감사의견을 포함

참조 한국거래소

그렇다면 감사의견에는 어떤 것이 있는가? 삼성전자의 사례에서는 '적정의견'을 알아봤고 지금 우전의 사례에서는 '의견거절'을 알아봤다. 그 외에도 감사의견에는 어떤 종류가 있을까? 그 종류를 알아본다.

먼저, [따라 하기] 과정을 통해서 '감사보고서 제대로 활용하기'라는 금융꿀팁 200선 자료 가운데 하나를 다운받아 보자. 금융감독원의 소비자정보포털시스템인 파인(http://fine.fss.or.kr)에 가면 메인 화면 중간에 금융꿀팁 200선이라는 부분이 있다.

금융꿀팁 200선

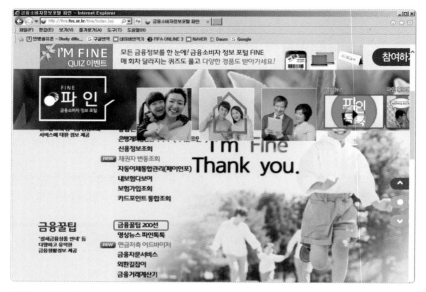

금융감독원 금융소비자정보포털 파인

　이 [금융꿀팁 200선]을 클릭하면 '감사보고서 제대로 활용하기'가 페이지 중간에 나온다.

감사보고서 제대로 활용하기

이 '감사보고서 제대로 활용하기'는 앞서서 거론했지만 필자의 생각
에 투자자라면 꼭 한 번은 읽어봐야 할 중요한 내용을 담고 있다고 생
각한다. 아주 좋은 자료라 판단해 이번 장의 내용에서도 이 자료를 참
조하고 있다.

이제 해당 페이지로 들어가면 '170330_조간_금융꿀팁 200선_감사
보고서제대로활용하기.hwp' 파일을 다운받을 수 있다.

감사보고서 제대로 활용하기

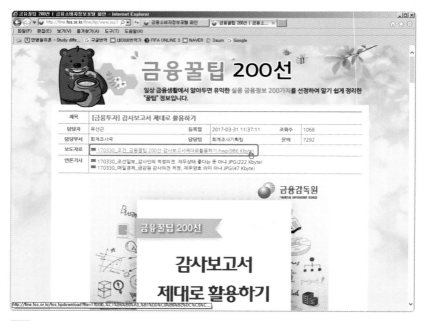

이 자료를 다운받으면 자료의 중간에 '감사의견의 종류'라는 부분이
있다.

감사의견의 구분

구분	적정의견	한정의견	부적정의견	의견거절
〈감사범위의 제한〉				
·중요하지 않은 경우	◈			
·중요하지만 전반적이지 않은 경우		◈		
·중요하면서 전반적인 경우				◈

〈회계기준의 위배〉				
• 중요하지 않은 경우	◆			
• 중요하지만 전반적이지 않은 경우		◆		
• 중요하면서 전반적인 경우			◆	
〈계속기업 존속 가능성〉				
• 타당하나 중요한 불확실성 존재				
– 회사가 공시	◆		◆	
– 회사가 미공시		◆		
• 타당하지 않음			◆	

참조 금융감독원 금융소비자정보포털 파인

내용을 보면 감사의견에는 크게 네 가지다. 적정의견, 한정의견, 부적정의견, 의견거절 등이다.

① **적정의견** : 삼성전자의 감사내용에서도 봤지만 '적정의견'은 '중요성의 관점에서 공정하게 표시돼있다'는 의미를 담고 있다. 여기서 표와 연관돼 세 가지 알아둘 것이 있다.

첫째, 기업에 대한 감사를 하려고 하는데 그리 중요하지 않은 자료 가운데 일부 미제출 등이 있을 수 있고(중요하지 않은 자료의 감사범위제한) 둘째, 일부 중요하지 않은 자료에 있어서 정해진 회계기준을 따르지 않은 경우가 있을 수 있다(중요하지 않은 자료의 회계기준 위배). 마지막으로 가장 중요한 것은 기업을 경영함에 있어서 불확실성이 있을 경우에 이를 회사가 먼저 공시했다면 이는 '적정의견이다'는 것이다. 쉽게 말해서 '우리 회사 어떤 문제 있어요'라고 공시하면 이는 감사 시에 '적정의견'을 내게 된다는 것이다. 그래서 여기서 투자자들이 알아야 할 것은 감사의견이 '적정의견'이라고 해서 우량한 기업으로 판단하고 무조건적인 투자 대상으로 올려놓으면 큰 문제가 생길 수 있다는 것을 간과해선 안 된다.

워낙 중요한 부분이기에 조금 더 쉽게 이해하고자 부연설명을 하면, 예를 들어 마라톤 경기가 진행됐다고 하자. 42.195Km를 모두 완주해서 결승점에 들어왔는데 이 경주자가 마라톤 규칙을 지켰는지 확인하는 경기심판은 '적정의견'을 낼 때 당연히 규칙을 정확히 지키고 문제없이 결승선에 들어온 경주자에게 '적정의견'을 주지만, 규칙을 지키지 않았거나 좀 더 정확히 이야기하면 '내 다리에 이런 문제가 있어서 앞으로도 제대로 뛰기 어려울 것 같아요'라고 알아서 말했던 경주자에게는 '적정의견'을 준다는 것이다. 그러므로 이런 '적정의견'을 받았다고 해서 모두 금메달, 은메달, 동메달 혹은 10위권 안에 드는 경주자는 아니라는 의미다.

'적정의견'은 '이 기업 규정을 잘 지켰어요. 혹은 일부 규정을 어긴 부분이 있지만 중요한 것은 아니에요. 또는 앞으로 문제가 발생할 불확실성을 내포하고 있지만 먼저 공시했기에 적정한 거에요'라는 의미를 갖고 있는 것으로 해석해야지 '이 기업 적정의견을 받았으니 우량한 금메달 기업이에요'라고 해석해서는 절대 안 된다는 것이다.

② **한정의견** : 기업에 대한 감사를 하려고 하는데 중요한 자료 가운데 일부 자료를 제출하지 않고 있고(감사범위제한), 일부에서 정해진 회계기준을 따르지 않고 있으며 기업에 있어서 중요한 불확실성이 존재했을 때 이를 공시하지 않았다면 이는 '한정의견'인 것이다.

앞서 마라톤 경주자 이야기를 했는데 이 경주자가 일부 구간에서 제대로 규정을 지키고 달렸는지 알 수 없거나 향후에 다리에 문제가 있어서 앞으로도 제대로 뛰기 어려울 것 같은데 이 부분에 대해서 언급하지 않고 있다면 이 경우에 '한정의견'이 된다.

그러면 실제 사례에서 '한정의견'이 어떻게 기술됐는지 확인해본다. 이 글을 쓰는 현재, 감사인의 감사의견 '한정'으로 거래정지 중인 리켐(131100)의 감사보고서를 보면 다음과 같은 문구를 확인할 수 있다.

리켐의 감사 '한정의견'

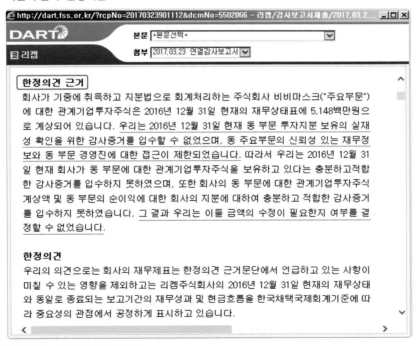

참조 금융감독원 전자공시시스템

③ **부적정의견** : '부적정의견'은 이해가 쉽다. 감사를 하고 보니 이 기업에 '중요하면서 전반적인 회계기준의 위배'가 있었다고 확인된 것이다. 또한 앞으로 기업이 계속적으로 존재해야 함에도 중요한 불확실성이 있고 이를 공시하지 않고 있으며 기업이 제시한 재무재표도 타당하지 않다고 보는 것이다.

마라톤 경주자의 예로 본다면 결승선에 들어왔는데 관련 자료를 찾아보니 전반적으로 중요하게 마라톤 규정을 어겼거나 향후에 다리에 문제가 있어서 앞으로도 제대로 뛰기 어려울 것 같은데 이 부분에 대해서 언급하지 않고 있고 이 경주자가 내놓은 주장도 맞지 않을 때 '부적정의견'이 된다. 사실 주식시장에서 '부적정의견'은 많지 않다. 2012년도 인스프리트(073130) 자료를 참조해본다.

인스프린트의 감사 '부적정의견'

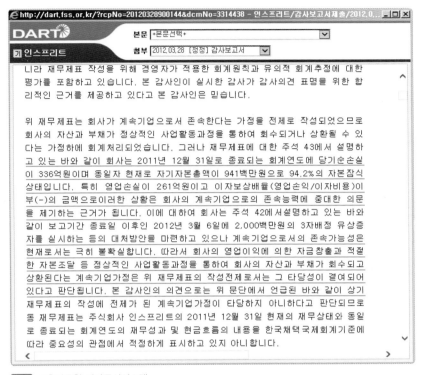

참조 금융감독원 전자공시시스템

④ **의견거절** : 기업에 대한 감사를 하려고 하는데 중요한 자료 가운
데 전반적인 자료를 제시하지 못하고 있을 때, 혹은 감사를 못하
게 제한하고 있을 때 '의견거절'이 된다.

마라톤 경주자로 본다면 결승선에 들어왔는 데 규정을 제대로 지켰
는지 향후에도 잘 달릴 수 있는지를 보기 위해서 관련 기록을 보고자
하니 중요하고 전반적인 자료를 보여줄 수 없다고 할 때 심판은 '의견
거절'을 주게 된다.

'의견거절'의 예는 앞선 우전(052270)의 감사보고서를 보면 확인할 수 있다.

우전의 감사 '의견거절'

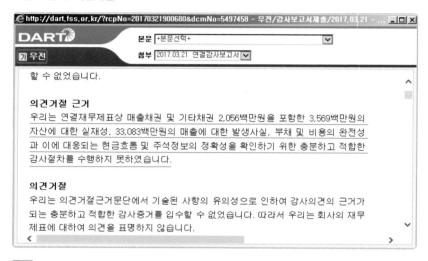

감사의견의 한계

4부에서는 '주식시장의 위험을 피해야 한다'라는 제목을 중심으로 위험요소를 알아보고 있다. 그 중에서도 이번 장에서는 감사보고서와 감사의견을 활용해 위험요소를 피해가는 법을 찾아가고 있는 중이다.

그런데 지금까지 알아본 '감사의견'에는 한 가지 한계점이 있다. 다시 한번 관련 규정을 보자.

감사인 의견에 대한 관리종목 및 상장폐지 기준

구분	관리종목 지정 기준	상장폐지 지정 기준
유가증권시장 감사인 의견 미달	감사보고서상 감사의견이 감사범 위제한 한정인 경우(연결감사보고 서 포함)	최근사업연도 감사보고서상 감사 의견이 부적정 또는 의견거절인 경우(연결감사보고서 포함)
	반기 검토보고서상 검토의견이 부적정 또는 의견거절인 경우	2년 연속 감사보고서상 감사의견 이 감사범위제한 한정인 경우
주1) 코스닥시장 감사인 의견 미달	-	감사보고서 부적정, 의견거절, 범 위제한 한정 * 계속기업불확실성에 의한 경우 사유해소 확인 시 반기말까지 퇴출 유예

주1) 연결재무제표 작성대상법인의 경우, 연결재무제표에 대한 감사의견을 포함
참조 한국거래소

일단 이해하기 쉽게 코스닥시장을 보면 감사보고서에서 '부적정, 의견거절, 한정' 의견 등이 나오면 바로 상장폐지 및 퇴출의 기준이 돼 '거래정지'가 되기에 미리 알고 준비할 대응의 시간이 없다는 것이다. 즉, '사후에 이 기업을 보니 이런 이유로 거래정지가 됐구나' 정도로 활용할 수 있는 것이지, 한정의견을 보고 투자에 조심할 수 없다는 한계점이 있다.

필자는 개인적으로 이런 분석을 그다지 좋아하지 않는다. 결과를 보고 이야기하면 누군들 이야기하지 못하겠는가! 어쩔 수 없이 결과론적인 이야기를 담아야 할 때도 필요하겠지만 가능하면 분석자는 이를 사전에 분석해서 위험요소를 피해갈 수 있어야 하는 것이다. 하지만 이런 이야기를 하는 필자도 어쩔 수 없는 경우에 놓일 때는 자괴감에 빠지곤 한다.

다시 본론으로 돌아와서 감사보고서와 감사의견에서 미리 준비해 위험요소를 피하는 방법은 없는 것일까? 이에 대한 완벽하지는 않으나 어느 정도의 답은 찾을 수 있다. 일단 앞서 언급한 '금융꿀팁 200선 – 감사보고서 제대로 활용하기'라는 금융감독원 보고서에 보면 다음과 같은 통계자료가 있다.

적정의견 표명 이후 2년 이내 상장폐지비율

(단위 : 사, %)

계속기업 불확실성 강조 여부		2014 회계연도 적정의견기업(a)	상장폐지기업			
			'15년	'16년	합계(b)	[비율 =(b)/(a)]
☑ 강조함	:	74	7 +	5 =	12	[16.2%]
☐ 강조하지 않음	:	1,758	16 +	22 =	38	[2.2%]

참조 금융감독원 금융소비자정보포털 파인

자료에 보면 2014년 기준 개별기업의 감사보고서에 '계속기업의 불확실성이 강조'된 경우는 총 74개 기업이었는데 이후 2015년, 2016년 상장폐지기업을 보니 총 12개 기업이 앞선 '계속기업의 불확실성이 강조' 기업에 해당한다는 것이다. 그 비율은 16.2%였다. 반면에 '계속기업의 불확실성이 강조하지 않은 경우'의 상장폐지 비율은 2.2%였기에 '계속기업의 불확실성이 강조' 항목이 있느냐가 상장폐지 여부와 유의성이 높다고 볼 수 있다.

그렇다면 이 부분을 어디서 확인할 수 있을까? 이 부분을 감사보고서에서 확인이 가능하다면 이런 불확실성이 강조된 기업은 위험요소가 있기에 피해야 한다고 분석할 수 있는 것이다. 이 부분은 앞서 이미 우리가 본 사례에 있었다. 우전의 감사보고서 제출 화면을 다시 본다.

우전 '감사보고서'

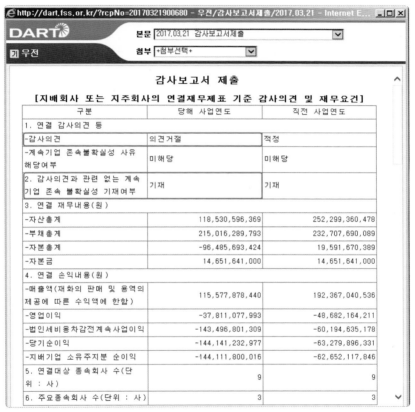

구분	당해 사업연도	직전 사업연도
1. 연결 감사의견 등		
-감사의견	의견거절	적정
-계속기업 존속불확실성 사유 해당여부	미해당	미해당
2. 감사의견과 관련 없는 계속 기업 존속 불확실성 기재여부	기재	기재
3. 연결 재무내용(원)		
-자산총계	118,530,596,369	252,299,360,478
-부채총계	215,016,289,793	232,707,690,089
-자본총계	-96,485,693,424	19,591,670,389
-자본금	14,651,641,000	14,651,641,000
4. 연결 손익내용(원)		
-매출액(재화의 판매 및 용역의 제공에 따른 수익액에 한함)	115,577,878,440	192,367,040,536
-영업이익	-37,811,077,993	-48,682,164,211
-법인세비용차감전계속사업이익	-143,496,801,309	-60,194,635,178
-당기순이익	-144,141,232,977	-63,279,896,331
-지배기업 소유주지분 순이익	-144,111,800,016	-62,652,117,846
5. 연결대상 종속회사 수(단위 : 사)	9	9
6. 주요종속회사 수(단위 : 사)	3	3

참조 금융감독원 전자공시시스템

'감사의견의 의견거절' 부분은 이미 알아봤고 그 밑에 '2. 감사의견과 관련 없는 계속기업 존속 불확실성 기재 여부'를 보면 '기재'라고 되어 있다. 무슨 의미이냐면, 감사의견이 적정이든 부적정이든 상관없이 '이

기업이 계속적으로 존속할지 부분에 대해서 기재해놓은 것이 있다'라고 보면 된다. 그러면 무엇을 기재했는지 우전의 경우를 다시 한번 찾아가 보자.

우전의 '감사보고서'

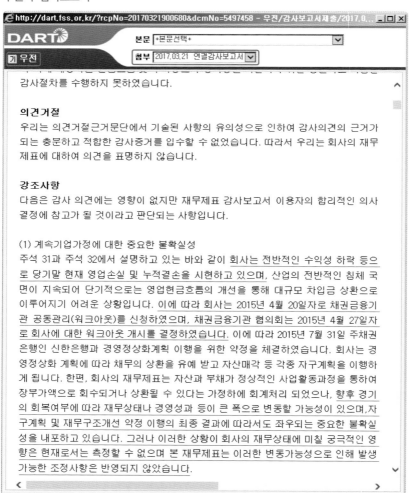

감사절차를 수행하지 못하였습니다.

의견거절
우리는 의견거절근거문단에서 기술된 사항의 유의성으로 인하여 감사의견의 근거가 되는 충분하고 적합한 감사증거를 입수할 수 없었습니다. 따라서 우리는 회사의 재무제표에 대하여 의견을 표명하지 않습니다.

강조사항
다음은 감사 의견에는 영향이 없지만 재무제표 감사보고서 이용자의 합리적인 의사결정에 참고가 될 것이라고 판단되는 사항입니다.

(1) 계속기업가정에 대한 중요한 불확실성
주석 31과 주석 32에서 설명하고 있는 바와 같이 회사는 전반적인 수익성 하락 등으로 당기말 현재 영업손실 및 누적결손을 시현하고 있으며, 산업의 전반적인 침체 국면이 지속되어 단기적으로는 영업현금흐름의 개선을 통해 대규모 차입금 상환으로 이루어지기 어려운 상황입니다. 이에 따라 회사는 2015년 4월 20일자로 채권금융기관 공동관리(워크아웃)를 신청하였으며, 채권금융기관 협의회는 2015년 4월 27일자로 회사에 대한 워크아웃 개시를 결정하였습니다. 이에 따라 2015년 7월 31일 주채권은행인 신한은행과 경영정상화계획 이행을 위한 약정을 체결하였습니다. 회사는 경영정상화 계획에 따라 채무의 상환을 유예 받고 자산매각 등 각종 자구계획을 이행하게 됩니다. 한편, 회사의 재무제표는 자산과 부채가 정상적인 사업활동과정을 통하여 장부가액으로 회수되거나 상환될 수 있다는 가정하에 회계처리 되었으나, 향후 경기의 회복여부에 따라 재무상태나 경영성과 등이 큰 폭으로 변동할 가능성이 있으며, 자구계획 및 재무구조개선 약정 이행의 최종 결과에 따라서도 좌우되는 중요한 불확실성을 내포하고 있습니다. 그러나 이러한 상황이 회사의 재무상태에 미칠 궁극적인 영향은 현재로서는 측정할 수 없으며 본 재무제표는 이러한 변동가능성으로 인해 발생 가능한 조정사항은 반영되지 않았습니다.

참조 금융감독원 전자공시시스템

우전의 감사보고서에 무엇이라고 기재돼있는가? 그림과 같이 '강조사항'을 잘 봐야 한다. '회사의 전반적인 수익성 하락 등이 이어지고 있으므로 향후 자구계획 결과에 따라서 회사가 좌우되는 중요한 불확실성을 내포하고 있다. 따라서 이런 회사의 상황이 이번 재무제표에는 반영되지 않았기에 계속기업에 대한 가정이 불확실하다'고 기재돼있다.

그러므로 이런 '감사의견과 관련 없는 계속기업 존속 불확실성 기재'라고 돼있으면 꼭 그런 것은 아니지만 이후 관리종목 혹은 퇴출될 수 있는 가능성이 있기에 조심해야 되는 것이다.

그러나 우전은 어쨌든 감사의견이 거절이었기에 상장폐지 절차를 밟게 됐다. 그렇다면 감사의견은 적정인데 강조사항 부분에 불확실성이 기재된 경우를 찾아보자. 어떻게 보면 감사의견은 사후조치에 해당한다면 강조사항은 사전조치의 의미도 있기에 투자자 입장에서는 더욱 중요한 부분이라고 볼 수 있다.

아이팩토리(053810)라는 기업은 2014년 감사보고서를 보면 감사의견은 적정이나 '감사의견과 관련 없는 계속기업 존속 불확실성 기재여부'에는 기재돼 있다. 따라서 이 부분에 주의를 기울여야 할 필요가 있는 것이다.

2014년 아이팩토리 '감사보고서'

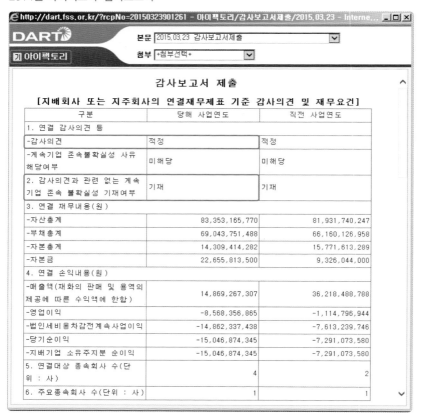

감사보고서 제출

[지배회사 또는 지주회사의 연결재무제표 기준 감사의견 및 재무요건]

구분	당해 사업연도	직전 사업연도
1. 연결 감사의견 등		
-감사의견	적정	적정
-계속기업 존속불확실성 사유 해당여부	미해당	미해당
2. 감사의견과 관련 없는 계속기업 존속 불확실성 기재여부	기재	기재
3. 연결 재무내용(원)		
-자산총계	83,353,165,770	81,931,740,247
-부채총계	69,043,751,488	66,160,126,958
-자본총계	14,309,414,282	15,771,613,289
-자본금	22,655,813,500	9,326,044,000
4. 연결 손익내용(원)		
-매출액(재화의 판매 및 용역의 제공에 따른 수익액에 한함)	14,869,267,307	36,218,488,788
-영업이익	-8,568,356,865	-1,114,796,944
-법인세비용차감전계속사업이익	-14,862,337,438	-7,613,239,746
-당기순이익	-15,046,874,345	-7,291,073,580
-지배기업 소유주지분 순이익	-15,046,874,345	-7,291,073,580
5. 연결대상 종속회사 수(단위 : 사)	4	2
6. 주요종속회사 수(단위 : 사)	1	1

참조 금융감독원 전자공시시스템

자료를 보면 감사의견이 '적정이구나'라고 생각하고 그 아랫 부분을 민감히 읽지 않았으면 아쉬운 분석이 될 수 있다.

2014년 아이팩토리 '감사보고서'

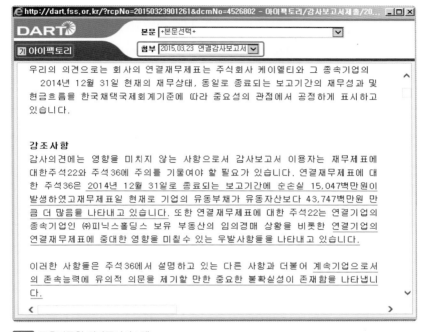

　분명 이 기업의 외부감사인은 감사의견을 적정으로 해놨는데 강조사항을 읽어보면 '2014년 순손실 대략 150억 원이 발생됐고 유동부채의 규모가 유동자산 대비 많으며 연결기업에 대한 연결재무제표에 중대한 영향을 미칠 수 있는 우발사항이 있기에 계속기업으로 존속능력에 의문을 제기할만한 불확실성이 존재한다'라고 기술해놓았다.

　이후 아이팩토리는 2016년 9월 상장폐지 됐다.

결론적으로 우리는 감사의견은 적정이나 '감사의견과 관련 없는 계속기업 존속 불확실성 기재 여부'에 '기재'가 돼있는 기업을 더욱 주의를 기울어 분석해야 함을 잊지 말자. 한 가지만 더 언급하면 결국 4부에서 알아본 자본잠식, 장기영업손실, 대규모세전손실 그리고 마지막으로 감사보고서와 감사의견 등은 감사보고서에 모두 들어있는 부분이다. 따라서 감사보고서 하나만 주의깊게 보고 분석한다면 많은 시간낭비를 막을 수 있는 좋은 자료가 된다.

PART 04를 끝내며

3부에서 재무제표를 알아봤고 이를 기반으로 이번 4부에서 주식시장의 일부 위험요소를 피하는 법을 확인했다. 관리종목 및 상장폐지 기준이 어떤 것이 있는지와 그 가운데에서 자본잠식, 무상감자, 장기영업손실, 대규모세전손실 그리고 마지막으로 감사보고서와 감사의견을 확인했다.

이와 같이 번거롭게 이런 과정 등을 확인하는 이유는 궁극적으로 주식시장에서 먼저 '잃지 않아야 한다'는 마음가짐과 주의가 필요하기 때문이다. 독자들에게 너무 소극적이고 방어적으로 들릴지 모르지만 확실한 것은 '잃지 않아야 결국에는 번다'는 것에 귀결됨을 강조하고 싶다.

PART

05

투자할 기업을 찾으러 간다
– 재무비율

재무제표를 분석하고 투자해야 한다는 것과 이를 기반으로 피해야 하는 주식들에 대한 이야기를 4부까지 했다. 이제 본격적으로 어떤 주식에 관심을 가져야 하고 분석해야 하는지에 대해서 알아보고자 한다. 하지만 이번 파트를 읽는다고 해서 바로 투자에 들어가서는 안 된다. 왜냐하면 주식은 가격을 봐야 하기 때문이다. 아무리 좋은 품질의 제품이라 해도 그 가격이 비싸다면 무리해서 살 필요가 없듯이 주식도 그와 같기 때문이다.

　이제 5부에서 알아볼 투자할 주식에 대한 본격적 거론 전에 해당 기업을 찾아가는 과정을 이번 장에서 확인해보려 한다. 재무비율 분석은 그렇게 높은 수준의 분석은 아니다. 누구나 한 번만 집중해서 보면 이해하기 어렵지 않다. 그럼에도 불구하고 기업의 기본적 분석 시에 종목을 골라내는(필터링, Filtering) 좋은 도구임에는 틀림이 없다.

재무비율 분석은 대부분의 시중에 나와 있는 책들이 거론하고 있는 부분이기에 이런 내용들을 나열하면서 책의 부피를 키우기보다는 이들은 간단히 정리만하고 실전 예제를 통해서 종목을 찾아가는 과정에 주력하고자 한다. 결국은 물고기를 잡는 방법을 아는 것이 중요한 것 아닌가?

기업은 수익성이 좋아야 한다.
내 돈을 불려주세요

　수익성이란 기업이 얼마나 돈을 잘 벌어들이느냐에 대한 분석이다. 우리가 투자한 기업이 이익을 거두지 못한다면 기본적으로 그런 기업에 투자할 이유는 없다. 이런 수익성을 가늠해보는 지표에는 상당히 많은 분석기법이 있지만 대표적으로 매출액영업이익률(OPM), 자기자본이익률(ROE), 총자산이익률(ROA) 등을 알아보고자 한다.

1 매출액영업이익률(OPM)

　매출액영업이익률(OPerating Margin)은 기업이 매출활동을 통해서 얼마나 영업이익을 내고 있는지를 확인하는 지표다. 이는 재무제표의 손익계산서에서 확인이 가능하다.

$$\text{매출액영업이익률(OPM)} = \frac{\text{영업이익}}{\text{매출액}} \times 100(\%)$$

매출액영업이익률은 동일 기업 내부에서 과거의 지표와 비교할 때도 사용되지만 동일 업종 내의 타 기업과도 비교할 때 활용이 된다.

다음 자료는 상장사 S−OIL(010950)의 2012년 이후 최근 5년간 매출액영업이익률 추이다.

S−OIL 2012년 이후 매출액영업이익률 추이

(단위 : 억 원)

연도	2012.12	2013.12	2014.12	2015.12	2016.12
S-OIL	IFRS(연결)	IFRS(연결)	IFRS(연결)	IFRS(연결)	IFRS(연결)
매출액(수익)	347,233	311,585	285,576	178,903	163,218
영업이익(손실)	7,818	3,660	-2,897	8,176	16,169
OPM	2.3%	1.2%	적자전환	4.6%	9.9%

참조 FnGuide

자료를 보면 유가 하락으로 인한 매출액 감소가 이어지고 있으나 2014년 영업손실을 기록한 이후 2015년 영업이익률 4.6%, 2016년 영업이익률 9.9%로 개선되고 있음을 알 수 있다. 특히 2016년 연간 기준 매출액의 9.9%를 영업이익으로 내고 있다는 측면에서 과거 이 기업의 영업이익률 추이 대비 상당히 우량한 수치를 보이고 있음을 알 수 있다. 참고로 S−OIL의 주가는 이런 영업이익률 개선 등의 호조로 2014년 영업손실을 기록하던 당시 저점을 기록한 이후 저점 대비 +184%대의 상승을 기록하고 있다.

S-OIL(010950)의 주가 추이

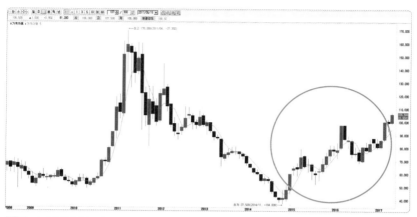

참조 미래에셋대우증권 HTS

또 경쟁사와 매출액영업이익률을 비교해보면 어떨까?

S-OIL과 SK이노베이션의 매출액영업이익률 추이 비교

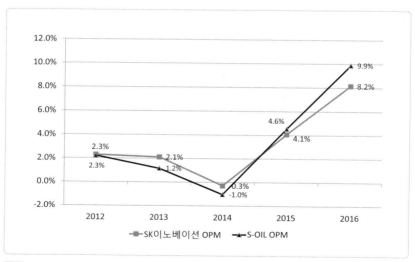

참조 FnGuide

자료를 보면 두 기업 모두 2014년에는 영업손실을 기록했지만 이후 영업이익률이 개선되고 있으며 그 개선폭이 S-OIL 쪽이 조금 더 높다.

그렇다면 매출액영업이익률은 얼마면 좋은 수치일까? 사실 이것은 같은 업종 내에서 비교해야 맞는 분석이지 단순히 수치만을 가지고 좋다, 나쁘다 이야기하기 어렵다. 예를 들어서 게임업종이나 인터넷포털 등의 업종에서는 영업이익률이 높게 나올 것이고 제조업종에서는 상대적으로 영업이익률이 낮게 나올 것이기 때문이다. 보편적으로 영업이익률을 10% 기준으로 이야기들을 하지만 이는 단순히 국내 산업을 통칭해서 편하게 거론하는 수치지, 10%가 절대적인 기준이 될 수는 없다.

② 자기자본이익률(ROE)

자기자본이익률(ROE, Return On Equity)은 당해 기간 동안 획득한 순이익(지배주주순이익)을 이런 이익창출을 위해 얼마나 자본(지배주주지분)이 투입됐는지를 비교함으로써 구하게 된다. 그냥 쉽게 투자자가 투입한 자기자본으로 얼마나 한 해 동안 이익을 냈는지를 보고 싶을 때 사용하는 비율이다.

$$\text{자기자본이익률}(ROE) = \frac{\text{지배주주순이익}}{\text{평균 지배주주지분}} \times 100(\%)$$

그렇다면 자기자본이익률이 왜 중요한 걸까? 기업의 수익성을 분석함에 있어서 경영자 입장에서 수익성을 바라보는 시각이 있을 것이고 주주 입장에서 수익성을 바라보는 시각이 있을 것이다. 경영자 입장에서 바라보는 수익성이 다음에 알아볼 총자산이익률(ROA)이라면 주주 입장에서 바라보는 수익성이 자기자본이익률(ROE)이다.

왜 자기자본이익률(ROE)가 중요한 것일까?

항목	A기업	B기업
연평균 자산(A)	100억 원	100억 원
연평균 부채(B)	50억 원	-
연평균 자본(C)	50억 원	100억 원
당기순이익(D)	10억 원	10억 원
ROE(F=D/C)	$\dfrac{10억\ 원}{50억\ 원}=20\%$	$\dfrac{10억\ 원}{100억\ 원}=10\%$

가상의 A기업과 B기업을 예제로 만든 표다. A기업과 B기업은 둘 다 연평균자산이 100억 원이고 당기순이익이 10억 원으로 같다고 하자. 그런데 A기업은 순자산에 해당하는 연평균 자기자본이 50억 원이고 B기업은 연평균 자기자본이 100억 원이다. 즉, A기업은 주주들이 50억 원을 투자해서 연간 10억 원을 벌었기에 20%가 자기자본이익률이 되는 것이고 B기업은 주주들이 100억 원을 투자해서 연간 10억 원을 벌었기에 자기자본이익률이 10%가 되는 것이다.

아직까지는 'ROE가 하나는 20%이고 하나는 10%구나' 정도로 느껴질 것이다. 그러나 3부에서 알아봤던 이 그림이 기억나는가?

손익계산서가 필요한 이유

재무상태표
시점 : 20XX년 12월 31일

자산	부채
	자본
	– '내 돈' : 납입자본금 ⇒ '자본거래'
	– '번 돈' : 이익잉여금 ⇒ '손익거래'

> 정해진 기간동안 이 부분의 성과를 좀 자세히 보여줘!

항목	월간
월간매출액	1,000만 원
원재료(라면, 김, 단무지 등)	300만 원
매출총이익	700만 원
판매비와관리비 (인건비, 통신비, 판촉비 등)	470만 원
영업이익	230만 원
영업외비용(이자비용, 잡손실 등)	30만 원
법인세비용차감전순이익	200만 원
법인세비용	0
월간 순이익	200만 원

회기 기간 동안의 당기순이익은 다음 회기에 자본으로 들어가게 된다(배당은 없다고 전제했을 때). 만약 이런 식으로 10년이 흘렀다고 가정해본다.

ROE와 자기자본의 변화 추이

(단위 : 억 원)

구분	A기업	B기업
ROE	20%	10%
0기	50	100
1기	60	110
2기	72	121
3기	86	133
4기	104	146
5기	124	161
6기	149	177
7기	179	195

8기	215	214
9기	258	236
10기	310	259
증가율	619%	259%

A기업은 초기 자기자본이 50억 원이었다. 한 회기 동안 영업활동을 해서 당기순이익이 10억 원이었고 배당을 하지 않아서 모두 자본금으로 들어가서 다음 1기말의 자본금은 60억 원이 됐다. 이렇게 ROE 20%로 10년간 영업활동을 유지됐다고 가정했을 때 10기말의 자기자본은 310억 원으로 변화된다. 이는 초기 자기자본 50억 원 대비 619% 수치다.

B기업은 초기 자기자본이 100억 원이었다. 한 회기 동안 영업활동을 해서 당기순이익이 10억 원이었고 역시 배당을 하지 않아서 1기말의 자본금은 110억 원이 됐다. 이렇게 ROE 10%로 10년간 영업활동을 유지됐다고 가정하면 10기말의 자기자본은 259억 원이 된다. 이는 초기 자기자본 100억 원 대비 259%의 수치다.

이 도표를 통해서 자기자본이익률 ROE가 높다는 것은 자산 가운데 주주의 몫인 자기자본이 증가함을 뜻하게 되고 만약 ROE 20%가 10년간 유지되는 기업을 PBR 1배에 사서 같은 PBR 1배에 판다 해도 10년 후에는 519%의 수익이 나는 것이다. 그래서 주식시장에서는 ROE가 높은 기업에 투자자들의 선호도가 증가하게 돼있고 이로 인해 PER, PBR도 증가해서 고평가 기업군들의 가장 대표적 수치로 자기자본이익률 ROE가 쓰이게 된다.

그렇다면 투자의 기준이 되는 ROE는 어느 정도일까? 이 역시 영업이익률 OPM과 마찬가지로 업종과 개별기업의 특성에 맞춰서 다시 봐야 한다. 하지만 일반적인 시각으로 워렌버핏은 ROE가 15% 이상인 기업, 이상적으로는 ROE 20% 이상인 기업에 투자하라고 조언하고 있다. 그가 투자했던 코카콜라는 ROE가 30%, 허쉬는 33%, 펩시콜라는 32%대를 기록해왔다.

ROE가 높은 것이 투자자에게 무작정 좋은 것인가? 이에 대한 논란이 있으나 이는 이번 5부 뒷부분으로 넘기고 우리나라 시장에서 ROE가 높은 기업을 한번 찾아보자.

우리나라 주식시장에 대표적 ROE가 높은 기업으로 메디톡스(086900)가 있다. 메디톡스의 ROE 추이를 보기 위해서 독자 각자가 이용하고 있는 증권사 HTS에 보면 FnGuide 등이 제공하는 '개별기업정보' 메뉴가 있을 것이다. 이를 활용해도 좋고 혹은 '한국상장사협의회(http://www.klca.or.kr/)' 사이트로 가도 좋다. 이 사이트의 상단에 있는 [상장회사 정보]를 클릭하고 그 아래에 있는 [개별기업분석]을 클릭해본다.

　　[개별기업분석] 페이지로 와보면 중간에 '기업명/코드' 부분이 있는 데 여기서 '메디톡스'를 입력하고 검색기를 클릭한다.

　　이제 메디톡스의 기업분석 자료를 볼 수 있을 것이다.

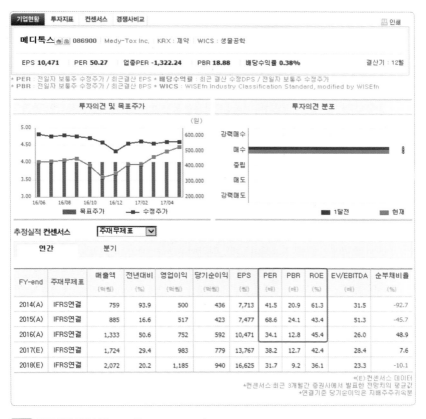

메디톡스는 2014년 연간 ROE 61.3%, 2015년 연간 ROE 43.4%, 2016년 연간 ROE 45.4%를 보여주고 있다. 주주들이 자신이 투자한 자기자본 대비 45%대의 순이익을 보여주고 있으니 이 기업의 주가는 고수익에 갈망하는 투자자들의 투자 대상이 될 것이고 이렇다 보니 2016년 기준PER 34배, PBR 12배 이상의 평가를 받고 있다. 이런 고평가를 받는 기업에 투자를 해야 하는 것인가에 대한 문제는 이후에 나올 ROE와 PBR과의 관계 부분에서 거론할 예정이다.

ROE는 투자자에게 상당히 중요한 지표지만 이를 해석함에 몇 가지 주의사항이 있다.

❶ ROE는 분자에 순이익이 입력되는 것이 보통이기에 일시적으로 ROE가 급격히 좋아지거나 급격히 낮아지는 경우가 발생할 수 있다. 그 이유는 경상적인 영업이익이 아니라 일시적이고 비경상적인 자산의 가치 변동 등에 의해서 순이익이 변할 수 있기 때문이다. 이럴 경우 ROE가 급격히 변할 때에는 이를 개별적으로 분석하고 판단해야 한다.

❷ ROE의 특성상 분모에 자기자본이 입력되기에 ROE를 개선시키기 위해서 타인자본을 크게 활용할 경우에는 조심해야 한다. 당연히 이럴 경우 부채비율이 상승할 것이고 차입금의존도가 높아질 것이기에 향후 알아볼 기업의 안정성 부분에서 위험에 노출될 가능성이 있다. 따라서 ROE가 좋아지는 요소가 이익 증가와 함께 타인자본의 증가라면 이 기업이 안정성 부분에 문제가 없는 지를 확인해야 한다.

❸ ROE의 영속성 여부를 확인해야 한다. 이 부분은 상당히 중요한 부분이기에 5부에서 따로 기술할 생각이다.

❸ 총자산이익률(ROA)

자기자본이익률 ROE가 분모에 '평균 지배주주지분'이 사용되는 것에 반해 총자산이익률(ROA, Return On Assets)는 분모에 '평균 총자산'이 입력된다.

$$\text{총자산이익률}(ROA) = \frac{\text{당기순이익}}{\text{평균 총자산}} \times 100(\%)$$

자기자본이익률 ROE와 달리 총자산이익률 ROA는 어디에 사용되는 걸까? ROE가 그 평가기준을 '주주의 소유지분 대비해서 얼마나 이익을 냈는가?'에 맞추고 있다면 ROA는 '기업의 총자산 대비해서 얼마나 이익을 냈는가?'에 맞추고 있다.

앞서 거론했었지만 ROE가 주주 입장에서의 수익성을 바라보는 것이라면 ROA는 경영자 입장에서 수익성을 바라보는 지표인 것이다. 기업을 경영함에 있어서 주주의 자기자본 외에도 타인자본에 해당하는 부채도 잘 활용해야 한다. 적절히 레버리지를 활용함으로써 그 이익을 극대화 하는 것도 기업 입장에서는 중요하기 때문이다. 이럴 때 해당 기업이 얼마나 총자산(자기자본 + 타인자본)을 잘 활용해 이익을 냈는가를 보고 싶을 때 사용하는 지표가 바로 ROA인 것이다.

또 하나는 기업이 보유한 총자산을 얼마나 효율적으로 이익 창출에 활용되고 있는지를 알려주는 지표다. 예를 들어 2016년 기준 롯데제과의 당기순이익 ROA는 1.8% 수준이었다. 이는 롯데제과가 보유한 1,600억 원이 넘는 현금성자산, 안정적인 매출처로 인한 3,200억 원대의 매출채권, 1.4조 원이 넘는 매도 가능 금융자산 등 4조 원대에 근접하는 총자산으로 당기순이익은 752억 원을 기록했기에 ROA가 1.8%가 되는 것이다. 하지만 이런 우량한 금융자산과 유형자산이 있는 기업을 단지 ROA가 낮다는 이유로 저평가할 필요는 없는 것이다. 업종의 특성이고 개별기업의 특성이므로 ROA를 산출 후에 개별기업의 재무제표를 상세히 분석해봐야 한다.

그렇다면 어떤 기업이 ROA가 높을까? 이를 이해하기 위해서 총자산 이익률의 분자와 분모에 매출액이라는 요소(Factor)를 넣어본다.

$$\text{총자산이익률}(ROA) = \left(\frac{\text{당기순이익}}{\text{매출액}}\right) \times \left(\frac{\text{매출액}}{\text{평균 총자산}}\right)$$

이와 같이 분해를 하면 왼편은 '매출액 대비 당기순이익'으로 흔히 말하는 '순이익률'이 나온다. 즉, 기업의 마진이 얼마나 좋은가를 알 수 있다. 오른편은 '평균 총자산 대비 매출액'으로 '총자산회전율'이 나오는데 이는 기업이 보유한 총자산을 활용해 얼마나 매출을 많이 일으키고 있는지를 알 수 있다.

따라서 ① 마진이 좋거나 ② 총자산을 활용해 매출을 많이 일으킬수록 ROA가 높아짐을 알 수 있다.

뷰웍스(100120)라는 기업의 ROA를 보기 위해서 '한국상장사협의회 (http://www.klca.or.kr/)' 사이트로 가본다. 그리고 [상장회사 정보]를 클릭하고 그 아래에 있는 [개별기업분석]을 클릭한 후에 '기업명/코드' 부분에서 '뷰웍스'를 입력하고 [검색기]를 클릭한다. 다음과 같은 화면이 나오면 이때 투자지표에 조금 더 상세한 부분을 보기 위해서 화면의 상단에 있는 두 번째 탭인 [투자지표]를 클릭한다.

· 기업명 / 코드

기업현황 | **투자지표** | 컨센서스 | 경쟁사비교 | 인쇄

뷰웍스 100120 | Vieworks | KRX : 의료,정밀기기 | WICS : 건강관리장비와용품

EPS **2,697** | PER **25.51** | 업종PER **32.80** | PBR **6.22** | 배당수익률 **0.29%** | 결산기 : 12월

* **PER** : 전일자 보통주 수정주가 / 최근결산 EPS * **배당수익률** : 최근 결산 수정DPS / 전일자 보통주 수정주가
* **PBR** : 전일자 보통주 수정주가 / 최근결산 BPS * **WICS** : WISEfn Industry Classification Standard, modified by WISEfn

수익성 | 성장성 | 안정성 | 활동성 | 가치지표

주재무제표 | IFRS | ◉연간 ○분기

수익성지표

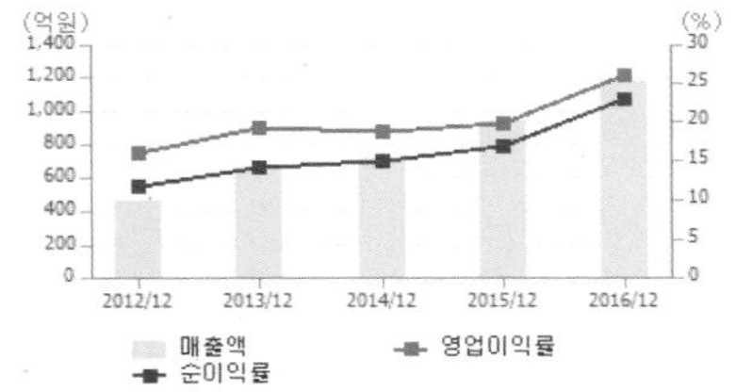

투자수익률

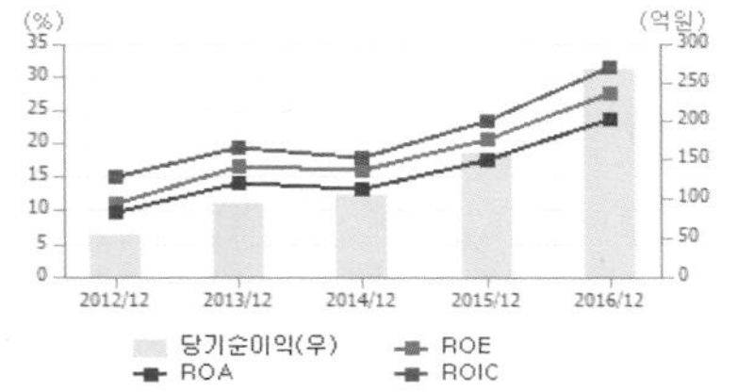

* 단위 : 억원, 비율, 분기:순액기준
* 비율간 전년대비는 % 정보입니다
* 분기 ROE/ROA는 직전 4분기 데이터를 이용하여 연간으로 환산된 정보입니다

항목	2012/12 (IFRS연결)	2013/12 (IFRS연결)	2014/12 (IFRS연결)	2015/12 (IFRS연결)	2016/12 (IFRS연결)	전년대비
매출총이익률	50.63	46.71	49.28	45.34	51.34	5.99
영업이익률	16.03	19.28	18.72	19.66	25.97	6.31
순이익률	11.75	14.16	14.95	16.89	22.91	6.02
EBITDA마진율	19.09	22.53	22.69	24.29	31.35	7.06
ROE	11.09	16.44	15.81	20.47	27.68	7.21
ROA	9.80	13.97	13.17	17.40	23.68	6.28
ROIC	15.10	19.20	17.73	23.38	31.47	8.09

참고 한국상장사협의회 http://www.klca.or.kr/

이런 결과 화면을 볼 수 있다. 이 화면을 보면 뷰웍스의 총자산이익률 ROA는 2012년 9.8%에서 꾸준히 개선돼 2016년 23.68%까지 상승한 것을 알 수 있다. 그런데 그 원인으로 '매출액 대비 순이익률'이 2012년 11.75%에서 2016년 22.91%까지 좋아졌음을 확인할 수 있다. 따라서 뷰웍스의 ROA의 개선은 '매출액 대비 순이익률'의 개선에 있음을 알 수 있다.

④ 따라 하기 - 수익성이 좋은 기업을 찾아보자

필자가 처음에 책을 쓰고자 결정했을 때 가장 중요하게 생각했던 부분이 '단지 이론으로 끝나는 책을 쓰지 말자'는 것이었다. 그래서 지금까지 독자들이 느꼈겠지만 중간 중간에 계속적으로 [따라 하기] 코너를 통해서 실제로 데이터를 찾아내는 법과 이를 통해서 결과를 유출해내는 법을 반복하고 있는 것이다.

시중에 나와 있는 책들을 보면 이론적으로 설명이 잘돼 있고 읽어보면 '아, 그렇구나! 그래서 수익이 났구나!'까지는 이해가 가는데 '그래서 지금은 어디에 투자하고 무슨 주식을 사란 말인가?'에 대한 답을 찾기는 쉽지가 않다. 필자도 이 부분에 대한 고민을 많이 했고 가능하면 자산운용사(펀드매니저 등)들이 어떻게 활용하고 있는지를 보여주고자 고민을 많이 했다. 하지만 문제는 이것을 저술하는 데 제약이 있다는 것이다. 대표적으로 애널리스트들이나 펀드매니저들은 FnGuide나 WiseFn 같은 유료정보 제공회사에서 필터링이나 스크리닝 기능을 활용하면 쉽게 원하는 조건의 종목을 검색해낼 수 있는데, 이들을 활용하지 않으면 이런 검색 자체가 상당한 시간이 소요된다. 하지만 그럼에도 불구하고 주어진 상황에서 가능하면 쉽게 [따라 하기]를 통해서 결과를 도출해내도록 노력할 것이다.

이제 지금까지 알아본 재무비율의 수익성 측면에서 좋은 종목을 실제로 찾아내는 과정을 진행해보고자 한다. 점점 투자하고자 관심을 가져야 하는 주식으로 한 걸음 한 걸음 다가가고 있는 것이다. 하지만 다시 당부하지만 아직은 투자할 때가 아니다.

각 증권사 HTS마다 대부분 종목검색 기능이 있는데 필자가 사용해보면 가장 편하고 여러 기능을 구현해 둔 HTS가 대신증권 크레온이나 싸이보스라고 생각된다(필자는 대신증권 크레온이나 싸이보스 프로그램과 어떤 연관도 없다. 또한 이런 프로그램을 굳이 가입하고 설치하라고 추천하고픈 마음도 없다. 단지 필자가 사용하기에 편하다는 생각일 뿐이다).

그래서 대신증권 크레온으로 [따라 하기] 과정을 진행하고자 한다.

① 먼저 개인이 사용하는 HTS에 접속해 로그인을 한다. 필자는 앞서 기술한 바와 같이 크레온에 접속했다. 접속 후 상단의 메뉴 가운데 [주식]을 클릭하고 그 하위에 [종목검색], [8537 종목검색(Master)]를 차례대로 클릭한다.

증권사 HTS의 종목검색 기능

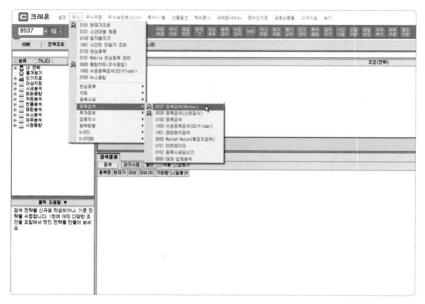

참조 대신증권 크레온

② 이제 종목검색 화면을 만날 수 있다. 그러면 왼쪽 상단에 상세메
뉴가 나오는데 거기서 [대상지정]-[시장구분]을 클릭한다. 이는
종목을 검색할 때 어느 시장을 대상으로 검색하느냐를 설정하는
것이다. 먼저는 거래소 코스피시장의 종목을 대상으로 먼저 검색
하려 한다. 다음으로 나오는 화면에서 '거래소' 부분에 체크표시를
하고 밑에 [확인]을 클릭한다.

종목검색 기능 내 시장구분 설정

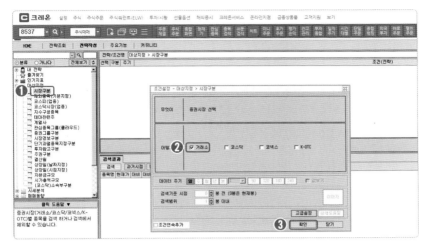

참조 대신증권 크레온

③ 우리가 앞서 봤던 투자 위험군을 결과값에서 제외하기 위해서 왼쪽 상단의 상세메뉴에서 [대상지정]-[제외종목(기본지정)]을 클릭한다. 그 다음 화면에서 '어떻게' 부분에서는 검색에서 제외하고 싶은 항목군에 클릭하면 된다. 필자는 일단 기본적으로 제공되는 검색제외 종목군을 모두 선택하고 하단에 있는 [확인]을 클릭한다.

종목검색 기능 내 제외종목 설정

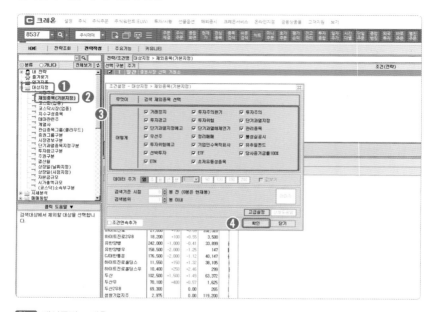

④ 이제(우리가 이번 장에서 처음 알아보았던) 매출액영업이익률(OPM)
에 대해서 검색해본다. 왼쪽 상단 메뉴 가운데에서 거의 하단부에
있는 [재무분석]에 이어서 [수익성]을 클릭한다. 그러면 수익성에
관련된 비율들이 나열되는데 그 가운데서 [매출액영업이익률]을
클릭한다. 여기까지 되면 화면의 중간에 매출액영업이익률에 대
한 설정을 할 수 있는 창이 뜰 것이다. 그 창에서 상단의 결산기준
은 연간 결산으로 하고 최근 자료를 보고 싶으므로 '0기전'으로 설
정한다. 물론 만약 최근 자료가 아닌 1년 전 자료를 검색하고 싶
으면 '1기전'으로 맞추면 된다. 일단 [따라 하기]는 '0기전'으로 맞
춘다. 이제 연간 누적자료를 보고싶으므로 '누적기준'에 맞춘다.

매출액영업이익률의 수치를 '어떻게' 부분에서 검색하고 설정하는지 알아보자. 필자는 '1% 이상 99% 이하'로 설정했다. 다르게 설정해보고 싶으면 독자들이 알아서 설정하면 된다. 그리고 하단에 있는 [고급설정]을 클릭한다. 이를 클릭한 이유는 우리가 관심 없는 하위 결과값이 너무 많으면 검색시간만 오래 걸리므로 1위부터 200위까지만 검색하고자 순위조건 적용의 왼쪽 부분을 클릭하고 상위200위까지 보기 위해서 '200' 이라는 숫자를 입력한다. 여기까지 다 됐다면 하단에 [확인]을 클릭한다.

재무분석 내 수익성분석, 매출액영업이익률

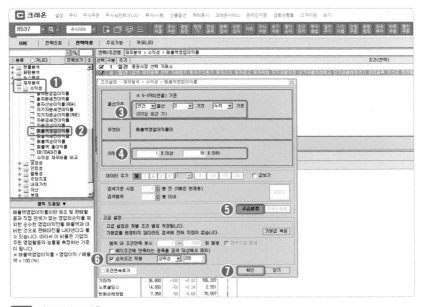

참조 대신증권 크레온

⑤ 지금까지 설정한 조건과 그 검색결과값을 화면에서 확인할 수 있다.

매출액영업이익률 상위200개 기업 결과값 확인

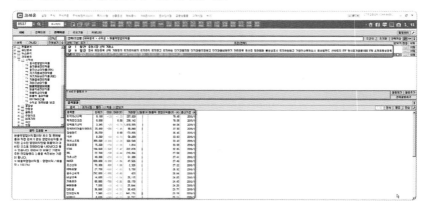

참조 대신증권 크레온

　필자가 설정했던 조건과 검색한 날짜의 결과값을 기준으로 2016
년 결산기준 코스피 업종 내에서는 한국자산신탁이 매출액영업이익률
70.48%로 가장 높고 다음으로 맥쿼리인프라, 한국토지신탁, 한국타이
어월드와이드, 강원랜드, 넥센, 엔씨소프트 순이었다. 그러므로 이런
기업들이 수익성 측면, 특히 매출액영업이익률 기준으로 좋은 기업들
이 되는 것이다. 계속 강조하지만 이 기업들을 바로 투자해서는 안 된
다. 수익성이 좋은 기업과 훌륭한 투자 대상과는 다른 것이다.

⑥ 이 조건의 결과값 위에 자기자본이익률(ROE)도 검색해보자. 이제
　한번 해봤기에 나머지는 어렵지 않게 설정이 가능할 것이다. 왼쪽
　상단 메뉴에서 역시 같은 수익성 내에 [자기자본순이익률(ROE)]
　를 클릭한다. 가운데 뜨는 화면에서 결산기준을 '연간 결산', '0기

전', '누적 기준'으로 설정한 다음 '어떻게' 어떻게 부분에서는 '0%
이상 99% 이하'로 설정한다. 이것은 ROE를 0%에서 99% 사이의
기업들로 검색하겠다는 뜻이다. 다음 [고급설정]을 클릭하고 역시
순위조건 적용 부분을 체크한 후 '상위순 200'을 입력한다. 다 됐
다면 [확인]을 클릭하면 된다.

매출액영업이익률 상위200 And 자기자본이익률 상위200

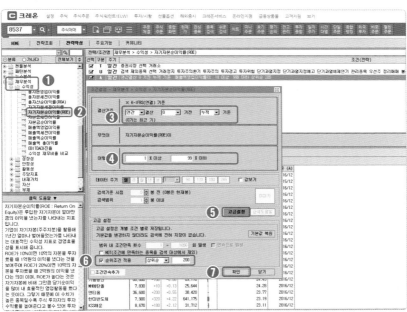

참조 대신증권 크레온

이 두 조건을 And 조건으로 두고 검색하니 그 결과값이 다음과 같다.

매출액영업이익률 상위200 And 자기자본이익률 상위200 검색결과

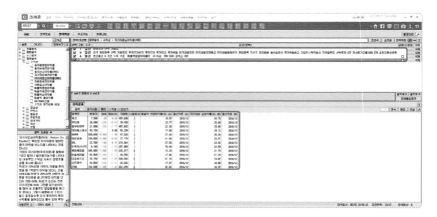

참조 대신증권 크레온

결과값 화면에서 자기자본순이익률 순으로 정렬하면 후성, 덴티움, 동부하이텍, 아이에스동서, NAVER 등의 순으로 수익성이 좋은 기업이 나오게 된다. 하지만 아직 투자 대상은 아니다.

⑦ 마지막으로 이번 장에서 알아봤던 총자산이익률(ROA)도 이 조건의 결과값 위에 검색해보자. 왼쪽 상단 메뉴에서 역시 같은 수익성 내에 [총자산순이익률(ROA)]를 클릭하고 그 다음 뜨는 화면에서 결산기준을 '연간 결산', '0기전', '누적 기준'으로 설정한다. 다음 '어떻게' 부분에서는 '0% 이상 99% 이하'로 설정한다. 이것은 ROA가 0%에서 99% 사이의 기업들로 검색하겠다는 뜻이 되며 다음으로 [고급설정]을 클릭하고 역시 순위조건 적용 부분을 체크한 후 '상위순200'을 입력한다. 다 됐다면 [확인]을 클릭하면 된다.

매출액영업이익률 상위200 And 자기자본이익률 상위200 And 총자산이익률 상위200

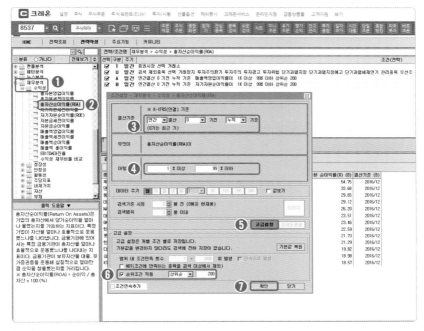

참조 대신증권 크레온

　이 세 조건을 And 조건으로 두고 검색을 하니 그 결과값이 다음과 같다.

코스피시장의 매출액영업이익률 상위200 And 자기자본이익률 상위200 And 총자산이익률 상위200 검색결과

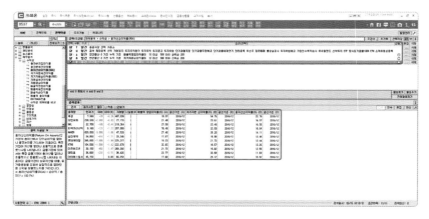

참조 대신증권 크레온

    결과값 화면에서 총자산순이익률 순으로 정렬하면 후성, 대한유화, GKL, 한국토지신탁, NAVER, 삼진제약 등의 순으로 수익성이 좋은 기업이 나온다. 하지만 역시 아직 투자 대상은 아니다.

조건을 그대로 진행하면서 대상군을 코스닥으로 했을 경우 어떤 결과값이 나오는 가? 이 진행과정은 독자들에게 맡기도록 하겠다. 단순히 이 책을 눈으로만 읽지 말 고 여건이 된다면 꼭 [따라 하기] 과정을 진행해보기를 간곡히 부탁드린다. 아무리 열심히 책을 읽고 강의를 듣는 것과 달리 직접 해보는 것만큼 학습효과가 높은 것 은 없기 때문이다.

코스닥시장의 매출액영업이익률 상위200 And 자기자본이익률 상위200 And 총자 산이익률 상위200 검색결과

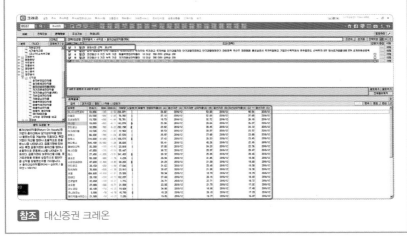

참조 대신증권 크레온

이제 우리는 주식시장에서 선호하는 수익성비율에는 어떤 것이 있는 지 또 그 비율을 기준으로 지금 시점에 수익성이 높은 기업에는 어떤 것이 있는지 확인했다. 이제 후속 내용을 통해 차츰차츰 성장성, 안정 성, 평가성 등을 더해가면서 투자 대상 종목군을 찾아나갈 생각이다.

성장하는 기업은 모든 투자자의 희망이다

몇몇 질문자분들 가운데 "가치투자자는 성장주를 싫어하는 거 아니냐?"고 묻는 분들이 있다. 그러나 실상은 그렇지 않다. 투자자 가운데 성장하는 기업을 싫어할 사람이 누가 있겠는가? 기업이 성장하지 못한다면 언젠가는 도태될 것이고 궁극적으로는 그 기업에 투자한 자기자본이 잠식에 빠지게 될 것이다. 결국 기업은 성장해야 한다. 고로 기업의 가치도 성장해야 한다. 우리는 그런 기업을 찾아서 투자하고 기업의 성장과 함께 투자 수익을 거두는 즐거움을 누려야 한다.

1 성장성비율 – 총자산증가율, 매출액증가율, 이익증가율

성장성비율은 특정 기간 동안 기업의 자산 및 자본, 이익 등이 얼마나 증가했는지를 측정하는 비율이다. 이런 측정요소에는 다양한 요소들이 있다. 총자산의 증가 여부, 자기자본의 증가 여부, 매출액의 증가 여부, 이익의 증가 여부 등이다.

$$\bullet\ 총자산증가율 = \frac{당기말총자산 - 전기말총자산}{전기말총자산} \times 100(\%)$$

$$\bullet\ 자기자본증가율 = \frac{당기말자기자본 - 전기말자기자본}{전기말자기자본} \times 100(\%)$$

$$\bullet\ 매출액증가율 = \frac{당기매출액 - 전기매출액}{전기매출액} \times 100(\%)$$

$$\bullet\ 영업이익증가율 = \frac{당기영업이익 - 전기영업이익}{전기영업이익} \times 100(\%)$$

$$\bullet\ 순이익증가율 = \frac{당기순이익 - 전기순이익}{전기순이익} \times 100(\%)$$

이들 각각의 계산식은 쉽게 이해할 수 있다. 예를 들어 총자산증가율이란 전기대비 자산이 얼마나 증가했는지를 계산하면 된다. 만약 어떤 기업이 전기말의 총자산이 100억 원이었고 당기말의 총자산이 130억 원이었다면 총자산증가율은 $\dfrac{130억\ 원 - 100억\ 원}{100억\ 원} \times 100(\%) = 30\%$로 계산된다.

하지만 이런 총자산증가율, 자기자본증가율 등은 대개 전년 대비 올해의 성장 등을 계산할 때 많이 사용된다. 이와는 다르게 연평균성장률(CAGR, Compound Annual Growth Rate)은 특정 기간 동안 복리로 얼마나 성장했는지를 산출하는 것으로 1년 단위보다는 3년, 5년, 10년 등 중장기적인 성장을 구할 때 사용된다.

3부에서 한샘의 연평균 매출성장률을 알아본 적이 있다. 다음 자료를 보면 기억날 것이다.

2005~2011년 한샘의 매출액 추이

계정명	200512	200612	200712	200812	200912	201012	201112
(단위: 억원)	GAAP(연결)	GAAP(연결)	GAAP(연결)	GAAP(연결)	GAAP(연결)	IFRS(연결)	IFRS(연결)
매출액(수익)	4,244	4,367	4,954	5,049	6,334	6,239	7,093
연평균성장률 CAGR (Compound Annual Growth Rate)							8.9%

참조 FnGuide

이때 2005년부터 2011년까지, 정확히 이야기하면 2005년 말부터 2011년 말까지만 6년간의 연평균복리성장률은 엑셀에서 어떻게 구할까?

엑셀의 CAGR 구하기

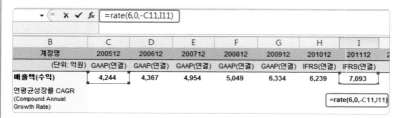

	B	C	D	E	F	G	H	I	
	계정명	200512	200612	200712	200812	200912	201012	201112	
	(단위: 억원)	GAAP(연결)	GAAP(연결)	GAAP(연결)	GAAP(연결)	GAAP(연결)	IFRS(연결)	IFRS(연결)	
	매출액(수익)	4,244	4,367	4,954	5,049	6,334	6,239	7,093	
	연평균성장률 CAGR (Compound Annual Growth Rate)							=rate(6,0,-C11,I11)	

연평균성장률 CAGR은 기준시점과 비교해서 최종시점이 연평균 몇 %로 성장한 것인지를 구하기 위함인데, 한샘의 경우 2005년말 매출액이 4,244억 원이고 우리가 최종시점으로 보고 있는 2011년 말 매출액이 7,093억 원이므로 이 사이 6년 동안 연평균 몇 %를 증가했는지를 구해주면 된다.

엑셀에서는 CAGR을 구할 때 RATE함수를 쓰면 쉽게 산출할 수 있다.

=rate(기간, 0, −기준시점, 최종시점)

여기서 기간은 몇 년간을 의미하고, 두 번째 요소인 0은 이율 계산 시 추가납입금을 의미하는 데 CAGR에서는 의미가 없으므로 0으로 설정하고, 기준시점 앞에 음수부호(−)를 붙이고 최종 시점을 입력하면 CAGR을 엑셀에서 구할 수 있다.

다시 성장성 비율로 돌아가서 총자산증가율이 급격히 증가하는 해가 있다면 그 원인을 찾아봐야 한다. 만약 그 원인이 매출액 증가나 이익의 증가에 있다면 좋은 투자 포인트가 될 수 있으나 부채의 증가나 자산재평가에 의한 유형자산의 증가에 있다면 이는 기업의 특성을 두고 면밀한 분석을 진행한 후에 투자를 결정해야 한다.

다음으로 급격히 매출액이 증가한 것이 기업 본래의 영업활동에 의한 매출 증가라면 좋은 투자 포인트가 될 수 있으나 만약 연결재무제표상의 연결대상 종속회사가 증가함으로써 급격한 매출액 증가가 나온 것이라면 이 역시 해당 기업의 특성을 면밀히 분석해야 실수를 막을 수 있다.

마지막으로 영업이익이 증가했는데 순이익이 증가하지 않는다든지, 혹은 영업이익은 감소했는데 순이익이 증가했다든지 등 역시 해당 기업의 당해 연도 특성을 파악한 후에 투자해야 함을 잊지 말자.

❷ 따라 하기 – 성장성이 좋은 기업을 찾아보자

마찬가지로 대신증권 HTS 크레온에 접속한다.

① HTS 접속 후 상단의 메뉴 [주식]을 클릭하고 그 하위에 [종목검색], [8537 종목검색(Master)]를 차례대로 클릭한다. 이제 나타나는 종목검색 화면에서 왼쪽 상단에 상세메뉴가 나오는데 거기서 [대상지정]–[시장구분]을 클릭한다. 이번에는 '거래소'와 '코스닥'

을 한꺼번에 대상으로 놓고 검색해보자. '거래소' 부분과 '코스닥' 부분에 체크표시를 하고 밑에 [확인]을 클릭한다.

종목검색 기능 내 시장구분 설정

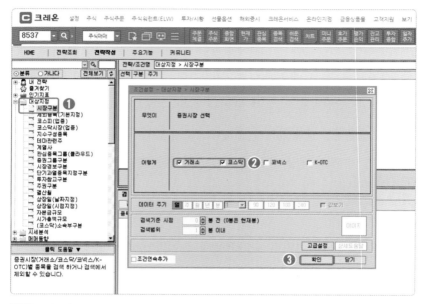

참조 대신증권 크레온

② 다음은 투자 위험군을 결과값에서 제외하기 위해서 왼쪽 상단에 상세메뉴에서 [대상지정]-[제외종목(기본지정)]을 클릭한다. 다음 나오는 화면에서 '어떻게' 부분에서 검색에서 제외하고 싶은 항목 군에 클릭하면 된다. 끝으로 [확인]을 클릭한다.

종목검색 기능 내 제외종목 설정

참조 대신증권 크레온

③ 대상군 지정이 끝났으므로 본격적으로 성장성이 좋은 주식을 검색한다. 왼쪽 상단 메뉴의 [재무분석]을 클릭하고 [성장성]을 클릭한다. 그러면 성장성에 관련된 비율들이 나열되는데 그 가운데에서 먼저 [총자산증가율]을 클릭한다. 이제 화면의 중간에 총자산증가율에 대한 설정을 할 수 있는 창이 뜰 것이다. 그 창에서 상단의 결산기준은 연간 결산으로 하고 최근 결산기준의 성장성이 보고 싶으므로 '0기전'으로 설정한다. 그리고 '전년 동기 대비'의 총자산증가율이 궁금한 것이므로 '전년 동기 대비 기준'으로 맞춘다.

다음으로 '어떻게' 부분에서는 총자산증가율이 얼마의 수치를 검색하느냐를 설정하면 되는데 필자는 '1% 이상 900% 이하'로 설정했다. 그리고 하단에 있는 [고급설정]을 클릭한다. 앞 경우와 마찬가지로 순위조건 적용의 왼쪽 박스를 체크하고 1위부터 200위까지만 검색한다. 여기까지 다 됐다면 하단에 [확인]을 클릭한다.

재무분석 내 성장성분석, 총자산증가율

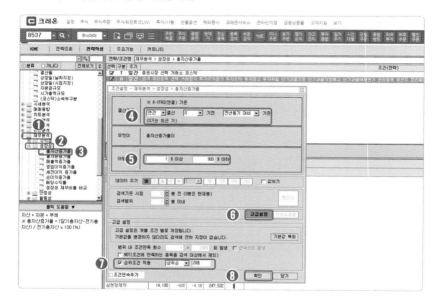

④ 지금까지 설정한 조건과 그 검색결과값을 화면에서 확인할 수 있다.

총자산증가율 상위200개 기업 결과값 확인

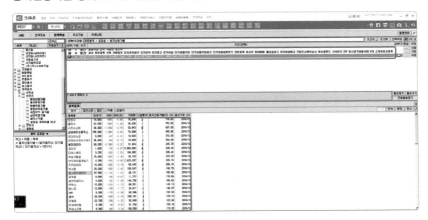

참조 대신증권 크레온

필자가 걸었던 조건 기준으로 2016년 결산기준 거래소와 코스닥시장 내에서는 민앤지, 클리오, 서진시스템, 삼성바이오로직스, 모다이노칩 등의 순서로 총자산이 전년 동기 대비 증가된 것으로 확인된다. 자주 반복하지만 이 기업들을 바로 투자해서는 안 된다. 성장성이 좋은 기업과 훌륭한 투자처는 다른 것이다.

⑤ 다음으로 이 조건의 결과값 위에 두 번째 알아볼 매출액증가율도 검색해보자. 왼쪽 상단 메뉴에서 성장성 내에 [매출액증가율]을 클릭한다. 그 다음 나타나는 화면에서 결산기준을 '연간 결산', '0기전', (누적) 전년 동기 대비 기준'으로 설정한다. 다음 '어떻게' 부분에서는 '1% 이상 900% 이하'로 설정한다. 이것은 매출액증가율이 전년 동기 대비 1%에서 900% 사이의 기업들로 검색하겠다는 뜻이다. 그 다음 [고급설정]을 클릭하고 역시 순위조건 적용 부

분을 체크한 후 '상위순 200'을 입력한다. 다 됐다면 [확인]을 클릭하면 된다.

총자산증가율 상위200 And 매출액증가율 상위200

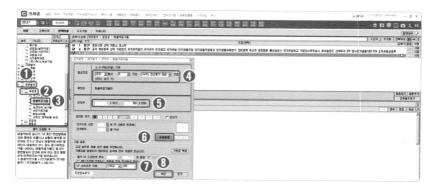

참조 대신증권 크레온

이 두 조건을 And 조건으로 두고 검색하니 그 결과값이 다음과 같다.

총자산증가율 상위200 And 매출액증가율 상위200 검색결과

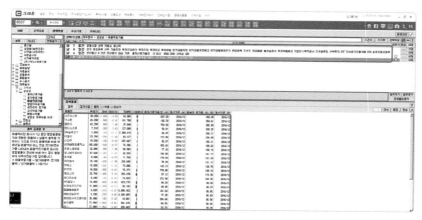

참조 대신증권 크레온

결과값 화면에서 매출액증가율 순으로 정렬하면 서진시스템, 넥스턴, 클리오, 핸디소프트, SGA솔루션즈 등의 순으로 성장성이 높은 기업이 나오게 된다. 하지만 아직 투자 대상은 아니다.

⑥ 마지막으로 순이익증가율도 앞 조건 위에서 검색해보자. 물론 순이익증가율 대신에 영업이익증가율로 검색해도 된다. 둘다 나름의 의미가 있다. 일단 필자는 순이익증가율로 검색해본다. 왼쪽 상단 메뉴에서 성장성 내에 [순이익증가율]을 클릭하고 그 다음 뜨는 화면에서 결산기준을 '연간 결산', '0기전', '(누적)전년 동기 대비 기준'으로 설정한다. 다음 '어떻게' 부분에서는 '1% 이상 900% 이하'로 설정하고 [고급설정]을 클릭한다. 역시 순위조건 적용 부분을 체크한 후 '상위순 200'을 입력한다. 다 됐다면 [확인]을 클릭한다.

총자산증가율 상위200 And 매출액증가율 상위200 And 순이익증가율 상위200

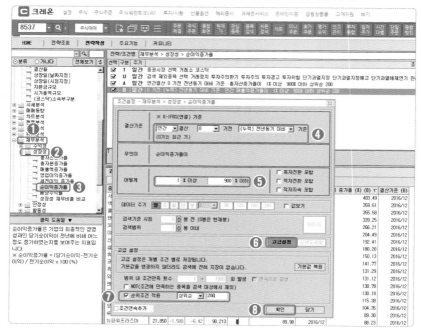

참조 대신증권 크레온

이 세 조건을 And 조건으로 두고 검색을 하니 그 결과값이 다음과 같다.

거래소, 코스닥시장의 총자산증가율 상위200 And 매출액증가율 상위200 And 순이익 증
가율 상위200 검색결과

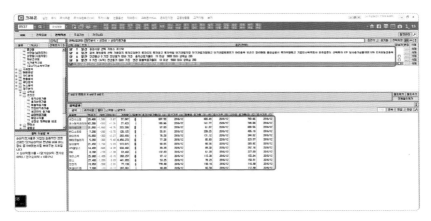

참조 대신증권 크레온

  결과값 화면에서 순이익증가율 순으로 정렬을 하면 서진시스템, 코
스메카코리아, 테라세미콘, 핸디소프트, 와이엠씨 등의 순으로 성장성
이 높은 기업이 나오게 된다. 하지만 역시 아직 투자 대상은 아니다.

03

안정적인 기업에 투자해야
위기가 와도 문제없다

이제 안정성비율을 알아보고자 한다. 재무제표를 활용해 기업 재무 상태가운데 안정성을 파악해봄으로써 기업이 어떤 위기가 왔을 때 감당해낼 수 있는지를 추측할 수 있다. 아무리 월등한 기술력을 보유한 기업일지라도 단기적인 혹은 중기적인 안정성에 취약점이 노출돼있다면 기업의 주가는 크게 출렁일 수 있기에 재무제표를 확인하는 투자자라면 반드시 확인해야 하는 비율이다.

1 안정성비율 - 부채비율, 차입금의존도, 이자보상배율

대개의 안정성비율의 초점은 부채에 맞춰져 있다. 특히 그 가운데에서도 금융부채에 맞춰져 있다. 기업이 레버리지를 활용함으로써 이익을 극대화시킬 수 있다는 장점이 있지만 이와는 반대로 타인자본인 부채를 너무 많이 활용한다면 단기적, 중기적으로 급변하는 영업환경 속에서 경영의 어려움에 빠지게 된다.

또 하나는 기업이 영업수익(매출액)을 올리고 이로 인한 영업이익이 발생할지라도 금융부채의 과다로 인해 이자지급액이 영업이익을 상회한다면 이는 결국 투자자의 몫이 되는 당기순이익은 적자로 전환되는 경우가 발생하게 된다. 따라서 투자자에게 안정성비율이란 여러 가지 측면에서 반드시 판단돼야 한다.

- **부채비율** $= \dfrac{\text{부채총액}}{\text{자본총액}} \times 100(\%)$
- **차입금의존도** $= \dfrac{\text{총차입금}}{\text{자산총액}} \times 100(\%)$
- **이자보상비율** $= \dfrac{\text{영업이익}}{\text{이자비용}} \times 100(\%)$
- **유동비율** $= \dfrac{\text{유동자산}}{\text{유동부채}} \times 100(\%)$
- **당좌비율** $= \dfrac{\text{유동자산} - \text{재고자산}}{\text{유동부채}} \times 100(\%)$

부채비율(Debt Ratio)

$$\text{부채비율} = \dfrac{\text{부채총액}}{\text{자본총액}} \times 100(\%)$$

부채비율은 재무상태표상에서 부채총액을 자본총액으로 나눈 것으로 부채가 자기자본 대비 어느 정도인지 확인하고 싶을 때 사용하는 대표적인 안정성비율이다. 많은 투자자들이 기업의 안정성을 이야기할 때 가장 먼저 부채비율부터 이야기하는 경향이 있을 정도로 안정성비율의 대표적인 지표다. 당연히 이 계산식의 분자에 부채총액이 있다 보니 부채비율이 높을수록 기업의 안정성은 낮다고 판단하며, 낮을수록 기업이 안정성은 높다고 판단한다. 그 기준점은 일반적으로 100%다.

그러나 단순히 이 비율이 높다고 해서 투자하지 않는 판단 또한 조심해야 한다. 앞에서 '한국사이버결제(060250)'의 사례를 알아볼 때 부채비율에 대해서 간단히 거론한 적이 있었다. 2010년 당시 상반기 반기보고서 기준 부채비율은 185%대 였다.

2010년 한국사이버결제 반기보고서

(단위 : 억 원)

구분	한국사이버결제	
자산총계	380.4	* 부채비율 = (247.0) / (133.4) × 100 = 185.2%
부채총계	247.0	
자본총계	133.4	

참조 금융감독원 전자공시시스템

자본 대비 부채비율은 185.2%로 계산된다. 이 지표를 기준으로 판단하면 안정성에 취약하다고 생각할 수 있지만 부채비율이 높게 나올 때 해당 기업의 부채 구성항목을 확인해봐야 한다고 거론했다. 실제로 당시 한국사이버결제의 재무상태표를 보면 부채총액 246.9억 원 가운데 80.5%가 미지급금이고 실제 이자를 지급하는 금융부채는 10억 원, 이로 인한 금융부채비율은 4.1%밖에 안 되는 거의 무차입 경영에 가까운 안정적 기업이었다.

따라서 부채비율이 높게 나온다면 반드시 부채의 구성내역을 확인해 보고 최종판단을 내려야 한다. 혹시 선수금이나 미지급금이 많아서 부채비율이 높은 것인지 아니면 정말로 차입금이 많아서 부채비율이 높은 것인지를 확인하는 과정이 필요하다.

차입금의존도(Total Borrowings to Total Assets)

$$차입금의존도 = \frac{총차입금}{자산총액} \times 100(\%)$$

차입금의존도는 자산총액에서 차지하는 차입금의 비중을 나타내는 비율이다. 이는 앞선 부채비율과 비슷하게 타인자본이 얼마나 되는지를 알아보는 것이지만 부채비율과 달리 타인자본 중에서도 차입금에 국한해 비율을 계산하게 된다. 따라서 먼저 부채비율을 계산한 후에 부채비율이 높게 나왔다면 다시 차입금의존도를 계산해봄으로써 정말로 내가 관심 갖고 있는 기업 내에 차입금이 높아서 문제가 발생할 소지가 있는 지를 확인해보는 도구로 사용하면 좋을 것이다.

이자보상비율(Interest Coverage Ratiom, 이자보상배율)

$$이자보상비율 = \frac{영업이익}{이자비용} \times 100(\%)$$

이자보상비율(이자보상배율)은 한샘(009240)의 예제를 보면서 한번 확인했던 비율이다.

금융부채가 과다한 기업에서 해당 기업이 영업이익은 내고 있으나 이자비용이 과다해, 은행에 이자비용을 지급하고 나면 주주에게 돌아올 순이익이 없을 때 이를 확인해보고자 계산하는 비율이다. 이자보상비율은 투자자 입장에서는 기업 내에 이자비용을 감당해낼 능력이 있는지를 보는 안정성 지표에 해당하고 은행 등 채권자 입장에서는 채무를 상환할 능력이 있는지를 가늠하는 지표가 된다.

이자보상비율이 100%면 영업활동에서 창출한 이익을 이자지급으로 다 쓴다는 의미고 이자보상비율이 100%보다 크면 영업활동으로 창출한 이익으로 이자비용을 감당해낼 수 있다는 의미로 해석된다. 이와는 반대로 이자보상비율이 100%보다 작으면 영업활동으로 창출한 이익으로 기존 대출금이나 사채에 대한 이자 등을 감당하기 어려운 상태를 의미하게 된다.

물론 분석기관이나 분석자에 따라서 '×100%'를 사용하지 않고 아래와 같이 계산할 수도 있다. 이럴 경우 기준점은 100%가 아닌 숫자 '1'이 된다. 이자보상비율이 1보다 크면 이자를 감당해낼 수 있다고 보고 1보다 적으면 이자를 감당하기 어렵다고 보는 정도다.

이자보상비율(이자보상배율)

$$이자보상비율 = \frac{영업이익}{이자비용}$$

유동비율(Current Ratio)

$$유동비율 = \frac{유동자산}{유동부채} \times 100\%$$

유동비율은 기업에 남아있는, 현재 기업에 흐르고 있는 유동성을 파악하는 비율로써 재무상태표의 유동자산총액을 유동부채총액으로 나눈 비율로 계산된다.

유동자산은 주로 1년 이내에 현금화가 가능한 자산을 의미하고 유동부채는 주로 1년 이내에 지급해야 하는 부채를 의미한다. 따라서 유동부채로 유동자산을 나눠서 이 수치가 높게 나오면 기업이 단기채무에 대한 지급능력을 감당해낼 수 있다고 판단되며 반대로 이 수치가 낮게 나오면 단기적으로 유동성 위험에 빠질 수 있다고 판단된다. 일반적으로 유동비율은 200%를 안전한 수치의 기준점으로 본다.

하지만 이 역시 단순히 계산된 수치로 판단해서는 안 된다. 예를 들어서 장기차입금의 만기가 돌아오는 해에는 이 비유동부채가 일시적으로 유동성장기차입금이 되는데 이 해에 유동비율을 계산하면 그 비율이 낮게 나오게 된다. 그러나 이런 장기차입금을 상환하고 다시 장기차입금을 차입하면 유동비율은 다시 높아지는 상태로 돌아가기에 일시적인 결과수치로 판단하기보다는 그 구성항목과 연계해서 판단해야 한다.

당좌비율(Quick Ratio)

$$당좌비율 = \frac{(유동자산 - 재고자산)}{유동부채} \times 100(\%)$$

이 비율은 사실 유동비율에서 파생된 더 보수적인 안정성비율이다. 당좌자산은 유동자산 중에서 유동성이 상대적으로 낮은 재고자산을 제외하고 유동성비율을 확인해보자는 취지에서 나왔으며 이를 계산할 때에는 분자에 당좌자산(현금, 금융상품, 매출채권, 유가증권 등)만을 합산해 기입함으로써 상대적으로 더 현금화가 빠른 자산들을 통해서 기업의 유동성을 확인할 수 있다. 그 계산법은 당좌자산들을 모두 합산하는 방법도 있지만 유동자산에서 재고자산을 빼는 당좌자산을 계산하는 방법도 있다.

당좌비율은 100% 미만일 경우 기업의 단기채무 상환능력이 낮다고 판단내릴 수 있으며 유동비율과 같이 생각해 유동비율은 높은데 당좌비율이 낮다면 상대적으로 기업의 재고자산이 너무 많이 보유하고 있는 것은 아닌지 파악해보는 자료로도 활용할 수 있다.

잠깐! 용어정리 ★ 안정성비율

지금까지 알아본 몇몇 안정성비율은 다음과 같다.

❶ 부채비율
❷ 차입금의존도
❸ 이자보상비율
❹ 유동비율
❺ 당좌비율

그런데 사실 이들을 단순히 한번 읽으면 모두 같다고 느껴진다. 그래서 정리를 한번 해보면, (① 부채비율, ② 차입금의존도, ③ 이자보상비율) 이 세 가지는 기업이 부채가 얼마나 있는지에 대한 궁금증에서 출발하는 데 ① 부채비율은 단순히 타인자본인 부채의 규모를, ② 차입금의존도는 부채 중에서 차입금이 어느 정도인지, ③ 이자보상비율은 그런 차입에 의한 이자가 영업이익으로 감당이 가능한지를 알아보는 안정성비율들이다.

다음으로 (④ 유동비율, ⑤ 당좌비율)이 두 가지는 기업이 단기적인(주로 1년 이내) 재무환경에 어려움이 다가올 지를 알아보고자는 궁금증에서 출발하는 데 ④ 유동비율은 유동부채 대비 유동자산이 얼마나 있는지를 알아보고 ⑤ 당좌비율은 유동자산 내에서 상대적으로 더 유동화가 빠를 것으로 판단되는 당좌자산이 얼마나 되는지를 알아보는 지표다.

❷ 따라 하기 – 부채비율, 차입금의존도, 이자보상비율의 활용

여기에서는 [따라 하기]를 두 가지 전략으로 진행하고자 한다. 먼저는 필자와 함께 [따라 하기]로 진행하고 다른 하나의 전략은 과제로 독자에게 낼 생각이다. 과제는 독자들이 직접 진행해보기를 바란다. 먼저 필자와 함께 ① 표면적인 부채비율은 높은데 ② 실제로 차입금의존도는 낮고 ③ 이자보상비율은 높아서 안정적일 것으로 판단되는 기업을 찾는 작업이다. 이렇게 하는 이유는 부채비율이 높다는 이유로 다른 투자자들의 검색에서는 제외될 소지는 있지만 그 내막을 보면 안정적일 것으로 추측되는 기업을 찾고자 함이다.

① HTS 접속 후 상단의 메뉴 [주식]을 클릭하고 그 하위에 [종목검색], [8537 종목검색(Master)]를 차례대로 클릭하고 나타나는 종목검색 화면에서 왼쪽 상단에 상세메뉴가 나오는데 거기서 [대상지정]–[시장구분]을 클릭한다. 역시 '거래소'와 '코스닥'을 한꺼번에 대상으로 놓고 검색해보자. '거래소' 부분과 '코스닥' 부분에 체크표시를 하고 밑에 [확인]을 클릭한다.

종목검색 기능 내 시장구분 설정

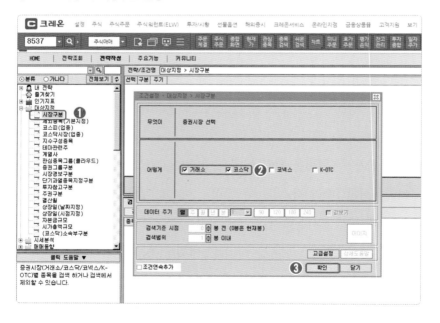

참조 대신증권 크레온

② 성장성 [따라 하기]와 마찬가지로 투자 위험군을 결과값에서 제외하기 위해서 왼쪽 상단의 상세메뉴에서 [대상지정]-[제외종목(기본지정)]을 클릭한다. 다음 화면에서 '어떻게' 부분에서 검색에서 제외하고 싶은 항목군을 클릭하면 된다. 다 됐다면 [확인]을 클릭한다.

종목검색 기능 내 제외종목 설정

참조 대신증권 크레온

③ 검색하고자 하는 안정성 기업의 전략을 되새겨본다. ▶ 표면적인 부채비율은 높은데 ▶ 실제로 차입금의존도는 낮고 ▶ 이자보상 비율은 높아서 안정적일 것으로 예상되는 기업이다.

이제 이 전략대로 검색하기 위해서 왼쪽 상단 메뉴의 [재무분석]에 이어서 [안정성]을 클릭한다. 다음 나오는 안정성 하위 메뉴 중에서 먼저 [부채비율]을 클릭한다. 이제 화면의 중간에 부채비율에 대한 설정을 할 수 있는 창이 뜰 것이다. 그 창에서 상단의 결산기준은 연간 결산으로 하고 최근 결산기준의 안정성이 보고 싶으므로 '0기전'으로 설정한다. '어떻게' 부분에서는 부채비율이 높은 기업을 검색하는 것임을 잊지 말자. 그래서 '어떻게' 부분에서 '0% 이상 300% 이하'로 설정하고 하단에 있는 [고급설정]을 클릭한다. 우리는 부채비율이 높은 기업을 먼저 찾아야 하므로 순위조건 적용의 왼쪽 박스를 체크한 후에 '상위순 500'으로 설정한다. 부채비율이 높은 500개 기업을 찾아보겠다는 의미다. 다 설정됐다면 하단에 [확인]을 클릭한다.

재무분석 내 안정성분석, 부채비율

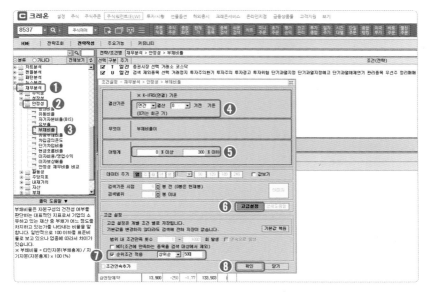

참조 대신증권 크레온

④ 지금까지 설정한 조건과 그 검색결과값을 화면에서 확인할 수 있다.

부채비율 상위500개 기업 결과값 확인

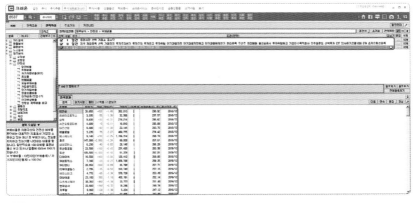

참조 대신증권 크레온

⑤ 부채비율이 높은 500개 기업을 찾은 결과 위에 차입금의존도가 낮은 기업을 추출해본다. 왼쪽 상단 메뉴에서 안정성 내에 [차입금의존도]를 클릭한다. 그 다음 나타나는 화면에서 결산기준을 '연간 결산', '0기전'으로 설정한다. 다음 '어떻게' 부분에서는 '0.01% 이상 100% 이하'로 설정한다. 이는 차입금의존도가 0.01%에서 100% 사이의 기업을 찾겠다는 의미이다. 다음 [고급설정]을 클릭하고 순위조건 적용 부분을 체크한 후 '하위순 300'을 입력한다. 이때 조심할 것은 '하위순'이라는 것이다. 다 알겠지만 하위순으로 맞추는 이유는 차입금의존도는 낮은 수치를 보이는 기업이 우리의 관심대상인 안정성이 좋은 기업이기 때문이다. 대상군을 300개를 추출하기 위해서 숫자 300을 입력했다. 다 됐다면 [확인]을 클릭하면 된다.

부채비율 상위500 And 차입금의존도 하위300

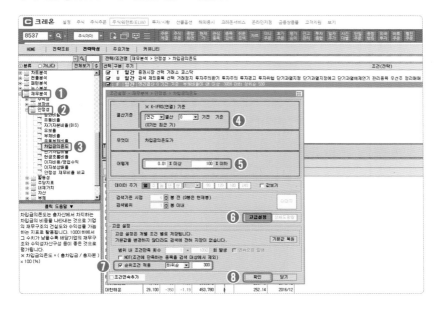

참조 대신증권 크레온

이 두 조건을 And 조건으로 두고 검색하니 그 결과값이 다음과 같이

같다.

부채비율 상위500 And 차입금의존도 하위300 검색결과

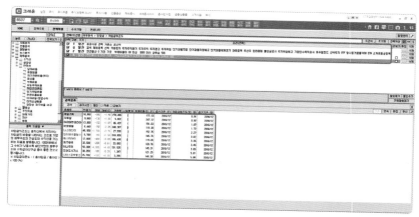

2016년 결산기준, 부채비율은 높은데 차입금의존도는 낮은 기업으로 제일기획, 지투알, 아이마켓코리아, KC코트렐, 나스미디어 등이 검색되어 나옴을 확인할 수 있다.

⑥ 이제 두 조건의 검색결과 위에 이자보상비율(이자보상배율)이 높은 기업을 추출해보자. 왼쪽 상단 메뉴에서 안정성 내에 [이자보상배율]을 클릭하고 그 다음 뜨는 화면에서 결산기준을 '연간 결산', '0 기전', (누적) 전년 동기 대비 기준'으로 설정한다. 다음 '어떻게' 부분에서는 '1배 이상 900배 이하'로 설정하고 [고급설정]을 클릭한다. 마찬가지로 순위조건 적용 부분을 체크한 후 '상위순 300'을 입력한다. 이자보상비율이 1배 이상인 기업 중에서 상위순으로 300개를 검색하라는 조건을 입력한 것이다. 다 됐다면 [확인]을 클릭하면 된다.

부채비율 상위500 And 차입금의존도 하위300 And 이자보상배율 상위300

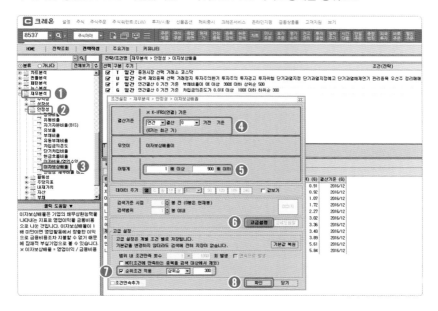

이 세 조건을 And 조건으로 두고 검색을 하니 그 결과값이 다음과 같다.

거래소, 코스닥시장의 부채비율 상위500 And 차입금의존도 하위300 And 이자보상배율
상위300 검색결과

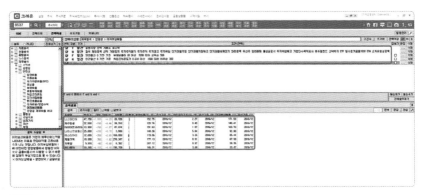

결과값 화면에서 이자보상비율 순으로 정렬하면 나스미디어, 제주항공, 아이마켓코리아, 나이스정보통신, 에스티아이, 제일기획 등의 순으로 안정성이 높은 기업이 나오게 된다. 하지만 역시 아직 투자 대상은 아니다.

과제 부채비율, 당좌비율을 활용한 안정성이 좋은 종목 추출하기

이번 전략은 독자들에게 과제로 낸다. 전략의 내용은 간단하다. 거래소와 코스닥시장을 합쳐서 부채비율은 낮지만 당좌비율은 높아서 안정성이 뛰어난 기업을 찾는 것이다(단, 검색제외 종목은 제외).

❶ **부채비율** : 부채비율이 0% 이상 300% 이하 중에서 하위순 300개 기업 검색
❷ **당좌비율** : 당좌비율이 0% 이상 900% 이하 중에서 상위순 300개 기업 검색

이 결과를 추출하여 당좌비율이 높은 순으로 나열해보자.

* 결과확인

거래소, 코스닥시장의 부채비율 하위300 And 당좌비율 상위300 검색결과

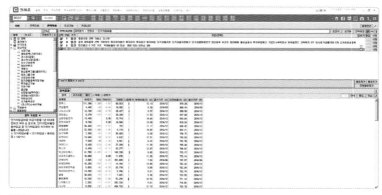

참조 대신증권 크레온

필자가 검색한 시기의 위 조건 검색결과로는 컴투스, 기신정기, 나노신소재, 프리엠스, 삼본정밀전자, 피앤씨테크, 미원화학, 신도리코 등이 추출돼 나온다.

기업의 활동성도 봐야 할까?

1 활동성비율

활동성비율은 기업의 영업활동에 투입된 자산이 얼마나 활발히 사용되고 있는지를 나타내는 비율이다. 예를 들어서 기업의 총자산이 얼마나 매출액으로 창출되고 있는지, 매출채권은 얼마나 빨리 현금화되는지, 재고자산은 얼마나 빨리 판매되고 있는지 등을 알아보는 데 유용하게 활용된다.

필자는 무엇보다 매출채권회전율, 재고자산회전율 등은 활동성비율 중에서 투자자들이 꼭 봐야 한다고 생각한다. 매출액이 늘어나는 것에는 환호하면서 투자를 늘려가지만 정작 매출채권도 같이 급증하고 있는 것은 크게 관심을 갖지 않는다든지, 재고자산의 회전이 이뤄지지 않고 있는 것을 간과한다든지의 문제를 활동성비율에서 면밀히 봐야 한다고 생각한다.

활동성비율 - 총자산회전율, 매출채권회전율, 재고자산회전율

- **총자산회전율** $= \dfrac{\text{매출액}}{\text{평균 총자산}}$

- **매출채권회전율** $= \dfrac{\text{매출액}}{\text{평균 매출채권}}$

- **매출채권평균회수기간** $= \dfrac{365일}{\text{평균 매출채권회전율}}$

- **재고자산회전율** $= \dfrac{\text{매출액}}{\text{평균재고자산}}$

- **재고자산평균처리기간** $= \dfrac{365일}{\text{재고자산회전율}}$

총자산회전율

$$\text{총자산회전율} = \dfrac{\text{매출액}}{\text{평균 총자산}}$$

매출액을 평균총자산으로 나눠 계산하며 이는 기업의 총자산이 얼마나 효율적으로 이용돼 영업수익(매출액)을 창출하고 있는지를 보여주는 지표다. 총자산회전율이 높다는 것은 보유하고 있는 총자산으로 많은 매출액이 나온다는 뜻이고 반대로 총자산회전율이 낮으면 보유하고 있는 총자산 대비해서 매출액이 너무 적거나 혹은 매출액 대비해서 보유하고 있는 총자산이 너무 많아서 비효율적으로 자산이 활용되고 있음을 의미한다.

매출채권회전율&매출채권평균회수기간

$$\text{매출채권회전율} = \frac{\text{매출액}}{\text{평균 매출채권}}$$

$$\text{매출채권평균회수기간} = \frac{365\text{일}}{\text{평균 매출채권회전율}}$$

아마도 활동성 비율 가운데에서도 가장 많이 사용되는 비율이 매출채권회전율일 것이다. 매출채권회전율은 매출액을 평균 매출채권으로 나눠줌으로써 1년 동안 평균 매출채권의 몇 배 만큼의 매출액이 발생하는지를 확인이 가능하다. 예를 들어서 연간 매출액이 1,200억 원인 기업이 평균 매출채권이 100억 원이라면 매출채권회전율은 $= \dfrac{1,200억\ 원}{100억\ 원}$ 으로 계산돼 12(회전)라는 답이 나오게 된다. 이 답의 의미는 1년 동안 평균 매출채권의 12배 만큼의 매출액이 발생하고 있다는 것으로 '평균 매출채권이 1년 동안 12회전이 됐다'라고 볼 수 있다.

다음으로 그렇다면 매출채권이 얼마 만에 현금화가 되느냐에 궁금증이 생길 것인데 이는 매출채권평균회수기간으로 알 수 있다. 앞선 예제에서 매출채권이 1년에 12회전으로 계산됐으므로, 1회전을 하는 데는 $\dfrac{365일}{12회전} = 30.4$일이 된다. 따라서 매출채권은 평균 30.4일 만에 현금화할 수 있음을 알 수 있다.

다만 이를 해석하는 데 유의할 부분이 있다. 서로 다른 업종에 있는 A기업과 B기업을 분석함에 있어서 A기업은 매출채권평균회수기간이 30일이고 B기업은 90일이라고 해서 'A기업이 좋은 기업이고 B기업은 나쁜 기업이다'는 식의 해석은 잘못된 해석일 수 있다. 업종의 특성상, 국가의 특성상 이 수치는 상이하게 나올 수 있으므로 두 기업을 비교하기 위해서는 동종업종 내의 기업을 비교해야 한다.

만약 유통업종의 이마트, 롯데쇼핑, GS리테일 등과 제약바이오 업종의 셀트리온의 매출채권회전율을 비교해선 안 된다는 것이다. 2016년 기준 이마트의 매출채권회전율은 대략 57회전, 롯데쇼핑은 47회전, GS리테일은 56회전으로 계산되지만 셀트리온은 0.9회전밖에 되지 않는다. 즉 '이마트는 57회전으로 활동성이 좋은 기업이고 셀트리온은 0.9회전으로 활동성이 나쁜 기업이다'라는 결론을 내려서는 안 된다. 이 둘은 업종이 다르기에 같은 업종 내에서 판단을 해야 한다(그러나 많은 분석가들이 이야기하고 있지만 셀트리온은 같은 제약바이오 업종 내에서도 2016년까지 매출채권회전율은 낮은 수치가 이어져오고 있다).

재고자산회전율&재고자산평균처리기간

$$\bullet \ 재고자산회전율 = \frac{매출액}{평균재고자산}$$

$$\bullet \ 재고자산평균처리기간 = \frac{365일}{재고자산회전율}$$

재고자산회전율은 매출액을 재고자산으로 나눈 비율로써 재고자산이 판매되는 속도를 의미한다. 이 비율이 높으면 재고자산이 창고에 오래 머무르지 않고 빠르게 판매된다는 것을 의미하고 이 비율이 낮으면 매출이 부진해 재고자산이 창고에 오래 머물러있다는 것을 의미한다. 일반적으로 재고자산회전율이 높을수록 제품, 상품의 재고손실을 막을 수 있으므로 기업에 유리한 것으로 알려져 있다.

😊한 걸음더 **재고자산회전율은 매출액과 매출원가 중 어떤 것을 사용하는 것이 맞을까?** ≫

재고자산회전율을 계산할 때 글쓴이의 주장에 따라서 분자에 매출액을 대입하는 책이 있고 매출원가를 대입하는 책이 있다. 과연 어떤 것이 맞을까?

사실 필자의 생각에는 어떤 것은 맞고 어떤 것은 틀리고의 차원은 아니라고 생각한다. 오히려 이 비율을 사용하는 투자자가 어떤 결과를 구하고 싶은가에 따라서 분자에 대입해야 하는 항목이 달라지게 된다.

그러면 이를 조금 더 나눠서 이야기해보자.

❶ 재고자산이 매출액(매출채권)으로 얼마나 빨리 전환되는지를 알고 싶다면?

- 재고자산회전율 $= \dfrac{\text{매출액}}{\text{평균재고자산}}$

이 경우라면 분자에 매출액을 대입해 계산해야 한다.

이해하기 쉽게 다음 예제를 본다. 가상의 A기업 재무제표 중 일부다.

연간 매출액	1,200억 원
매출원가	730억 원
평균재고자산	100억 원

이 기업의 연간 매출액은 1,200억 원이고 이에 해당하는 매출원가는 730억 원이었다고 가정한다. 이 상황에서 매출액에 의한 재고자산회전율을 구해보면

$\dfrac{1{,}200억\ 원}{100억\ 원} = 12$이고 이를 해석하면 1년 동안 평균재고자산의 12배만큼 매출

액(매출채권)이 발생하고 있다는 것으로, 평균재고자산이 1년 동안 매출로 12회전이 됐다고 해석이 된다. 물론 이미 알아본 바와 같이 365일을 이 수치로 나눠주면 $\frac{365일}{12}$=30.4일, 즉 평균 30.4일만에 매출채권화 된다는 것을 알 수 있다. 따라서 분자에 매출액을 사용한다는 것은 이 기업에 있어서 재고자산은 매출채권으로 30.4일 만에 전환된다는 것을 알 수 있다.

❷ 재고자산이 재고인 상태로 창고에 얼마나 있었는지를 알고 싶다면?

• 재고자산회전율$=\dfrac{매출원가}{평균재고자산}$

이 경우라면 분자에 매출원가를 대입해 계산해야 한다.

다시 다음 예제를 보자.

연간 매출액	1,200억 원
매출원가	730억 원
평균재고자산	100억 원

재고자산 및 매출원가 선정법에는 여러 가지가 있지만 이해하기 쉽게 선입선출법으로 계산된 매출원가는 730억 원이라고 가정하자. 그러면 먼저 매출원가인 730억 원을 1년 365일로 나눠보면 $\frac{730억 원}{365일}$=(2억 원/1일) 이 된다. 하루에 2억 원씩 재고가 팔렸다는 것을 알 수 있다. 그렇다면 평균 재고가 100억 원이니까 만약 오늘 재고를 매입해왔다면 100억 원의 기존재고가 다 소진되려면 오늘부터 50일 후에 오늘 매입한 재고가 투입된다는 이론이 나온다.

이를 수치로 계산하면 $\frac{100억 원}{2억 원}$=50일. 따라서 이 경우에 재고인 상태로 창고에 머물러 있는 기간은 50일이 된다.

연간재고기간은 분자에 매출원가를 대입해 $\frac{730억 원}{100억 원}$=7.3 회전함을 알 수 있고 재고자산평균처리기간을 구하기 위해서 $\frac{365일}{7.3회전}$=50일/회전, 즉 재고가 1회전을 는데 50일이 걸렸음을 확인할 수 있다.

예를 들어서 매출액이 1,200억 원인 기업이 평균재고자산이 100억 원이라면 재고자산회전율 $= \dfrac{1{,}200억\ 원}{100억\ 원}$ 으로 계산돼 12(회전)라는 답이 나오게 된다. 이 답의 의미는 1년 동안 평균재고자산의 12배만큼 매출액(매출채권)이 발생하고 있다는 것으로 평균재고자산이 1년 동안 매출로 12회전이 됐다 볼 수 있다.

다음으로 재고자산이 얼마 만에 현금화가 되느냐에 궁금증이 생길 것인데, 이는 재고자산평균처리기간으로 알 수 있다. 앞의 예제에서 재고자산이 1년에 12회전으로 계산됐으므로 1회전을 하는 데 $\dfrac{365일}{12회전} = 30.4일$이 된다. 따라서 재고자산은 평균 30.4일 만에 매출채권화된다는 것을 알 수 있다.

2 따라 하기 – 총자산회전율, 매출채권회전율, 재고자산회전율의 활용

여기에서는 매출채권회전율, 재고자산회전율을 활용해 기업의 활동성이 개선되고 있는 기업을 찾아보고자 한다. 필터링 전략은 간단하다. 총자산회전율이 1회 이상인 500개 기업을 추출하고 ▶ 매출채권회전율이 전년 대비 개선되고 ▶ 재고자산회전율이 전년 대비 개선되는 기업을 찾아서 활동성이 활발해지고 있는 종목을 추출하려고 한다.

① 이제 반복 연습해왔으므로 시장의 '거래소', '코스닥' 지정과 투자위험군 제외 부분은 각자 설정하도록 한다. 혹시 설명이 필요한

독자는 앞선 **2**의 안정성 [따라 하기] 부분을 참고하면 된다.

종목검색 기능 내 제외종목 설정

참조 대신증권 크레온

② 다시 한번 이번에 우리가 검색하고자 하는 활동성이 개선되고 있
는 기업의 전략을 되새겨본다. ▶ 총자산회전율이 1회 이상인
500개 기업을 추출하고 ▶ 매출채권회전율이 전년 대비 개선되고
▶ 재고자산회전율이 전년 대비 개선되는 기업을 찾는다.

이제 이 전략대로 검색하기 위해서 왼쪽 상단 메뉴의 [재무분석]에

이어서 [활동성]을 클릭한다. 하위 메뉴 중에서 [총자산회전율]을 클릭하면 화면의 중간에 총자산회전율에 대한 설정이 나타난다. 그 창에서 상단의 결산 기준은 연간 결산으로 하고 최근 결산기준의 총자산회전율이 보고 싶으므로 '0기전'으로 설정한다. 어떻게 부분에서 '1회 이상 10회 이하'로 설정한다. 크레온 프로그램에 default로 '%'라는 단위가 나와 있는 부분은 무시하면 된다. 재무분석 내에 다른 메뉴와 통일성을 위해서 '%'를 단위로 그냥 두고 있는 것으로 생각되는 데 앞서 거론했지만 회전율에 해당하는 단위는 '회'다.

우리는 '1회 이상 10회 이하'로 설정하고 하단에 있는 [고급설정]을 클릭한다. 회전율이 활발히 이뤄지는 기업을 찾는 것이므로 순위조건 적용 옆에 있는 박스에 체크를 하고 '상위순 500'으로 설정한다. 다 설정되면 하단에 [확인]을 클릭한다.

재무분석 내 활동성분석, 총자산회전율

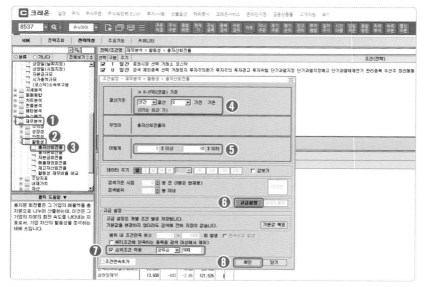

③ 다음으로 매출채권회전율이 전년 대비 빨라지고 있는 기업을 찾아본다. 상단 메뉴에서 활동성 내에 [활동성 재무비율 비교]를 클릭한다. 그 다음 나타나는 화면에서 결산기준을 '연간 결산', '누적 기준'으로 설정한다. 다음 '어떻게' 부분에서는 '0기 매출채권회전율' > '1기 매출채권회전율'로 설정한다. 이는 당해의 매출채권회전율이 전년의 매출채권회전율보다 좋아지고 있는(빨라지고 있는) 기업을 찾기 위한 검색조건이다. 다 됐다면 [확인]을 클릭하면 된다.

재무분석 내 활동성분석, 매출채권회전율의 활동성재무비율 비교

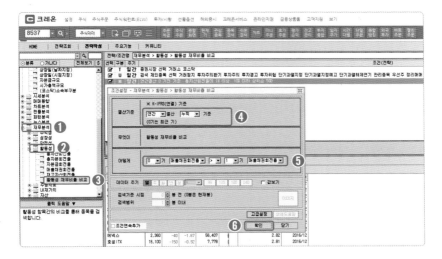

참조 대신증권 크레온

물론 위와 같이 하면 전년 대비 매출채권회전율이 개선되는 것뿐 아니라 조건식을 하나 더 넣어서 '1기 매출채권회전율 > 2기 매출채권회전율'로 설정되면 최근 3개년 동안 매출채권회전율이 계속 좋아지는 기업도 찾아낼 수 있다.

필자는 물고기를 잡는 법을 안내하지만 이 방법을 기본으로 각자의 전략을 펼쳐나가는 것은 얼마든지 다양하게 짜낼 수 있다.

④ 이제 두 조건의 검색결과 위에 재고자산회전율이 전년 대비 빨라지고 있는 기업을 찾아본다. 이번에도 상단 메뉴에서 활동성 내에 [활동성재무비율 비교]를 클릭한다. 그 다음 나타나는 화면에서 결산기준을 '연간 결산', '누적 기준'으로 설정한다. 다음 '어떻게' 부분에서는 '0기 재고자산회전율 > 1기 재고자산회전율'로 설정

한다. 이는 당해의 재고자산회전율이 전년의 재고자산회전율 보다 빨라지고 있는 기업을 찾기 위한 검색조건이다. 다 됐다면 [확인]을 클릭하면 된다.

재무분석 내 활동성분석, 재고자산회전율의 활동성재무비율 비교

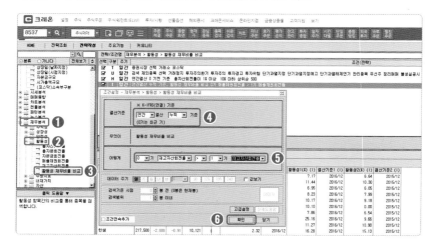

참조 대신증권 크레온

이 세 조건을 And 조건으로 두고 검색을 하면 그 결과값이 다음과 같이 나온다.

거래소, 코스닥시장의 총자산회전율 상위500 And 매출채권회전율이 전년 대비 개선 And 재고자산회전율이 전년 대비 개선 검색결과

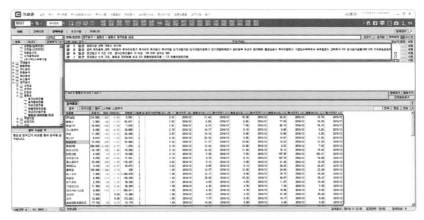

참조 대신증권 크레온

결과값 화면에서 총자산회전율 기준으로 정렬을 하면 SPC삼립, 에넥스, 효성ITX, 유니트론텍, 쿠첸, 예스24 등의 순으로 활동성이 높은 기업이 나오게 된다. 하지만 역시 아직 투자 대상은 아니다.

[한 걸음 더] ROE가 높은 것이 무작정 좋은 것인가? ROE와 PBR의 관계

우리는 앞선 5부 1장에서 기업의 수익성, 그중에서도 ROE에 대해서 알아봤다. 이 글을 읽는 독자들도 인지하겠지만 ROE는 투자자에게 상당히 중요한 지표가 된다. 만약 ROE가 5% 미만인 기업이 있다면 굳이 우리가 그 기업에 투자를 해야 하는가를 고민할 필요가 있다. 많은 책에서 ROE를 시중금리(또는 무위험자산 수익률)와 비교를 한다. 하지만 이는 주식 투자자에게는 적당한 비교가 될 수 없다.

이번 장은 [한 걸음 더]의 내용이기에 간단히 CAPM만 논하면 다음과 같다.

$$K_e = R_f + [E(R_m) - R_f] \times \beta$$

- K_e : 자기자본비용
- R_f : 무위험수익률
- $[E(R_m) - R_f]$: 시장위험프리미엄
- β : 주식의 체계적위험(Systematic Risk)

'자본자산가격결정모형'인 CAPM(Capital Asset Pricing Model)은 자기자본에 대한 주주의 요구수익률(Ke)은 무위험수익률(Rf, Risk free rate)과 주식시장 위험프리미엄 $[E(R_m)-R_f] \times \beta$의 합으로 구성된다(나중에 6부에서 언급하겠지만 주주의 요구수익률은 반대로 기업 입장에서는 자기자본비용이 된다). 따라서 ROE가 은행예금의 시중금리와 비교되는 것이 아니라 그것에다가 주식시장 위험프리미엄을 합한 것과 비교돼야 한다. 그냥 한마디로 위험한 자산인 주식에 투자하니 그만큼 수익률을 더 요구해야 한다는 의미다.

그렇다면 시장위험프리미엄은 얼마일까? 글로벌 금융정보를 제공하는 블룸버그에 의하면 미국시장의 금융위기 이후 시장위험프리미엄은 5%~8%대, 한국시장의 시장위험프리미엄은 7%~10%대 정도로 발표되고 있다. 위 밴드의 낮은 수치를 활용한다 해도 여기에 국고채5년물(무위험수익률 수치로 활용) 1.88%를 더하면 한국시장에 대한 주주의 기대 수익률은 9%(=7%+1.88%)에 달한다(물론 2016년까지 주식시장의 박스피 영향과 국내 기업들의 저성장 국면이 이어지면서 주식시장에 대한 기대치가 점점 낮아지고 있다. 최근에 많이 사용하는 주주의 기대수익률은 7%대다). 이런 기대수익률에 부합하기 위해서는 다른 투자 이유는 제외하고 단지 이 수치만 비교하면 ROE 5% 미만인 기업에 투자한다는 것은 우리가 주식에 투자함으로써 가져야 하는 위험 대비 자기자본이익률이 낮다고 볼 수 있다.

그렇다면 반대로 ROE가 너무 높으면 어떤 일이 발생하는가? 물론 ROE가 높으면 좋다. 그러나 이런 ROE가 장기간 유지될 수 있는가를 고려해야 한다. ROE가 높아지면 PBR이 올라가게 된다. ROE가 상승함으로 PBR이 1배였던 기업이 2배 되고 3배가 된다면 그만큼 시장에서의 주가는 상승했음을 의미하게 된다. 그리고 이렇게 PBR이 높아진다는 것은 ROE가 20%가 유지된다는 것을 시장에서 전제하고 발생하는 상황인데 이런 ROE를 장기간 유지할 수 없다면 반대로 주가는 급락을 하게 될 것이다. 그리고 이후 PBR은 다시 낮아지게 되는 순환고리가 발생하게 될 것이다. 그래서 ROE가 높다는 것은 투자자에게 항상 좋은 것만은 아니다. 반드시 이런 높은 ROE를 이 기업이 시장에서 독점, 과점을 가지고 유지할 수 있는지를 따져봐야 한다.

이제 그러면 ROE가 상승하는 기업의 시장가치는 어디까지 인정해 줘야 하는가? 이는 반드시 주가순자산비율인 PBR과 같이 봐야 한다. PBR＝ROE×PER의 관계가 성립한다.

- 주가순자산비율 PBR＝$\dfrac{주가}{주당순자산}$＝$\dfrac{시가총액}{순자산}$

- 주가수익비율 PER＝$\dfrac{주가}{주당순이익}$＝$\dfrac{시가총액}{순이익}$

- 자기자본이익율 ROE＝$\dfrac{순이익}{순자산}$

이와 같이 공식이 정리된다. 여기서 PBR과 PER에 공통으로 들어 있는 시가총액을 없애기 위해서 $\dfrac{(PBR)}{(PER)}$을 계산해보자. 그러면 나눈 후

결과값은 $\dfrac{(순이익)}{(순자산)}$이 남게 되므로 이는 ROE가 되는 것이다. 따라서 아래와 같은 식이 성립이 된다.

$$ROE = \frac{PBR}{PER}$$

여기서 PER을 양변에 곱해주면 PBR = ROE × PER이 된다.

그래서 어떤 기업의 ROE가 증가하면 설령 PER이 그대로 있다 하더라도 PBR이 증가함을 의미한다. 따라서 ROE는 반드시 PBR과 같이 봐야 한다. 만약 ROE가 높아지는데 PBR이 더 크게 높아진다면 이는 투자자에게 좋은 투자 결과를 항상 가져다주지는 않을 것이다.

중요한 부분이므로 이해를 돕기 위해서 예제를 하나 들어본다. A기업의 ROE는 20%다. 이 기업을 PBR 1배에 살 수 있다면 이는 20%라는 돈을 버는 기업을 프리미엄 없이 그냥 순자산가에 살 수 있음을 의미한다.

ROE 20%라는 기업의 의미가 아직 잘 와 닿지 않는다면 이렇게 생각해보자. ROE는 자신이 투자한 돈으로 얼마나 한 해 동안 이익을 냈는지에 대한 비율이라고 이야기했다. 그렇다면 사실 우리가 은행 정기예금에 가입하고 연간 지급되는 이자와 같은 개념으로 이해해도 크게 무리는 없다(물론 은행예금을 투자로 볼 수는 없지만).

만약 100만 원이 있는데 은행금리가 2%라면 1년 후 2만 원의 이자가 나의 투자이익으로 들어오는 것과 같이 내가 투자한 기업의 ROE가 2%라면 이 기업에 투자를 100만 원 했을 때 주주의 몫인 순이익은 2만 원이 되는 것이다.

그렇다면 연초에 ROE가 20%인 기업에다가 100만 원을 투자한다는 것은 연말이 되면 주주의 몫인 순이익은 20만 원이 됐다는 것을 의미한다. 이런 기업을 PBR 1배에 투자할 수 있다면 프리미엄 없이 순자산가에 투자함으로써 큰 투자 수익을 거둘 수 있게 될 것이다. 그런데 이런 투자가 소문이 나므로 주가는 오르게 될 것이고 이로 인해 PBR은 상승하게 된다.

그렇다면 PBR 1.1배에 이 기업을 투자할 것인가? PBR 1.1배라는 것은 순자산가격의 110%, 즉 10%의 프리미엄을 주고 투자한다는 것이다. 물론 이런 투자 제안의 전제는 ROE 20%가 꾸준히 유지된다는 전제에서 출발한다. '매년 복리 20%짜리 투자 상품이 있는데 원가에는 팔수 없고 10% 프리미엄만 얹어서 팔게. 그러면 살래?' 한마디로 풀어서 말하면 이와 같다. 'ROE와 자기자본 변화추이' 표에서도 봤지만 20%씩 복리로 자기자본이익률을 내는 기업은 대략 4년이면 자기자본이 배가 된다. 따라서 지금 10% 프리미엄을 주고 사도 좋은 투자 대상이 될 수 있다는 판단이 서게 될 것이다.

조금 더 나아가보자. 만약 이 기업의 주가가 급등을 했다. PBR 5배에 거래되고 있다면 투자할 것인가? PBR 5배라는 것은 순자산가격의 400%, 즉 400%의 프리미엄을 주고 투자한다는 것이다. 100만 원짜리 투자상품을 500만 원 주고 사는 것과 같은 이치다. 향후 ROE가 20%를 꾸준히 유지된다는 전제라면 다음 표에서 보는 것처럼 투자 후 거의 9년이 돼야 도달하는 수치가 된다. 이것은 지금 투자를 하는데 9년 정도 후의 미래이익이 축적되는 것을 보고 그에 상응하는 프리미엄을 주고 거래하겠다는 것을 의미하게 된다. 필자라면 아마 투자하지 않을 것이다.

ROE 20%기업의 향후 자기자본 변화

(단위 : 억 원)

0기	100
1기	120
2기	144
3기	173
4기	207
5기	249
6기	299
7기	358
8기	430
9기	516

그래서 ROE는 반드시 PBR과 같이봐야 한다. 이제 그렇다면 만약 ROE가 20%인 기업의 PBR 즉, 프리미엄은 얼마까지 주고 투자를 해야 적정한가? 사실 독자들도 잘 알겠지만 이에 대한 답은 없다. 투자자의 성

향에 따라 투자 철학에 따라 어떤 투자자는 PBR 2배까지는 사겠다, 또 어떤 투자자는 PBR 3배까지 사겠다 등등 다양한 판단이 나올 수 있다. 하지만 우리는 그런 판단에 뒷받침하는 논리가 있어야 한다. 이에 대한 부분은 주가이익비율인 PER 부분에서 다시 논의할 예정이다.

다음 6부에서 거론하겠지만 ROE 20%가 유지되는 기업을 여러분이라면 PBR 어느 정도면 투자할 의향이 있는가? 이에 대한 여러분의 의견을 다음 6부를 읽기 전에 마음속으로 한번 생각해보길 바란다.

주식시장의 구전되는 통설 가운데 'ROE 20% 기업은 PBR 2배까지는 사도 돼'라는 말이 있다. 그렇다면 왜 그런 논리가 시장에서 회자되는 것일까?

PART 05를 끝내며

우리는 이번 5부에서 투자할 기업을 찾아나서기 시작했다. 기업 투자 시 재무제표를 기본적으로 보고 투자해야 하고 그 가운데에서도 수익성, 성장성, 안정성, 활동성이 좋아지고 있는 기업들, 혹은 이미 이런 지표가 좋은 기업이지만 시장에서 인정받지 못하는 기업들을 찾는 과정을 알아봤다.

그리고 증권사 애널리스트들이나 펀드매니저들이 사용하는 FnGuide나 WiseFn 같은 유료정보제공 사이트의 아이디가 없어도 간단히 HTS의 검색기능을 통해서도 검색할 수 있는 방법도 확인했다.

이제 남은 것은 이런 수익성, 성장성, 안정성, 활동성이 좋은 기업들을 얼마의 가격에 사느냐가 남아있다. 아무리 좋은 기업이라 해도 그 가격이 비싸다면 적어도 지금은 우리의 관심 대상이 아닌 것이다. 이제 기업의 가치에 대해서 공부해보자.

우량하지만 싼
주식을 찾아간다
– 주가란 무엇인가?

과거 필자가 이 업무를 시작할 때에 가장 마음속으로 힘들게 했던 질문 중에 하나가 '주가(내재가치, Intrinsic Value)란 무엇인가?', '기업가치란 무엇인가?'다. 도대체 주가를 어떻게 받아들여야 하는지 이것이 어떤 구성요소를 통해서 움직이고 정의되는지 이해하기 쉽지 않았다. 주가의 내재가치(Fair Value)가 무엇인지를 알고 시장가가 얼마인지를 안다면 이 둘을 비교해 지금 시장가가 싸다는 것을 혹은 비싸다는 것을 결론내릴 수 있는 과정에 도달하게 될 것이다. 이제 이 고민 과정을 풀어나가 보도록 한다.

주가의 내재가치(Intrinsic Value)란 무엇인가?

1 비영속적 기업의 잉여현금흐름에 의한 내재가치

주가는 기업의 가치를 총 주식 수로 나눈 것이기에 이 고민의 좀 다른 말은 '기업의 가치'로 귀결된다고 볼 수 있다. 그런데 이에 대한 대답은 존 버월 리엄스(John Burr Williams)의 저서 ≪투자가치 이론(The Theory of Investment Value)≫에서 '기업의 내재가치는 미래 현금흐름의 현재가치'라고 설명했다. 결국 이것은 '기업에 대한 미래 수익(현금흐름)의 총합을 현재가치로 가져온 것'으로 볼 수 있다. 그렇다면 이제 우리의 관심은 현금흐름으로 변해가게 된다. 중요한 것은 순이익이 아니고 현금흐름이다. 그 이유는 순이익은 회계상의 이익이지 현금중심이 아니기 때문이다.

간단히 해서 기업은 자본을 투자하고 이를 통해서 영업활동을 진행해 이익을 남긴다. 그 이익에다가 실제로 지출되지 않은 비용인 감가상각비 등을 더하고 내년 사업을 위해서 재투자한 금액을 빼고 수익은 거둬졌지만 매출채권 등으로 남아서 현금화되지 않은 부분을 조정하면 잉여현금흐름(Free Cash Flow)이 나오게 된다.

참조 잉여현금흐름(FCF, Free Cash Flow)

잉여현금흐름=세후영업이익(NOPLAT) + 비현금비용 − 자본적지출(CAPEX)
　　　　　　　 − 순운전자본의 증가액(Working Capital)

❶ **세후영업이익**(NOPLAT, Net Operating Profit Less Adjusted Taxes) : 영업이익에서 법인세를 뺀 금액을 말한다. 이연법인세를 고려하지 않는다면 NOPAT와 실무에서는 같이 사용하기도 한다.

❷ **비현금비용**(Non Cash Expense) : 감가상각비, 무형자산상각비와 같이 실제로 지출되지 않은 비용을 말한다.

❸ **자본적지출**(CAPEX, CApital EXpenditure) : 기업이 향후 매출 및 이익을 증대시키기 위해서 투자하는 지출액을 말하며, 흔히들 토지, 건물, 기계장치 등의 투자를 말한다.

❹ **순운전자본증가액**(WC, Working Capital) : 순매출채권의 증가, 순재고자산의 증가 등으로 영업이익에 포함됐으나 현금은 유출된 경우를 의미한다. 물론 반대로 순매입채무의 증가나 미지급금의 증가 등은 잉여현금흐름 계산 시에 플러스(+) 해줘야 하는 사항이다.

이런 정리가 처음 읽는 독자들에게 다소 생소하면 그냥 읽기만 하고 넘어가면 된다. 기업가치를 공부하면서 이 정도의 이론은 한 번 봐주기를 하는 마음에서 기술했을 뿐 반드시 암기해야 하는 부분은 아니다. 이와 관련된 여러 자료를 읽다보면 NOPLAT, NOPAT, CAPEX, Working Capital 등의 용어가 나올 때 '아 한번 봤는데…' 정도로 기억해주면 된다고 생각한다.

예를 들어본다. 가상의 A기업이 향후 10년간 매년 10억 원씩의 잉여현금흐름이 발생할 것으로 예측된다. 그런데 기업의 영속성과는 맞지 않지만 이해를 돕기 위해서 10년 후에는 정확히 이 사업이 종료된다고 가정한다면 이런 상황에서 예측되는 이 기업의 내재가치는 얼마인가?

A기업의 10년간 예측 잉여현금흐름(FCF)

(단위 : 억 원)

A기업의 10년간 예측 잉여현금흐름(FCF)	잉여현금흐름
0기말	0
1기	10
2기	10
3기	10
4기	10
5기	10
6기	10
7기	10
8기	10
9기	10
10기	10
0기말에서의 내재가치	?

존 버 윌리엄스(John Burr Williams)의 저서에 기록된 대로 '기업의 내재가치는 미래 현금흐름의 현재가치'라고 했으므로 ΣFCF 를 계산하여 (10억+10억+⋯+10억 = 100억 원) 이렇게 100억 원이라고 말하면 되는 것일까? 그렇지 않다. 존 버 윌리엄스는 '기업의 내재가치는 미래 현금흐름'이 아니라 '미래 현금흐름의 현재가치'라고 이야기했다. 여기서 중요한 개념인 현재가치가 나온다.

잠깐! 용어정리 ★ 현재가치(Present Value)

우리가 흔히들 '현가'라고들 많이 사용하는데, 이 현재가치는 무엇인가? 자, 내가 10억 원짜리 복권에 당첨됐다고 하자. 이 복권금액을 수령하고자 은행에 갔더니 은행 담당자가 이런 제안을 한다.

❶ 지금 당장 10억 원을 받아갈 수 있습니다.
❷ 1년 뒤에 오셔서 10억 원을 받아갈 수 있습니다.

독자라면 이런 상황에서 어떤 제안을 받아들이겠는가? 당연히 ①번 일 것이다. 일단 1년이라는 시간의 불확실성도 존재하겠지만 지금 내가 10억 원을 받아서 이를 다시 연이율 3%짜리의 정기예금에 가입하면 10억 3,000만 원이 되기에 이 10억 원을 그냥 아무 대가 없이 은행에 넣어둘 필요가 없는 것이다.

그렇다면 여기서 이런 식을 도출할 수가 있다.

지금의 10억 원(PV, Present Value)÷1년 후의 10억 3,000만 원(FV, Future Value)

화폐에는 시간가치가 있다. 화폐의 시간가치는 오늘 1원의 화폐가치는 물가의 상승, 투자기회 등으로 인해 내일 1원의 가치와는 다르다는 것을 의미한다. 따라서 위 식에서 FV위주로 계산을 하면 FV=PV×(1+r) [r: 이자율] 이와 같이 정리할 수 있다. 다시 말하면 1년 후의 10억 3,000만 원=10억 원×(1+0.03) [r: 연3% 이자율]로 계산된다.

여기서 우리가 궁금한 것은 현재가치가 무엇인지를 아는 것이므로 이 식을 현재가치로 정리하면 $PV=\dfrac{FV}{(1+r)}$가 된다. 이 이야기는 현재가치는 미래가치를 이자율로 할인해서 가져와야 한다는 것을 의미한다. 다시 복권 예제로 돌아가면 은행에서는 ②번 제안을 '1년 뒤에 오셔서 10억 3,000만 원을 받아갈 수 있습니다'라고 해야 비슷한 의미의 제안이 되는 것이다.

그래서 결론적으로 이 식을 이해하는 것이 중요하다. 현재가치는 미래가치를 일정 할인율로 할인해서 가져와야 한다.

$$PV=\frac{FV}{(1+r)}$$

이제, A기업의 기업가치로 돌아오면 이 기업에 있어서 미래가치는 미래의 현금흐름에 해당한다. 1년차(1기)의 잉여현금흐름을 FCF_1, 2년차의 잉여현금흐름을 $FCF_2\cdots$ 라고 하면 이 기업의 현재가치 PV는 다음과 같이 계산될 수 있다.

$$\text{현재가치 } PV = PV = \frac{FCF_1}{(1+r)^1} + \frac{FCF_2}{(1+r)^2} + \cdots \frac{FCF_n}{(1+r)^n}$$

이제 위 식을 이해해보면 1기말에 기업에 남아있는 잉여현금흐름(FCF_1)을 할인율(r)로 할인해서 가져오고, 또 2기말에 기업에 남아있는 잉여현금흐름(FCF_2)을 할인율(r)로 2번 할인해서 가져오고… 10기말에 기업에 남아있는 잉여현금흐름(FCF_{10})을 할인율(r)로 10번 할인해서 가져와서 합산해주면 내재가치를 구할 수 있게 된다. 이를 구하면 다음과 같다.

A기업 예상 FCF의 현재가치의 합(할인율 r=0.03)

(단위 : 억 원)

구분	잉여현금흐름	잉여현금흐름의 현재가치
0기말	0	0.00
1기	10	9.71
2기	10	9.43
3기	10	9.15
4기	10	8.88
5기	10	8.63
6기	10	8.37

7기	10	8.13
8기	10	7.89
9기	10	7.66
10기	10	7.44
0기말에서의 내재가치		85.30

할인율 r을 3%로 가정해 1기말의 잉여현금흐름을 현재시점인 0기

말로 가져와보면 $PV = \dfrac{(10억\ 원)}{(1+0.03)} = 9.71$억 원으로 계산된다. 또 2기말

의 잉여현금흐름을 현재시점인 0기말로 가져와보면 $PV = \dfrac{(10억\ 원)}{(1+0.03)^2}$

$= 9.43$억 원으로 계산된다. 이렇게 10기말까지 해서 이를 현재가치

의 합으로 계산하면 총 85.3억 원이 된다. 따라서 가정은 좀 현실과 맞

지 않지만 비영속적기업인 A의 잉여현금흐름에 의한 기업 내재가치는

85.3억 원으로 계산할 수 있다.

2 영속적 기업의 잉여현금흐름에 의한 내재가치

그런데 일반적으로 상장돼 있는 어떤 기업이 '우리는 10년만 사업하

고 폐업할 것이다'라고 선언하는 기업은 없을 것이다. 또한 우리가 투자

하려는 기업을 분석했더니 향후 10년간 매년 10억 원씩 잉여현금흐름

이 성장 없이 고정돼 있다는 것도 조금 현실과 맞지 않는다. 따라서 이

가정은 독자들에게 이해를 쉽게 하기 위해서 상정했을 뿐이지 현실과

부합하지 않는다. 그러므로 일반적인 기업의 영속성을 고려하고 기업의

성장성을 첨가한다면 가상기업의 가정을 다소 바꿔줘야 한다.

이제 가상의 B기업을 가정하는데 향후 10년간은 첫해 10억 원의 잉여현금흐름이 발생한 후에 매년 1억 원씩 잉여현금흐름이 증가할 것으로 예측되고 그 이후는 매년 20억 원씩 고정되게 잉여현금흐름이 발생할 것으로 가정하자. 이런 상황에서 이 기업의 내재가치는 얼마인가?

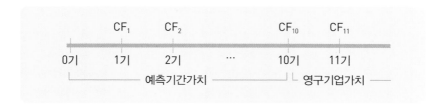

이 상황을 식으로 보면 위와 같다. 즉 기업의 내재가치, 그 가운데에서도 영업활동에 의한 영업가치는 '예측기간 기업가치'와 '영구기간 잔존가치'의 합이 된다는 것을 알 수 있다.

기업의 영업가치=예측기간 기업가치 + 영구기간 잔존가치

왜 이렇게 나뉘는지 독자들도 어렵지 않게 이해할 것이다. 우리가 어떤 기업의 재무제표를 보고 '이 기업이 향후 어느 정도 현금흐름이 발생하겠지'라고 예측하는 기간이 있는 반면 이 기업이 5년 후, 10년 후 얼마나 잉여현금흐름이 발생할지 도저히 알 수 없는 기간이 있다. 그런데 그 기간의 가치를 0으로 두게 되면 그 이후에는 잉여현금흐름이 없다는 이야기가 되므로 앞의 A기업과 같이 몇 년 후에는 영업활동이 종료되는 기업이 된다. 이런 문제를 해결하기 위해 '영구기간 잔존가치'를 계산하는 과정이 필요한 것이다.

B기업의 잉여현금흐름(FCF) 예측 및 가정

(단위 : 억 원)

기수	잉여현금흐름	비고
0기말	0	
1기	10	예측기간 (예측 기업가치)
2기	11	
3기	12	
4기	13	
5기	14	
6기	15	
7기	16	
8기	17	
9기	18	
10기	19	
11기	20	가정기간 (영구 기업가치)
12기	20	
⋮	20	
0기말에서의 내재가치	?	

　앞서서 A기업 예제를 통해서 1기부터 10기까지 잉여현금흐름을 현재가치로 가져와서 합산하는 과정을 진행했다. 여기서는 첫해에 10억 원에서 11억 원, 12억 원식으로 성장하는 기업을 가정했기에 조금 숫자가 달라졌으나 엑셀 등을 사용해 계산해보면 그 합산과정은 어렵지 않게 구할 수 있을 것이다.

B기업의 잉여현금흐름(FCF) 예측 및 가정(할인율 r=0.03)

(단위 : 억 원)

기수	잉여현금흐름	잉여현금흐름 현재가치	비고
0기말	0	0	
1기	10	9.71	예측기간 (예측 기업가치)
2기	11	10.37	
3기	12	10.98	
4기	13	11.55	
5기	14	12.08	
6기	15	12.56	
7기	16	13.01	
8기	17	13.42	
9기	18	13.80	
10기	19	14.14	
11기	20	?	가정기간 (영구 기업가치)
12기	20		
⋮	20		
0기말에서의 예측기간 현재가치		121.61	

할인율 3%로 계산했을 경우 B기업의 예측기간 10년 동안 잉여현금
흐름의 현재가치 합은 121.6억 원으로 계산된다. 이미 알아본 A기업
예제와 별반 다를 게 없기에 여기까지는 어렵지 않다. 문제는 우리가
예측했던 10년이라는 기간이 지난 후 가정으로 예상했던 11기 이후의
영구기간 잔존가치 부분이다.

어느 기업이 매년 100원씩의 정해진 정액배당을 한다고 해보자. 나는 지금 이 기업의 주식을 사고 영원히 팔지 않을 것이다. 현재 내가 시장에서 살 수 있는 주가는 주당 10,000원이다. 이 경우에 내가 받게 될 배당금의 현재가치는 얼마일까?

- 올해 말 기준 배당금 : 100원
- 내년 말(D+1) 기준 배당금 : 100원
- 내후년 말(D+2) 기준 배당금 : 100원

$$\vdots$$

이와 같이 무한정으로 나가게 될 것이다. 이제 이 배당금들의 현재가치를 구해보자. 이자율은 3%로 가정한다.

- 올해 말 기준 배당금의 현재가치 $= \dfrac{(100원)}{(1+0.03)^1}$
- 내년 말 기준 배당금의 현재가치 $= \dfrac{(100원)}{(1+0.03)^2}$
- 내후년 말 기준 배당금의 현재가치 $= \dfrac{(100원)}{(1+0.03)^3}$

이들을 모두 현재가치로 가져와서 합해야 하므로 이 식은 다음과 같이 정리된다.

$$PV = \frac{100}{(1+0.03)^1} + \frac{100}{(1+0.03)^2} + \frac{100}{(1+0.03)^3} + \dots$$

이 식을 보면 어떤 것이 떠오르는가? 이 식은 고등학교 때 수학교과서에 나왔던 무한등비수열이다. 당연히 초항은 $\dfrac{(100)}{(1+0.03)^1}$이 될 것이고 공비는 $\dfrac{1}{(1+0.03)}$이 된다. 이런 무한등비수열의 합 공식은 $\dfrac{a}{(1-r)}$이다. 여기서 a는 초항이고 r은 공비다.

$$\sum_{K=1}^{\infty} ar^{k-1} = a + ar + ar^2 + \dots ar^{n-1} + \dots = \frac{a}{1-r} \ (|r| < 1)$$

따라서 이 합공식인 $\dfrac{a}{(1-r)}$에 a는 위 식의 초항인 $\dfrac{(100)}{(1+0.03)^1}$을 대입하고 r에는 공비

인 $\dfrac{1}{(1+0.03)}$ 대입해 계산한다.

$$PV = \frac{a}{1-r} = \frac{\dfrac{100}{1+0.03}}{1-\left(\dfrac{1}{1+0.03}\right)} = \frac{\dfrac{100}{1+0.03}}{\dfrac{0.03}{1+0.03}} = \frac{100}{0.03} = 3.333\,(\text{원})$$

결국 매년 100원씩 정액 배당하는 기업에 투자를 하고 1년에 한 번 배당을 계속 받게 되면 그것의 현재가치는 3,333원으로 계산된다.

그런데 이 과정의 마지막에 있는 현재가치 $PV = \dfrac{100}{0.03}$의 의미는 $PV = \dfrac{FCF}{r}$의 의미다.

이제 용어정리에서 영구기간 잔존가치의 계산을 통해 $PV = \dfrac{FCF}{r}$임을 알게 되었다. 그렇다면 이제 남아있는 10기말에서의 영구기간 잔존가치 $PV = \dfrac{FCF}{r} = \dfrac{20억\ 원}{0.03} = 666.67$억 원을 계산할 수 있게 된다.

B기업의 잉여현금흐름(FCF) 예측 및 가정(할인율 r=0.03)

(단위 : 억 원)

기수	잉여현금흐름	잉여현금흐름 현재가치	비고
0기말	0	0	
11기	20	?	가정기간 (영구 기업가치)
12기	20	20	
⋮	20		
0기말에서의 예측기간 현재가치		121.61	

10기말에서의 가정기간 영구 기업가치	$PV = \dfrac{FCF}{R} = \dfrac{20}{0.03}$	666.67	

하지만 아직 끝난 것이 아니다. 왜냐하면 우리가 계산한 것은 11기, 12기, 13기 등의 가정기간이므로 이를 현재가치로 가져왔다는 것은 10기말로 가져온 것이다. 이를 다시 0기말로 가져와야 하는 작업이 하나 더 남아있다. 따라서 이 결과에다가 $\dfrac{1}{(1+r)^{10}}$을 곱해줘야 한다. 혹은 $(1+r)^{10}$으로 나눠줘야 온전한 지금시점의 현재가치가 된다. 이를 다음 도표에서 결과값 확인이 가능하다.

B기업의 잉여현금흐름(FCF) **예측 및 가정**(할인율 r=0.03)

(단위 : 억 원)

기수	잉여현금흐름	잉여현금흐름 현재가치	비고
0기말	0	0	
1기	10	9.71	
2기	11	10.37	
3기	12	10.98	
4기	13	11.55	
5기	14	12.08	예측기간 (예측 기업가치)
6기	15	12.56	
7기	16	13.01	
8기	17	13.42	
9기	18	13.80	
10기	19	14.14	

			가정기간 (영구 기업가치)
11기	20	496.06	
12기	20		
⋮	20		
0기말에서의 예측기간 현재가치		121.61	
10기말에서의 가정기간 영구 기업가치	$PV = \dfrac{FCF}{r} = \dfrac{20}{0.03}$	666.67	
0기말에서의 가정기간 영구 기업가치	$PV = \dfrac{\frac{FCF}{r}}{(1+r)^n} = \dfrac{666.67}{(1+0.03)^{10}}$	496.06	
0기말에서의 현재가치		617.67	

10기말에서의 가정기간 영구기간 잔존가치인 666.67억 원을 다시 0기말의 현재가치로 가져오기 위해서는 할인율 3%로 10번 할인을 해줘야 한다. 왜냐하면 10기말이기 때문이다. 따라서 $PV = \dfrac{666.67}{(1+0.03)^{10}}$을 계산하면 0기말 시점의 현재가치는 496.06억 원이 되고 이제 이를 이미 계산해둔 0기말의 예측기간 현재가치인 121.61억 원과 합하면 대략 617억 원이 이 기업의 영업활동에 의한 내재가치가 된다.

❸ [한 걸음 더] 영구성장기업의 잉여현금흐름에 의한 내재가치

정말 여기까지 잘 이해가 됐다면 필자는 만족한다. 하지만 여기서 끝내기에는 좀 아쉬운 부분이 있어서 [한 걸음 더]로 설명하고자 한다. 만약 지금까지도 머리 아픈 부분이 있다면 읽지 않아도 된다. 사실 우리가 기업의 내재가치를 알아보는 데 '이런 것이 있다' 정도로, 혹은 '애널리스트들은 이렇게 한대' 정도로 알면 되는 것인데 강의나 혹은 책에 기술을 하다 보면 어쩔 수 없이 한 걸음 더 나아가게 되는 것 같다. 다시 말하지만 이미 머리 아픈 분이라면 윗 장에서 읽는 것을 마치고 다음으로 넘어가면 된다. 사실 우리는 '고든의 배당평가모형'이라는 것을 이해하고 있는 중이다.

자, 우리는 B기업 예제에서 일정 기간 기업을 분석 후 예측해 '예측기간 기업가치'를 산출했고 그 이후 남은 기간은 가정을 하여 '영구기간 잔존가치'를 산출했다. 그런데 마지막 예측 기업가치를 산출할 때 11기 이후는 매년 20억 원씩 동일하게 잉여현금흐름이 발생한다고 가정했다. 그러나 이것 역시 현실에 맞지가 않다. 1기부터 10기까지는 잉여현금흐름이 10억 원에서 20억 원까지 성장한다고 예측했는데 11기 이후 매년 잉여현금흐름이 20억 원으로 성장이 멈췄다는 것은 성장기업의 가설로써 적절치가 않다.

그래서 이제 C기업을 가정하는 데에 있어서 나머지는 B기업과 동일하고 예측기간(1기~10기) 끝난 후는 예측기간 마지막 연도를 기준으로 매년 1%씩 잉여현금흐름이 영구성장한다고 가정해보자.

C기업의 잉여현금흐름(FCF) 예측 및 가정

(단위 : 억 원)

기수	잉여현금흐름	비고
0기말	0	
1기	10	
2기	11	
3기	12	
4기	13	예측기간
5기	14	(예측 기업가치)
6기	15	
7기	16	
8기	17	
9기	18	
10기	19	
11기	19.19	가정기간
12기	19.38	(영구 기업가치)
⋮	⋮	: 매년 전년 대비 1%씩 성장
0기말에서 내재가치	?	

잠깐! 용어정리 ★ 영구성장기업의 기업가치 계산

어느 기업이 매년 1%씩 배당금을 늘려가고 있다고 하자. 작년 기준 배당금은 주당 100원이었다. 나는 지금 이 기업의 주식을 사고 영원히 팔지 않을 것이다. 현재 내가 시장에서 살 수 있는 주가는 주당 10,000원이다. 이 경우에 내가 받게 될 배당금의 현재가치는 얼마일까?

- 작년 말 기준 배당금 : 100원
- 올해 말 기준 배당금 : 101원(=100원×1.01)
- 내년 말 기준 배당금 : 102.01원(=100원×1.01^2)

⋮

이와 같이 무한정으로 나가게 될 것이다. 이제 이자율 3%로 가정하여 배당금들의 현재가치를 구해보자.

- 올해 말 기준 배당금의 현재가치 = 100원 $\times \dfrac{(1+0.01)^1}{(1+0.03)^1}$

- 내년 말 기준 배당금의 현재가치 = 100원 $\times \dfrac{(1+0.01)^2}{(1+0.03)^2}$

- 내후년 말 기준 배당금의 현재가치 = 100원 $\times \dfrac{(1+0.01)^3}{(1+0.03)^3}$

$$\vdots$$

이들을 모두 현재가치로 가져와서 합해야 하므로 이 식은 다음과 같이 정리된다.

$$PV = \frac{100 \times (1+0.01)^1}{(1+0.03)^1} + \frac{100 \times (1+0.01)^2}{(1+0.03)^2} + \frac{100 \times (1+0.01)^3}{(1+0.03)^3} + \cdots$$

이 식을 보면 역시 무한등비수열의 합임을 알 수 있다. 앞서서 무한등비수열의 합은 $\dfrac{a}{(1-r)}$임을 알아봤으므로 이 식에 적용을 하면 초항 a는 $100 \times \dfrac{1+0.01}{1+0.03}$이고 공비 R은 $\dfrac{1+0.01}{1+0.03}$이다.

어차피 우리는 PV를 구하는 공식이 필요한 것이므로 이 과정이 이해되었다면 바로 공식을 구하는 과정으로 들어가 보자. 여기서 0.01 즉 1%의 의미는 무엇인가? 기업이 영구성장기간 동안의 성장률이다. 향후 1%씩 성장할 것으로 가정하는 것이다. 그래서 Growth의 의미를 담아서 성장률을 G라고 쓴다. 또한 앞서 본대로 이율 3%는 r을 그대로 사용하면 초항 a는 FCF $\times \dfrac{1+g}{1+r}$로 정의되고 공비 r은 $\dfrac{1+g}{1+r}$로 정의될 수 있다.

$$PV = \frac{a}{1-R} = \frac{\dfrac{FCF \times (1+g)}{(1+r)}}{1 - \left\{ \dfrac{(1+g)}{(1+r)} \right\}} = \frac{\dfrac{FCF \times (1+g)}{(1+r)}}{\dfrac{(r-g)}{(1+r)}} = \frac{FCF \times (1+g)}{(r-g)}$$

이제 위와 같이 계산되면 영구성장기업의 현재가치 $PV = FCF \times \dfrac{1+g}{r-g}$ 로 계산되게 된다. 여기서 $FCF \times (1+g)$의 의미는 예측 마지막 해의 잉여현금흐름에 성장률을 곱한 값이 되고 g는 성장률, r은 이자율을 의미한다.

이런 기업을 '영구성장기업'이라 부른다. 예측기간인 10기 후의 영구기간 부분에서의 기업가치는 앞 예제와 달라지게 되는데 이 부분도 다음 정리를 먼저 보고 다음으로 간다.

이제 용어정리에서 영구성장기업의 현재가치 $PV = \dfrac{FCF \times (1+g)}{(r-g)}$ 임을 알게 되었다. 그렇다면 남아있는 10기말에서의 가정기간 영구기간 잔존가치 $PV = \dfrac{FCF \times (1+g)}{(r-g)} = \dfrac{19억\ 원 \times (1+0.01)}{(0.03-0.01)} = 959.50억\ 원$으로 계산된다.

C기업의 잉여현금흐름(FCF) 예측 및 가정(할인율 r=0.03, 성장률 r=0.01)

(단위 : 억 원)

기수	잉여현금흐름	잉여현금흐름 현재가치	비고
10기	19	14.14	예측기간 (예측 기업가치)
11기	19.19		가정기간 (영구 기업가치) : 매년 전년 대비 1%씩 성장
12기	19.38	?	
⋮	⋮		

0기말에서의 예측기간 현재가치		121.61	
10기말에서의 가정기간 영구 기업가치	$PV = \dfrac{FCF \times (1+g)}{(r-g)}$ $= \dfrac{19 \times (1+0.01)}{(0.03-0.01)}$	959.50	

역시 이제 겨우 10기말로 가져온 것이기에 아직 끝난 것이 아니다. 이를 다시 0기말로 가져오기 위해서 이 결과값 위에 $(1+r)^{10}$으로 나눠 줘야 한다. 이를 마치면 최종 값은 다음과 같다.

C기업의 잉여현금흐름(FCF) **예측 및 가정**(할인율 r=0.03, 성장률 r=0.01)

(단위 : 억 원)

기수	잉여현금흐름	잉여현금흐름 현재가치	비고
0기말	0	0	
1기	10	9.71	예측기간 (예측 기업가치)
2기	11	10.37	
3기	12	10.98	
4기	13	11.55	
5기	14	12.08	
6기	15	12.56	
7기	16	13.01	
8기	17	13.42	
9기	18	13.80	
10기	19	14.14	
11기	19.19	713.96	가정기간 (영구 기업가치) : 매년 전년 대비 1%씩 성장
12기	19.38		
⋮	⋮		

0기말에서의 예측기간 현재가치		121.61	
10기말에서의 가정기간 영구 기업가치	$PV = \dfrac{FCF \times (1+g)}{(r-g)}$ $= \dfrac{19 \times (1+0.01)}{(0.03-0.01)}$	959.50	
0기말에서의 가정기간 영구 기업가치	$PV = \dfrac{\dfrac{FCF}{r}}{(1+r)^n}$ $= \dfrac{(959.50)}{(1+0.03)^{10}}$	713.96	
0기말에서의 현재가치		835.57	

　10기말에서 영구성장기업의 기업가치 959.50억 원을 다시 0기말의 현재가치로 가져오기 위해서는 할인율 3%로 10번 할인해주면 0기말의 현재가치는 713.96억 원이 되고 이제 이를 이미 계산해둔 0기말의 예측기간 현재가치인 121.61억 원과 합하면 대략 835억 원이 이 기업의 영업활동에 의한 내재가치가 된다.

02

자본비용이란 무엇인가?

앞에서 기업의 내재가치가 무엇인지, 이를 어떻게 구하는지를 잉여현금흐름(Free Cash Flow)을 통해서 알아봤다. 그런데 이 과정에서 이미 인지한 독자들도 있겠지만 문제점이 있었다. 바로 이자율, 혹은 할인율의 적용에 대한 부분이다.

이자율이란 무엇인가? 지금의 금융자산에 투자했을 때 적정기간 후 추가로 지불되는 금액의 비율을 말한다. 반대로 현재가치에 중심이 되는 할인율이란 무엇인가? 미래가치를 현재가치와 같아지게 하는 비율을 의미한다. 즉, 1년 후 받게 될 10,000원을 할인율 3%로 계산해 현재가치로 가져오면 9,708원과 같아지게 되는 것이다.

정리하면,

① 정기예금에 9,708원의 원금을 납입하고 이자율 3.0%를 받게 되면 1년 후 10,000원이 된다.

② 1년 후에 받게 될 10,000원을 지금 급해서 현금으로 받게 되면 이율 3.0%로 할인돼 9,708원을 받게 된다.

이것이 이자율과 할인율의 적용이었다. 그런데 이를 기업의 잉여현금흐름 현재가치를 계산하는 데 사용하는 것은 문제가 있다. 앞서서도 거론한 적 있지만 주식은 정기예금이나 국채와 같은 무위험자산의 성격을 가지고 있지 않다. 잘 알겠지만 오히려 대표적인 위험자산에 해당한다. 따라서 위험자산에 투자해 놓고 할인율은 무위험자산 성격의 할인율을 적용받는다는 것은 어불성설이다. 다만 앞에서는 이해를 쉽게하기 위해서 우리 현실에서 만날 수 있는 예금의 이자율을 예로 든 것이지 이 부분이 이해됐다면 이제 잉여현금흐름의 현재가치를 계산하는 과정에서 이자율 부분은 잊어야 한다.

그렇다면 이자율 대신에 무엇을 할인율로 사용해야 하는가? 이것이 바로 요구수익률이다. 요구수익률이라는 것은 해당 금융자산에 투자하거나 빌려준 대상자가 '이 정도는 대가로 받아야지'라고 생각하는 비율이다. 예를 들어서 은행의 정기예금에 납입하려는 사람이 '나는 연이율 10%를 받아야 한다'라고 마음먹는다면 지금 각 은행에서 제시한 이율 1%대 혹은 2%대의 금융상품에는 가입할 수 없을 것이다. 이것이 가입이 안 되는 이유는 예금 가입자의 요구수익률과 은행에서 제시하는 이자율과 서로 다르기 때문이다. 반대로 어느 은행에서 한시적으로 이율 3%짜리 정기예금을 출시했는데 이 금융상품이 한도를 다 채울 정도로 예금이 많이 들어왔다고 하자. 이 이야기는 예금가입자의 요구수익률과 은행에서 제시하는 이율과 부합하면서 금융상품이 히트를 친 경우가 될 것이다.

요구수익률은 투자자가 받아야 하는 원금 대비의 비율이다. 그렇다면 기업에 자금을 제공하는 부류는 어떤 부류가 있는가? 우리는 이미 3장 재무제표 부분에서 기업의 자금원천은 두 부류가 있음을 알아보았다.

기업 자금의 원천

㈜흥부네 가상 재무상태표

시점 : 20XX년 12월 31일

자산	1,200만 원	부채	500만 원
		자본	700만 원

당시 가상의 ㈜흥부네라는 기업을 알아보면서 총자산은 1,200만 원이 있는데 부채는 500만 원이고 자본은 700만 원이라고 가정했었다.

이 예제에서 알 수 있듯이 기업은 영업활동을 전개하기 위해 자산을 취득해야 하는데 그러기 위해서는 ① 주주들에게 주식을 발행해 자기자본을 조달하는 방법 ② 채권을 발행하여 채권자들에게 타인자본을 조달하는 방법이 있다. 만약 기업이 이 두 자금의 원천에게서 자금을 조달하면서 앞의 예제와 같이 '이율 3%로 줄게'라고 한다면 아마 두 자금의 원천(주주, 채권자) 모두 투자하지 않을 것이다. 그래서 앞 예제가 문제점이 있었다.

그렇다면 이들의 요구수익률은 얼마인가? 이 용어는 투자자 입장에서의 용어가 될 것이고 반대로 기업 입장에서는 자본을 조달하는 비용이기에 '자본비용'이 될 것이다. 마치 이자율과 할인율이 같은 수치이지만 입장에 따라서 용어가 다른 것처럼 '요구수익률'과 '자본비용' 역시 같은 관계를 보인다.

또 다른 질문으로 만약 채권자의 요구수익률이 5%라고 한다면 주주의 요구수익률도 5%인가? 당연히 그렇지 않다. 일반적으로는 채권자의 시장위험프리미엄이 주주의 시장위험프리미엄보다 낮다. 그 이유는 기업이 부도가 나지 않는 한 채권자가 요구하는 이율을 기업은 지급해야 하지만 주주에게는 이런 지급의 의무가 없기에 채권자의 시장위험프리미엄이 낮다고 볼 수 있다.

여하튼 이들의 요구수익률은 어떻게 계산해야 하는가? 요구수익률이 다르다 했으므로 이들의 요구수익률을 별개로 보면, 채권자 입장에서는 채권을 만기보유함으로써 기대되는 만기수익률이 요구수익률이 될 것이고 주주 입장에서는 주식을 매수함으로 기대되는 배당이익과 주가의 상승에 의한 자본적 상승될 것이다.

만약 기업이 원활히 자본을 조달하기 위해서 주주와 채권자가 모두 필요하다면 기업이 준비해야 할 자본비용은 이 둘의 요구를 모두 맞춰야 할 것이다. 그래서 기업 입장에서 채권자의 요구수익률에 맞춰서 준비해야 하는 비용이 '타인자본비용(K_d, cost of debt)'이 되고 주주의 요구수익률에 맞춰서 준비해야 하는 비용이 '자기자본비용(K_e, cost of equity)'이 된다.

타인자본비용과 자기자본비용의 필요성

재무상태표

시점 : 20XX년 12월 31일

자산	부채	타인자본비용 K_d	채권자
	자본	자기자본비용 K_e	주주

그렇다면 채권자가 요구하는 요구수익률은 채권의 만기수익률이 되기에 쉽게 구할 수 있는데 주주가 요구하는 요구수익률은 어떻게 구할까? 우리는 이미 5부에서 CAPM에 대해서 알아본 적이 있다.

$$K_e = R_f + [E(R_m) - R_f] \times \beta$$

- K_e : 자기자본비용
- R_f : 무위험수익률
- $[E(R_m) - R_f]$: 시장위험프리미엄
- β : 주식의 체계적위험(systematic risk)

자기자본에 대한 자기자본비용(K_e)은 무위험수익률(R_f, Risk free rate)과 주식시장 위험프리미엄($R_m - R_f$)×β의 합으로 구성된다고 언급했었다. 따라서 이를 정확히 계산하기 위해서는 무위험수익률로 어떤 수치를 사용할 것인지, 우리나라 주식시장의 기대수익률 $E(R_m)$은 얼마인지, 또 이로 인한 시장의 위험프리미엄은 얼마인지, 이 주식의 β는 얼마인지 등 구해야 할 수치가 너무 많다.

지금 우리는 개념을 공부하고 이해하는 것이기에 그래서 앞 장에서 블룸버그가 제공했던 한국시장의 위험프리미엄은 7~10%대를 기준으로 여기에 국고채 5년물(무위험수익률 수치로 활용) 1.88%를 더하면 한국시장의 주주의 기대수익률은 9%(=7%+1.88%)대라고 간단히 알아본 적이 있다.

어차피 우리는 개념을 이해하고자 가상의 연습을 하는 것이니까 자기자본비용 K_e=9.0%라 설정하자. 다음으로 타인자본비용을 확인하고자 BBB+ 등급의 회사채 발행금리 K_d=5.0%라고 하자. 이것을 기반으로 기업의 자본비용을 계산해본다.

먼저, ㈜홍부네의 자본구조를 보면 총자산 1,200만 원 가운데 타인자본인 부채는 500만 원이다. 이를 통해 타인자본 가중치를 구하면 ($\frac{500만 원}{1,200만 원} = 41.7\%$)이다. 즉, 기업의 총자산 가운데 41.7%가 타인자본이 된다. 다음으로 총자산 1,200만 원 가운데 자기자본의 가중치를 구하면 ($\frac{700만 원}{1,200만 원} = 58.3\%$)이다. 기업의 총자산 가운데 58.3%가 자기자본이다.

이를 통해서 가중평균한 자본비용(WACC, Weighted Average Cost of Capital)을 구할 수 있다. 먼저 식은 다음과 같다.

$$WACC = D/V \times Kd \times (1-t) + E/V \times K$$

($V = D + E$, D:타인자본, E:자기자본, K_d:타인자본비용, K_c:자기자본비용, t:법인세율)

계산의 용이성을 위해서 법인세율 t는 0으로 가정한다. 가중평균자본비용 WACC를 타인자본비용과 자기자본비용으로 나눠 계산하면 다음과 같다.

① 가중치를 고려한 타인자본비용 : $\frac{500만 원}{1,200만 원} \times 0.05 = 2.08\%$

② 가중치를 고려한 자기자본비용 : $\frac{700만 원}{1,200만 원} \times 0.09 = 5.25\%$

따라서 ㈜흥부네의 가중평균자본비용은 둘을 합친 7.33%가 된다. 이 7.3%라는 숫자의 의미는 ㈜흥부네가 자금을 조달 시에 이 정도의 비용을 고려해야하고 기업의 수익도 이 비용을 상회해야 한다는 것을 의미한다.

가상기업 ㈜흥부네의 가중평균자본비용의 계산

㈜흥부네 가상 재무상태표

시점 : 20XX년 12월 31일

자산 1,200만 원	부채 500만 원	타인자본비용 →	$= \dfrac{500만\ 원}{1,200만\ 원} \times 0.05 = 2.1\%$
	자본 700만 원	자기자본비용 →	$= \dfrac{700만\ 원}{1,200만\ 원} \times 0.09 = 5.3\%$

그래서 이제 주식을 분석하고 투자 시에 할인율을 사용하고 싶을 때는 특히 기업 입장에서 자본비용을 구하고 싶을 때는 단순히 정기예금 이자율을 사용하는 것이 아니라 위와 같이 '가중평균자본비용'을 사용해야 한다.

위에서 우리가 알아본 가상의 C기업, 즉 예측기간이 끝난 후는 마지막 예측년도를 기준으로 매년 1%씩 잉여현금흐름이 영구성장한다는 가정의 기업에서 자본비용을 이와 같이 WACC = 0.0733을 사용하여 기업의 내재가치를 다시 산출해본다.

C기업의 잉여현금흐름(FCF) 예측 및 가정(할인율 r=0.0733, 성장률 G=0.01)

(단위 : 억 원)

기수	잉여현금흐름	잉여현금흐름 현재가치	비고
0기말	0	0	
1기	10	9.32	
2기	11	9.55	
3기	12	9.71	
4기	13	9.80	
5기	14	9.83	예측기간
6기	15	9.81	(예측 기업가치)
7기	16	9.75	
8기	17	9.65	
9기	18	9.52	
10기	19	9.37	
11기	19.19	149.44	가정기간
12기	19.38		(영구 기업가치)
⋮	⋮		: 매년 전년 대비 1%씩 성장
0기말에서의 예측기간 현재가치		96.30	
10기말에서의 가정기간 영구 기업가치	$PV = \dfrac{FCF \times (1+g)}{(r-g)}$ $= \dfrac{19 \times (1+0.01)}{(0.0733 - 0.01)}$	303.16	
0기말에서의 가정기간 영구 기업가치	$PV = \dfrac{\frac{FCF}{r}}{(1+r)^n} = \dfrac{303.16}{(1+0.0733)^{10}}$	149.44	
0기말에서의 현재가치		245.74	

WACC 7.33%로 할인한 이 기업의 예측기간의 현재가치는 약 96억 원으로 추정됐다. 이 금액은 앞서 할인율 3%로 사용했을 때 121억 원보다 대략 24억 원의 기업가치가 감소한 수치다. 그래도 이 금액의 감소폭은 영구기업가치의 감소폭보다는 양호하다. WACC 7.33%로 할인한 가정기간의 영구기업가치는 약 149억 원으로 이는 할인율 3% 적용시의 가치인 713억 원 대비 큰 폭으로 감소된 것을 알 수 있다. 이로 인해 예측기업가치와 영구기업가치의 합산 내재가치는 245억 원으로 추정됐다. 할인율 3%대의 추정기업가치가 835억 원인 것에 비하면 큰 폭의 기업 내재가치가 감소된 것으로 확인됐다. 여기서 이런 현금흐름 할인방식의 문제점이 나타난다.

😊 한 걸음 더 ▶ 가중평균자본비용을 산출하는 과정에서의 문제점 ≫

WACC를 구하는 과정에서 문제점이 있다. 앞에서도 거론했지만 주주의 자기자본비용을 산출하는 데 있어서 어떤 수치를 사용하느냐에 따라서 그 결과값이 충분히 달라질 수 있다는 점이다.

WACC에는 필연적으로 자기자본비용 K_e가 포함돼야 하는데, 이 K_e를 구하는 데에는 무위험 수익률 3년만기 국고채를 하느냐, 5년만기 국고채를 하느냐 혹은 10년만기 국고채를 적용 하느냐에 따라서 결과값이 달라진다. 또 E(Rm)을 구하기 위해서 우리나라 주식시장의 기대수익률은 5년 평균으로 할것인지, 10년 평균으로 할 것인지 그리고 그 기준점은 언제부터로 할 것인지 등 자의적으로 선택해야 할 부분이 많기 때문에 분석자의 주관에 따라서 고무줄과 같이 늘렸다 줄였다 할 가능한 부분이 여기에 숨어있다.

이제 앞으로 반복해서 거론하겠지만 주식 가치의 절대평가법이라고 하는 DCF나 RIM, EVA 등에서는 모두 한결같이 이런 문제를 가지고 있다. 성장률 G를 얼마로 하느냐에 따라서 기업가치가 몇백억 원씩 차이가 난다든지, WACC를 얼마로 하느냐에 따라서 달라진다든지 등의 문제가 늘 이 안에 숨어있다.

03

애널리스트들은 이렇게(1)
– 절대가치평가법 DCF

■ DCF란 무엇인가?

기업의 가치를 평가하는 방법은 크게 절대가치평가법과 상대가치평가법으로 나뉜다. 그중에서 절대가치평가법 가운데 하나인 DCF(Discounted Cash Flow)는 기업의 내재가치를 평가하는 많은 방법 중에서 그 개념에 가장 부합하는 방법으로 과거로부터 많은 분석가들이 사용해 왔던 기법이었다. 지금은 그 사용빈도가 과거보다는 줄었으나 여전히 일부 주식시장 혹은 기업인수합병(M&A) 시장의 애널리스트들로부터 애용되고 있다.

이 책을 읽고 있는 독자분들 가운데에도 아마 DCF라는 이름을 들어본 분들이 많을 것이다. 특히 과거 증권가 애널리스트들이 분석해놓은 주식의 적정가 분석에 보면 DCF로 그 가치를 평가해놓은 보고서들이 꽤 많이 존재해왔었다. 다음은 키움증권 김주용 연구원의 한미약품(128940) 기업분석 보고서 중 일부다. 그 내용을 보면 '당뇨병치료제(EXENDIN-4)'를 DCF를 활용해 가치를 계산했고 그 할인율 WACC 6.9%를 적용했다'는 등의 내용을 확인할 수 있을 것이다.

DCF를 활용한 한미약품 내재가치 분석의 예

나. 한미약품 본업 주당 가치(원)	**83,388**	
2017년 예상 EBITDA	478	
적정EV/EBITDA : R&D투자확대(지속적인 파트너링 긍정적), 업종평균 Multiple 반영	17.0	
다. 지속형 당뇨병치료제(EXENDIN-4) 주당가치(원) : DCF, 할인율 6.9%(WACC) – 미국 임상2상 후기 완료(사노피 파트너링 완료)	**71,273**	성공확률 30% 가정
라. 지속형 백혈구감소증치료제(G-CSF) 주당가치(원) : DCF, 할인율 6.9%(WACC) – 미국 임상3상(스펙트럼 파트너링 완료)	**17,303**	성공확률 60%로 가정
마. 퇴행성 관절염 치료제(BTK Inhibitor) 주당가치(원) : DCF, 할인율 6.9%(WACC) – 유럽 임상1상 완료(릴리 파트너링 완료)	**45,451**	성공확률 30%로 가정
바. 표적 항암제(Poziotinib, 2세대) 주당가치(원) : DCF, 할인율 6.9%(WACC) – 임상2상 진입(스펙트럼, 루예 파트너링 완료)	**20,070**	성공확률 30%로 가정
사. 항암제(RAF Inhibitor) 주당가치(원) : DCF, 할인율 6.9%(WACC) – 임상2상 진입(제넨텍 파트너링 완료)	**66,300**	성공확률 30%로 가정
아. Insulin+GLP-1 Combo 주당가치(원) : DCF, 할인율 6.9%(WACC) – 임상1상 진입(사노피 파트너링 완료)	**35,342**	성공확률 10%로 가정
합계(원) : 가+나+다+라+마+바+사+아	362,296	
자료 : 키움증권 추정		

참조 키움증권 김주용 연구원의 한미약품 기업분석

비록 필자는 DCF를 최근에는 활용하고 있지 않지만 그 내용을 공부해 두는 것은 기업분석의 개념을 이해하는 데 필요한 과정이라고 생각한다.

그렇다면 DCF(Discounted Cash Flow)란 무엇인가? 이름에서 영어약자를 사용해서 무엇인가 생소함을 느껴질 수 있겠지만 DCF는 우리가 이미 앞에서 배운 '현금흐름할인법'이다. DCF의 영어이름에서 알 수 있듯이 현금흐름을 가중평균자본비용 WACC로 할인해서 현재가치로 가져오는 기법이 DCF인 것이다. 따라서 필자가 6부의 1장과 2장에서 장황하게 이 부분을 설명했는지 이제 이해할 수 있을 것이다. 이 부분이 기업가치의 개념을 정립하는 데 상당히 중요하다고 생각했기에 DCF에 앞서 먼저 이 개념을 명확히 하려고 한 것이다.

② DCF의 실전예제 - 네오플럭스

필자의 블로그 등에서 저평가 장외기업으로 거론했던 장외시장 K-OTC 내의 네오홀딩스(170120)가 네오플럭스에 의해 흡수합병이 결정됐다. 먼저 그 공시내용을 본다.

네오플럭스가 네오홀딩스를 흡수합병

1. 합병방법	주식회사 네오플럭스가 네오홀딩스 주식회사를 흡수 합병 • 존속법인 : 주식회사 네오플럭스 • 소멸법인 : 네오홀딩스 주식회사 ※ 합병 후 존속회사의 상호 : 주식회사 네오플럭스
- 합병형태	해당사항 없음.
2. 합병목적	주식회사 네오플럭스가 네오홀딩스 주식회사를 흡수·합병해 신속한 경영판단 및 인력구조/조직의 효율적 운영으로 관리비용 절감을 도모함으로써 비효율 요인을 제거해 경영효율성을 증대시키고자 합병을 결정했다.
3. 합병의 중요영향 및 효과	(1) 회사의 경영에 미치는 영향 본 보고서 제출일 현재 합병법인인 주식회사 네오플럭스의 최대주주는 네오홀딩스주식회사로써 66.71%의 지분을 보유하고 있으며, 피합법인인 네오홀딩스 주식회사의 최대주주는 디아이피홀딩스로서 64.17%의 지분을 보유하고 있다. 다이아피홀딩스는 또한 주식회사 네오플럭스의 지분 33.29%를 보유하고 있어 네오홀딩스 주식회사와 디아이피홀딩스 2개사가 주식회사 네오플럭스 주식 100%를 보유하고 있다. 본건 합병 완료 시 피합병 회사인 네오홀딩스 주식회사가 보유한 네오플럭스 주식 66.71%에 대해 본건 합병과 동시에 소각함으로서 합병법인인 주식회사 네오플럭스의 최대 주주는 78.37%를 보유한 디아이피홀딩스로 변경한다.
	(2) 회사의 재무, 영업에 미치는 영향 본 합병을 통해 합법인과 피합병법인은 별도 법인으로 유지됨에 따라 관리 중복, 불필요한 비용 지출 등을 제거하고 효율적인 역량 집중을 통해 합병회사의 전반적인 비용 절감 및 영업력 강화가 가능할 것으로 기대된다.

4. 합병비율	주식회사 네오플럭스 : 네오홀딩스 주식회사=1 : 0.2237116
5. 합병비율 및 산출근거	비상장법인 합병비율 산정을 위한 평가방법에 대해서는 별도 정하고 있는 법률이나 규정이 없으므로 양사 간 합의에 의해 합병비율을 결정할 수 있다. 따라서, 주권비상장법인들인 존속법인인 주식회사 네오플럭스와 소멸법인인 네오홀딩스 주식회사의 합병을 실시함에 있어, 미래현금흐름할인법(DCF)을 적용해 1주당 주식가치를 기초로 양사가 상호합의해 합병비율을 산출했다. 평가결과, 2016년 12월 31일을 평가기준일로 해 산정한 주식회사 네오플럭스의 주당 가액은 10,447원, 네오홀딩스 주식회사의 주당 가액은 2,344원으로 산출됐다. 이에 따라 합병비율은 1 : 0.2237116로 결정됐다.

참조 금융감독원 전자공시시스템

공시내용을 보면 네오플럭스가 네오홀딩스를 흡수합병하는 과정에서 그 합병비율은 '1:0.2237116 비율로 결정됐고 이를 결정하는 과정에서 미래 현금흐름할인법 DCF를 적용했다'라고 기재돼있다. 그래서 네오플럭스의 내재가치를 평가한 주당가격은 10,477원으로 평가되었고 네오홀딩스의 주당가격은 2,344원으로 평가됐다. 이 공시가 발표나기 전 장외시장 K-OTC에서 거래됐던 네오홀딩스는 평균 1,000~1,500원 사이에 거래됐다가 이 공시 후 급등하여 2017년 5월 기준 주당 2,500~3,000원 사이에 거래되고 있다.

그러면 이 DCF의 실전사례를 통해서 DCF가 어떻게 계산된 것인지를 알아본다. 먼저 이 자료가 어디에 있는지부터 확인해보기 위해서 금융감독원 전자공시시스템으로 들어간다. 네이버 등 검색사이트에서 '전자공시시스템'이라고 검색하고 결과물을 클릭하면 쉽게 이 사이트로 이동할 수 있다. 혹은 인터넷 주소창에 'http://dart.fss.or.kr' 주소를 직접 입력하고 들어와도 된다. 지난번에도 거론했었지만 기업분석자에게 이 사이트는 보물창고와 같은 정말 귀한 사이트이므로 반드시 즐겨찾기 등을 해서 반복적으로 방문해야 하는 사이트이다. 이 사이트에 들어와서 회사명 검색기에 '네오홀딩스'을 입력하고 검색버튼을 누른다.

네오홀딩스 검색 화면

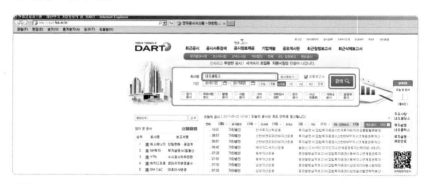

참조 금융감독원 전자공시시스템

그러면 검색결과 페이지에서 2017년 04월 20일에 올라온 [기재정정]주요사항보고서(회사합병결정) 자료를 만날 수 있을 것이다. 이 보고서를 클릭한다.

기재정정 주요사항보고서(회사합병결정)

　앞에서 알아봤던 두 기업의 방식이나 비율, 합병산출근거 등을 확인
할 수 있을 것이다. 필자가 화면에 캡쳐해둔 페이지 말고 직접 이런 방
식으로 검색해서 그 결과물을 독자의 눈으로 확인해보길 반드시 추천
한다. 한번 읽어봤다면 새로 뜨는 페이지는 닫는다.

　다음으로 이번 장의 본론인 기업가치 산출방식인 DCF의 사례를 확
인해보기 위해서 전자공시시스템 메인화면에서 합병사인 '네오플럭스'
를 검색한다.

전자공시시스템 '네오플럭스' 검색

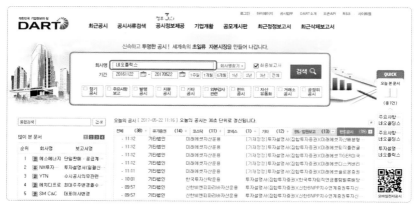

참조 금융감독원 전자공시시스템

　이제 검색결과 화면에서 2017년 05월 10일에 보고된 [기재정정] 투자 설명서를 클릭한다.

네오플럭스 '[기재정정] 투자 설명서'

참조 금융감독원 전자공시시스템

이제 투자 설명서에 해당하는 창이 하나 뜨는데 만약 이런 투자 설명서에 관한 보고서를 처음 보는 독자라면 반드시 시간을 내서라도 이 페이지의 왼쪽 메뉴를 클릭해가면서 차례차례 한 번은 꼭 읽어보길 추천한다. 반드시 눈에 읽어둘 만한 페이지다. 이번 장은 그 가운데에서 DCF를 알아보는 과정이므로 왼쪽 메뉴 '합병가액 및 그 산출근거'를 클릭한다.

네오플럭스 투자 설명서 내의 '합병가액 및 그 산출근거'

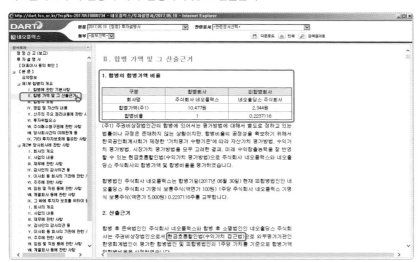

참조 금융감독원 전자공시시스템

자료와 같이 네오플럭스가 네오홀딩스를 흡수합병한다는 것과 그 합병비율 그리고 하단에 현금흐름할인법(DCF)를 사용했다는 것을 볼 수 있다. 사실 필자가 구구절절히 이 책에 쓸 필요 없이 지금 열려있는 '합병가액 및 그 산출근거' 페이지 하나만 읽어두면 DCF에 대한 공부는 마쳤다고 봐도 무방할 것이다. 그만큼 이 페이지에 대부분의 내용이 압축되어 들어있기에 필자가 굳이 [따라 하기] 과정을 써가면서 이 페이지를 찾아오는 것을 나열한 것이다. 일단 지면의 한계상 이 부분을 다 거론할 수 없으니 대부분은 독자들에게 읽어볼 것을 추천하고 필자는 이 페이지의 하단 부분에 있는 '합병법인의 추정 손익계산서' 부분으로 오른쪽 마우스를 내려서 찾아봤다.

네오플럭스의 잉여현금흐름 산출과정

화면은 네오플럭스의 적정주당가치 10,477원이 산출되기 위한 잉여현금흐름의 현재가치를 계산하는 과정이다. 이 기업은 두 개의 사업부

(VC사업부, PE사업부)가 존재하는데 이 둘이 거의 같은 과정을 거쳐서 현재가치가 계산되기에 이 가운데 VC사업부 하나만 조금 더 확장해서 본다.

네오플럭스의 잉여현금흐름 산출과정 상세

(1) VC사업부 추정손익계산서

(단위 : 100만 원)

구 분	추정					2021년 이후(주)
	2017년	2018년	2019년	2020년	2021년	
	예측기간(예측 기업가치)					가정기간 (영구 기업가치)
영업수익	9,518	9,767	10,144	10,764	11,946	11,416
영업비용	6,294	6,518	6,307	6,566	7,049	7,049
영업이익	3,225	3,249	3,837	4,198	4,897	4,367
법인세비용	687	693	822	902	1,055	939
세후 영업이익	2,537	2,556	3,015	3,297	3,842	3,428
(−)조합투자 수익	5,114	4,555	2,509	3,572	3,365	3,365
(+)조합투자 손실	252	448	405	405	500	500
(−)조합출자	9,950	9,650	10,450	10,200	11,400	-
(+)조합배부	19,545	15,526	11,967	13,226	13,144	2,828
(+)상각비	76	81	85	85	60	60
(−)CAPEX	62	62	62	62	62	62
(−)순운전자본 증감	-12	196	220	222	83	24
FCFF	7,297	4,149	2,230	2,957	2,635	3,365
현가계수	0.94	0.83	0.73	0.64	0.57	0.57
PV of FCFF	6,851	3,434	1,627	1,902	1,494	14,738

참조 금융감독원 전자공시시스템

DCF를 진행하는 단계는 6가지 과정으로 세분화할 수 있다.

① 매출추정

② 원가 및 비용의 추정

③ 순운전자본(Working Capital) 및 투자비(CAPEX) 등 추정

④ 잉여현금흐름의 추정

⑤ 가중평균자본비용(WACC)의 추정 및 현가계수 계산

⑥ 잉여현금흐름의 현재가치 계산

이 과정을 조금 상세히 위 예제를 통해서 확인해본다.

① 매출추정

도표는 단위가 100만 원으로써 2017년의 영업수익(매출액)은 95억 원대 이후 2021년에는 119억 원대로 추정했다. 그리고 2021년 이후 는 연간 114억 원대 영업수익을 추정했다. 투자 설명서의 다음 설명에 보면 영업수익의 성장률(G)은 따로 추정하지 않았으나 2021년 이후 현 금흐름은 매년 0.5%씩의 성장률(G)을 반영했다고 기술돼 있다. 따라서 성장률(G)는 0.5%다.

② 영업비용의 추정 및 영업이익

네오플럭스는 제조회사가 아니기에 따로 제조원가 추정은 하지 않았다. 그래서 영업수익에서 추정된 영업비용을 제하고 바로 영업이익이 산출됐다. 영업이익은 2017년은 32억 원대, 2018년 32억 원대⋯

2021년 이후는 43억 원대로 추정됐다.

③ 순운전자본 및 투자비의 추정&④ 잉여현금흐름의 추정

추정된 영업이익에서 법인세비용을 제하면 세후 영업이익(NOPLAT)이 나온다. 여기서 비현금성비용을 더하고 순운전자본의 증감을 고려하고 자본적지출을 빼주면 잉여현금흐름(FCF)이 계산된다. 이 과정은 우리가 밴처캐피탈(Venture Capital)의 업황을 더 이해해야 가능하나 우리는 DCF가 무엇인지를 알아보는 것이므로 한마디로 세후 영업이익에서 현금이 지출되지 않은 비용은 더해주고 새롭게 투자해야 할 자본적지출은 빼주며 세후 영업이익에서 이 기업 이익에 귀속되지 말아야할 순투자수익은 빼주는 과정 등을 통해서 순수한 당해의 발생할 잉여현금흐름을 추정하는 과정을 거치게 된다. 이렇게 함으로 잉여현금흐름의 해당 회사 귀속분(FCFF)은 2017년 72억 원대, 2018년 41억 원대… 2021년에는 33억 원대로 산출됐다.

⑤ 가중평균자본비용(WACC)의 추정 및 현가계수 계산

위 표에는 없으나 역시 네오플럭스의 투자 설명서 내에 두 사업부(VC사업부, PE사업부)의 가중평균자본비용(WACC)의 추정과정이 나와 있다. VC사업부의 가중평균자본비용의 추정표를 가져오면 다음과 같다.

네오플럭스 VC사업부의 WACC 산출

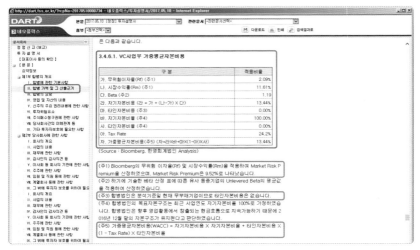

VC사업부의 WACC는 13.44%로 추정됐다. 일단 무위험이자율은 2.09%, 블룸버그의 한국시장 수익률을 고려한 Market Risk Premium은 9.52% 그리고 종목이 속해있는 peer group 베타는 1.19를 사용하였다. 이를 CAPM 계산식에 입력하면 $K_e = 2.09\% + (11.61\% - 2.09\%) \times 1.19$ 이를 통해 자기자본비용 13.44%를 산출했다. VC사업부의 목표자본구조는 최근 사업연도와 같이 자기자본비율이 100%인 것을 준용했다. 그래서 가중평균자본비용 WACC는 자기자본비용 K_e와 같은 13.44%가 됐다.

'현가계수'라는 용어는 생소하게 들릴 뿐 알아본 현금할인율의 역수와 같은 의미다. 예를 들어서 1년 후의 100만 원을 지금의 현재가치로 할인하기 위해서는(할인율 10% 가정 시) $\dfrac{100만\ 원}{1+0.1} =$ 약 90.91(만 원)

이 되는데 이때 곱해지는 $\dfrac{1}{1+0.1}$ = 약 0.9091이 현가계수다. 즉 미래가치를 현재가치로 할인하기 위해서 사용되는 계수를 말한다.

다만, 위 예제에서 조심할 것은 네오플럭스의 합병기일이 1월 1일이 아닌 6월 30일이다. 따라서 무조건 현가계수를 곱해서 현재가치로 가져오면 2017년 1월 1일의 가치가 되기 때문에 수치의 오류가 발생하게 된다. 따라서 현가계수를 곱할 때 $\dfrac{1}{1+0.1344}$를 곱해주는 것이 아니라 $\dfrac{1}{1+0.1344 \times \dfrac{1}{2}}$을 계산해 0.94가 현가계수가 된다. 물론 이 과정은 2018년의 잉여현금흐름을 가져올 때에도 이후의 잉여현금흐름을 가져올 때에도 적용해야 한다.

⑥ 잉여현금흐름의 현재가치 계산

이 같이 추정해 추정기간 동안 잉여현금흐름의 현재가치를 계산하고 마지막으로 추정기간 후 영구현금흐름의 현재가치를 계산하면 이 과정이 모두 마치게 된다. VC사업부의 경우 2021년까지 추정을 하고 이후 2021년에서 영구성장을 한다는 추정한 것이 아니고 2022년을 추정하고 그 수치를 기준으로 영구성장률(0.5%)을 적용했다. 이렇게 VC사업부의 추정기간 동안 현재가치는 약 153억 원, 추정기간 후의 영구흐름 현재가치는 147억 원으로 산정됐다. 여기에 보유하고 있는 현금 등을 고려하면 사업부에 해당하는 주주가치는 383억 원이다. 이 결과 역시 투자 설명서

에 상세히 기재돼있다. 다른 사업부인 PE사업부의 DCF 수치까지 합산
하면 네오플럭스의 내재가치는 629억 원으로 산출됐다.

네오플럭스의 DCF를 통한 주식가치

이 사례를 통해서 기업가치 산정에서 DCF방식이 어떤 것인지 알 수
있었다. 결국 미래 추정기간의 영업이익을 예측하고 또 비현금성비용,
자본적지출, 운전자본의 증감을 통해서 잉여현금흐름을 도출해낸 후에
WACC를 활용해 현재가치로 가져오는 것이 DCF의 핵심이다.

3 DCF의 문제점

필자가 앞서서 DCF를 소개할 때 '그 사용빈도가 과거보다는 줄었으
나'라는 표현을 쓴 적이 있다. 그렇다면 기업의 내재가치의 개념에 가
장 부합한다는 이점이 있는 DCF의 사용빈도가 과거보다는 줄고 있는
이유는 무엇일까?

앞서서 이미 DCF의 문제점을 거론했지만 DCF는 결과물을 도출하기까지 분석자의 주관이 많이 포함돼야 한다.

매출액 및 비용추정

우리가 한 기업을 아무리 잘 안다 해도 그 기업의 내부자가 아닌 이상 향후 3년, 5년 혹은 10년의 매출액 및 비용을 추정할 수 있을까? 과연 그 추정이 맞을까? 요즘과 같이 기업의 내외부 환경이 급변하는 시기에 기업의 1년 앞도 내다보기 어려운 상황에서 3년, 5년, 10년 후를 내다보고 매출액 및 비용을 추정한다는 것은 현실적으로 불가능한 일이며 실제로 엑셀을 통해서 해낸다 해도 그 추정의 신빙성은 낮아질 수밖에 없다.

영구 성장률(G)의 추정

앞선 향후 재무제표의 추정을 이해한다 해도 예측기간 외의 가정기간 동안 영구 성장률은 어떻게 할 것인가? 영구 성장률을 0%로 했을 때와 1%로 했을 때, 2%로 했을 때 그 추정가격은 상당금액이 달라진다. 또 여기에 WACC를 몇 %로 적용하느냐를 고려하면 그 분석결과의 밴드는 더 넓어지게 된다. 이것을 주식가치에 의한 민감도 분석이라 한다.

참고로 일단 WACC를 7.3%로 고정하고 앞선 가상의 C기업의 영구 성장률 1% 고려 시 영업현금흐름에 의한 기업가치는 245억 원대였다. 하지만 영구 성장률을 0%로 보면 기업가치는 220억 원대로, 영구 성장률 2%로 보면 기업가치는 275억 원대로 변한다. 즉 분석자가 어떤 영구 성장률을 사용하느냐에 따라서 기업가치가 50억 원 이상이 변화되는 것이다. 그래서 DCF에서는 영구 성장률에 의한 영구기업가치(잔여가치)의 비중이 너무 높아진다는 단점을 보유하게 된다.

WACC의 추정

WACC 역시 분석자의 가정이 여러 군데 포함돼있다고 앞서서 기술했다. 무위험 수익률 3년 만기 국고채를 하느냐, 5년만기 국고채를 하느냐, 10년 만기 국고채를 하느냐의 문제에서부터 $E(R_m)$을 구하기 위해서 우리나라 주식시장의 기대수익률은 5년 평균으로 할것인지, 10년 평균으로 할것인지, 또 그 기준점은 언제부터로 할 것인지 등 분석자가 자의적으로 선택해야 할 부분이 너무 많다.

만약 WACC가 6.0%가 됐다면 기업의 가치는 어떻게 될까? 또 WACC 8.5%가 됐다면 기업의 가치는 어떻게 될까? 이를 앞서서 이야기한 영구 성장률(G)와 함께해 다음 민담도 분석표를 만들어봤다.

가상기업C의 민감도 분석에 의한 주식 가치 변화

(단위 : 억 원)

구분		영구성장률		
		0%	1%	2%
할인율	6.00%	273	310	366
	7.30%	220	245	275
	8.60%	193	206	224

이 표를 보면 영구 성장률 0%, WACC할인율 8.6%일 때 가상의 C 기업의 기업가치는 193억 원으로 가장 낮게 추정되고 반대로 영구 성장률 2%, WACC 할인율 6.0%일 때 기업가치는 366억 원으로 추정된다. 따라서 이 밴드는 무려 173억 원의 차이를 보이고 있다. 그래서 실무에서는 이런 민감도 분석을 해놓고 그 중간 값인 영구 성장률 1%, WACC할인율 7.3%일때의 기업가치인 245억 원이 적당하다는 논리로 활용되기도 한다.

이렇듯 DCF가 가진 예측 혹은 추정이라는 단점 때문에 과거보다 사용빈도가 줄어들고 있는 것은 사실이다. 하지만 여전히 기업인수합병(M&A)의 가치평가에서는 꾸준히 사용되고 있다.

애널리스트들은 이렇게(2)
– 절대가치평가법 RIM

1 RIM란 무엇인가?

다음으로 알아볼 절대가치평가법은 RIM(Residual Income Model)이다. 잔여이익모델이라고 부르는데 이것의 출발점은 ROE다. 앞에서 ROE의 개념을 이야기하면서 은행의 정기예금에 비유한 적이 있다.

만약 연초에 100만 원이 있는데 은행금리 연이율 2%짜리 정기예금에 가입했다는 것은 1년 후 2만 원의 이자가 나의 투자이익으로 들어오는 것을 기대하고 금융상품에 가입하는 것이다. 만약 이 사람이 마음속으로 '내가 지금 1년짜리 정기예금에 가입하는데, 연이율 3%는 받아야지'라고 생각한다면 위 금융상품에 가입할 수 없을 것이다. 또 반대로 '내가 지금 1년짜리 정기예금에 가입하는 데 연이율 1%는 받아야지'라고 생각한다면 금융상품에 만족하며 빨리 가입하게 될 것이다. 이 예를 드는 이유는 내가 생각하는 요구수익률(이 정도는 받아야지)보다 기대수익률(은행이 제시하는 연이율)이 높거나 같을 때 은행 정기예금에 가입하게 된다는 것이다.

그렇다면 이제 주식으로 돌아와서 이를 적용해보자. 어떤 주식에 있어서 주주의 요구수익률(K_e)은 10%라고 가정하자. 이는 CAPM에서 산출되어 나온 수치다.

$$K_e = R_f + [E(R_m) - R_f] \times \beta$$

- K_e : 자기자본비용
- R_f : 무위험수익률
- $[E(R_m) - R_f]$: 시장위험프리미엄
- β : 주식의 체계적위험(Systematic Risk)

다시 이 식을 보면 위와 같다. 즉 주주의 요구수익률(K_e)은 무위험수익률과 주식시장 위험프리미엄($E(R_m) - R_f$) $\times \beta$의 합으로 구성된다고 앞서 기술했었다. 이제 이를 계산해 10%라고 가정해보자.

은행의 정기예금에 가입하는 사람의 마음과 마찬가지로 주식 투자에도 투자자의 요구수익률 K_e(반대로 기업입장에서는 자기자본비용)와 기업에 투자했을 때 자기자본이익률 ROE가 비교돼야 한다. 만약 K_e가 10%인데 ROE가 5%라면 실제로 이익이 나는 기업이지만 주가의 상승을 기대하긴 어려울 것이다. 마치 '연이율 3%는 받아야지'라고 마음먹은 사람이 2%짜리 정기예금에 가입하지 않듯이 ROE 5% 기업에 투자할 사람은 많지 않을 것이기 때문이다.

그런데 만약 Ke가 10%인데 ROE가 15%라면 어떨까? 이는 마치 '연이율 1%는 받아야지'라고 마음먹은 사람에게 2%짜리 정기예금 상품과 같이 투자자들이 몰려들게 될 것이다. 그렇기에 결론적으로 Ke를 상회하는 ROE의 초과이익 및 잔여이익을 찾아서 이를 합산하자는 것이 RIM 잔여이익모델의 논리다.

잔여이익모델 RIM

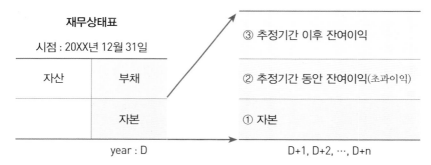

2 RIM의 실전예제 – 나스미디어(089600)

RIM의 실전사례로써 대신증권 김수민, 김회재 연구원이 2017년 4월에 분석한 나스미디어(089600) 자료를 참조하고자 한다.

잔여이익모델 RIM의 실전사례, 나스미디어

잔여이익모델(RIM) - 나스미디어(089600)

(단위: 억원)

	2016년	2017년	2018년	2019년	2020년	2021년	2022년	2023년	2024년	2025년	2026년
I. 순이익		223	249	283	328	397	437	481	529	582	640
II. 자기자본(지배분)	981	1,170	1,375	1,610	1,884	2,220	2,580	2,969	3,392	3,852	4,352
배당액 추정치		34	44	48	55	61	77	92	106	121	139
추정 ROE		20.7%	19.6%	19.0%	18.8%	19.4%	18.2%	17.3%	16.6%	16.1%	15.6%
III. 필요수익		65	78	91	107	125	147	171	197	225	256
IV. 잔여이익(I-III)		158	171	192	221	272	290	309	332	356	384
현가계수		0.96	0.90	0.85	0.79	0.74	0.70	0.65	0.61	0.58	0.54
잔여이익의 현가		152	154	163	176	203	202	202	203	205	207
V. 잔여이익의 합계	1,867										
추정 마지막 연도의 치	384										
VI. 추정기간 이후 잔여이익	5,787										
VII. 추정기간 이후 잔여이익의 현가	3,123										

주주의 요구수익률(Ke, COE)	6.6%
무위험이자율	2.0%
주식시장위험프리미엄(E(Rm)-Rf)	5.0%
Beta(104 Weekly)	0.9273

주식의 내재가치	5,971
기초 자기자본	981
잔여이익 합계	1,867
추정기간 이후 잔여이익의 현가	3,123

적정 투자가치	68,202
Equity Value(단위: 억원)	5,971
주식수(단위: 주)	8,754,691 (주식수)

참조 대신증권 김수민, 김회재 연구원 분석자료

표를 보면 RIM도 상당히 복잡해 보이지만 그러나 사실 RIM을 진행하는 단계는 크게 3가지 과정으로 간략히 줄일 수 있다.

① 순이익의 추정
② 배당금을 고려한 자기자본의 추정
③ 주주의 요구수익률 추정

앞서 DCF에서 추정 시에 대략 6단계의 추정 및 가정이 필요했다면 상대적으로 RIM은 그 과정이 상당히 간소화됐음을 알 수 있다.

이 과정을 조금 상세히 예제를 통해서 확인해본다.

① 순이익의 추정

대신증권 보고서에서 순이익은 2017년에서 2021년까지 CAGR(Compound Annual Growth Rate) 15%대의 성장하는 것을 전제로 하고 있다. 예측기간 초기 5년간은 큰 폭의 온라인/모바일 시장의 성장세와 KT의 Captive 물량이 늘어날 것으로 분석자는 보고 있다. 이후 5년간은 CAGR 10%대의 성장을 추정하고 있는데 온라인 광고시장의 한 자릿수 안정적 성장세와 국내 1위 사업자로서 점유율을 유지할 것으로 분석자는 내다보고 있다.

② 배당금을 고려한 자기자본의 추정

이익 추정을 통해서 예상되는 순이익은 기초자기자본에 합산돼 기말자기자본으로 가게 된다. 단, 이 경우에 배당총액은 공제된다. 예를 들어 2017년 추정치의 경우 2016년 말의 자기자본 981억 원에 2017년 순이익 추정치 223억 원을 합산한 후에 당해 배당총액 추정치 34억을 빼고 나면 2017년 기말자기자본은 1,170억 원 수준이 될 것으로 분석하고 있다.

③ 주주의 요구수익률 추정

DCF에서는 WACC를 추정했으나 RIM에서는 주로 CAPM에 의한 주주의 요구수익률만 추정하면 된다. 세미나에서 가끔 이 차이를 질문하는 분들이 있다. 사실 이 정도를 질문하는 분들은 지금 논하고 있는 내재가치 분석의 대부분을 이해하고 있다고 봐도 무방할 것이다.

DCF는 '잉여현금흐름의 현재가치'가 관심 대상이다. 즉 기업이 영업활동을 영위해서 발생하는 잉여현금흐름이 관심의 대상이기에 이 잉여현금흐름을 발생시키는 자본의 원천은 자기자본과 타인자본 둘 다가 된다. 따라서 이 둘의 자본비용을 가중평균해서 구해와야 하기에 가중평균자본비용 WACC가 필요한 것이다.

그런데 이와는 달리 RIM에서는 주 관심대상이 ROE와 K_e(혹은 COE, Cost Of Equity)를 비교해 RI(Residual Income)라고 하는 잔여이익이 얼마냐에 관심이 있다. 자기자본이익률인 ROE가 K_e보다 크면 잔여이익가치가 창출되기에 그 비교점이 ROE가 되는 것이다. 그런데 ROE는 자기자본이익률이지 않은가? 그래서 WACC가 아닌 K_e가 요구수익률이자 자기자본비용으로 쓰이게 된다.

위 예제에서는 CAPM에 의거해 주주의 요구수익률을 6.6%로 추정하였다. 무위험이자율은 5년 만기 국고채 수익률에 준하여 2.0%로, 시장위험프리미엄 $E(R_m) - R_f$(Market Risk Premium)은 최근 저성장 국면에서의 낮아진 기대치를 반영해 5.0% 수준으로 정한다고 주5)에 기술되어 있다. 그리고 Peer Group 베타는 0.9273을 사용했다. 그래서 이를 CAPM 계산식에 입력하면 $K_e = 2.0\% + (7.0\% - 2.0\%) \times 0.9273$ 이를 통해 자기자본비용 6.6%를 산출했다.

이렇게 해서 주주의 요구수익률(K_e)을 구하면 필요수익을 구할 수 있다. 주주는 자기자본의 6.6%를 요구하고 있기에 2016년 말 자기자본 981억 원×6.6%를 곱하면 약 65억 원이 구해진다. 이것이 2017년 필요수익이다. 따라서 이 필요수익을 상회해야 잔여이익이 발생하게 된다.

그래서 잔여이익은 2017년 순이익 223억 원에서 주주의 필요수익 65억 원을 빼주면 158억 원이 되고 이를 현재가치로 가져오기 위해서 2017년 현가계수 0.96을 곱해주면 잔여이익의 현재가치는 152억 원이 된다. 다만 여기서 주의할 것은 분석시점이 1월 1일이라면 당연히 1년동안의 현가계수를 그대로 사용하면 되지만 만약 분석시점이 6월 30일이면 현가계수는 연말까지의 잔여월수를 사용해야 한다.

이렇게 만들어진 추정기간 동안 잔여이익의 현재가치들을 모두 합산하면 1,867억 원으로 계산되며 이제 남은 것은 추정기간 이후 잔여이익을 구하는 과정이다. 물론 RIM도 DCF와 마찬가지로 추정기간 이후 이익을 구할 때 성장률에 따라 값이 크게 바뀔 수 있지만 이 보고서에서는 '추정기간 이후 영구 성장률은 0%를 반영한다'라고 돼있어 2026년 추정 마지막 연도의 잔여이익인 384억 원이 영속적으로 발생한다고 봐야 한다. 따라서 이 384억 원을 앞서서 알아봤던 '영속기업의 정액배당(또는 동일 잉여현금흐름)시의 내재가치' 공식인 $PV = \dfrac{FCF}{r}$에 넣어보면 $= \dfrac{384억\ 원}{0.066} = 5,787$억 원이 된다. 이제 이를 현재가치로 가져오기 위해서 2026년말의 현가계수 0.54를 곱하면 추정기간 이후 잔여이익의 현가는 3,123억 원이 된다.

이제 앞에서 확인했던 RIM의 개념을 다시 상기해보자.

잔여이익모델 RIM

이 내용을 나스미디어의 대신증권 분석사례에 적용해보면 ① 자기자본 981억 원 ② 추정기간 동안 잔여이익의 현재가치 합 1,867억 원 ③ 추정기간 이후 잔여이익의 현재가치 3,123억 원 등이 될 것이다. 이를 통해서 주주 자기자본(내재가치)의 추정치는 5,971억 원 정도로 대신증권 연구원은 평가하고 있다.

❸ RIM의 정리와 문제점

RIM은 DCF보다 상당히 많은 분석자의 추정과 가정을 줄이고 있다. 결국 주주의 지분가치는 자기자본의 장부가치와 미래 초과이익의 현재가치의 합으로 그 개념을 간단화시키면서 도출 과정도 DCF 대비 상당히 간소화 되었다. 또한 할인율을 WACC가 아닌 K_e를 사용하기에 상대적으로 WACC보다는 이해가 직관적이고 WACC를 추정할 필요가 없다는 장점이 발생한다. 마지막으로 DCF가 사용하고 있는 현금흐름을 추적하지 않아도 되므로 발생주의 회계장부에서 바로 내재가치 추정이 가능하다.

그러나 이런 장점이 있음에도 여전히 RIM도 DCF가 가지고 있는 단점이 있다.

① DCF에서 WACC를 측정하는 데 분석자의 주관이 들어가는 난해한 부분은 CAPM이었다. 따라서 WACC를 추정하지 않으므로 다소 이해가 쉽다는 장점을 있을지라도 여전히 주로 CAPM을 추정해야 하기에 분석자의 주관에 따라 그 수치가 바뀔 소지를 가지고 있다.

② RIM의 핵심은 ROE의 추정 혹은 미래순이익의 추정이다. 그런데 이것이 ROE를 추정한다는 것도 또는 순이익을 추정해야 한다는 것도 현실적으로 매우 난해하다. DCF에서도 기술했지만 기업이 한 해의 사업계획도 쉽게 정하지 못하는 급변 사회에서 향후 5년, 10년의 이익을 분석한다는 것은 현실적으로 불가능한 일이며 그렇기에 분석의 신빙성은 낮아질 수밖에 없다. 과연 어느 누가 자신이 투자한 기업의 미래 ROE를 장담할 수 있겠는가? 마찬가지로 미래순이익을 누가 자신할 수 있겠는가?

③ RIM도 영구 성장률(G)의 문제점을 그대로 안고 있다. 추정기간 이후 잔여이익을 계산할 때 대신증권 보고서는 영구 성장률(G)을 0%로 전제했으나 이를 1% 혹은 2%로 바꾼다면 이 수치의 변화로 인해 추정기간 이후 잔여이익은 몇백억 원씩의 차이가 발생하게 된다.

RIM은 DCF보다 분석자의 주관이 적어지고 직관적으로 이해할 수 있다는 장점이 있지만 이렇듯 'DCF가 가진 몇 단점을 해결할 수 없다'라는 문제점이 여전히 상존해있다.

상대가치평가법을 알자(1) - PER

❶ 주가수익비율 PER과 기대투자수익률

PER(주가수익비율, Price Earning Ratio)은 아마 주식시장에 조금이라도 관심을 가져본 사람이라면 한 번은 들어봤을 상대가치평가법이다.

> *** 주가수익비율 PER**
>
> $$PER = \frac{주가(Stock\ Price)}{EPS(주당순이익)}$$

PER은 주가(Price)를 주당순이익(EPS)로 나눈 비율이다. 우리는 사실 1장에서 재무제표를 알아보기도 전에 PER부터 이미 알아봤다. 그만큼 PER은 대중적이고 이해하기 쉬워서 많은 시장 참여자들이 투자에 이미 적용하고 있다.

먼저 잠시 머리를 식힐 겸 '저PER'주 투자하면 세계적으로 가장 유명한 투자가가 있다. 바로 존네프(John Neff)다. 그가 운용했던 윈저펀드는 어떤 상황에서도 싼 주식, 즉 '저PER'주 투자에 집중했으며 이후 7부에서 알아보겠지만 성장주를 검색함에 있어서도 항상 그 기준을 PER로 사용했을 정도로 '저PER'주 투자에 유명한 펀드매니저였다. 그가 운용하던 윈저펀드는 30년간 누적수익률이 5,000%를 상회했으며 시장의 하락으로 수익률이 저조하던 해에도 존네프의 윈저펀드는 시장 평균보다 수익률이 상회했다고 한다.

'저PER'라고 하면 사람들은 지루해하면서 '저PER 누가 몰라? 근데 싼 거 사서 언제 투자 수익 낼 거야?'라고 비평하지만 이 일관된 전략으로 존네프는 최고의 펀드매니저 자리에 올랐다. 굳이 존네프를 먼저 이야기 하는 것은 이후 7부의 투자 전략 부분에서 거론하기 전에 먼저 눈에 익히기 위함이고 또한 '저PER' 전략이 간단하지만 투자 기간을 조금 길게 본다면 꽤 만족할만한 투자수익률을 가져다줄 것임을 이야기하고 싶어서다.

이제 다시 PER의 개념으로 돌아와 보자. ㈜흥부네라는 가상의 기업의 주가가 현재 10,000원이고 이 기업의 총 발행 주식 수는 10,000주라고 가정하자. 그리고 2017년 연간 당기순이익의 추정치는 1억 원이다. 그렇다면 여기서 주당순이익 EPS와 PER을 구해보면 다음과 같다.

☑ **주당순이익 EPS 추정치** $= \dfrac{\text{당기순이익}}{\text{총 발행 주식 수}} = \dfrac{100,000,000원}{10,000주}$

$$= 10,000원$$

☑ **PER** $= \dfrac{\text{주가}}{\text{EPS}} = \dfrac{10,000}{10,000} = 1.0$

이 기업의 추정치에 의한 PER은 1배가 된다. 그럼 이제 PER 1배가 얼마나 싼 주가인지를 확인하기 위해서 PER의 역수를 취해본다. PER 이 1이었으므로 역수를 취해서 백분율을 구하면 $\dfrac{1}{1} \times 100(\%) = 100\%$가 된다. 이것이 PER에 의한 기대투자수익률이다. 만약 PER 1배에서 투자를 하면 기대투자수익률은 100%가 된다는 것을 알 수 있다.

다시 이해가 쉽게 하기 위해서 시가총액 기준으로 설명을 하면 ㈜흥부네의 시가총액은 발행 주식 수 10,000주에 주당 가격이 10,000원이라고 가정했으므로 1억 원이 될 것이다. 그런데 2017년 연간 당기순이익추정치가 1억 원이라고 예상되므로 지금 내가 시가총액 1억 원짜리 주식에 투자하면 올 연말이 됐을 때 1억 원의 당기순이익이 나오므로 기대투자수익률은 100%가 된다는 논리다.

그러니 투자자들이 ㈜흥부네의 주가가 싸다는 것을 알게 되면서 주가가 급등하게 됐다. 그래서 ㈜흥부네의 주가는 주당 50,000원으로 상승했다고 하자. 총 발행 주식 수는 여전히 10,000주이고 2017년 연간 당기순이익추정치는 역시 1억 원이다. 이 상황에서의 PER은 어떻게 될까?

☑ **주당순이익 EPS 추정치** $= \dfrac{\text{당기순이익}}{\text{총 발행 주식 수}} = \dfrac{100{,}000{,}000원}{10{,}000주}$

$$= 10{,}000원$$

☑ **PER** $= \dfrac{\text{주가}}{\text{EPS}} = \dfrac{50{,}000}{10{,}000} = 5.0$

이제 추정치에 의한 PER은 5배가 됐다. 이제 이를 다시 역수를 취해서 기대투자수익률을 구해보면 $\dfrac{5}{1} \times 100(\%) = 20\%$가 된다. 내가 시가총액 5억 원 기업에 투자했는데 연말에 1억 원의 당기순이익을 내었으므로 기대투자수익률 20%가 됐다는 것과 같은 논리다. 요즘 투자수익률 20% 투자처가 어디 있겠는가?

그래서 이 ㈜흥부네의 주식이 또다시 급등을 해서 만약 주당 200,000원이 됐다고 하자. 나머지 조건은 동일하다.

☑ **주당순이익 EPS 추정치** $= \dfrac{\text{당기순이익}}{\text{총 발행 주식 수}} = \dfrac{100{,}000{,}000원}{10{,}000주}$

$$= 10{,}000원$$

☑ **PER** $= \dfrac{\text{주가}}{\text{EPS}} = \dfrac{200{,}000}{10{,}000} = 20.0$

이렇게 주가가 급등을 하니 PER은 20배가 됐다. 이를 역수를 취하면 $\dfrac{1}{20} \times 100(\%) = 5\%$가 된다. 내가 시가총액 20억 원 기업에 투자했는데 연말에 1억 원의 당기순이익을 냈으므로 기대투자수익률 5%가 되었다.

이를 표로 정리해본다.

PER(배)	역수	기대투자수익률(%)
1	1/1	100.0%
2	1/2	50.0%
5	1/5	20.0%
10	1/10	10.0%
12	1/12	8.3%
15	1/15	6.7%
20	1/20	5.0%
50	1/50	2.0%
100	1/100	1.0%

결국 이렇게 PER을 통해 기대투자수익률을 구함으로써 PER이 높을수록 기대투자수익률은 감소함을 알 수 있다.

☑ 현행PER과 선행PER

PER을 구할 때 이익추정치는 어떤 지표를 사용해야 하는가? 앞선 ㈜홍부네 예제에서 지금은 2017년 1월 1일 시점이고, 이미 합산한 2016년 당기순이익추정치는 1,000만 원이었다고 하자. 그리고 2017년 연간 당기순이익추정치는 1억 원이다. 이때 PER을 구할 시에 지금 시점의 이익수치를 사용해야 하는가? 아니면 향후 추정되는 이익수치를 사용해야 하는가?

현행PER(Trailing PER, Current PER)

☑ **주당순이익 EPS 추정치** $= \dfrac{\text{당기순이익}}{\text{총 발행 주식 수}} = \dfrac{1억 원}{1만 주} = 1천 원$

☑ **PER** $= \dfrac{\text{주가}}{\text{EPS}} = \dfrac{1만 원}{1천 원} = 10.0배$

선행PER(Forward PER)

☑ **주당순이익 EPS 추정치** $= \dfrac{\text{당기순이익}}{\text{총 발행 주식 수}} = \dfrac{10억 원}{1만 주} = 1만 원$

☑ **PER** $= \dfrac{\text{주가}}{\text{EPS}} = \dfrac{1만 원}{1만 원} = 1.0배$

두 가지 경우에서 보다시피 주식시장에서 빈번히 현행PER과 선행 PER이 차이가 날 때가 많다. 가장 대표적으로 작년까지는 영업적자였던 기업이 올해 영업 업황이 개선되면서 크게 영업흑자가 나고 있는 상황이라면 이 경우에는 어떤 이익추정치를 PER에 사용해야 하는가?

결론부터 말하자면 미래 추정치의 신뢰성이 유지될 수 있다면 PER은 선행을 활용해야 한다. 이미 우리는 주가가 '미래 현금흐름의 현재가치'라는 것을 확인했다. 따라서 지금 주가를 분석하면서 과거 실적을 기준으로 분석한다는 것은 맞지가 않다. 오히려 주가가 미래 현금흐름의 현재가치이기에 미래의 실적 및 현금흐름을 주가에 반영해야 하는 것이 맞는 것이다.

그런데 문제는 이 선행PER이라는 것이, 다시 말하면 기업의 미래이익추정치가 맞지 않는 현상도 빈번히 발생한다는 점이다. '올해 우리회사 영업이익 가이던스는 100억 원이에요'라고 말했지만 실제로 연말로 가보면 50억 원도 안 되는 기업도 많지만 50억 원을 예상했던 기업이 100억 원이 넘게 나오는 경우도 심심치 않게 발생한다. 따라서 이런 경우에는 차라리 현행PER을 사용하거나 과거의 이익치 패턴을 회사의 가이던스에 가감해 적용하는 방법도 고려해야 한다. 이런 문제점이 있음에도 앞선 DCF나 RIM이 기업의 5년, 10년의 매출액 및 이익을 추정해야 한다면 PER 등은 당해 이익추정치를 사용하기에 훨씬 오류의 가능성은 적어진다.

❸ ROE, PBR 그리고 PER

앞서 5부 끝부분에서 이런 과제를 본 적이 있을 것이다.

> 다음 파트에서 거론하겠지만 ROE 20%가 유지되는 기업을 여러분이라면 PBR 어느 정도면 투자할 의향이 있는가?
>
> 주식시장의 구전되는 통설 가운데 'ROE 20% 기업은 PBR 2배까지는 사도 돼'라는 말이 있다. 그렇다면 왜 그런 논리가 시장에서 회자되는 것일까?

PBR=ROE×PER이 된다는 것을 5부에서 설명했다. 그렇다면 'ROE 20% 기업은 PBR 2배까지는 사도 돼'라는 말은 어떤 논리가 뒷받침 되는가? 일단 위 식에다 이 수치들을 대입해본다.

PBR 2.0 = ROE 0.2 × PER

이 식이 성립되기 위해서는 PER은 10배가 돼야 한다. 그럼 이 PER 10배는 어떤 의미를 담고 있는가? 앞서서 PER은 상대가치비교법이라고 이야기했다. 이 말은 누군가 대상이 있어서 그 대상과 상대적으로 가치를 비교해야 한다는 것이다. PER의 해석은 네 가지로 할 수 있다. 첫째는 현재의 PER은 과거의 PER과 비교해야 한다. 즉, 지금 PER 10배는 이 기업의 과거 평균PER을 구해서 그때와 비교를 해보니 '지금 주가가 싸다, 비싸다'는 평가가 내려져야 한다. 둘째는 이 기업의 PER 10배는 동종 업종 내 다른 기업과 비교해야 한다는 것이다. 즉, 동종 업종 내 다른 기업은 평균적으로 PER 20배를 받고 있는데 이 기업은 10배를 받고 있으니 싸다는 식의 해석이 돼야 한다. 셋째는 최근 헤지펀드가 국내외로 각광을 받으면서 Long/Short 투자법이 성황을 이룬 적이 있었다. 최근에는 그 열기가 많이 식었으나 한때는 헤지 펀드하면 Long/Short이 거론될 정도로 대표적인 헤지펀드전략이었다. 그렇다면 예를 들어 중국의 자동차기업의 평균은 PER 15배인데 국내 자동차기업의 평균PER은 8배이다. 그래서 싸다는 식의 국가 간의 비교도 해석으로 적용되게 된다. 마지막으로 PER을 역수를 취하면 기대투자수익률이 나온다고 했었다. 이 기대투자수익률과 다른 투자 대안과 상대비교로 해석될 수도 있다.

만약 CAPM에 의한 주주의 요구수익률 K_e를 7%라고 하자 $(K_e = R_f + (E(R_m) - R_f) \times \beta = 2.0 + (5.0) \times 1.0 = 7.0)$. 사실 최근에 가장 많이 사용하

는 K_e가 7%이다. 국채수익률 2.0%에 국내 주식시장 위험프리미엄 5.0%의 합산이 그 기본수치가 되고 있다. 하여간 K_e가 7%라는 것은 이 주식에 투자함으로써 주주는 7%의 요구수익률을 필요로 하고 있다는 뜻이다. 이 요구수익률과 PER의 역수인 기대투자수익률과 상대 비교를 해보면 싼지, 비싼지에 대한 해석이 가능할 것이다.

위 식으로 돌아가서 PBR 2.0＝ROE 0.2×PER. 여기서 식이 성립되기 위해서는 PER은 10배가 돼야 한다. 그래서 기대투자수익률을 구하기 위해서 PER의 역수를 취하면 $\frac{1}{10} \times 100(\%) = 10\%$의 투자수익률이 기대가 된다. 이 기대투자수익률 10%와 주주의 요구수익률 7%를 비교하면 10%가 크기에 ROE가 20%인 기업을 PBR 2배에 사도 된다는 주식시장의 논리가 나온다. 그러나 이 식이 절대 맹신이 돼서는 안 된다. 이유는 ROE가 20%라는 것을 기업이 유지돼야 한다는 전제가 깔려있기 때문이다. 만약 늘 ROE가 10%대 였던 기업이 어느 해에 실적이 좋아지면서 ROE가 20%가 됐는데 시장에서 반응이 나오면서 PBR이 2배로 올라섰다고 하자. 그렇다면 시장은 ROE가 20%인 것을 인정해서 PBR 2배에 거래되고 있는데 갑자기 다시 ROE가 10%대로 돌아오면 주가는 폭락하게 되는 것이다. 그래서 ROE가 20%가 유지되지 않으면 PBR 2배에 사도 된다는 것은 논리가 맞지 않게 된다.

자, 그러면 다음 질문으로 어떤 기업이 ROE가 20%를 평균적으로 유지되고 있고 PBR은 2배에 거래되고 있다고 하자. 그래서 'ROE 20% 기업은 PBR 2배에 사도 된다'라는 속설을 믿고 매수했다고 했을 때 이

기업의 목표주가는 어디까지인가?

이 역시 어느 정도의 답은 PER이 가지고 있다. 앞서서 이런 경우 PER은 10배에 매수했다는 논리가 된다고 했다. 이제 이렇게 매수한 다음에 주가가 계속 상승해 PBR 3배가 됐다면 PBR 3.0 = ROE 0.2 × PER 15.0 이 된다. 그래서 PER은 15배가 된 것이다. 그러면 이때 다시 PER의 역수와 K_e를 비교해보자. PER의 역수는 $\frac{1}{15} \times 100(\%) = 6.7\%$가 된다. 이는 앞서 가정한 K_e의 7%보다 적어지므로 이제 주주의 요구수익률보다 이 투자 대안은 기대투자수익률이 낮아진 것이다.

결국 여기서 목표가를 설정하고 전량 매도하고 나왔다면 50%의 수익률을 거두게 되는 것이다(PBR 2배에 사서 PBR 3배에 매도했으므로). 그러나 매도 시에도 조심할 것이 있다. 만약 ROE가 상승 중이면 어떻게 될까? 물론 이미 ROE가 20%를 유지하고 있는 기업이기에 그 보다 더 높이 상승한다는 것은 쉽지 않겠지만 어쨌든 만약 ROE가 25%로 상승 중이라면 PBR 3.0 = ROE 0.25 × PER 12.0로 변하게 되고 PER의 역수는 8.3%가 되므로 다시 K_e보다 커지게 된다. 바로 이런 기업이 워렌 버핏이 말하는 '기업의 성장과 함께 할 기업에 투자하라'에 해당한다. 기업이 성장하고 있고 그 기업을 싼 가격에 투자했다면 섣부른 매도보다는 성장과 함께 장기투자가 투자수익률을 극대화할 수 있는 투자처가 된다는 것을 그는 강조하고 있다.

주가수익비율 PER 총정리

- PER은 추정치의 신뢰성만 어느 정도 유지될 수 있다면 선행PER을 사용해야 한다. 만약 그렇지 못하다면 선행PER, 현행PER을 조정하는 과정이 필요하다.

- PER은 상대가치평가법으로 그 수치를 다른 수치와 비교해서 해석해야 한다. 동일기업의 과거 PER, 동종 업종 내 다른 기업의 PER, 국가 간의 PER, 주주의 요구수익률 K_e와의 비교를 통해서 해석해야 한다.

- PBR=ROE×PER이다. ROE가 중요한 지표이나 ROE는 반드시 PBR과 같이 봐야하고 이 과정에서 PER을 통해서 매수단가와 목표 주가를 설정할 수 있다.

상대가치평가법을 알자(2) – PBR

PBR(주가순자산비율, Price BookValue Ratio) 역시 중요한 지표로써 이미 여러 차례 개념 및 활용을 거론해왔었다.

> *** PBR** (주가순자산비율, Price BookValue Ratio)
>
> $$PBR = \frac{주가(Stock\ Price)}{BPS(주당순자산)}$$

PBR은 '그 기업이 가지고 있는 장부가치 대비 시장에서 얼마나 평가를 받고 있느냐'에 대한 지표다. 여기서 BPS(Bookvalue Per Share)는 순자산인 자기자본을 총주식수로 나눈 것으로 1주당 청산가치의 개념이다. 예를 들어 어떤 기업의 총자산이 1,000억 원이고 그 가운데 300억 원이 부채라면 순자산은 700억 원이 될 것이다(총자산1,000억 원 – 부채 300억 원). 이 상황에서 발행 총 주식 수가 700만 주라고 가정하면 BPS는 $\dfrac{700억\ 원}{700만\ 주} = 10,000원$이 된다.

PER이 '기업이 벌어들일 이익의 몇 배로 거래되는가'에 대한 문제라면 PBR은 '기업이 가지고 있는 순자산, 즉 자기자본의 몇 배로 거래되는 가'에 대한 문제로 보면 이해가 빠를 것이다.

그런데 이 BPS와 현재의 주가를 비교하는 PBR은 정확히 청산가치의 의미를 보여준다고 말하기 어렵다. 일단 기업의 총자산에서 타인자본인 부채를 상환하고 나면 순자산인 자기자본이 나온다. 그런데 이 자기자본은 모두 현금 및 현금성자산으로만 존재하는 것이 아니다. 매출채권으로도 존재할 수 있고 재고자산, 관계기업투자자산, 유형자산, 무형자산 등 다양한 형태로 존재하게 된다. 이런 상황에서 청산가치를 생각했을 때 장부가에 적혀있는 가격을 모두 산정한다는 것은 난감할 때가 있을 것이다. 예를 들어 재고를 장부가 그대로 가격 산정하기는 어려울 것이고 관계기업투자자산, 무형자산 등이 대부분 그렇다.

이런 상황에서 2008년 금융위기 때와 같이 국내외의 경제적 위기가 닥쳐올 때마다 '위기에도 버틸 수 있는 기업'이라는 비슷한 제목하에 기업 내 보유하고 있는 유동자산, 특히 그 가운데에도 현금 및 현금성자산이 많은 기업들을 찾는 필터링이 유행하곤 하는데 이것이 변형된, 조금 더 보수적으로 산정하는 PBR 개념인 것이다. 혹은 벤자민그레이엄은 '안전마진'이라는 개념 하에 PBR이 0.65 이하에서 매수하라고 권고하기도 했다.

그래서 PBR만 놓고 얘기하면 항상 따라붙는 단어가 '안전마진'이다. 기업이 보고하는 순자산의 가치를 그대로 인정한다는 것은 무리가 있다는 데에서 그 개념이 출발한다. 예를 들어서 우리가 PER, PBR, DCF 등을 통해 평가한 가칭 ㈜홍부네의 내재가치는 1,000억 원이라고 하자. 그런데 시장에서 시가총액은 800억 원에 거래되고 있다면 지금 이 주식을 사도 내재가치까지 25%의 투자수익이 기대가 된다. ($\frac{1,000억\ 원}{800억\ 원} = 1.25$) 그런데 문제는 우리가 평가한 분석이 틀렸을 때는 어떻게 되는가?

지금 PBR을 논하고 있으니 PBR로 본다면 기업의 순자산가치를 구했는데 800억 원이 나왔다. 그런데 그 안에는 앞서 기술한 바와 같이 매출채권도 있고 재고자산, 투자자산, 유형자산, 무형자산 등의 형태로 있기에 우리가 평가한 순자산가치가 제대로 맞았다고 볼 수가 없다. 우리는 '공장이 있는 유형자산 내 토지를 100억 원으로 봤는데 실제 근처 부동산을 알아보니 50억 원을 받기도 어렵더라' 이럴 경우가 워낙 다양한 자산에서 발생할 수 있기에 가치평가가 끝난 후 매수할 때에는 안전마진을 고려해 매수해야 하는 것이다. 따라서 안전마진은 우리가 비싼 가격으로 주식을 매수하는 것을 막아주는 안전장치 역할을 한다.

그래서 벤자민그레이엄은 'PBR 0.65 이하에서 매수하라'고 권고한다. PBR 1배, 즉 순자산가가 1,000억 원으로 평가됐다면 실제 매수시에는 '내 평가가 틀릴수도 있음'을 고려해 시가총액 650억 원 근처에서 매수할 것을 안전마진이라는 용어를 활용해 설명하고 있다.

안전마진이라는 개념은 PBR의 논리에서만 국한해도 다양하게 변형해 적용할 필요가 있다. 음식료, 유틸리티 업종과 같이 경기변동에 따라 매출변화가 적고 현금보유 비율이 높은 기업의 안전마진은 10%~20% 정도 적용하는 것이 일반적이고 이와 반대로 IT주 등 경기 민감업종의 경우에는 매출 변화도 크고 설비 투자 등에 대규모의 투자가 들어가야 하는 등의 문제가 상존하기에 이 경우에는 50%의 안전마진을 고려해 매수를 하기도 한다. 일반적으로 30%대가 가장 무난할 것으로 개인적인 생각을 갖고 있다. 하지만 PBR도 상대가치평가법임을 다시 상기한다면 PBR 자체로 1.0배냐, 1.2배냐의 수치에 대한 고민뿐 아니라 해당 기업이 과거 PBR이 몇 배였는지와 동종 업종 내의 다른 기업의 PBR은 몇 배인지 등을 함께 고려해야 할 필요가 있다.

상대가치평가법을 알자(3)
– EV/EBITDA

이제 '싼 주식을 찾아간다'(기업가치평가)의 마지막 EV/EBITDA에 대해서 알아보자. EV/EBITDA는 기업인수합병(M&A)에 빈번히 사용되는 가치평가법이다. 사실 EV/EBITDA라는 용어들만 이해하면 왜 M&A에 많이 사용되는지 그 이유는 간단히 이해할 수 있다.

먼저 EV/EBITDA와 많이 비교되는 것은 PER이다. PER이나 EV/EBITDA이나 기업의 영업이익 또는 순이익을 기반으로 몇 배의 평가를 받느냐에 대한 측면이므로 유사한 지표라 볼 수 있다. 하지만 PER은 그 기준이 순이익이 되기에 회계상의 이익을 기반으로 시장에서 몇 배의 평가를 받는가에 대한 지표다. 따라서 실제로 기업이 연말에 보유하고 있는 현금과는 괴리가 발생하게 된다. 그래서 EV/EBITDA는 기업이 벌어들인 현금(EBITDA)이 전체 기업가치(EV)에 몇 배인지를 알아보는 것이다.

사실 기업을 인수하는 사람의 관심은 기업의 회계상의 이익이 아닌 연간 현금흐름일 것이다. 현금을 얼마나 버느냐가 그 기업을 인수할지 아닐지에 대한 판단 기준이 되는 경우가 많기에 PER보다는 EV/EBITDA가 일반적으로 자주 쓰이게 된다.

그렇다면 EV/EBITDA는 각각 어떤 의미를 가지고 있는가.

① **EV**(Enterprise Value)＝주식의 시가총액＋순차입금－비영업용자산
② **EBITDA**(Earnings Before Interest, Taxes, Depreciation and Amortization)

먼저 EV부터 보면 이는 PER에서 말하는 P(주가)에다가 총주식수를 곱하므로 구하게 되는 시가총액에서 출발한다. 그런데 이 시가총액은 재무상태표의 순자산에 대응하는 것이기에 기업의 전체 가치라고 볼 수 없다. 왜냐하면 기업 내에는 타인자본에 해당하는 순차입금이 있기 때문이다. 그래서 '시가총액＋순차입금'을 해줘야 기업의 전체 가치가 나오는 것이다. 예를 들어서 시가총액이 500억 원인 기업이 있는데 이를 주식시장에서 100% 주식을 사들였다고 하자. 그러면 500억 원을 들여서 기업의 가치를 전부 인수한 것이 아니고 기업의 자기자본에 해당하는 순자산의 가치를 인수한 것이다. 따라서 이 기업이 만약 300억 원의 순차입금이 있다면 이 둘을 합해서 800억 원이 기업의 총 자산에 해당하는 시장에서 바라보는 전체가치가 되는 것이다. 하지만 나중에 비교하게 될 EBITDA가 영업흐름에 대한 이익에서 출발하기에 만약 비영업용자산

이 있다면 이는 빼줘야 한다. 기업 본래의 영업과 상관없이 관계기업투자자산 등으로 만약 100억 원이 있었다면 이는 차감하여 700억 원이 영업과 관련된 전체 기업가치로 보게 된다.

다음으로 EBITDA(Earnings Before Interest, Taxes, Depreciation and Amortization)는 그 영어 원문에서도 알 수 있듯이 기업이 영업활동으로 벌어들인 현금을 의미한다. 영업이익을 구하고 거기다가 실제로 현금지출이 안된 회계상의 지출을 더해주면 산출할 수 있다. 이론적으로 감가상각비, 무형자산상각비 등이 이에 해당한다. 결국 영업이익+감가상각비+무형자산상각비를 모두 더해서 현금흐름을 찾게 되는 것이다. 이렇게 해서 현금이 나오면 이 현금으로 앞선 기업 전체가치가 몇 배가 되느냐가 상대가치평가법이다. 당연히 낮은 배수가 나오는 것이 저평가이고 높은 배수가 나오는 것이 고평가가 된다.

그런데 문제는 EV/EBITDA가 이론적으로 좋은 지표로 보이지만 문제점을 안고 있다. 감가상각비가 큰 기업은 그 비용이 EBITDA에 더해지므로 이로 인해 EV/EBITDA의 전체 배수가 낮아지게 된다. 그런데 감가상각비가 크다는 것은 일반적으로는 자본적지출 CAPEX가 큰 기업이므로 몇 년 안에 또 대규모의 투자가 이뤄져야 한다는 측면에서 보면 예를 들어 '보통 EBITDA가 100억 원이고 전체 기업가치 EV는 500억 원이므로 5배, 즉 5년이면 벌어들이는 현금으로 투자 금액을 모두 회수하게 된다'는 논리를 적용하기에 거의 불가능하게 된다. 따라서 자본적지출이 상당히 큰 기업의 EV/EBITDA는 조금 더 보수적으로 볼 필요가 있다.

PART 06을 끝내며

이제까지 우리는 6부에서 주가란 무엇이고 기업의 내재가치는 어떻게 구하는지를 알아봤다. 또 내재가치를 구함에 있어서 절대가치평가법과 상대가치평가법으로 나눠서 확인했다. DCF, RIM 등의 절대가치평가법이 기업의 절대적인 가치를 알아보는데 직관적이지만 문제는 너무 많은 가정과 분석자의 추정으로 인해 그 금액의 밴드가 넓어질 수 있다는 심각한 단점이 있다면 상대가치평가법은 해당 기업 내에서 혹은 해당 기업과 그 같은 업종 내의 기업과 비교해야 한다는 어려움이 있다. 그럼에도 불구하고 절대가치평가법이 가지고 있는 문제점이 너무 크기에 일반적으로 상대가치평가법을 많이 사용하고 있는 추세다.

다음 7부에서는 에서는 이런 이론을 기반으로 본격적으로 몇 가지 필터링 (Filtering) 전략을 활용해 우량하지만 싼 주식들을 찾아가는 법을 알아보도록 한다.

PART

07

필터링을 통해
주식을 찾는다

필자가 이 책을 쓰고자 결심하면서 가장 고민했던 부분 중 하나가 바로 7부다. 7부의 내용이 없다면 앞의 내용은 '그래서 어쩌란 말인가? 어떤 종목에 관심을 갖고 어떤 종목을 분석하란 말인가?'에 대한 질문에 구체적 답을 제시하지 못하게 된다.

　많은 책들이 좋은 이야기를 하고 '과거에 이 종목을 사서 큰 수익을 거뒀다'는 식의 내용을 나열하고 있지만 '정작 지금 이 시점에 어떤 종목을 봐야 하는지 혹은 어떤 종목을 투자 대상으로 올려놓고 분석해야 하는지'에 대한 답을 제시하지 않고 있다. 그래서 이 책을 처음에 쓰고자 결심했을 때부터 무엇인가 독자들에게 실질적으로 도움이 되는 방법을 소개해야 한다는 고민이 계속 이어져왔다.

　사실 지금부터 나열하는 방법은 증권사 애널리스트나 운용사 펀드매니저들이 사용하는 수많은 필터링(Filtering) 기법 가운데 가장 간단한 방법들이다. 이를 소개하는 이유는 이렇게 종목을 골라내고 투자 대상으로 설정한 후 분석이 시작돼야 한다는 그 첫걸음을 보여주고 싶어서 이다. 그러기 위해서는 재무제표를 볼 줄 알아야 했다. 또한 가급적 위험한 종목을 피하는 법을 알아야 했고 성장성, 수익성, 안정성 및 DCF, RIM, PER, PBR, EV/EBITDA가 무엇인지 알아야 했던 것이다. 이제 종목을 골라내는 방법으로 들어가보자.

01

존네프의 윈저펀드에서 말하는 총수익률

앞서 존네프는 윈저펀드를 운영하면서 철저히 저PER주 투자에 집중했다는 언급을 했었다. 하지만 그런 그 역시 저PER주 안에서도 성장주를 골라내는 방법을 고민했나 보다. 그래서 그가 발견해낸 것이 '총수익률 필터링(Filtering)'이다.

여기서 그가 말하는 '총수익률'이란 '연간 이익성장률과 배당수익률의 합'을 의미한다. 일반적으로 5년이라는 기간을 설정하고 과거 대비 영업이익이 얼마자 성장했는지를 산출한다. 이를 바탕으로 미래를 추정하고 배당수익률이라고 하는 일종의 '덤'을 얹은 것이다. 그래서 이런 기업에 투자하면 이익성장률을 누리고 거기에 배당수익률이라는 덤을 얹어서 총수익률을 누릴 수 있을 것이라는 기대감을 갖게 한다. 만약 종목을 찾아내는 전략이 여기서 끝났다면 이는 그냥 성장주 투자와 유사할 것이다. 하지만 존네프는 이 총수익률을 PER로 나눠주면서 '성장형 가치주'를 찾는 방법을 발견했다. 이 전략은 간단하지만 큰 의미를 갖게 된다.

만약 A라는 기업의 최근 5년간 영업이익성장률이 연간 5%고 평균배당수익률이 3%라면 '존네프가 말하는 총수익률'은 8%가 된다. 이 기업이 시장에서 PER이 8배라면 $\dfrac{\text{'총수익률'}}{\text{PER}}$ 은 1.0이 된다. 또 다른 B라는 기업은 A기업보다 영업이익성장률이 월등하다고 가정하자. 최근 5년간 영업이익성장률은 연간 10%이고 평균 배당수익률은 2%라면 존네프가 말하는 '총수익률'은 12%가 되는데 이 기업은 이런 높은 성장에 대한 대가로 PER이 20배로 시장에서 평가받고 있다면 $\dfrac{\text{'총수익률'}}{\text{PER}}$ 은 0.6이 되는 것이다. 따라서 존네프는 성장성이 좋다고 평가내려지는 B기업에 투자하는 것이 아니라 성장성은 다소 떨어지더라도 저평가돼 있는 A기업에 투자하겠다는 전략을 윈저펀드에 적용했고 그런 결과로 윈저펀드는 30년간 비용을 제외한 평균 수익률이 시장평균을 월등히 상회했던 결과를 보여줬다.

우리는 이 전략을 기반으로 FnGuide와 같은 유료정보사이트를 사용할 수 없는 상황에서도 증권사가 제공하는 종목검색 기능을 활용해 필터링(Filtering)을 진행해보자.

[펀드매니저 따라 하기]
존네프의 총수익률 필터링

[따라 하기] 방법으로 존네프의 총 수익률 필터링을 진행해본다. 앞서 우리는 펀드매니저나 애널리스트 들이 사용하는 FnGuide와 같은 유료정보사이트를 이용할 수 없기에 간단한 전략이지만 다소 번거롭게 진행해야 한다.

그래서 5년간의 영업이익성장률과 평균 배당수익률을 사용하지 않고 3년간의 수치를 사용할 것이다. 또한 우리에게는 선행(Forward) 추정치가 없기에 선행(Forward)PER이 아닌 현행(Trailing, Current)PER을 사용할 것이다. 이런 상황을 독자들이 이해해주길 바란다. 다만 이렇게 물고기 잡는 법을 배우고 나면 이를 응용해 각자의 전략을 만들어 갈 때는 더 넓은 기간의 자료와 추정치를 사용해 자신만의 전략을 만들어 나갈 수 있을 것이다.

앞의 예제들과 마찬가지로 대신증권 크레온 HTS를 사용한다.

① HTS 접속 후 상단의 메뉴 [주식]을 클릭하고 그 하위에 [종목검색], [8537 종목검색(Master)]을 차례대로 클릭하면 종목검색 화면에서 왼쪽 상단에 상세메뉴가 나온다. 거기서 [대상지정]-[시장구분]을 클릭한다. '거래소'와 '코스닥'을 같은 대상으로 두고 검색하기 위해서 '거래소' 부분과 '코스닥' 부분에 체크표시를 하고 밑에 [확인]을 클릭한다.

종목검색 기능 내 시장구분 설정

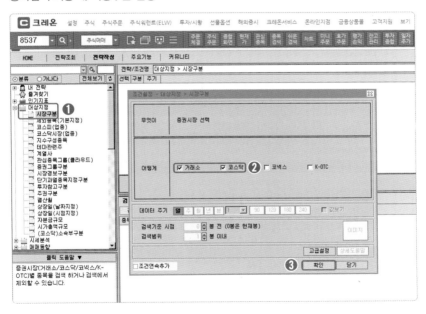

참조 대신증권 크레온

② 투자 위험군을 결과값에서 제외하기 위해서 왼쪽 상단에 상세메뉴에서 [대상지정]−[제외종목(기본지정)]을 클릭한다. 다음으로 나오는 화면에서 '어떻게' 부분에서 검색에서 제외하고 싶은 항목군에 클릭하면 된다. 다 됐으면 [확인]을 클릭한다.

종목검색 기능 내 제외종목 설정

참조 대신증권 크레온

③ 먼저 이번 필터링의 전략을 정리해본다. 첫 번째 최근 3개년 평균 영업이익성장률을 계산하고 두 번째 최근 3개년 평균 배당수익률 계산해 세 번째 계산된 영업이익성장률과 배당수익률을 합해

총수익률을 도출한다. 네 번째 직전년도 순이익실적을 기준으로 하는 PER을 추출해 마지막으로 $\frac{\text{'총수익률'}}{\text{PER}}$ 계산해 내림차순 정렬 하는 과정이다.

내용을 나열해보면 많은 것 같지만 실제로 자주해보면 아주 간단한 전략이다. 먼저 첫 번째 작업인 '최근 3개년 평균 영업이익성장률'을 계산해보자. 지금은 이 책과 함께 [따라 하기]를 하는 것이고 실제 나중에 독자 개인이 전략을 만들어낼 때는 3년 수치가 아닌 5년 이상의 수치를 활용할 것을 추천한다. 그 이유는 영업이익성장률이라는 것이 한두 해 반짝 좋아지는 기업을 뽑아내는 것이 아니라 5년 이상 재무자료를 놓고 꾸준히 좋아지고 있는 기업을 찾고자 함이다.

이제 이 전략대로 검색하기 위해서 왼쪽 상단 메뉴의 [재무분석]을 클릭하고 이어서 [수익]을 클릭한다. 우리는 먼저 영업이익이 성장하고 있는 기업을 찾기 위해서는 영업이익 수치가 필요하다. 그래서 [수익] 메뉴로 들어왔다. 그 다음 [수익] 하위 메뉴에 있는 [수익항목 비교]를 클릭한다. 그러면 수익항목을 비교할 수 있는 창이 뜰 것이다. 그 창에서 상단의 '결산기준'은 연간 결산과 '누적'으로 설정한다. 아직 이렇게 설정하는 이유를 잘 모르는 독자는 반드시 5부 '재무비율' 부분의 [따라 하기] 과정을 다시 진행해보고 이 부분으로 돌아오기를 추천한다.

다음으로 총 3개년도의 영업이익이 필요하다. 따라서 작년자료는 0

기, 2년 전 자료는 1기, 3년 전 자료는 2기다. 그래서 먼저 '2기(3년 전) 영업이익보다 1기(2년 전) 영업이익'이 좋아진 기업을 찾아야 한다. '어떻게' 부분에서 '2기 영업이익 <= 1기 영업이익'으로 설정한다. 다음으로 창의 왼쪽 하단에 있는 '조건연속추가'를 체크한다. 이를 체크하는 이유는 유사한 설정을 한 번 더 할 것이기에 같은 화면을 한 번 더 사용하려고 하는 것이다. 설정됐다면 오른쪽 하단에 [확인]을 클릭한다.

2년 전 영업이익이 3년 전 영업이익보다 개선된 기업 찾기

참조 대신증권 크레온

이미 앞에서 조건연속추가를 해뒀기에 해당 창이 없어지지 않고 그대로 남아 있을 것이다. 이제 나머지는 그대로 두고 '어떻게' 부분에서 '1기 영업이익 <= 0기 영업이익'으로 설정한다. 이렇게 연속해서 두 번의 조건을 넣어야 3년 전 영업이익보다 좋아지고 2년 전 영업이익보다 좋아진 기업을 필터링할 수 있을 것이다. 이제 창의 왼쪽 하단에 있는 '조건연속추가'의 체크를 해제한 후에 오른쪽 하단에 [확인]을 클릭한다.

작년 영업이익이 2년 전 영업이익보다 개선된 기업 찾기

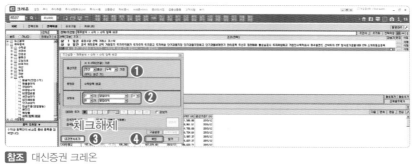

참조 대신증권 크레온

이렇게 연속설정하면 그 결과값을 화면에서 볼 수 있다.

최근 3개년도 영업이익이 개선되는 기업

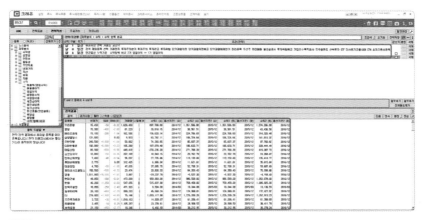

참조 대신증권 크레온

④ 다음은 위 검색결과 위에 두 번째 필터링 조건인 '최근 3개년 평
  균 배당수익률'을 계산하기 위해서 해당 자료를 검색해야 한다. 왼
  쪽 위 메뉴 가운데에서 [재무분석]을 클릭하고 그 아래 [성장성]
  을 클릭한 후에 [배당수익률]을 클릭한다. 이제 배당수익률에 대

한 창이 뜨는데 여기서 연속설정을 세 번 해야 한다. 먼저 2기전(3년 전) 배당수익률을 알아보기 위해서 '결산기준'에 '2기전 기준'으로 설정하고 '어떻게'에서는 '0.1% 이상 100% 이하'로 설정한다. 역시 마찬가지로 왼쪽 하단에 있는 '조건연속추가'를 체크한 후에 [확인]을 클릭한다.

3년 전 배당수익률 검색

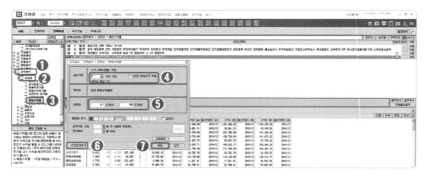

참조 대신증권 크레온

이 작업을 앞으로 두 번 더 해야 한다. 그 이유는 우리는 3년 간의 배당수익률이 필요하기 때문이다. 그래서 같은 작업을 진행하되 이번에는 '결산기준'에 '1기전 기준'으로 설정하고 '조건연속추가'가 여전히 체크됐는지 확인한 후에 [확인]을 클릭한다.

2년 전 배당수익률 검색

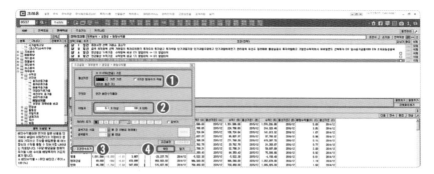

참조 대신증권 크레온

이제 배당수익률 검색 부분에서 마지막으로 작년 배당수익률을 검색한다. '결산기준'에 '0기전 기준'으로 설정하고 '조건연속추가'를 해제한다음에 [확인]을 클릭한다.

최근 배당수익률 검색

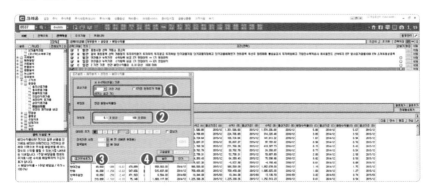

참조 대신증권 크레온

여기까지 연속설정하면 그 결과값을 화면에서 볼 수 있다.

최근 3개년 배당수익률 검색

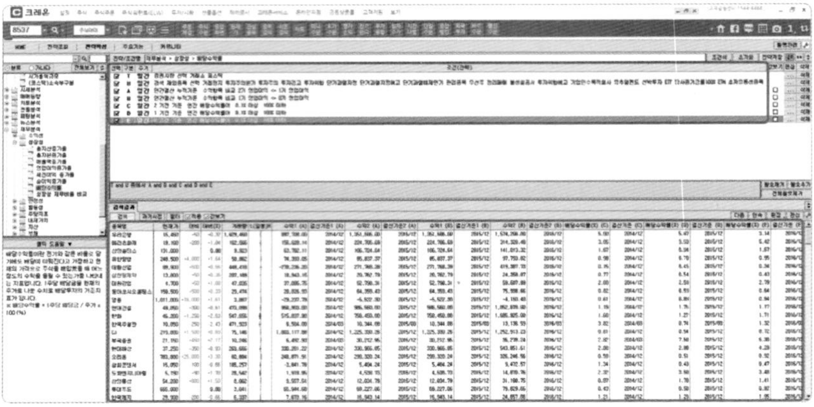

참조 대신증권 크레온

⑤ 이 결과 위에 최종적으로 활용할 PER을 검색해본다. 왼쪽 상단 메뉴 가운데 [재무분석]을 클릭하고 하위 [내재가치]를 클릭한다. 아래 메뉴가 나오면 거기서 [PER]을 클릭한다.

참고로 만약 이 [따라 하기]를 마치고 존네프가 사용했던 '총수익률 Filtering'기법이 이해됐다면 독자들이 개인의 전략을 만들어낼 때에는 PER 말고 'EV/EBITDA'를 사용해볼 것을 추천한다. 이유는 PER이 가지고 있는 단점, 즉 현금흐름을 추적하지 못하고 회계상의 이익을 기반으로 한다는 것을 'EV/EBITDA'는 해결할 수 있기 때문이다. 혹 이해가 안 된다면 6부 'EV/EBITDA'편을 다시 읽어봐주길 바란다.

이제 나오는 PER 창에서 '결산기준'은 '0기전 기준'으로 하고 현재주가 기준PER을 재산정하기 위해 '0기전 현재주가 적용'을 체크한다. 다

음으로 '어떻게' 부분에서 '0.1배 이상 100배 이하'로 설정한다. 이것은
PER의 범위다. 이렇게 설정됐으면 [확인]을 클릭한다.

최근년도 당기순이익 기준 현재주가PER

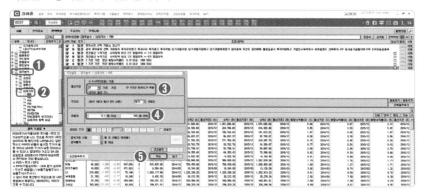

참조 대신증권 크레온

이제 전략과 결과를 한 화면에서 볼 수 있을 텐데, 여기서 결과페이
지가 화면에 잘려서 다 보이지 않는 독자들도 있을 것이다. 그래서 이
번 전략에는 큰 의미가 없는 필드(Field)는 삭제하는 편이 좋을 것 같
다. 화면 중간 오른쪽에 있는 [편집]을 클릭한다. 그 하위 메뉴가 나오
면 거기서 [필드편집]을 클릭한다.

편집─필드편집

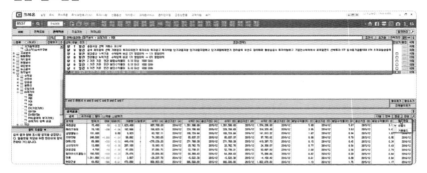

참조 대신증권 크레온

필드편집 창에서 종목명, 현재가만 두고 나머지 대비(가격), 대비(상승/하락률), 거래량, L(일봉)H 부분의 체크를 해제한다. 나오는 결과 페이지에서 종목명과 현재가 정도만 보겠다는 설정이다. 완료됐으면 하단에 [확인]을 클릭한다.

필드편집 상세

참조 대신증권 크레온

필드편집 설정까지 마치면 이 전략 부분과 결과를 화면에서 확인할 수 있다.

총수익률 필터링(Filtering) **결과 페이지**

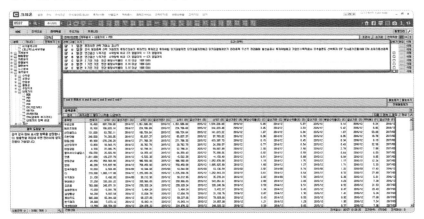

참조 대신증권 크레온

이 결과를 보면 어떤 전략이었는지 이해가 가는가? 사실 위 전략 부분을 보면 무엇인가 많은 전략이 들어간 것 같지만 내용은 간단함을 인지할 것이다. 영업이익이 3년 전부터 개선되고 3년간 연평균배당수익률을 알아내서 이 둘을 합한 후 그것을 PER로 나누겠다는 전략이다.

⑥ 그러면 Data는 검색해서 받았으니 엑셀에서 몇몇 작업을 해서 최종 결과까지 도출해보자. 먼저 이 작업을 위해서는 자신의 컴퓨터에 마이크로소프트 오피스의 엑셀(Excel) 프로그램이 설치돼있어야 한다. 만약 설치가 안 된 컴퓨터라면 이 프로그램부터 먼저 설치한 후에 다음 과정을 진행해야 한다.

이 결과 화면의 중간 오른쪽 끝에 있는 [공구 모양의 설정 아이콘]을 클릭한다. 그 다음 하위 메뉴에서 [엑셀로 내보내기]를 클릭한다.

엑셀로 내보내기

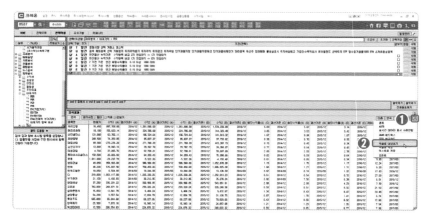

참조 대신증권 크레온₩

그러면 엑셀프로그램이 열리면서 이 결과 페이지가 엑셀 안에 나타날 것이다. 이것이 FnGuide와 같은 유료프로그램이 아니기에 결과값이 내가 원하는 식으로 화면에 나타나질 않는다. 이는 어쩔 수 없기에 귀찮지만 몇몇 작업을 손으로 해줘야 한다.

[펀드매니저 따라 하기]
엑셀을 활용한 투자유니버스 정렬

남은 작업은 필터링해서 다운받은 엑셀자료를 내가 보기 좋게 재배열하고 정렬하는 작업이다.

그 절차는 이와 같다. 첫 번째 중복되는 칼럼은 삭제한다. 두 번째 해당하는 연도칼럼은 삭제하고 해당연도는 칼럼의 제목으로 올린다. 세 번째 영업이익은 연평균성장률 CAGR(Compound Annual Growth Rate) 로 구한다. 네 번째 연평균배당수익률은 단순평균으로 구한다. 다섯 번째 연평균영업이익성장률과 연평균배당수익률을 더해 총수익률을 구한다. 여섯 번째 총수익률을 PER로 나누어줌으로써 '총수익률/PER'의 수치를 구한다. 일곱 번째 '총수익률/PER'로 구한 수치를 내림차순 기준으로 정렬한다. 마지막 엑셀파일을 저장한 후에 필요할 때 열어서 분석자료의 기본으로 활용한다.

① 중복되는 칼럼은 삭제한다.

다운받은 엑셀자료 안에는 2015년의 영업이익이 두 번 나타나 있다. 이것은 중복자료기에 하나의 자료는 삭제한다. 여러분 각자가 다운받은 필드(Field)가 혹시 달라서 열의 순서는 다를 수 있다. 그래서 2015년 12월에 해당하는 수익 열과 날짜 열을 다음 화면과 같이 왼쪽 마우스로 드래그해 지정한 후에 오른쪽 마우스를 눌러서 나오는 메뉴에서 [삭제]를 클릭한다. 그러면 해당 두 열이 삭제될 것이다.

엑셀에서 2015년 수익data열과 날짜열 삭제

② 해당하는 연도칼럼은 삭제하고 해당 연도는 칼럼의 제목으로 올린다. 엑셀 안의 있는 연도 열(Column)은 우리의 관심대상이 아니다. 단지 우리의 관심대상인 수치들이 언제 만들어진 수치인지를 보여주고 있는 것이다. 따라서 이들은 삭제하고 상단 제목란에 기입해둔다.

먼저 2014년 12월이라는 날짜 열을 삭제하기 위해서 왼쪽마우스로 날짜열 D라는 문자를 클릭한다(D열은 필드에 따라서 필자와 독자가 다를 수 있다. 자신이 다운받은 자료의 열을 클릭하면 된다). 그리고 그 열이 설정되면 오른쪽 마우스를 눌러서 마찬가지로 [삭제]한다. 열이 삭제가 되면 상단 제목 '수익1(A)'로 와서 이 부분을 더블클릭해 제목을 '2014년 영업이익(단위 : 100만 원)'을 기입해 바꿔준다. 완성되면 다음과 같이 될 것이다.

연도열 삭제

	A	B	C	D	E	F	G
1	종목명	현재가	수익1 (A)	결산기준1 (A)	수익2 (A)	결산기준2 (A)	수익2 (B)
2	우리은행	15,450	897,70?.00	Dec-14	1,351,586.00	Dec-15	1,574,206.00
3	메리츠화재	19,100	156,620.14	Dec-14	224,706.69	Dec-15	314,320.48
4	삼양홀딩스	131,000	63,782.11	Dec-14	106,724.64	Dec-15	141,013.32
5	유한양행	248,500	74,393.05				37,793.02
6	대림산업	89,900	-270,236.20				9,387.73
7	삼천당제약	13,800	18,943.15				24,358.07
8	대원강업	4,700	37,085.75	Dec-14	52,298.31	Dec-15	59,687.89
9	동아쏘시오홀딩스	150,500	20,826.93			Dec-15	75,998.66
10	영풍	1,011,000	-29,237.79			Dec-15	-4,150.40
11	현대건설	49,050	958,903.00			Dec-15	1,052,678.00
12	한화	46,200	515,837.90			Dec-15	1,685,925.00
13	한국주철관	10,050	6,504.00			Mar-15	13,136.59
14	CJ	219,000	1,003,117.88			Dec-15	1,252,913.23
15	부국증권	21,150	6,492.93			Dec-15	35,278.24
16	현대해상	37,250	330,201.22				543,851.61
17	오리온	783,000	248,871.91			Dec-15	326,246.56
18	삼화콘덴서	15,050	-3,841.78			Dec-15	9,472.57
19	삼양통상	54,200	9,557.54			Dec-15	31,108.75
20	롯데푸드	665,000	65,944.68			Dec-15	79,829.66
21	한국제지	29,900	7,673.16			Dec-15	24,857.08
22	넥센타이어	13,550	208,554.63	Dec-14	224,070.32	Dec-15	248,020.32
23	SH에너지화학	1,460	21,271.90	Dec-14	22,950.17	Dec-15	24,101.16
24	KCC	408,000	273,391.76	Dec-14	309,210.48	Dec-15	326,583.10

굴림제 · 9 · 가 가 · % ,
가 가 를 ☆ · 가 · 田 · ‰ ‰ ✔

✂ 잘라내기(T)
📋 복사(C)
📋 붙여넣기 옵션:
가
선택하여 붙여넣기(S)...
삽입(I)
삭제(D)
내용 지우기(N)
☎ 셀 서식(F)...
열 너비(C)...
숨기기(H)
숨기기 취소(U)

2014년 영업이익 열 제목 변경

제목을 바꾼다

이 작업을 똑같이 2015년, 2016년 영업이익 열(Column)에 진행하면 된다. 먼저 '2015년 12월' 날짜열을 삭제하고 위 열 제목으로 올라와서 '수익2(A)'라는 열 제목을 '2015년 영업이익(단위 : 100만 원)'으로 변경한다. 다음 '2016년 12월' 날짜열을 삭제하고 역시 열 제목으로 올라와서 '수익2(B)'라는 열 제목을 '2016년 영업이익(단위 : 100만 원)'으로 변경한다. 이 작업이 완료되면 다음과 같이 변경이 확인될 것이다.

2015년 2016년 영업이익 열 제목 변경

2015년 2016년 영업이익의 제목을 이와 같이 바꾼다.

이제 영업이익 부분에 날짜열을 삭제하는 작업을 마쳤다. 그 다음 똑같이 이번에는 배당수익률 부분에 날짜열을 삭제해야 한다. '2014년

12월' 배당수익률, '2015년 12월' 배당수익률, '2014년 12월' 배당수익률에 해당하는 날짜열을 각각 클릭하고 해당 열을 삭제한다.

배당수익률 날짜열 삭제

그리고 '배당수익률(%) (C)'라는 열 제목으로 올라와서 이 제목을 '2014년 배당수익률(%)'로 변경한다. 또한 '배당수익률(%) (D)'라는 열 제목은 '2015년 배당수익률(%)'로, '배당수익률(%) (E)'라는 열 제목은 '2016년 배당수익률(%)'로 각각 변경한다. 마지막에 있는 '결산기준 (F)'이라는 날짜 열도 삭제한다. 이제 우리가 궁금해하는 숫자 중심으로 엑셀데이터가 바뀌었을 것이다.

최종 날짜열 삭제 및 열 제목 변경

	A	B	C	D	E	F	G	H	I
	종목명	현재가	2014년 영업이익 (단위: 백만원)	2015년 영업이익 (단위: 백만원)	2016년 영업이익 (단위: 백만원)	2014년 배당수익률(%) (C)	2015년 배당수익률(%) (D)	2016년 배당수익률(%) (E)	PER(배) (F)
2	우리은행	15,450	897,708.00	1,351,586.00	1,574,206.00	5	5.67	3.14	8.24
3	메리츠화재	19,100	156,620.14	224,706.69	314,320.48	3.05	3.53	5.42	8.85
4	삼양홀딩스	131,000	63,782.11	106,724.64	141,013.32	1.67	0.94	1.67	53.09
5	유한양행	248,500	74,393.05	85,837.37	97,793.02	0.98	0.7	0.95	18.78
6	대림산업	89,900	-270,236.20	271,768.39	419,387.73	0.15	0.45	0.34	8.19
7	삼천당제약	13,800	18,943.15	20,762.79	24,358.07	0.77	0.54	0.43	32.58
8	대원강업	4,700	37,085.75	52,798.31	59,687.89	2	2.58	2.79	7.88
9	동아쏘시오홀딩스	150,500	20,826.93	64,359.43	75,998.66	0.82	0.59	0.64	6.6
10	영풍	1,011,000	-29,237.79	-5,522.30	-4,150.40	0.61	0.89	0.94	9.85
11	현대건설	49,050	958,903.00	986,560.00	1,052,678.00	1.19	1.75	1.17	12.24
12	한화	46,200	515,837.90	758,450.00	1,685,925.00	1.6	1.27	1.71	5.33
13	한국주철관	10,050	6,504.00	10,344.08	13,136.59	3.82	0.74	1.32	17.43
14	CJ	219,000	1,003,117.88	1,225,330.26	1,252,913.23	0.61	0.54	0.72	27.6
15	부국증권	21,150	6,492.93	30,212.95	35,278.24	2.82	7.5	6.38	6.01
16	현대해상	37,250	330,201.22	330,966.05	543,851.61	2.88	2.08	4.29	7.3
17	오리온	783,000	248,871.91	299,320.24	326,246.56	0.59	0.51	0.92	21.53
18	삼화콘덴서	15,050	-3,841.78	5,404.24	9,472.57	1.34	0.43	0.47	20.49
19	삼양통상	54,200	9,557.54	12,034.79	31,108.75	0.87	1.7	1.41	6.24
20	롯데푸드	665,000	65,944.68	69,227.06	79,829.66	0.43	0.5	0.92	17

③ 이제 엑셀 세 번째 작업으로 영업이익의 연평균성장률 CAGR (Compound Annual Growth Rate)을 구해본다. 먼저 연평균성장률을 구할 새로운 열(Column)이 필요하기에 만약 다음 그림과 같이 열의 정리가 된 독자라면 F열을 클릭한 후에 오른쪽 마우스를 클릭해 [삽입(I)]을 클릭한다.

열 삽입

새로운 열이 만들어지면 상단의 그 제목란에 '최근 3개년 영업이익 연평균성장률(%)'라고 입력한다. 다음 연평균성장률 CAGR을 구하는 수식을 입력한다. 엑셀의 이 수식은 우리가 5부에서 성장성을 알아볼 때 한번 설명한 적이 있다. 자세한 내용은 5부 성장성 부분을 참고한다.

연평균성장률 CAGR은 엑셀에서 RATE함수를 쓰면 구할 수 있는데 그 식은 =rate(기간, 0, −기준시점, 최종시점) 이와 같다. 따라서 첫 번째 자료에 해당하는 행(row)에다가 '=rate(2,0,−C2,E2)×100' 이와 같이 입력하고 엔터를 쳐본다. 여기서 rate 함수 뒤에 '×100'을 하는 이유는 나중에 배당수익률과 합산을 하려면 단위가 같아야 하기에 단위를 %로 맞추기 위해서 '×100'처리를 한 것이다.

새로 생긴 열 제목 변경과 영업이익 CAGR 구하기

	A	B	C	D	E	F	G	H	I	J
			2014년 영업이익 (단위: 백만원)	2015년 영업이익 (단위: 백만원)	2016년 영업이익 (단위: 백만원)	최근 3개년 영업이익 연평균성장률(X)	2014년 배당수익률(X) (C)	2015년 배당수익률(X) (D)	2016년 배당수익률(X) (E)	PER(배) (F)
1	종목명	현재가								
2	우리은행	15,450	897,708.00	1,351,586.00	1,574,206.00	=RATE(2,0,-C2,E2)*100	5	5.67	3.14	8.24
3	메리츠화재	19,100	156,620.14	224,706.69	314,320.48	RATE(nper, pmt, pv, [fv], [type], [guess]) 5	5	3.53	5.42	8.95
4	삼양홀딩스	131,000	63,782.11	106,724.64	141,013.32		1.67	0.94	1.67	53.09
5	유한양행	248,500	74,393.05	85,837.37	97,793.02		0.98	0.7	0.95	18.76

이렇게 해서 첫 번째 행의 연평균성장률 CAGR이 구해지면 마우스를 이 셀의 오른쪽 밑에 가져다 대본다. 그러면 다음 그림처럼 마우스의 포인터가 십자형(+)으로 바뀔 것이다. 이를 같은 열의 맨 아래 행까지 쭉 끌어내리면 열의 값들이 복사되면서 자동계산이 될 것이다.

셀 값 복사하기

	A	B	C	D	E	F	G	H	I	J
1	종목명	현재가	2014년 영업이익 (단위: 백만원)	2015년 영업이익 (단위: 백만원)	2016년 영업이익 (단위: 백만원)	최근 3개년 영업이익 연평균성장률(%)	2014년 배당수익률(%) (C)	2015년 배당수익률(%) (D)	2016년 배당수익률(%) (E)	PER(배) (F)
2	우리은행	15,450	897,708.00	1,351,586.00	1,574,206.00	32.42	5	5.67	3.14	8.24
3	메리츠화재	19,100	156,620.14	224,706.69	314,320.48		3.05	3.53	5.42	8.85
4	삼양홀딩스	131,000	63,782.11	106,724.64	141,013.32		1.67	0.94	1.67	53.09

셀 값 자동 복사 후의 결과

	A	B	C	D	E	F	G	H	I	J
1	종목명	현재가	2014년 영업이익 (단위: 백만원)	2015년 영업이익 (단위: 백만원)	2016년 영업이익 (단위: 백만원)	최근 3개년 영업이익 연평균성장률(%)	2014년 배당수익률(%) (C)	2015년 배당수익률(%) (D)	2016년 배당수익률(%) (E)	PER(배) (F)
2	우리은행	15,450	897,708.00	1,351,586.00	1,574,206.00	32.42	5	5.67	3.14	8.24
3	메리츠화재	19,100	156,620.14	224,706.69	314,320.48	41.66	3.05	3.53	5.42	8.85
4	삼양홀딩스	131,000	63,782.11	106,724.64	141,013.32	48.69	1.67	0.94	1.67	53.09
5	유한양행	248,500	74,393.05	85,837.37	97,793.02	14.65	0.98	0.7	0.95	18.78
6	대림산업	89,900	-270,236.20	271,768.39	419,387.73	#NUM!	0.15	0.45	0.34	8.19
7	삼천당제약	13,800	18,943.15	20,762.79	24,358.07	13.40	0.77	0.54	0.43	32.58
8	대원강업	4,700	37,085.75	52,798.31	59,687.89	26.06	2	2.58	2.79	7.88
9	동아쏘시오홀딩스	150,500	20,826.93	64,359.43	75,998.66	91.03	0.82	0.59	0.64	6.6
10	영풍	1,011,000	-29,237.79	-5,522.30	-4,150.40	-62.32	0.61	0.89	0.94	9.85
11	현대건설	49,050	958,903.00	986,560.00	1,052,678.00	4.78	1.19	1.75	1.17	12.24
12	한화	46,200	515,837.90	758,450.00	1,685,925.00	80.79	1.6	1.27	1.71	5.33
13	한국주철관	10,050	6,504.00	10,344.08	13,136.59	42.12	3.82	0.74	1.32	17.43
14	CJ	219,000	1,003,117.88	1,225,330.26	1,252,913.23	11.76	0.61	0.54	0.72	27.6
15	부국증권	21,150	6,492.93	30,212.95	35,278.24	133.10	2.82	7.5	6.38	6.01
16	현대해상	37,250	330,201.22	330,966.05	543,851.61	28.34	2.88	2.08	4.29	7.3
17	오리온	783,000	248,871.91	299,320.24	326,246.56	14.49	0.59	0.51	0.92	21.53
18	삼화콘덴서	15,050	-3,841.78	5,404.24	9,472.57	#NUM!	1.34	0.43	0.47	20.49
19	삼양통상	54,200	9,557.54	12,034.79	31,108.75	80.41	0.87	1.7	1.41	6.24
20	롯데푸드	665,000	65,944.68	69,227.06	79,829.66	10.03	0.43	0.5	0.92	17

④ 다음으로 연평균배당수익률을 단순평균값으로 구해야 한다. 마찬가지로 새로운 열(Column)이 필요하므로 필자의 화면과 같은 열의 순서라면 J열을 클릭하고 오른쪽 마우스를 누른 후 삽입을 클릭한다. 그러면 I열과 K열 사이에 새로운 열이 생기는데 이 열의 제목을 '최근 3개년 배당수익률 단순평균(%)'이라고 기입한다. 엑셀에서 단순평균함수는 average 함수이기에 첫 번째 셀에서 '=average(G2:I2)' 셀을 지정하고 엔터를 친다.

새로 생긴 열 제목 변경과 단순 배당수익률 구하기

| | | SUM | ▾ | ✕ ✓ *fx* | =average(G2:I2) | | | | | |

	A 종목명	B 현재가	C 2014년 영업이익 (단위: 백만원)	D 2015년 영업이익 (단위: 백만원)	E 2016년 영업이익 (단위: 백만원)	F 최근 3개년 영업이익 연평균성장률(%)	G 2014년 배당수익률(%) (C)	H 2015년 배당수익률(%) (D)	I 2016년 배당수익률(%) (E)	J 최근 3개년 배당수익률 단순평균(%)	K PER(배) (F)
2	우리은행	15,450	897,708.00	1,351,586.00	1,574,206.00	32.42	5	5.67	3.14	=average(G2:I2)	8.24
3	에리츠화재	19,100	156,620.14	224,706.69	314,320.48	41.66	3.05	3.53	5.42		8.95
4	삼양홀딩스	131,000	63,782.11	106,724.64	141,013.32	48.69	1.67	0.94	1.67		53.09
5	유한양행	248,500	74,393.05	85,837.37	97,793.02	14.65	0.98	0.7	0.95		18.76

첫 번째 행의 배당수익률 단순평균이 구해지면 CAGR 구할 때와 마찬가지로 마우스를 해당 셀의 오른쪽 밑에 갖다 대고 그때 마우스의 포인터가 십자형(+)으로 바뀌면 이를 같은 열의 맨 아래 행까지 쭉 끌어내리면서 열의 값들이 자동복사가 되게 한다. 이렇게 되면 결과값은 다음과 같이 볼 수 있다.

평균 배당수익률 셀 값 자동복사

	A 종목명	B 현재가	C 2014년 영업이익 (단위: 백만원)	D 2015년 영업이익 (단위: 백만원)	E 2016년 영업이익 (단위: 백만원)	F 최근 3개년 영업이익 연평균성장률(%)	G 2014년 배당수익률(%) (C)	H 2015년 배당수익률(%) (D)	I 2016년 배당수익률(%) (E)	J 최근 3개년 배당수익률 단순평균(%)	K PER(배) (F)
2	우리은행	15,450	897,708.00	1,351,586.00	1,574,206.00	32.42	5	5.67	3.14	4.603333333	8.24
3	에리츠화재	19,100	156,620.14	224,706.69	314,320.48	41.66	3.05	3.53	5.42	4	8.95
4	삼양홀딩스	131,000	63,782.11	106,724.64	141,013.32	48.69	1.67	0.94	1.67	1.426666667	53.09
5	유한양행	248,500	74,393.05	85,837.37	97,793.02	14.65	0.98	0.7	0.95	0.876666667	18.76
6	미립산업	89,900	-270,236.20	271,768.39	419,387.73	#NUM!	0.15	0.45	0.34	0.313333333	33.93
7	실천당제약	13,800	18,943.15	20,762.79	24,358.07	13.40	0.77	0.54	0.43	0.58	32.58
8	미원상업	4,700	37,085.75	52,798.31	59,887.89	26.86	2	2.58	2.79	2.456666667	7.88
9	동아쏘시오홀딩스	150,500	20,826.93	64,359.43	75,998.66	91.03	0.82	0.59	0.64	0.683333333	6.6
10	영풍	1,011,000	-29,237.79	-5,522.30	-4,150.40	-62.32	0.61	0.89	0.94	0.813333333	9.85
11	현대건설	49,050	958,903.00	986,560.00	1,052,678.00	4.76	1.19	1.75	1.17	1.37	12.24
12	한화	46,200	515,837.90	758,450.00	1,685,525.00	80.79	1.6	1.27	1.71	1.526666667	5.33
13	한국주철관	46,200	6,504.00	10,344.08	13,136.59	42.12	3.82	0.74	1.32	1.96	17.43
14	CJ	219,000	1,003,117.08	1,225,330.26	1,252,913.23	11.76	0.61	0.54	0.72	0.623333333	27.6
15	부국증권	21,150	6,492.93	30,212.95	35,278.24	133.10	2.82	7.5	6.38	5.566666667	6.01
16	현대해상	37,250	330,201.22	330,966.05	543,951.61	28.34	2.88	2.08	4.29	3.083333333	7.3
17	오리온	783,000	248,871.91	299,320.24	326,246.56	14.49	0.59	0.51	0.92	0.673333333	21.53
18	삼화콘덴서	15,050	-3,841.78	5,404.24	9,472.57	#NUM!	1.34	0.43	0.47	0.746666667	20.49
19	삼양통상	54,200	9,557.54	12,034.79	31,108.75	80.41	0.87	1.7	1.41	1.326666667	6.24
20	롯데푸드	665,000	65,944.68	69,227.06	79,829.66	10.03	0.43	0.5	0.92	0.616666667	17

여기서 만약 숫자의 소수점 단위가 너무 길어서 보기 싫으면 해당 열의 상단, 위 그림이라면 J열을 클릭한 후에 [오른쪽 마우스]-[셀 서식]-[표시형식 탭]-[숫자]-[소수 자릿수 2] 정도로 맞춰주고 [확인]을 누르면 소수점 둘째 자리까지 볼 수 있다.

열 값의 소수점 자릿수

종목명	현재가	2014년 영업이익(단위: 백만원)	2015년 영업이익(단위: 백만원)	2016년 영업이익(단위: 백만원)	최근 3개년 영업이익 연평균성장률(%)	2014년 배당수익률(%)(C)	2015년 배당수익률(%)(D)	2016년 배당수익률(%)(E)	최근 3개년 배당수익률 단순평균(%)	PER(배)(F)
우리은행	15,450	897,708.00	1,351,586.00	1,574,206.00	32.42	5	5.67	3.14	4.600333333	8.24
메리츠화재	19,100	156,620.14	224,706.69	314,320.48	41.66	3.05	3.53	5.42	4	8.05
삼양홀딩스	131,000	63,782.11	106,724.54	141,013.32	48.69	1.67	0.94	1.67	1.425666667	53.09
유한양행	248,500	74,393.05	85,837.37	97,793.02						
대림산업	89,900	-270,236.20	271,768.39	419,387.73						
삼천당제약	13,800	18,943.15	20,762.79	24,368.07						
대원강업	4,700	37,085.75	52,798.31	59,687.89						
동아쏘시오홀딩스	150,500	20,826.93	64,369.43	75,998.66						
영풍	1,011,000	-29,237.79	-5,522.30	-4,150.40						
현대건설	49,050	958,903.00	986,560.00	1,052,678.00						
한화	46,200	515,837.90	758,450.00	1,685,925.00						
한국주철관	10,050	6,504.00	10,344.08	13,136.59						
CJ	219,000	1,003,117.88	1,225,330.26	1,252,913.23						
부국증권	21,150	6,492.30	30,212.95	35,278.24						
현대해상	37,250	330,201.22	330,966.05	543,951.61						
오리온	783,000	248,871.91	299,320.24	336,240.48						
삼화콘덴서	15,050	-3,841.78	5,404.24	9,472.57						
삼양통상	54,200	9,557.54	12,034.79	31,108.75						
롯데푸드	665,000	65,944.68	69,227.06	79,829.66						
한국화장품	29,900	7,673.16	16,563.14	24,857.08						
넥센타이어	13,550	208,554.63	224,876.32	248,020.32						
SHIN신지화학	1,460	21,271.90	22,950.17	24,101.16						
KCC	408,000	273,391.76	309,210.48	326,583.10						
화성산업	16,400	15,211.51	24,687.72	43,868.36						
KB손해보험	30,050	133,578.88	242,389.99	388,913.53	70.63	1.82	1.37	2.29	1.826666667	6.81

⑤ 다음은 '연평균영업이익성장률'과 '연평균배당수익률'을 더해 총수익률을 구한다. 역시 새로운 열(Column)이 필요하므로 필자의 화면과 같은 열의 순서라면 K열을 클릭하고 오른쪽 마우스를 누른 후 삽입을 클릭, 그리고 새롭게 생긴 열의 제목을 '총수익률(%)'이라고 기입해보자. 이는 '연평균영업이익성장률'과 '연평균배당수익률'의 합산으로 구해진다.

엑셀에서 sum 함수를 써서 첫 번째 셀에 '=sum(F2, J2)'로 지정하고 엔터를 친다. 첫 번째 셀의 계산이 완료됐으면 마찬가지로 자동 셀값 계산 기능을 통해서 마우스를 셀의 끝부분에서 십자형(+) 모양으로 만든 다음 열의 맨 아래 행까지 쭉 끌어내리면 된다. 이렇게 하면 다음과 같은 결과를 볼 수 있다.

	A 종목명	B 현재가	C 2014년 영업이익 (단위: 백만원)	D 2015년 영업이익 (단위: 백만원)	E 2016년 영업이익 (단위: 백만원)	F 최근 3개년 영업이익 연평균성장률(%)	G 2014년 배당수익률(%) (C)	H 2015년 배당수익률(%) (D)	I 2016년 배당수익률(%) (E)	J 최근 3개년 배당수익률 단순평균(%) (F)	K 총수익률 (%)	L PER(배) (F)
2	우리은행	15,450	897,708.00	1,351,586.00	1,574,206.00	32.42	5	5.87	3.14	4.60	37.00	8.24
3	메리츠화재	19,100	156,620.14	224,706.69	314,320.48	41.66	3.05	3.53	5.42	4.00	45.66	8.85
4	삼양홀딩스	131,000	63,782.11	106,724.64	141,013.32	48.69	1.67	0.94	1.67	1.43	50.12	53.09
5	유한양행	248,500	74,393.05	85,837.37	97,793.02	14.65	0.96	0.7	0.95	0.86	15.52	18.78
6	대림산업	89,900	-270,236.20	271,768.39	419,387.73	#NUM!	0.15	0.45	0.34	0.31	#NUM!	8.19
7	삼천당제약	13,800	18,943.15	20,762.79	24,358.07	13.40	0.77	0.54	0.43	0.58	13.98	32.58
8	대원강업	4,700	37,085.75	52,798.31	59,687.89	26.86	2	2.58	2.79	2.46	29.32	7.88
9	동아쏘시오홀딩스	150,500	20,826.93	64,359.43	75,998.66	91.00	0.82	0.59	0.64	0.68	91.71	6.6
10	영풍	1,011,000	-29,237.79	-5,522.30	-4,150.40	-62.32	0.61	0.89	0.94	0.81	-61.51	9.85
11	현대건설	49,050	958,903.00	986,560.00	1,052,678.00	4.78	1.19	1.75	1.17	1.37	6.15	12.24
12	한화	46,200	515,837.90	758,450.00	1,685,925.00	80.79	1.6	1.27	1.71	1.53	82.31	5.33
13	한국주철관	10,050	6,504.00	10,344.08	13,136.59	42.12	3.82	0.74	1.32	1.96	44.08	17.43
14	CJ	219,000	1,003,117.88	1,225,330.26	1,252,913.23	11.76	0.61	0.54	0.72	0.62	12.38	27.6
15	부국증권	21,150	6,492.93	30,212.95	35,276.24	130.10	2.82	7.5	6.38	5.57	135.68	6.01
16	현대해상	37,250	330,201.22	330,966.05	543,851.61	29.34	2.88	2.08	4.39	3.08	31.42	7.3
17	오리온	783,000	248,871.91	299,320.24	326,246.56	14.49	0.59	0.51	0.92	0.67	15.17	21.53
18	삼화콘덴서	15,050	-3,841.78	5,404.24	9,472.57	#NUM!	1.34	0.43	0.47	0.75	#NUM!	20.49
19	삼양통상	54,200	9,557.54	12,034.79	31,108.75	80.41	0.87	1.7	1.41	1.33	81.74	6.24
20	롯데푸드	665,000	65,944.68	69,227.06	79,829.66	10.03	0.43	0.5	0.92	0.62	10.64	17

⑥ 다음 작업은 총수익률을 PER로 나눠줌으로써 '총수익률 / PER'의 수치를 구하고 이를 내림차순 정렬하면 된다. 역시 새로운 열(Column)이 필요한데, 이 열은 맨 끝열이므로 지금까지 했던 것과 같이 새로운 열을 삽입하지 말고 맨 끝 열을 그대로 사용하면 될 것이다. 필자의 화면과 같은 열의 순서라면 M열로 가서 첫 번째 행에다가 '총수익률 / PER'이라고 입력함으로써 제목을 만든다. 그리고 데이터 입력의 첫 번째 행에 해당하는 다음 행에 다가는 앞선 두 셀의 계산과정인 '= K2 / L2' 입력하고 엔터를 친다.

총수익률 / PER의 계산

	A 종목명	B 현재가	C 2014년 영업이익 (단위: 백만원)	D 2015년 영업이익 (단위: 백만원)	E 2016년 영업이익 (단위: 백만원)	F 최근 3개년 영업이익 연평균성장률(%)	G 2014년 배당수익률(%) (C)	H 2015년 배당수익률(%) (D)	I 2016년 배당수익률(%) (E)	J 최근 3개년 배당수익률 단순평균(%)	K 총수익률 (%)	L PER(배) (F)	M 총수익률 ÷ PER
2	우리은행	15,450	897,708.00	1,351,586.00	1,574,206.00	32.42	5	5.87	3.14	4.60	37.00	8.24	=K2/L2
3	메리츠화재	19,100	156,620.14	224,706.69	314,320.48	41.66	3.05	3.53	5.42	4.00	45.66	8.85	
4	삼양홀딩스	131,000	63,782.11	106,724.64	141,013.32	48.69	1.67	0.94	1.67	1.43	50.12	53.09	

과정까지 무리 없이 마쳤다면 자동 셀값 계산 기능을 통해서 마우스를 셀의 끝 부분에서 십자형 모양으로 만든 다음 아래로 끌어내림으로 계산을 완료한다. 이 과정이 종료되면 결과값을 볼 수 있다. 마찬가지로 결과값의 소수점 자리가 너무 길다고 느낀다면 M열을 클릭한 후에

[오른쪽 마우스]-[셀 서식]-[표시형식 탭]-[숫자]-[소수 자릿수 2] 정도로 맞춰주고 [확인]을 누르면 소수점 둘째 자리까지 볼 수 있다.

⑦ '총수익률/PER'로 구한 수치를 내림차순 기준으로 정렬하는 작업을 진행함으로 마무리하려고 한다. 먼저 마우스를 첫 번째 행을 의미하는 가장 왼편 상단에 있는 숫자 '1'을 클릭한다. 이것을 정렬기준을 제목 중에서 고르겠다는 의미로 제목들을 대상으로 잡으려고 지정한 것이다. 이렇게 첫 번째 줄이 클릭됐으면 상단 메뉴 [데이터]를 클릭하고 그 하위에 있는 [필터]를 클릭한다.

정렬작업

그러면 각 열의 제목마다 정렬 아이콘이 생기는데 우리는 '총수익률/PER'의 열을 기준으로 정렬할 것이므로 이 제목의 하단부에 있는 정렬 아이콘을 클릭한다. 클릭 후에는 하단에 세부 메뉴가 나오는데 우리가 궁금한 것은 이 수치가 높은 기업들이다. 다시 말하면 이 수치가 높다는 것은 '최근 3개년도 동안에 영업이익이 성장해왔고 또 거기에 덤으로써 배당수익률도 좋은 기업을 대상으로 주가가 상대적으로 싸다'는 상대가치평가법을 적용해 성장성이 좋은 기업을 쌀 때 사자는 논리로 필터링하는 것이다.

그래서 '총수익률/PER' 이 수치가 음수이거나 혹은 너무 작으면 우리의 관심대상이 아니므로 '1보다 큰' 기업을 대상으로 삼고 싶어서 [정렬 아이콘]-[숫자 필터]-[보다 큼]을 연속으로 클릭한다.

숫자 필터링

나타나는 '사용자 지정 자동 필터' 창에서 '총수익률/PER'이 '>1'그리고 '<100'으로 설정한다. 이 의미는 '총수익률/PER'이 1보다 큰 기업을 기준으로 보는데 수치가 너무 큰 기업은 일시적으로 이익이 급변하는 등의 일시적 효과일 가능성이 크므로 100 이하의 기업만 보겠다는 뜻으로 설정한 것이다. 사실 1보다 큰 기업만 기준으로 하고 상단의 100이라는 숫자는 입력하지 않아도 상관은 없다. 이렇게 하고 하단의 [확인]을 누른다. 그럼 각자가 원하는 범위의 숫자들 기업으로 필터링이 됐을 것이다.

사용자 지정 자동 필터

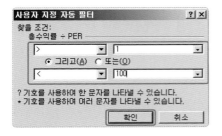

이제 다시 '총수익률/PER' 밑에 있는 정렬 아이콘을 클릭하고 그 하위 메뉴 중에서 '숫자 내림차순 정렬'을 클릭한다.

숫자 내림차순 정렬

	A	B	C	D	E	F	G	H	I	J	K	L	M
	종목명	현재가	2014년 영업이익(단위: 백만원)	2015년 영업이익(단위: 백만원)	2016년 영업이익(단위: 백만원)	최근 3개년 영업이익 연평균성장률	2016년 배당수익률(%)	2015년 배당수익률(%)	2016년 배당수익률(%)	최근 3개년 평균배당수익률 단순평균	총수익률(E)	PER(F)	총수익률÷PER
2	우리은행	15,450	897,708.00	1,351,586.00	1,974,206.00	32.42	5	5.67	3.14	4.60			
3	메리츠화재	19,100	156,829.14	224,706.69	314,320.48	41.66	3.05	3.53	5.42	4.00			
6	대동공업	4,700	37,085.75	52,798.31	59,987.89	26.86	2	2.58	2.79	2.45			
8	동아쏘시오홀딩스	150,500	20,826.93	64,359.43	55,988.66	91.03	0.82	0.59	0.54	0.68			
12	한화	46,200	515,037.90	758,450.00	1,186,585.00	80.79	1.6	1.27	1.71	1.53			
13	한국주철관	10,050	6,504.00	10,344.08	13,136.59	42.12	3.82	0.74	1.32	1.96			
15	한국화장품	21,150	6,492.93	30,212.95	35,278.24	133.10	2.82	7.5	6.98	5.57			
16	현대해상	37,250	330,201.22	330,966.05	543,851.61	28.34	2.88	2.08	4.29	3.08			
19	삼양패션	54,200	9,597.54	12,034.79	31,108.75	80.41	0.97	1.7	1.41	1.33			
21	한국제지	29,900	7,673.16	16,943.14	24,867.08	79.99	1.21	1.29	1.95	1.48			
22	넥센타이어	13,550	208,554.63	224,076.32	248,009.32	9.05	0.59	0.65	0.77	0.67			
25	화성산업	16,400	15,211.51	24,687.72	43,868.36	69.82	3.32	4.3	5.04	4.22			
26	흥국화재	30,950	133,578.98	242,389.99	388,913.53	70.63	1.82	1.37	2.29	1.83			
27	남양	1,225	807.07	1,279.61	2,091.39	58.65	0.47	0.15	0.24	0.29			
28	신풍산업	10,050	2,476.94	11,571.65	13,913.70	137.01	2.1	1.37	1.95	1.81			
29	일신방직	118,500	15,086.58	17,721.80	20,577.27	16.79	1.02	1.62	2.27	1.64			
30	대림제지	20,350	17,806.14	23,085.02	29,147.60	27.94	0.93	1.07	1.29	1.10			
32	LB	79,700	1,044,108.00	1,130,619.00	1,344,692.00	13.49	1.62	1.84	2.17	1.88			
33	빙빙	22,250	4,362.30	6,498.86	7,868.62	34.31	1.12	1.11	1.56	1.26			
34	에이스침대	175,000	27,231.74	34,367.89	36,793.77	14.65	1.94	2.2	2.08	2.07	16.72	11.29	1.48
35	송림산업	20,700	3,398.00	49,390.00	76,350.00	374.02	0.74	0.48	0.82	0.68	374.70	12.78	29.32
38	삼화왕관	47,250	9,654.76	12,476.83	13,517.61	18.33	3.58	2.93	2.99	3.17	21.45	9.08	2.37
39	한국가구	43,750	6,075.66	6,949.53	7,490.71	10.96	3.54	1.81	2.24	2.53	13.49	11.42	1.18
40	대림제판	7,440	9,796.51	16,752.67	18,966.29	39.14	1.11	1.32	1.77	1.40	40.54	8.41	4.82

이제 드디어 길고긴 [따라 하기]가 끝났다. '최근 3개년 영업이익 성장성이 있고 배당수익률도 괜찮은 기업이 주가가 싼 상태에 있는 기업은 어떤 기업들일까?' 라고 누군가 물었을 때 이 방식으로 필터링을 하면 지금 시장에서 종목을 찾을 수 있다.

총수익률/PER에 의한 종목 필터링

종목명	현재가	2018년 영업이익 (단위: 백만원)	2019년 영업이익 (단위: 백만원)	2020년 영업이익 (단위: 백만원)	최근 3개년 영업이익 연평균성장률(%)	2018년 배당수익률(%)	2019년 배당수익률(%)	2020년 배당수익률(%)	최근 3개년 배당수익률 단순평균(%)	총수익률(%)	PER(배)(F)	총수익률 ÷ PER
엠케이전자	9,320	9,322.88	24,771.74	125,539.10	266.96	2.83	1.68	0.86	1.79	268.74	7.55	35.60
송원산업	20,700	3,398.00	49,390.00	76,350.00	374.02	0.74	0.48	0.82	0.68	374.70	12.76	29.32
롯데케미칼	376,000	350,929.51	1,611,119.46	2,544,253.93	169.26	0.62	1.03	1.08	0.91	170.17	5.94	28.65
한화케미칼	29,250	141,260.28	337,012.93	799,218.09	134.87	1.27	0.55	1.42	1.08	135.95	4.92	27.65
코텍	13,050	5,492.37	26,291.92	29,276.60	130.88	1.94	2.14	2.15	2.08	132.95	5.68	23.41
부국증권	21,150	6,492.93	30,212.95	36,278.24	133.10	2.82	7.5	6.38	5.57	138.66	6.01	23.07
SK	274,500	271,542.00	1,406,753.00	5,298,179.00	341.72	0.94	1.41	1.61	1.32	343.04	15.76	21.77
대한유화	280,500	69,904.49	271,194.22	343,018.07	121.52	2.12	1.74	1.45	1.77	123.29	6.05	20.39
삼호개발	5,010	5,563.29	12,292.64	22,177.55	99.66	3.23	2.8	3.71	3.25	102.91	5.33	19.31
에스코	37,900	4,370.55	17,370.61	21,127.25	119.86	3.46	3.4	4.04	3.63	123.50	7.53	16.40
서한	2,590	35,126.07	39,594.62	89,474.95	59.60	0.95	1.42	1.31	1.23	60.83	3.77	16.13
디아이씨스웩서	48,960	80,292.59	114,507.23	304,792.23	94.83	0.8	1.12	2.24	1.39	96.22	6.91	13.92
동아소오스홀딩스	150,500	20,826.59	64,359.43	76,998.66	91.03	0.82	0.59	0.64	0.68	91.71	6.5	13.90
삼양통상	54,200	9,957.54	12,034.79	31,108.75	80.41	0.87	1.7	1.41	1.33	81.74	6.24	13.10
KB오토시스	7,700	6,006.69	8,704.86	18,520.04	75.60	4.64	3.35	3.94	3.98	79.57	6.2	12.83

위 결과 화면에 보면 이런 대상군으로 '엠케이전자, 송원산업, 롯데케미칼, 한화케미칼, 코텍, 부국증권, SK, 대한유화, 삼호개발, 에스코 등'을 찾아낼 수 있다. 많은 증권사에서 '어떤 OO 기준으로 퀀트를 돌렸더니 OOO 등이 그 대상종목으로 선정됐다'라는 문구를 자주 볼 수 있을 것이다. 이것이 바로 이와 같은 과정을 거쳐서 필터링돼 나오는 것이다. 물론 분석자에 따라서 성장성, 안정성, 수익성 등의 지표는 바뀌겠지만 이와 유사한 과정을 통해서 종목이 선정되게 된다.

그런데 조심할 것이 있다. 여기가 끝이 아니다. 우리는 내가 생각하는 전략에 해당하는 종목군을 찾은 것이다. 만약 자산운용사로 이야기하면 이제 투자유니버스를 만든 것이다. 따라서 이들을 가지고 내일 당장 주식을 사는 것이 아니고 전자공시시스템에 들어가서 이들의 사업계획서를 읽고 지금까지 공부한 것처럼 재무제표를 분석하며 다시 한번 성장성, 수익성 등의 재무비율과 가치평가를 개별종목 기준으로 마친 후에 몇몇 종목을 자신의 투자 대상으로 삼아야 한다. 여기서 필터링돼 나왔다고 해서 반드시 투자해야 하는 종목이 아님을 당부드린다.

[펀드매니저 따라 하기]
성장성, 수익성, 안정성과 저평가성을
고려한 종목 필터링

이제 앞서 우리는 [따라 하기] 과정을 통해서 종목을 검색하는 과정을 알아봤다. 이번에는 필자가 다음과 같은 간단한 전략을 제시하면 독자들이 직접 종목을 검색해보길 바란다. 상당수 과정이 앞서 진행한 과정과 중복이 되기에 책에서는 반복된 부분은 제외하고 간단하게 중요 진행과정만 보이도록 하겠다.

- **성장성** : 2기전 ROE가 0% 이상인 종목 가운데, 최근 3년간 ROE가 성장하고 있는 종목을 찾는다.

- **수익성** : ROE의 단점이 분자에 당기순이익이 들어가는 것이기에 수익성은 ROE를 활용하지 않고 영업이익률 OPM을 활용해 영업이익이 좋은 기업을 찾는다.

- **안정성** : 여러 안정성 지표 가운데 차입금의존도를 활용한다. 차입금의존도가 100% 이하인 종목을 찾는다.

- **저평가성** : ROE가 좋아지면서 PBR이 낮다는 것은 아울러 PER도 낮다는 것을 의미한다. 왜냐하면 PBR=ROE×PER이기 때문이다. 따라서 PBR이 낮은 종목을 찾는다.

- 이들을 엑셀로 다운받아서 주요항목들을 엑셀의 PERCENTRANK() 함수를 사용해 상위부터 하위까지 순위점수를 준다. 그 순위점수들을 합산해 성장성, 수익성, 안정성을 갖춘 기업이 주가가 싼 상태에 있는 종목을 찾는다.

① 성장성

2기전 ROE가 0% 이상인 종목 가운데, 최근 3년간 ROE가 성장하고 있는 종목을 찾는다. 이 작업을 진행하기 위해 [시장구분]에서 거래소와 코스닥을 선정하고 [제외종목]에서 기본 지정된 제외종목들은 모두 제외한다. 그리고 [수익성] 메뉴로 이동해서 '연간 결산 2기전의 누적 기준'으로 설정하고 '어떻게'에서는 ROE가 '0.1% 이상 100%' 이하인 종목을 찾는다. 이렇게 하는 이유는 2기전 ROE가 음수(–) 안에서 개선 되거나 혹은 음수(–)에서 양수(+)로 개선되는 종목을 검색에서 제외하기 위함이다. 이와 같이 잘 설정했다면 그 전략 화면과 결과 화면은 다음과 같을 것이다.

2기전 ROE가 양수인 기업 검색

참조 대신증권 크레온

    다음으로 [수익성] 내의 '수익성 재무비율 비교'로 가서 '연간 결산누적기준'으로 '2기의 자기자본순이익률 ROE 〈= 1기의 자기자본순이익률 ROE' 좋아지는 기업을 찾은 후에 조건연속추가를 하고 다시 한번더 '연간 누적기준으로 1기의 자기자본순이익률 ROE 〈= 0기의 자기자본순이익률 ROE' 좋아지는 기업을 찾는다. 여기까지 전략설정 부분과 결과 화면은 다음과 같다.

최근 3년간 ROE가 좋아지고 있는 기업 검색

참조 대신증권 크레온

② 수익성

ROE의 단점을 보완하기 위해 수익성은 영업이익률 OPM을 활용한다. 마찬가지로 [수익성] 메뉴에서 [매출액영업이익률]을 클릭한다. 상세설정에서 '연간 결산 0기전 누적기준'으로 설정하고 어떻게에서는 '1% 이상 100% 이하'로 설정한다.

최근 연도 영업이익률 검색

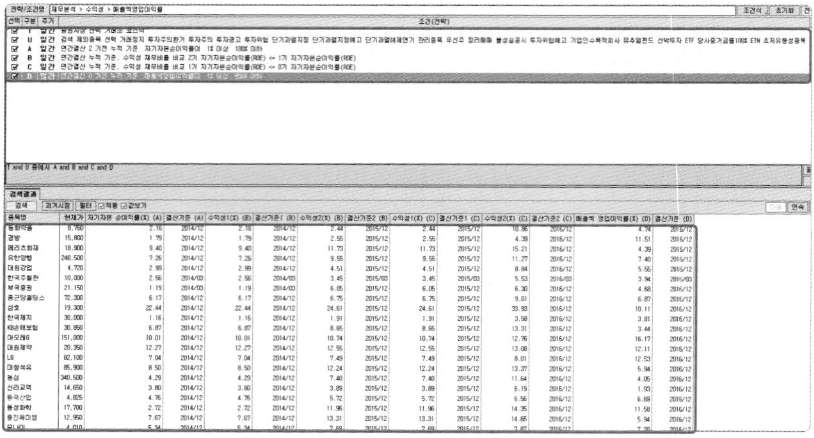

종목명	현재가	자기자본 순이익률(%) (A)	결산기준 (A)	수익성1(%) (B)	결산기준1 (B)	수익성2(%) (B)	결산기준2 (B)	수익성1(%) (C)	결산기준1 (C)	수익성2(%) (C)	결산기준2 (C)	매출액 영업이익률(%) (D)	결산기준 (D)
동화약품	8,760	2.16	2014/12	2.16	2014/12	2.44	2015/12	2.44	2015/12	10.86	2016/12	4.74	2016/12
경방	15,800	1.79	2014/12	1.79	2014/12	2.55	2015/12	2.55	2015/12	4.39	2016/12	11.51	2016/12
메리츠화재	18,900	9.40	2014/12	9.40	2014/12	11.73	2015/12	11.73	2015/12	15.21	2016/12	4.39	2016/12
유한양행	248,500	7.26	2014/12	7.26	2014/12	9.55	2015/12	9.55	2015/12	11.27	2016/12	7.40	2016/12
대원강업	4,720	2.99	2014/12	2.99	2014/12	4.51	2015/12	4.51	2015/12	8.84	2016/12	5.55	2016/12
한국주철관	10,000	2.56	2014/03	2.56	2014/03	3.45	2015/03	3.45	2015/03	5.53	2016/03	3.94	2016/03
부국증권	21,150	1.19	2014/03	1.19	2014/03	6.05	2015/12	6.05	2015/12	6.30	2016/12	4.68	2016/12
종근당홀딩스	72,300	6.17	2014/12	6.17	2014/12	6.75	2015/12	6.75	2015/12	9.01	2016/12	6.87	2016/12
삼호	19,300	22.44	2014/12	22.44	2014/12	24.61	2015/12	24.61	2015/12	33.93	2016/12	10.11	2016/12
한국제지	30,000	1.16	2014/12	1.16	2014/12	1.91	2015/12	1.91	2015/12	3.58	2016/12	3.81	2016/12
KB손해보험	30,850	6.87	2014/12	6.87	2014/12	8.65	2015/12	8.65	2015/12	13.31	2016/12	3.44	2016/12
아모레G	151,000	10.01	2014/12	10.01	2014/12	10.74	2015/12	10.74	2015/12	12.76	2016/12	16.17	2016/12
대원제약	20,350	12.27	2014/12	12.27	2014/12	12.55	2015/12	12.55	2015/12	13.08	2016/12	12.11	2016/12
LG	82,100	7.04	2014/12	7.04	2014/12	7.49	2015/12	7.49	2015/12	8.01	2016/12	12.53	2016/12
미창석유	85,900	8.50	2014/12	8.50	2014/12	12.24	2015/12	12.24	2015/12	13.37	2016/12	5.94	2016/12
농심	340,500	4.29	2014/12	4.29	2014/12	7.40	2015/12	7.40	2015/12	11.64	2016/12	4.05	2016/12
신라교역	14,650	3.80	2014/12	3.80	2014/12	3.89	2015/12	3.89	2015/12	6.19	2016/12	1.93	2016/12
동국산업	4,825	4.76	2014/12	4.76	2014/12	5.72	2015/12	5.72	2015/12	6.56	2016/12	6.69	2016/12
동성화학	17,700	2.72	2014/12	2.72	2014/12	11.96	2015/12	11.96	2015/12	14.35	2016/12	11.58	2016/12
웅진씽크빅	12,950	7.67	2014/12	7.67	2014/12	13.31	2015/12	13.31	2015/12	14.65	2016/12	5.94	2016/12
모나미	4,010	5.34	2014/12	5.34	2014/12	2.69	2015/12	2.69	2015/12	2.87	2016/12	7.20	2016/12

참조 대신증권 크레온

③ 안정성

차입금의존도를 안정성 지표로 활용해 차입금의존도가 100% 이하인 종목을 찾는다. 메뉴 가운데 [안정성]을 클릭하고 그 하위에 [차입금의존도]를 클릭한다. '연간 0기전 기준'으로 설정하고 '어떻게'에서는 '0% 이상 100% 이하'로 설정한다.

최근 연도 차입금의존도 검색

참조 대신증권 크레온

④ 저평가성

ROE가 좋아지면서 PBR이 낮다는 것은 아울러 PER도 낮다는 것을 의미한다. 따라서 PBR을 저평가성의 항목으로 설정한다. 메뉴 가운데 [내재가치]를 클릭하고 하위에 [PBR]을 클릭한다. '0기전 기준'으로 하고 0기전 현재주가 적용을 체크한다. 무엇이 에서는 '연간PBR'로 설정한 다음 어떻게 '0.1배 이상 10배 이하'로 적용시킨다.

PBR 검색

이제 앞선 [따라 하기] 과정과 마찬가지로 '엑셀로 내보내기' 기능을 활용해 엑셀로 다운받는다. 그 다음 앞서서 했던 작업과 마찬가지로 항목에 해당하는 결산기준 열은 모두 삭제시키고 또 2014년과 2015년 ROE는 중복되기에 이 부분들도 삭제해 정리한다. 정리된 부분과 다음 결과 화면을 비교해본다.

다운받은 엑셀자료

	A	B	C	D	E	F	G	H
1	종목명	현재가	2014년 ROE(%)	2015년 ROE(%)	2016년 ROE(%)	2016년 영업이익률 OPM(%)	2016년 차입금의존도(%)	PBR(배)
2	동화약품	8,760	2.16	2.44	10.86	4.74	0	0.92
3	경방	15,800	1.79	2.55	4.39	11.51	25.1	0.62
4	메리츠화재	18,900	9.4	11.73	15.21	4.39	1.72	1.07
5	유한양행	248,500	7.26	9.55	11.27	7.4	9.61	1.6
6	대원강업	4,720	2.99	4.51	8.84	5.55	29.64	0.51
7	한국주철관	10,000	2.56	3.45	5.53	3.94	9.5	1.15
8	부국증권	21,150	1.19	6.05	6.3	4.68	18.77	0.56
9	종근당홀딩스	72,300	6.17	6.75	9.01	6.87	9.61	0.66
10	삼호	19,300	22.44	24.61	33.93	10.11	25.13	1
11	한국제지	30,000	1.16	1.91	3.58	3.81	14.54	0.3
12	KB손해보험	30,850	6.87	8.65	13.31	3.44	0.01	0.72
13	아모레G	151,000	10.01	10.74	12.76	16.17	2.94	2.45
14	대원제약	20,350	12.27	12.55	13.08	12.11	0	2.34
15	LG	82,100	7.04	7.49	8.01	12.53	9.63	0.75
16	미창석유	85,900	8.5	12.24	13.37	5.94	0	0.67
17	농심	340,500	4.29	7.4	11.64	4.05	3.99	1.16
18	신라교역	14,650	3.8	3.89	6.19	1.93	2.3	0.52
19	동국산업	4,825	4.76	5.72	6.56	6.69	17.68	0.49
20	동성화학	17,700	2.72	11.96	14.35	11.58	19.73	0.96

다음으로 우리가 ROE를 보는 것은 최근 3개년도 이 ROE가 얼마나 성장했느냐 혹은 얼마나 개선됐는지를 보고 싶은 것이므로 새로운 열을 하나 삽입한 다음 엑셀의 rate() 함수를 사용해 3년간 연평균성장률을 구한다.

최근 3개년 ROE성장률

F2				fx	=RATE(2,0,-C2,E2)			

	A	B	C	D	E	F	G	H	I
1	종목명	현재가	2014년 ROE(%)	2015년 ROE(%)	2016년 ROE(%)	최근 3개년 ROE성장률(%)	2016년 영업이익률 OPM(%)	2016년 차입금의존도(%)	PBR(배)
2	동화약품	8,760	2.16	2.44	10.86	124%	4.74	0	0.92
3	경방	15,800	1.79	2.55	4.39	57%	11.51	25.1	0.62
4	메리츠화재	18,900	9.4	11.73	15.21	27%	4.39	1.72	1.07
5	유한양행	248,500	7.26	9.55	11.27	25%	7.4	9.61	1.6
6	대원강업	4,720	2.99	4.51	8.84	72%	5.55	29.64	0.51
7	한국주철관	10,000	2.56	3.45	5.53	47%	3.94	9.5	1.15
8	부국증권	21,150	1.19	6.05	6.3	130%	4.68	18.77	0.56
9	종근당홀딩스	72,300	6.17	6.75	9.01	21%	6.87	9.61	0.66
10	삼호	19,300	22.44	24.61	33.93	23%	10.11	25.13	1
11	한국제지	30,000	1.16	1.91	3.58	76%	3.81	14.54	0.3
12	KB손해보험	30,850	6.87	8.65	13.31	39%	3.44	0.01	0.72
13	아모레G	151,000	10.01	10.74	12.76	13%	16.17	2.94	2.45
14	대원제약	20,350	12.27	12.55	13.08	3%	12.11	0	2.34
15	LG	82,100	7.04	7.49	8.01	7%	12.53	9.63	0.75
16	미창석유	85,900	8.5	12.24	13.37	25%	5.94	0	0.67
17	농심	340,500	4.29	7.4	11.64	65%	4.05	3.99	1.16
18	신라교역	14,650	3.8	3.89	6.19	28%	1.93	2.3	0.52
19	동국산업	4,825	4.76	5.72	6.56	17%	6.69	17.68	0.49
20	동성화학	17,700	2.72	11.96	14.35	130%	11.58	19.73	0.96

이제 이 네 가지 항목(성장성, 수익성, 안정성, 내재가치 저평가성)에 대해서 각각 순위점수를 할당해보자. 엑셀의 PERCENTRANK() 함수를 사용하면 쉽게 순위점수를 줄 수 있다. 이것은 앞서 해본 것이 아니므로 다음 부분을 잘 봐주길 바란다.

먼저 '최근 3개년 ROE성장률'에 대해서 순위점수를 주기 위해서 다음 그림과 같이 G열에 새로운 열을 하나 삽입하고 그 제목란에 'ROE성장률 순위'라고 쓴다. 그리고 첫 번째 행의 셀에다가 '=PERCENTRANK(F$2:F$159,F2)' 기입해본다. 단 이 책의 결과값과 독자의 결과값이 다를 수 있으니 위 의미는 알아둘 필요가 있다. 그래야 혹시 결과값이 달라졌을 때 수정할 수 있기 때문이다.

ROE성장률 순위를 구하는 데 그 기준이 되는 열은 아래 그림에서는 F열이다. 그래서 F$2가 의미하는 것은 'F열의 2번째 행부터'라는 의미고 F$159가 의미하는 것은 'F열의 맨 마지막 행인 159번째 행까지'를 대상으로 순위를 기록하겠다는 것을 의미한다. 그런데 그 중에서 지금 셀은 F2셀이기에 마지막에 'F2는 몇 등인지'를 묻고 있다. 이렇게 한 셀에 대해서 결과값이 나왔으면 나머지는 셀을 끌어내림으로써 자동으로 값이 입력되도록 하면 된다. 만약 동화약품이 0.89가 나왔으면 1점 만점 중에서 0.89점을 맞았다는 의미로 1에 가까운 숫자가 좋은 것으로 보면 무난하다.

최근 3개년 ROE성장률의 순위

G2 | =PERCENTRANK(F$2:F$159,F2)

	A	B	C	D	E	F	G	H	I	J
1	종목명	현재가	2014년 ROE(%)	2015년 ROE(%)	2016년 ROE(%)	최근 3개년 ROE성장률(%)	ROE성장률 순위	2016년 영업이익률 OPM(%)	2016년 차입금의존도(%)	PBR(배)
2	동화약품	8,760	2.16	2.44	10.86	124%	0.89	4.74	0	0.92
3	경방	15,800	1.79	2.55	4.39	57%	0.61	11.51	25.1	0.62
4	메리츠화재	18,900	9.4	11.73	15.21	27%	0.34	4.39	1.72	1.07
5	유한양행	248,500	7.26	9.55	11.27	25%	0.30	7.4	9.61	1.6
6	대원강업	4,720	2.99	4.51	8.84	72%	0.73	5.55	29.64	0.51
7	한국주철관	10,000	2.56	3.45	5.53	47%	0.55	3.94	9.5	1.15
8	부국증권	21,150	1.19	6.05	6.3	130%	0.90	4.68	18.77	0.56
9	종근당홀딩스	72,300	6.17	6.75	9.01	21%	0.23	6.87	9.61	0.66
10	삼호	19,300	22.44	24.61	33.93	23%	0.27	10.11	25.13	1
11	한국제지	30,000	1.16	1.91	3.58	76%	0.75	3.81	14.54	0.3
12	KB손해보험	30,850	6.87	8.65	13.31	39%	0.49	3.44	0.01	0.72
13	아모레G	151,000	10.01	10.74	12.76	13%	0.11	16.17	2.94	2.45
14	대림제약	20,350	12.27	12.55	13.08	3%	0.00	12.11	0	2.34
15	LG	82,100	7.04	7.49	8.01	7%	0.03	12.53	9.63	0.75
16	미창석유	85,900	8.5	12.24	13.37	25%	0.32	5.94	0	0.67
17	농심	340,500	4.29	7.4	11.64	65%	0.68	4.05	3.99	1.16
18	신라교역	14,650	3.8	3.89	6.19	28%	0.35	1.93	2.3	0.52
19	동국산업	4,825	4.76	5.72	6.56	17%	0.19	6.69	17.68	0.49
20	동성화학	17,700	2.72	11.96	14.35	130%	0.89	11.58	19.73	0.96

이제 그 옆의 '2016년 영업이익률 OPM' 열도 같은 방식으로 순위를 정한다.

2016년 영업이익률 OPM 순위

I2 | =PERCENTRANK(H$2:H$159,H2)

	A	B	C	D	E	F	G	H	I	J	K
1	종목명	현재가	2014년 ROE(%)	2015년 ROE(%)	2016년 ROE(%)	최근 3개년 ROE성장률(%)	ROE성장률 순위	2016년 영업이익률 OPM(%)	OPM 순위	2016년 차입금의존도(%)	PBR(배)
2	동화약품	8,760	2.16	2.44	10.86	124%	0.89	4.74	0.20	0	0.92
3	경방	15,800	1.79	2.55	4.39	57%	0.61	11.51	0.62	25.1	0.62
4	메리츠화재	18,900	9.4	11.73	15.21	27%	0.34	4.39	0.15	1.72	1.07
5	유한양행	248,500	7.26	9.55	11.27	25%	0.30	7.4	0.36	9.61	1.6
6	대원강업	4,720	2.99	4.51	8.84	72%	0.73	5.55	0.22	29.64	0.51
7	한국주철관	10,000	2.56	3.45	5.53	47%	0.55	3.94	0.10	9.5	1.15
8	부국증권	21,150	1.19	6.05	6.3	130%	0.90	4.68	0.18	18.77	0.55
9	종근당홀딩스	72,300	6.17	6.75	9.01	21%	0.23	6.87	0.32	9.61	0.66
10	삼호	19,300	22.44	24.61	33.93	23%	0.27	10.11	0.53	25.13	1
11	한국제지	30,000	1.16	1.91	3.58	76%	0.75	3.81	0.09	14.54	0.3
12	KB손해보험	30,850	6.87	8.65	13.31	39%	0.49	3.44	0.07	0.01	0.72
13	아모레G	151,000	10.01	10.74	12.76	13%	0.11	16.17	0.78	2.94	2.45
14	대림제약	20,350	12.27	12.55	13.08	3%	0.00	12.11	0.65	0	2.34
15	LG	82,100	7.04	7.49	8.01	7%	0.03	12.53	0.68	9.63	0.75
16	미창석유	85,900	8.5	12.24	13.37	25%	0.32	5.94	0.25	0	0.67
17	농심	340,500	4.29	7.4	11.64	65%	0.68	4.05	0.12	3.99	1.16
18	신라교역	14,650	3.8	3.89	6.19	28%	0.35	1.93	0.01	2.3	0.52
19	동국산업	4,825	4.76	5.72	6.56	17%	0.19	6.69	0.31	17.68	0.49
20	동성화학	17,700	2.72	11.96	14.35	130%	0.89	11.58	0.63	19.73	0.96

다음은 '차입금의존도'와 'PBR'의 순위를 정하면 된다. 그런데 한 가지 여기서 조심할 것은 '차입금의존도'와 'PBR'은 앞의 ROE 등과 다르게 숫자가 낮아야 좋은 투자 대상이 된다. 다시 말하면 ROE는 10%보다는 15%가 좋은 투자 대상이기에 높은 수치를 받게 되는데, 'PBR'은

2.0보다는 1.0이 더 싸다는 논리가 되므로 높은 수치를 받아야 한다. 따라서 '=1-(PERCENTRANK(J$2:J$159,J2))'와 같이 1을 계산한 수치에서 빼줌으로 낮은 결과값이 높은 순위가 될 수 있도록 처리해야 한다. 이 두 작업을 하면 다음과 같은 결과를 볼 수 있다.

차입금의존도와 PBR 순위

	K2		▾		f_x	=1-(PERCENTRANK(J$2:J$159,J2))						
	A	B	C	D	E	F	G	H	I	J	K	L	M
1	종목명	현재가	2014년 ROE(%)	2015년 ROE(%)	2016년 ROE(%)	최근 3개년 ROE성장률(%)	ROE성장률 순위	2016년 영업이익률 OPM(%)	OPM 순위	2016년 차입금의존도	차입금의존도 순위	PBR(배)	PBR 순위
2	동아약품	8,760	2.16	2.44	10.86	124%	0.89	4.74	0.20	0	1.00	0.92	0.71
3	삼양홀딩	15,800	1.79	2.55	4.39	57%	0.61	11.51	0.62	25.1	0.21	0.62	0.91
4	메리츠화재	18,900	9.4	11.73	15.21	27%	0.34	4.39	0.15	1.72	0.72	1.07	0.62
5	유한양행	240,500	7.26	9.55	11.27	25%	0.30	7.4	0.36	9.67	0.52	1.6	0.43
6	대원강업	4,720	2.99	4.51	8.84	72%	0.73	5.55	0.22	29.64	0.15	0.51	0.98
7	한국주철관	10,000	2.56	3.45	5.53	47%	0.55	3.94	0.10	9.5	0.55	1.15	0.58
8	부국증권	21,150	1.19	6.05	6.3	130%	0.90	4.68	0.18	19.77	0.31	0.56	0.94
9	흥국화재홀딩스	72,300	6.17	6.75	9.01	21%	0.23	6.87	0.32	9.61	0.52	0.66	0.87
10	삼호	19,300	22.44	24.61	30.93	23%	0.27	10.11	0.53	25.13	0.20		1.00
11	한국제지	30,000	1.16	1.91	3.58	76%	0.75	3.81	0.09	14.54	0.40	0.3	1.00
12	KB손해보험	30,850	6.87	8.65	13.31	39%	0.49	3.44	0.07	0.01	0.84	0.72	0.83
13	아모레G	151,000	10.01	10.74	12.76	13%	0.11	16.17	0.78	2.94	0.69	2.45	0.23
14	대림제약	20,350	12.27	12.55	13.00	3%	0.00	12.11	0.65		1.00	2.34	0.25
15	LG	82,100	7.04	7.49	8.01	7%	0.03	12.53	0.68	9.63	0.51	0.75	0.79
16	대성에너지	85,900	9.5	12.24	13.77	25%	0.32	5.94	0.25	0	1.00	0.87	0.87
17	동일	340,500	4.29	7.4	11.64	65%	0.68	4.05	0.12	3.99	0.64	1.16	0.56
18	신라교역	14,650	3.8	3.99	6.19	28%	0.35	1.93	0.01	2.3	0.71	0.52	0.96
19	동국산업	4,825	4.76	5.72	6.56	17%	0.19	6.68	0.31	17.68	0.33	0.49	0.98
20	동성화학	17,700	2.72	11.96	14.35	130%	0.89	11.58	0.63	19.73	0.29	0.96	0.70

이제 지금까지 구한 네 개의 순위자료를 합산하면 합산수치가 높은 기업을 찾을 수 있다. 이때 실무에서는 단순합산보다는 가중치를 주게 되는 경우가 많다. 즉 분석자에 따라서 성장성을 높게 보는 사람은 성장성에 40%의 가중치를 주고 나머지 세 항목은 각각 20%를 줌으로써 100%를 맞춘다든지 성장성과 수익성에 각각 30%씩 주고 나머지는 20%씩 주는 자신이 어느 항목에 가중치를 주느냐에 따라서 결과값은 조금씩 바뀌게 된다. 일단 필자는 과정과 분석법을 설명하고 있으므로 모두 동일 가중치를 주고 합산해본다. 그리고 이 합산치를 기준으로 내림차순 정렬해본다.

성장성, 수익성, 안정성, 저평가성을 고려한 필터링(Filtering)

N2 | =SUM(G2:I2,K2,M2)

종목명	현재가	2014년 ROE(%)	2015년 ROE(%)	2016년 ROE(%)	최근 3개년 ROE성장률(%)	ROE성장율 순위	2016년 영업이익율 OPM(%)	OPM 순위	2016년 차입금의존도(%)	차입금의존도 순위	PBR(배)	PBR 순위	최종 Total 순위
한국경제TV	4,820	3.63	13.26	15.4	106%	0.86	19.1	0.87	0	1.00	1.15	0.58	3.31
코텍	13,450	3.94	12.27	16.56	108%	0.87	9.83	0.93	0.07	0.94	0.91	0.73	2.93
티씨케이	38,000	5.93	14.93	21.86	92%	0.82	30.67	0.96	0	1.00	3.33	0.14	2.92
서호전기	11,950	5.05	5.6	16.35	80%	0.76	13.25	0.69	0.44	0.80	1.04	0.64	2.89
비아트론	23,350	3.45	10.9	15.6	113%	0.88	18.35	0.85	0	1.00	3.12	0.15	2.88
삼호개발	4,925	3	6.79	11.82	98%	0.85	8.08	0.65	3.06	0.60	0.6	0.82	2.77
원익홀딩스	8,040	13.82	15.88	37.89	66%	0.69	13.71	0.71	4.47	0.63	0.74	0.80	2.84
농심홀딩스	115,500	3.5	6.25	9.81	67%	0.71	17.45	0.82	12.36	0.45	0.67	0.87	2.84
동화약품	8,760	2.16	2.44	10.86	124%	0.89	4.74	0.20	0	1.00	0.92	0.71	2.80
휴온스글로벌	33,250	15.85	26.12	210.6	267%	0.98	16.4	0.82	9.97	0.49	1.22	0.49	2.76
제주은행	7,650	4.64	6.22	7.7	29%	0.36	16.4	0.80	4.86	0.63	0.51	0.90	2.76
대원	3,155	4.3	7.3	33.5	175%	0.96	5.73	0.24	0	1.00	1.17	0.55	2.74
사람인에이치알	20,650	5.37	14.02	15.11	68%	0.71	18.17	0.84	0	1.00	3.04	0.16	2.71
바잘스속	15,360	7.1	10.24	13.53	40%	0.50	24.65	0.92	1.25	0.75	1.36	0.47	2.69
삼알물산	47,350	4.25	4.86	11.38	94%	0.67	7.8	0.41	3.62	0.66	0.83	0.90	2.63
유진테크	18,900	9.36	11.53	16.45	33%	0.39	25.94	0.94	0	1.00	2.06	0.33	2.63
금비	92,600	1	5.99	10.83	225%	0.97	9.97	0.52	21.7	0.24	0.65	0.89	2.61
대한유화	283,000	7.92	21.5	23.51	72%	0.73	21.48	0.90	10.57	0.48	1.38	0.46	2.58
발전효율소	11,800	2.07	2.89	13.94	160%	0.94	6.58	0.29	0	1.00	1.91	0.34	2.57
동우화학테이블	5,140	1.36	6.54	9.41	163%	0.94	4.12	0.19	4.22	0.64	0.68	0.90	2.57
아프리카TV	21,200	8.1	10.97	19.56	55%	0.60	20.07	0.90	0	1.00	4.91	0.06	2.55
동신건설	7,210	2.77	5.05	7.75	67%	0.70	6.74	0.32	0.58	0.79	0.9	0.73	2.54
미낀네틱스	8,410	4.24	4.51	8.67	43%	0.53	6.60	0.32	2.34	0.70	1.29	0.50	2.53
용평리조트	11,950	1.32	3.78	4.04	75%	0.74	4.42	0.73	13.99	0.42	1.06	0.63	2.53
동성화학	17,760	2.72	11.96	14.25	130%	0.89	11.58	0.63	19.73	0.25	0.96	0.70	2.51
에이블씨엔씨	26,400	1.52	8.78	9.39	149%	0.91	5.59	0.23	0	1.00	1.79	0.36	2.50
한국철강	16,900	6.33	15.11	13.44	46%	0.54	10.28	0.54	3.61	0.66	0.82	0.75	2.49
신영증권우	169,500	2.18	4.08	5.93	65%	0.68	1.76	0.09	0	1.00	0.52	0.96	2.47
삼본정밀전자	13,500	2.02	7.63	8.2	103%	0.85	9.51	0.43	1.42	0.74	1.45	0.44	2.47

이제 우리는 이 필터링 기법을 통해서 ROE를 통한 성장성이 좋아지고 OPM의 수익성이 좋으며 기업이 차입금의존도가 적어서 안정적이고 PBR을 통해 주가가 싼 기업을 찾아봤다. 필자가 필터링을 한 결과에 의하면 한국경제TV, 코텍, 티씨케이, 서호전기, 비아트론, 삼호개발, 원익홀딩스, 농심홀딩스, 동화약품, 휴온스글로벌 등의 순으로 투자 고려 종목으로 선정됐다.

가장 위에 있는 한국경제TV(039340)를 예로 들면, 한국경제TV는 2014년 ROE가 3.6%에서 2016년 15.4%까지 빠르게 성장하고 있고 2016년 기준 영업이익률 19.1%였다. 또한 차입금의존도는 0%로 실질적인 차입금이 없으며 이런 기업이 PBR이 1.15배다. 즉 ROE, OPM의 개선추이를 PBR이 못 쫓아가면서 아직 저평가받는다고 수치상 해석이 가능하다.

마찬가지로 당부하는 것은 이 종목이 바로 투자 대상이어서는 안 된다. 이 종목들 하나하나를 전자공시시스템에 들어가서 사업계획서를 읽고 재무제표를 분석하면서 자신의 최종 투자 대상이 아닌지를 점검해봐야 한다. 특히 일회성 이익에 의해서 실적이 다소 부풀려 있는 것이 아닌지도 면밀한 조사 대상이다.

참으로 긴 과정을 잘 따라왔으므로 이제 과거보다 투자 종목을 보는 눈이 한결 보수적이고 마음편한 투자가 될 수 있으리라 생각한다.

7부의 두 가지 전략을 통해서 성장성, 수익성, 안정성이 있는 기업들 가운데 어떤 종목이 주가가 싼 상태에 있는지를 찾는 방법을 알아봤다. 만약 이런 과정을 거치지 않고 "누가 그러는데 이 종목 급등할거래"라는 말만 듣고 주식을 투자하는 것과 이 과정과 같이 여러 필터링과 해당 종목을 면밀히 분석해서 믿음을 갖고 주식을 투자하는 것과는 큰 차이가 있음을 알 수 있을 것이다. 가장 중요한 것은 노력과 믿음이다. 그 만한 노력을 한 후에 투자하고 그 믿음을 갖고 결과를 기다린다면 주식은 이런 투자자에게 기쁨을 안겨다줄 것이라 생각한다.

PART

08

어렵지만 남들과
다른 길을 간다

이제 마지막 8부에 도달했다. 남은 것은 주식 투자를 시작하는 분에게 필자가 드리고픈 당부다. 필자 주변의 몇몇 분들과 주식에 대한 이야기를 나누다보면 주식을 마치 투기판 가운데 하나로 여기고 '이번 흐름에서 한 번 크게 베팅하고 먹고 나와야 한다'는 식으로 이야기하는 분들을 만난다. 만약 이런 대화로 누군가와 이야기가 시작되면 필자는 말문이 막히고 꿀먹은 벙어리가 된다. 이유는 하나다. 필자와 투자관이 다르기 때문에 더 이상 대화가 진전되기 어렵다. 물론 '재무제표를 봐야 하고 기업의 성장과 함께 가야한다는 심정으로 빈번한 매매보다는 같이 성장할 수 있는 기업에 투자하라'고 간곡히 부탁은 하나 이런 경우 거의 필자의 이야기가 공허한 메아리가 되는 경우가 많은 것 같다.

　이제부터는 앞서 알아본 재무제표 투자의 개념 위에 필자가 당부하고픈 몇 구절의 이야기를 덧붙임으로써 책을 마무리하고자 한다.

01

주식은 사는 기술일까? 파는 기술일까?

이 질문도 증권사 세미나 등에서 자주 받는 질문이다. 사실 질문은 간단하지만 그 내용은 그다지 간단하지 않다.

먼저 '주식을 파는 기술'이라고 이야기하는 투자자가 있다. 정확히 어떤 의도로 이야기하는지는 사람마다 다르겠지만 대충은 이렇다. '내가 어떤 금액에 주식을 사든 나보다 높은 금액으로 사줄 사람이 있다면 나는 투자한다. 즉, 파는 과정이 중요하다'는 논리가 중심이다. 앞서 보았지만 A라는 주식이 ROE가 20% 나오는데 지금 PBR이 10배다. 물론 PER은 50배 근처를 평가받고 있을 것이다. 이것은 기업 청산가치의 10배에 투자한다는 의미고, 순이익에 50배에 투자한다는 것이다. 물론 PER의 역수인 기대투자수익률은 이 정도의 수치라면 굳이 이 주식에 투자하는 것이 아니라 은행의 정기예금에 가입해도 비슷한 수익률이 나올 것으로 보인다.

하지만 이 A기업의 현재 주가는 주당 100,000원이라고 하면 지금 내가 100,000원에 사도 내일, 혹은 다음 주에 더 높은 가격으로 살 사람이 있기에 나는 투자한다는 논리가 된다. 이 경우는 기업의 내재가치(Value) 투자가 아닌 주가(Price)에 의한 투자가 된다. 오로지 주가만 보고 이후에는 더 좋은 호재가 나올 예정이니 지금 주식에 투자한다고 이야기할 것이다.

이와는 다르게 필자와 같은 투자관은 '주식은 사는 기술'이라고 생각하며 투자하게 된다. 나중에 얼마에 팔든, 살 때 그 기업의 내재가치 대비 싸다면(저평가돼 있다면) 투자해야 한다. 물론 여기서 싸다는 것은 두 가지의 논리가 있을 수 있다. 벤자민그레이엄이 이야기하는 것은 성장성, 수익성보다는 주가의 저평가성에 주목한다. 예를 들어 '현재 PER이 과거 5년간 평균 40% 이하인 종목', '주가순자산비율PBR이 0.35 이하인 종목' 등 '철저히 싸다고 판단되는 종목에 묻어둬라'라는 논리다.

다음으로 여기서 한발 더 나아간 워렌버핏은 주가가 싸다는 것에 몰입해 투자하면 성장하지 못하는 기업에 투자가 될 수 있다고 이야기한다. 그러므로 차라리 제값을 주더라도 투자한 후 같이 성장할 수 있는 기업에 투자하자는 것이 그의 논리다. 하여튼 주가가 싼 가격에 있을 때 투자하고 그 다음 파는 것은 자신이 분석한 가격에 도달을 할 때 파는 것이다. 물론 처음에는 '한 1년만 기다리면 투자 수익을 가져다주겠지'라고 생각했다가 2년이 지나도 시장에서 반응이 없을 때가 있을 것이다.

이와 반대로 투자 후 바로 다음 달에 급상승하는 경우도 있을 것이다. 이렇게 시장의 가격을 맞춘다는 것은 투자자의 영역이 아니기에 주가가 쌀 때 매수하고 주가가 급등할 때 매도를 하는 것이 필자의 투자에 대한 생각이다. 그래서 '남들이 떠날 때 매수하고 남들이 환호할 때 매도한다'는 이야기를 필자는 가끔 한다. 이는 곧 '정말로 어렵지만 남들과 다른 길을 가야 한다'는 생각으로 귀결된다. 하지만 이것이 말처럼 쉬운 것이 아니란 것을 필자도 잘 안다.

02

언제 어떤 방식으로 매수해야 하는가?

그렇다면 언제 사는 것이 싸게 사는 것일까? 이에 대한 생각으로 필자는 매수 시 '안전마진'을 고려한다. 먼저 '안전마진'이라는 용어는 벤저민그레이엄이 사용한 용어로 분석자의 분석이 잘못됐을 때를 대비하여 내가 추정한 가치보다 싸게 사야 한다는 것을 의미한다. 우리가 아무리 앞서서 사용한 '총 수익률 필터링'을 쓰고 '성장성, 수익성, 안정성 필터링'을 사용한다 해도 그 안의 수치가 이후에도 유지되거나 성장하리라는 보장은 없는 것 아닌가? 또한 아무리 정교한 필터링 기법이라 해도 시장에서 이 가치를 알아봐주는 반응이 나오지 않으면 어떻게 할 것인가?

이에 대한 답으로 벤저민그레이엄은 주식을 살 때 '안전마진'을 적용해서 사라고 권하고 있다. 예를 들어서 앞서 필터링을 통해서 검색해낸 한국경제TV(039340)는 2014년 ROE가 3.6%에서 2016년 15.4%까지 빠르게 성장하고 있으면서 2016년 연간 영업이익률 19.1% 나타냈다. 물론 안정성지표인 차입금의존도는 0%로 실질적인 금융기관 차입금이 없거나 미미한 기업이다. 성장성, 수익성, 안정성까지 갖추고 있는 기업이지만 이 주식을 개별적으로 분석하고 알아봐서 투자해야겠다는 결정을 내렸을지라도 지금 시장에서 바로 사는 것이 아니다.

벤저민그레이엄은 '분석자의 분석이 잘못됐을 때를 고려하라'고 이야기한다. 따라서 필자의 경우는 IT 업종과 같은 경기민감업종에는 20% 정도의 안전마진을, 그렇지 않고 필수소비재나 유틸리티 등 경기방어업종에는 10%의 안전마진을 준다. 일반적으로 몇몇 글로벌 투자기관에서는 30~40% 안전마진을 활용하라고 권고하지만 실제로 이를 현실 투자에 적용하다 보면 거의 투자가 이뤄지지 않는다. 그래서 대개 10~20% 안전마진을 적용해 매수가 들어가는 경우가 일반적인 추세다.

그렇다면 한국경제TV가 설령 좋은 매수대상으로 판단 내렸을지라도 현 주가 4,800원보다 최소 10% 낮은 4,300원과 20% 낮은 3,800원 사이에서 매수를 대기하고 있어야 하는 것이다. 이것이 안전마진을 고려한 저가매수다.

다음으로 매수 시 고려할 것은 '분할매수'다. 분할매수를 진행하는 이유는 마찬가지로 '분석자의 분석이 잘못됐을 경우'와 '시장의 급변에 대한 대처'를 하기 위함이다. 설령 안전마진을 고려해서 매수했을 지라도 시장이 급변했을 때를 대비하면 추가로 하락했을 때 더 밑의 가격에서 매수할 수 있는 여력을 남겨놓아야 한다. 필자의 경우 보통은 2분할이나 3분할을 많이 한다. 경기민감업종에 투자할 때는 3분할을, 경기방어업종에 투자할 때는 2분할을 주로 진행한다.

만약 한국경제TV를 총 1,000만 원을 투자한다고 계획을 세웠다고 하면 예를 들어서 안전마진 10%대인 4,300원에 500만 원 정도 매수를 대기하고 이후 주가가 하락하기를 마음속으로 기다리고 있다가 3,800원에서 남은 500만 원을 투자하는 식이 될 것이다. 물론 이 전략은 단지 예시일뿐 투자자 각자가 자신의 매매패턴과 투자성향에 맞게 전략을 짜면 된다. 필자가 여기서 강조하는 것은 주식은 싸게 사야 하는 기술이 필요하고 그렇기 위해서 안전마진과 분할매수 전략을 활용해야 한다는 이야기를 강조하는 것이다. 이렇게 해야만 잃지 않는 투자를 영위할 수 있다.

다시 한번 강조하지만 우리는 삼성전자와 같은 국내를 대표하는 우량한 기업만을 찾는 것이 목적이 아니다. 우량하지만 싼 기업, 이 두 가지 가운데 어느 하나도 배제해서는 안 되는 것이 투자의 핵심이다.

03

얼마에 팔아야 하는가?

이 질문에 대한 필자의 대답은 '주주의 요구수익률과 PER의 역수인 기대투자수익률과 비교해서 매도가격을 결정해야 한다'는 결론을 갖고 있다. 이제 왜 그런지 그 과정을 설명한다.

투자를 시작했다. 그리고 얼마 안 지나서 주식이 상승하기 시작했다고 하자. 이제 얼마에 팔아야 하는가? 주식 투자를 하다 보면 이런 경우를 자주 만날 것이다. 어느 날 주식이 급등을 하길래 '계속 갈 주식이구나! 해서 그냥 잊고 보유하고 있었더니 얼마 안 지나서 다시 제자리로 왔다' 그래서 이런 경우를 몇 번 겪고 나면 이번에는 급등하면 팔아버리는 매매를 하게 된다. 문제는 또 이런 경우에 내가 팔고나면 주가가 이후 더 크게 상승하는 경우가 나오게 된다. 그래서 참 주식이 어렵다.

얼마에 팔아야 하는가? 이 부분은 사실 우리가 6부에서 '주가란 무엇인가?'를 알아볼 때 나왔어야 하는 결론이다. 누군가는 현금흐름할인법 DCF를 써서 적정주가를 구하라 할 것이고 또 누군가는 잔여이익모델 RIM을 써서 적정주가를 구하라 할 것이다. 그런데 이들은 앞에서도 알아봤지만 분석자의 주관이나 결과를 도출하기까지 가정이 너무 많이 들어가서 그 가정을 어떻게 하느냐에 따라서 결과가 크게 변동된다.

그래서 최근에 필자는 이들 모델을 거의 사용하지 않는다. 한동안은 RIM이 참 좋은 모델이라고 이야기하고 다닌 적도 있으나 이 역시 절대평가모델이라고 하기에는 가정에 의해 결과값이 많이 바뀐다. 그러나 이런 평가모델들을 다 알면서 사용하지 않는 것과 전혀 모르면서 사용하지 않는 것은 완전히 다르다. 만약 독자 가운데 아직 6부의 내용을 이해하지 못했다면 반드시 반복해 읽어서 적정주가를 도출하는 과정을 이해해야 한다. 그래야만 자신이 PER, PBR, EV/EBITDA 등으로 구한 값을 검산해보는 도구로도 충분히 그 가치가 있다.

그래서 주식이 어렵다. 사실 수학처럼 정답이 있다면 그 정답을 구해내면 좋은데, 이건 그것이 없다. 필자는 요즘 가장 간단한 곳에서 그 답을 찾으려 하고 있다.

$$PBR = ROE \times PER$$

아마 주식 투자 좀 한다고 하면 다 아는 이 식을 사용해 매도가를 찾고 있다. 먼저 ROE는 최소 10% 이상, 일반적으로 15% 이상의 종목을 검색한다. 만약 ROE가 15%라고 하자. 그리고 PBR은 1.5배라 한다면 위의 식에 의해서 $1.5 = 0.15 \times PER$. 따라서 PER은 10배가 될 것이다. 이제 그 다음으로 동종 업종의 PER을 찾는다. 만약 예를 들어서 한국경제TV(039340)라는 주식에 투자를 고려한다면 같은 미디어 업종의 CJ헬로비전, SBS, SBS콘텐츠허브, 제이콘텐트리 등의 PER과 비교하게 된다.

그런데 1부에서 알아봤지만 현재 우리시장의 PER은 현행PER이냐 선행PER이냐의 차이는 있지만 대략 12배에서 14배 사이다. 이 이야기는 시장평균은 13배쯤에 있으므로 PER 10배의 주식은 동종업종 대비 쌀 수밖에 없는 것이다. 물론 철강업종이나 자동차부품업종, 소형 건설업종 등은 성장성의 한계라는 굴레를 시장에서 씌우면서 평균PER이 7~8배에 머물러 있지만 특이한 몇몇 업종을 제외하면 PER 10배 주식은 현재 시점에서는 투자 대상으로 올려 고려할만하다(그러나 잘 알다시피 PER, PBR 등은 상대가치비교법에 의한 평가척도이기에 시장의 PER 등이 바뀐다면 그리고 주주의 요구수익률이 바뀐다면 이 수치는 다시 평가해야 함을 잊지 말자).

이제 얼마에 팔아야 하나? 이 답은 ROE다. 만약 ROE가 15%를 유지하는 상태에서 PBR이 3배를 넘게 된다면 어떻게 되는가? 그렇다면 PER은 20배가 된다. 이 이야기는 ROE의 개선흐름은 없는데 시장에서 과열 반응이 나오면서 주가가 빠른 상승을 했다는 것으로 결론을 내릴 수 있다. PER이 20배라는 것은 PER을 역수 취하면 5%라는 기대투자수익률이 나오므로 지금 시장의 주주의 요구수익률과 같거나 혹은 그보다 낮은 수치가 되기 때문이다.

그러나 이때 조심할 것이 있다. '이렇게 해서 PER 20배에 매도했는데 그 이후는 주가가 더 가더라'라는 것은 어떤 경우일까? 물론 시장이 단기적으로 급등하는 것은 분석자의 영역이 아니고 일반적으로 중장기적인 주가의 상승이 이후 이어졌다면 ROE의 개선세를 주목하지 못했을 가능성이 높다.

만약 ROE가 15%에서 20%로 개선되고 있다면 PBR＝ROE×PER 이 식에 의해 3.0＝0.2×PER, 즉 그해 말에 PER은 15배로 하향되고 있을 것이다. 그렇다면 이의 역수는 약 6.7%이므로 주주의 요구수익률 근처가 된다. 여기서 어떤 투자자는 매도할 것이고 또 어떤 투자자는 홀딩할 것이다. 왜냐하면 꽤 수익이 난 상태이기에 더 좋은 투자 대상이 있으면 매도를 할 수 있을 것이다. 하지만 필자라면 이런 경우에는 잘 매도하지 않는다.

ROE의 개선세가 꺾이기 전까지는 투자하고 있는 것이 수익을 극대화한다는 것을 경험으로 배워왔기 때문이다. 물론 이 글을 읽고 모든 투자가 필자와 같이 천편일률적인 대응을 해선 안 된다. 결정은 상황에 따라서 달라질 수 있다. 하지만 ROE가 개선되는 기업에서 기대투자수익률이 주주의 요구수익률과 비슷해진다면 일반적으로 매도하지 않고 투자하고 있는 것이 수익률 극대화에 도움이 되었던 것 같다.

요즘 삼성전자에 대해서 묻는 분들이 많다. 삼성전자를 예로 들어 본다. 2015년 기준 삼성전자의 PER은 11배 수준이었다. 2016년에 오면서 본격적으로 실적이 개선되면서 ROE는 대략 12.5%, PBR은 1.5배, PER은 12배 근처였다. 2016년 말 기준 삼성전자의 종가는 1,802,000원이었으며 연간으로 주가가 +43% 상승했다.

그럼 이제 매도해야 하는가? 일단 오해를 없애기 위해서 책의 본문에도 기술돼있었지만 필자는 그간 삼성전자를 강하게 매수해야 한다고 주장해온 투자자가 아니었다. 마치 본인이 삼성전자를 가지고 있으면서 삼성전자를 홀딩하라는 결론으로 이끌어가는 모양새가 될 것 같아 미리 언급하는 것이다.

다시 본론으로 돌아와서 이 경우에 필자는 항상 ROE의 개선세를 본다. 많은 증권사에서 국내 대형주의 경우 추정치를 내놓는다. 물론 이 추정치가 다 맞는 것은 아니지만 대개는 맞을 것이라는 최소한의 가정을 하고 이 수치를 활용한다.

삼성전자 Financial Highlight

Financial Highlight [연결|전체]	단위 : 억원, %, 배, 천주	연결	별도	전체	연간	분기			
IFRS(연결)	Annual				Net Quarter			
	2014/12	2015/12	2016/12	2017/12(E)	2016/09	2016/12	2017/03	2017/06(E)
매출액	2,062,060	2,006,535	2,018,667	2,317,010	478,156	533,317	505,475	580,377
영업이익	250,251	264,134	292,407	495,863	52,001	92,208	98,984	128,919
당기순이익	233,944	190,601	227,261	377,122	45,379	70,880	76,844	97,044
지배주주순이익	230,825	186,946	224,157	370,934	44,088	69,172	74,885	95,989
비지배주주순이익	3,119	3,655	3,104		1,291	1,709	1,958	
자산총계	2,304,230	2,421,795	2,621,743	2,951,242	2,444,715	2,621,743	2,642,174	2,765,765
부채총계	623,348	631,197	692,113	738,446	649,351	692,113	743,994	719,531
자본총계	1,680,882	1,790,598	1,929,630	2,212,796	1,795,364	1,929,630	1,898,180	2,048,881
지배주주지분	1,621,817	1,728,768	1,864,243	2,146,588	1,732,697	1,864,243	1,831,196	1,980,735
비지배주주지분	59,065	61,830	65,387	66,208	62,667	65,387	66,983	68,146
자본금	8,975	8,975	8,975	8,936	8,975	8,975	8,975	8,926
부채비율	37.08	35.25	35.87	33.37	36.17	35.87	39.20	35.12
유보율	18,909.29	20,659.47	21,757.56		20,291.88	21,757.56	21,617.29	
영업이익률	12.14	13.16	14.49	21.40	10.88	17.29	19.58	22.21
지배주주순이익률	11.19	9.32	11.10	16.01	9.22	12.97	14.81	16.54
ROA	10.53	8.07	9.01	13.53	7.43	11.19	11.68	14.36
ROE	15.06	11.16	12.48	18.50	10.11	15.38	16.21	20.14
EPS (원)	135,673	109,883	136,760	242,155	27,099	42,912	46,457	62,664
BPS (원)	1,002,811	1,095,140	1,217,019	1,502,954	1,135,411	1,217,019	1,209,209	1,391,875
DPS (원)	20,000	21,000	28,500	32,878		27,500	7,000	7,167
PER	9.78	11.47	13.18	9.51				
PBR	1.32	1.15	1.48	1.53	1.41	1.48	1.70	1.66

참조 미래에셋대우증권 HTS

삼성전자의 ROE는 2016년 12.48 정도였다가 2017년 18.50으로 상승할 것을 시장에서는 추정하고 있다. 그러면 다시 PBR＝ROE×PER 이 식에서 PBR은 2016년말 PBR이 고정돼있으므로 1.48＝0.1850×PER, 즉 PER은 8배로 하향하게 된다. 이 결과를 해석하면, 연초에 PBR은 현행PBR을 그대로 쓰고 ROE와 PER은 선행(Forward)수치를 활용하니 실적이 크게 개선될 것으로 예상하므로(ROE 효과) PER이 떨어진다는 것을 알 수 있다. 따라서 실적이 개선되는, ROE가 개선되는 기업은 ROE가 유지되거나 상승하는 동안에는 PER의 역수인 기대투자수익률과 주주의 요구수익률이 현격한 차이를 보이지 않는다면 투자하고 있는 것이 일반적이다.

이제 그럼 목표가를 구해본다. 다음 표와 같은 예제의 A기업이 있다고 하자. 2016년 한 해 동안 주가는 서서히 상승해왔고 현재의 주가는 25만 원에 거래되고 있다고 하자. 그런데 시장에서 이 기업의 ROE가 올해 8.0%에서 13.0%로 개선될 것으로 예상하고 있다.

구분	2016년 결과치	2017년 추정치
ROE(%)	8.0	13.0
PER(배)	15.0	12.5
PBR(배)	1.2	1.5
EPS(원)	16,000	20,000
BPS(원)	180,000	200,000

그러면 작년 말 기준으로 PBR=ROE×PER, 1.2=0.08×15배가 된다. 즉, ROE가 8%상황에서 주가가 상승하므로 PER이 15배까지 되었다고 추측할 수 있을 것이다. 주가가 PER로 15배까지 오니 이를 팔아야 할지 고민을 하고 있었다.

그런데 이 A기업의 ROE가 8%에서 13%로 올해 개선될 것으로 예상된다면 이 식은 어떻게 되는가? 일단 우리가 궁금한 것은 목표주가인 PBR이므로 PBR을 구하기 위해서 ROE와 PER의 12개월 선행치를 입력해야 한다. ROE는 13%대로 개선된다는 것을 가정했으므로 이를 사용하고 다음 PER의 경우 현재 시장에서 평가받고 있는 12.5배가 아니라 우리의 목표수치를 넣어야 한다. 그래서 주주의 요구수익률과 PER의 역수와 비교해야 하므로 만약 PER을 15배로 본다면 기대투자수익률은 약 6.7%가 된다. 그러므로 PER을 15배를 사용한다면 PBR=0.13×15=1.95가 된다. 표에서 2017년 주당순자산이 200,000원이므로 여기에 1.95배를 곱하면 목표주가는 390,000원이된다. 이는 현재 주가인 250,000원 대비 +56%의 상승 여력이 있는 수치가 된다. 따라서 ROE가 개선될 것을 기대하므로 PBR 1.95배까지는 기다려본다는 결론을 내릴 수 있다.

현실의 매매에는 어떤 일이 발생하는가?

1 시장에서 열광하는 주식

주식 투자를 시작하는 많은 투자자들이 가장 쉽게 접할 수 있는 주식이 각종 테마주들이다. 선거 때가 되면 선거 관련 주가 나오고 새로운 기술이 나오면 3D테마주, AI 관련주, XX주, XX주 들이 쏟아져 나온다. 문제는 그런 주식들이 정말로 해당 기술이나 선거후보와 연관이 있을까? 실제로 거의 관련이 없다. 그러나 이런 테마와 연관되면서 주식은 급등하게 되고 필자가 투자한 주식은 +1% 상승이 버거운데 이런 주식들은 하루에도 30%의 상한가에 올라가버리니 이를 쳐다보는 투자자들에게 유혹으로 다가오는 것은 어찌보면 너무나 당연할 것이다.

그러나 한번 역지사지가 돼보자. 이런 정보를 만들어서 퍼뜨리는 사람은 어떤 마음으로 퍼뜨릴까? 정말로 신기술과 관련이 많은데 시장에서 안 알아주니 다른 투자자들에게 혜택을 베풀려고 테마주를 만들어

낼까? 물론 그런 사람도 있을 것이다. 하지만 대부분은 자신이 투자했거나 자신과 연관돼있는 이익집단이 먼저 선취매 해두고 이를 사설정보(일명 찌라시)로 돌려서 급등하게 되면 어느 정도 상승 후에 높은 가격에서 던지는 전략일 것이다. 따라서 정말로 이런 그들의 전략을 잘 안다면 투자해도 좋을 것이다. 그들이 주당 10,000원에 던질 것을 알면 나는 주당 9,500원쯤에 빠져나오면 안전하게 큰 수익을 누릴 수 있다. 다만 누가 그들의 전략을 알 수 있을 것이냐다. 주당 10,000원에 던질지 주당 9,000원에 던질지 아무도 모르기에 테마만 믿고 가지고 있다가 어느 날 하한가에 들어가서 팔지도 못하는 경우가 현실에서는 비일비재하다.

따라서 누군가 특별한 기업의 이익개선 없이(펀더멘탈의 변화없이) 단지 테마만으로 이만큼 올려놓은 기업은 쳐다보면 안 되는 것이다. 당연히 그런 주식은 계속 쳐다보고 있으면 '빨리 투자하라'고 '빨리 들어오라'고 손짓하는 듯하다. 좀 전에 5% 오를 때 고민하다가 안 샀는데 갑자기 또 10%로 급등해버리고 좀 있다가 15% 급등하는 것을 쳐다보고 있으면 '에이 모르겠다'는 심정으로 매수하게 된다. 문제는 내가 사면 그 이후 꼭 떨어진다는 것이다. '15%쯤 급등해서 상한가 혹시 가나 보다'는 생각으로 매수에 동참했는데 20%쯤 상승하다가 그 다음 급락해서 손실 구간으로 들어가는 것을 경험해본 독자들도 많을 것이다.

필자는 다시금 강조하고 싶다. 기업의 실적 변화 없이 누군가 테마로 올려놓은 주식은 쳐다보지도 말아야 한다.

❷ 시장에서 철저히 외면 받는 주식

누군가 주변 지인이 '주식 투자는 가치투자해야 해'라고 말해서 그동안 주식 급등락에 지치고 손실난 것도 있고 해서 가치투자하겠다고 종목을 하나 소개받았다고 하자. 그런데 이 주식은 도대체 몇 날 며칠을 확인해봐도 그 자리다. 매스컴에서는 연일 지수가 사상최고가를 친다고 난리인데 내가 보유한 주식은 시장에서 철저히 외면받아서 움직이지 않고 있다.

'아니야 곧 움직일 거야. 실적이 좋다고 하잖아'라고 며칠을 더 마음을 다잡고 기다려보지만 주가는 계속 그 자리다. 심지어 이후 주가는 힘없이 하락하기까지 한다. 5% 손실나고 그 다음 또 밀려서 10% 손실나고 남들이 오를 때는 전혀 반응이 없더니만 남들이 지수 보합권을 유지하니까 떨어질 때는 힘없이 쭉 밀려나는 주식이 된다.

이쯤 되면 마음속에서 '내가 무슨 가치투자냐, 세상에 이렇게 힘없는 주식은 보다 보다 처음 본다'라고 생각하면서 흔히 말하는 손절(losscut)을 하게 된다. 그리고 나서 이 주식을 절대 처다보지도 않을 거라고 잊어버리고 살았는 데 친구한테 전화가 온다 "OO야 축하해. 오늘 그 주식 상한가 나왔다. 2분기 실적이 사상최대래" 이런 전화를 끊고 나면 온몸에 힘이 풀리고 부랴부랴 HTS를 열어보면 내가 팔아버린 후 주가는 조금 더 빠지다가 이내 반등하더니 오히려 매수가 대비 +30%에 가 있던 것이다.

이 이야기는 필자가 그냥 만들어낸 이야기다. 하지만 그냥 만들어냈다고는 하나 워낙 주변에서 이런 비슷한 이야기가 많기에 이 글을 읽는 독자 가운데 많은 수긍이 갈 것이라 생각한다. 결국 '내가 보유하고 있을 때는 절대 움직임 없다가 손절하고 나면 가더라'라는 스토리가 현실에도 많이 존재하게 된다.

이 상황에서 필자가 강조하고 싶은 것은 역시 역지사지다. 누군가 이 주식이 실적이 좋을 것이고 기업의 펀더멘탈상 좋은 소식이 있을 것이라는 것을 먼저 알아낸 사람이 있다면 그럴 때 이 주식을 바로 매수해서 급등을 하게 하는 사람도 있겠지만 또 다른 부류는 일단 주가를 한번 크게 빠뜨려서 개인들이 주식을 던지게 한다. 특히 이렇게 가치투자주로 거래량이 많지 않은 주식은 한번 출렁이게 하면 참지 못하고 많은 물량이 시장에서 던져지게 된다. 그럴 때 자신이 생각하는 안전마진 가격에서 충분히 물량을 받을 수 있게 되고 그 생각하는 물량이 채워지면 실적발표가 나고 호실적에 의해서 주가는 상승하게 되는 것이다.

이런 현상을 두고 누군가는 '작전이니 아니니'라는 논란이 있을 수 있지만 어쨌거나 현실에서는 이런 비슷한 경우가 자주 발생하게 된다. 여기서 필자가 강조하고 싶은 것은 기업의 펀더멘탈(수익성, 성장성, 안정성)이 변하지 않고 오히려 좋아지고 있는 것이 맞다면 시장에서 이야기하는 '손실률이 10% 되면 손절해야 한다. 혹은 손실률이 20% 되면 손절해야 한다'는 등의 매매기법에 좌우되지 말라는 것이다. 필자 역시 기관자금을 운영할 때에는 어쩔 수 없이 그 규정에 따라 손절을 하게 된다. 물론 할수만 있다면 '유예보고서'라는 것을 써서 손절을 피해보지만 그게 안되면 어쩔 수 없이 손절을 하게 된다. 하지만 그런 규정이 없는 펀드를 운영할 때는 기계적으로 하는 손절은 절대 하지 않는다. 물론 기업의 펀더멘탈이 훼손이 돼서 어쩔 수 없이 내가 생각하는 기업의 흐름으로 가지 않을 때에는 내 분석이 틀렸구나를 인정하고 매도를 하게 된다.

그러나 여기서 강조하는 것은 '단지 기계적으로 내가 매수한 가격에서 10% 하락했으니 손절한다'는 식의 기계적 손절은 하지 않는다는 부분이다. 해당 주식을 철저히 분석하고 그 기업이 펀더멘탈(성장성, 수익성 등)의 변화가 없다면 이렇게 주식시장의 변덕에 의한 주가 하락은 오히려 분할매수의 기회로 활용해야 한다. 정말 놀라운 것은 주식은 대부분 내가 팔고 나면 올라가 버리는 것을 필자도 많이 경험했다.

❸ 길목 투자를 해야 한다.

이번에 현실에서 만나는 매매에는 '길목 투자'를 이야기하려 한다. 우리는 대부분 직장에 다니면서 부가적으로 주식 투자를 한다. 그러다 보니 주식에 완전히 전념하기도 어렵고 또 그렇다고 잊어먹지도 못한다. 점심식사하고 들어오면 핸드폰 한 번 열어봐서 MTS를 보고 혹은 컴퓨터의 HTS를 보곤한다. 그러다가 어느 날 급락을 하는 것을 보면 두려워서 손실을 줄이고자 매도를 하게 되는 것이다.

여기서 필자가 강조하는 것은 이 책에서 지금까지 이야기한 것처럼 기업의 재무제표를 보고 성장성, 수익성, 안정성을 갖춘 기업을 안전마 진을 고려해 분할매수해서 사 뒀다면 한동안 잊고 지냈으면 좋겠다. 물론 그러다가 해당 회사의 펀더멘탈이 취약해지면 급락해서 손쓸 수도 없는 경우도 분명 있을 것이다.

하지만 이 정도로 필터링을 활용해 종목을 고르고 분석해서 확신을 가지고 매수한 경우라면 필자의 경험을 되짚어봐도 급락하는 경우보다 상승하는 경우가 훨씬 많았다. 즉 기업의 내재가치 대비 싼 주식을 남들이 관심이 없을 때 매수를 하고 한동안 잊고 지내다 보면 어느 날 그 주식이 저만큼 상승을 해서 기쁨을 주는 경우가 더 많은 것이다. 이 것을 '길목 투자'라 한다. 남들보다 한 발 먼저 가서 길목에서 기다리면 분명 주가 상승의 흐름은 그 길목으로 오기 마련이다. 조금 마음을 느긋하게 가지고 여유자금을 활용해 길목 투자를 한다면 주식은 반드시 공부하는 투자자에게 기쁨을 가져다 줄 것이다. 필자의 지난 15년이 그래왔다고 자부한다.

어떤 직종이나 마찬가지겠지만 주식은 공부하고 노력하는 투자자를 배신하지 않는다. 누군가 주변에서 "이 주식 좋아. 일단 사봐"라는 이야기에 의한 투자가 아니라 내가 아는 업종에서 직접 분석하고 직접 종목을 골라내어 믿음을 가지고 투자를 한다면 주식은 '투기가 아니라 투자라는 것'을 깨달을 수 있을 것이고 주식은 그런 투자자에게 기쁨으로 보답할 것이다. 필자는 이 책을 통해서 바로 이런 길목 투자의 기쁨을 독자들에게 소개하고 싶었다.

본 책의 내용에 대해 의견이나 질문이 있으면
전화(02)3604-565, 이메일 dodreamedia@naver.com을 이용해주십시오.
의견을 적극 수렴하겠습니다.

**펀드매니저가 알려주는
재무제표와 주식 투자**

제1판 1쇄 | 2017년 10월 17일
제1판 2쇄 | 2019년 9월 30일

지은이 | 김은중
펴낸이 | 한경준
펴낸곳 | 한국경제신문*i*
기획·제작 | ㈜두드림미디어

주소 | 서울특별시 중구 청파로 463
기획출판팀 | 02-3604-565
영업마케팅팀 | 02-3604-595, 583   FAX | 02-3604-599
E-mail | dodreamedia@naver.com
등록 | 제 2-315(1967. 5. 15)

ISBN 978-89-475-4256-2 03320